CATHERINE DENEUVE
FILM FÜR FILM

CATHERINE DENEUVE
FILM FÜR FILM

ISABELLE GIORDANO
UNTER MITARBEIT VON MATHIEU GUETTA

AUS DEM FRANZÖSISCHEN ÜBERSETZT
VON MICHAELA ANGERMAIR

Schirmer/Mosel

INHALT

Sehen, ohne gesehen zu werden? Marion Steiner in *Die letzte Metro*, dem Film, für den Catherine Deneuve ihren ersten César erhält.

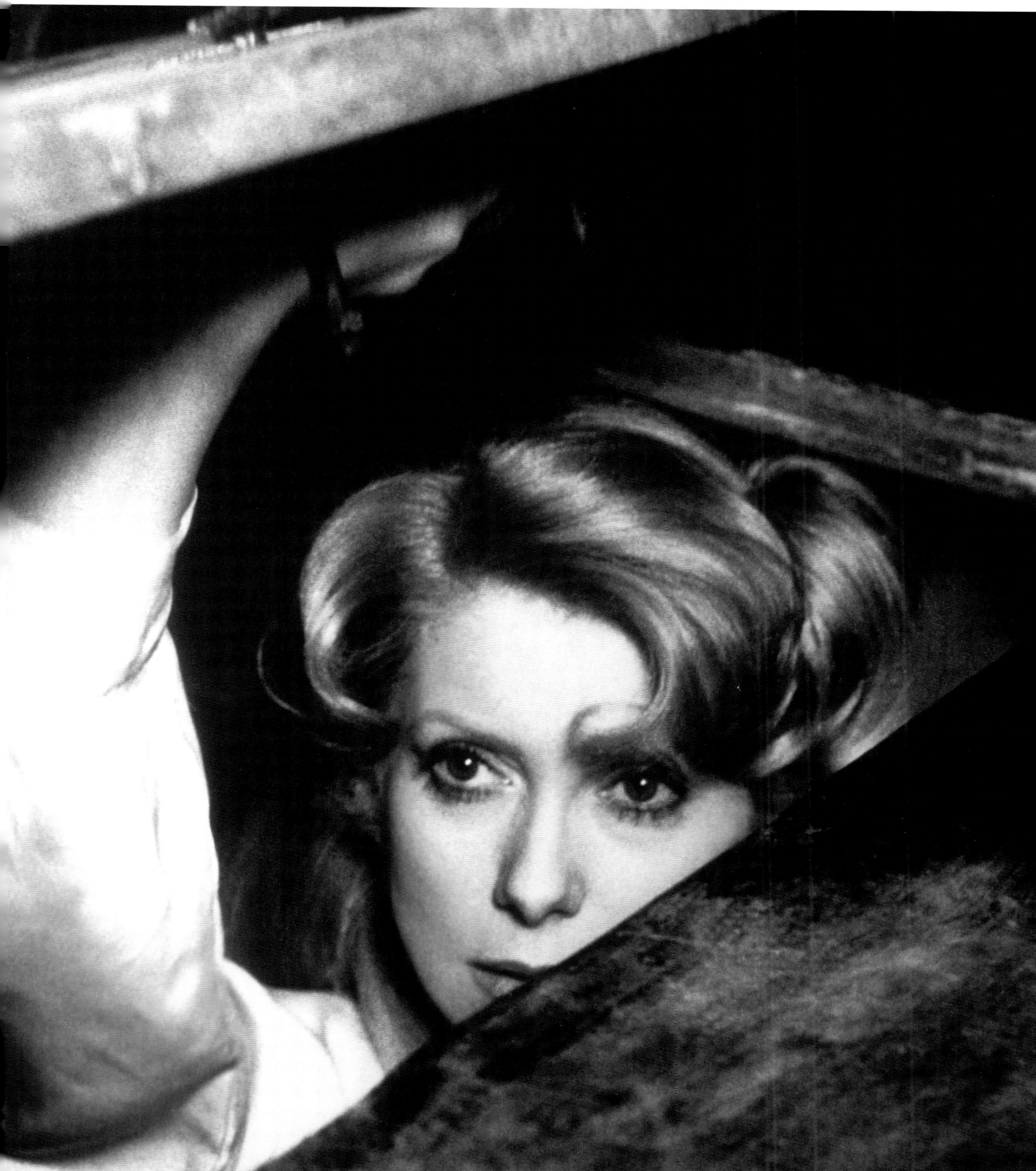

Lust auf Freiheit

»Die schönste Frau der Welt« ... als der amerikanische Journalist vom *Time Magazine* dies schrieb, konnte er nicht ahnen, dass sich dieses großartige Kompliment auch dreißig Jahre später noch auf der ganzen Welt halten würde, der so gefeierten Person selbst allerdings von Anfang an wie eine Falle erscheint. Sie, die sich kaum 23-jährig innerhalb von nicht einmal zwei Jahren für so besondere Filme wie *Ekel*, *Belle de jour* und *Die Mädchen von Rochefort* entscheidet, ruht nicht eher, als bis sie bewiesen hat, dass sie zu mehr taugt als zum Covergirl für Hochglanzmagazine. Jacques Demy, Luis Buñuel, Roman Polanski, Marco Ferreri, François Truffaut, dann André Téchiné, Jean-Paul Rappeneau, Tony Scott, Lars von Trier, François Ozon ... – indem Catherine Deneuve ihre Rollen und vor allem auch die Regisseure ihres Vertrauens sehr sorgfältig auswählte, wurde sie, wie Arnaud Desplechin es raffiniert formuliert, zu »einer der größten Regie-Talente Frankreichs«. Er hält sie zudem für »radikal modern«.

Erzählen, wie sie ihre Rollen wählt, ihre Filmographie erforschen, den Verbindungen nachspüren, die manchmal zwischen den Filmen bestehen, sich einen Weg bahnen zwischen den verschiedenen Rollen, um vielleicht ein wenig in die verborgenen Winkel dieser Schauspieler-Seele vorzudringen, die man keinesfalls nur auf ihre äußere Schönheit reduzieren darf, einräumen, dass ihre Karriere, wie es bei jedem Künstler der Fall ist, Höhen und Tiefen hat, und mittels zahlreicher Filme die Geschichte einer Epoche und eines Landes erzählen, das diese Schauspielerin sogar in der Nationalfigur der Marianne persönlich repräsentierte – all das will dieses Buch. Unweigerlich subjektiv und unvollständig – wie sollte es anders sein bei einer so großen Zahl von Filmen. Kaum eine Schauspielerin hat in so vielen Meisterwerken und Kultfilmen mitgewirkt – sie alle zeugen von ihrem Engagement, ihrem Mut zum Ausgefallenen, ihrem unstillbaren Hunger nach Neuem.

Befreite Frau oder Sexobjekt, Prinzessin oder schönes, hohles »Schmuckstück«, Geliebte, Liebende oder Familienmutter, Vampirin, Ärztin, Adelige oder Beamtin, und sogar Hündin oder weiblicher Apostel ... dieses Buch will Lust machen, die immense Vielzahl von Figuren zu erkunden: Geneviève in *Die Regenschirme von Cherbourg*, Delphine in *Die Mädchen von Rochefort*, Carole in *Ekel*, *Eselshaut* oder die seltsame Tristana, Belle de jour, die ihren Namen mit Fug und Recht trägt, Marion in *Die letzte Metro*, Eliane in *Indochine*, Gaby in *8 Frauen* oder auch die Richterin Florence in *La Tête haute*.

Skandalumwittert, modern, rebellisch – die Künstlerin Catherine Deneuve hält in der Fülle ihrer Rollen, die man hier entdecken oder wiederentdecken kann, für jeden Leser und Betrachter ein perfektes Abbild dessen bereit, was er oder sie mit Lust auf Freiheit verbindet.

I. G.

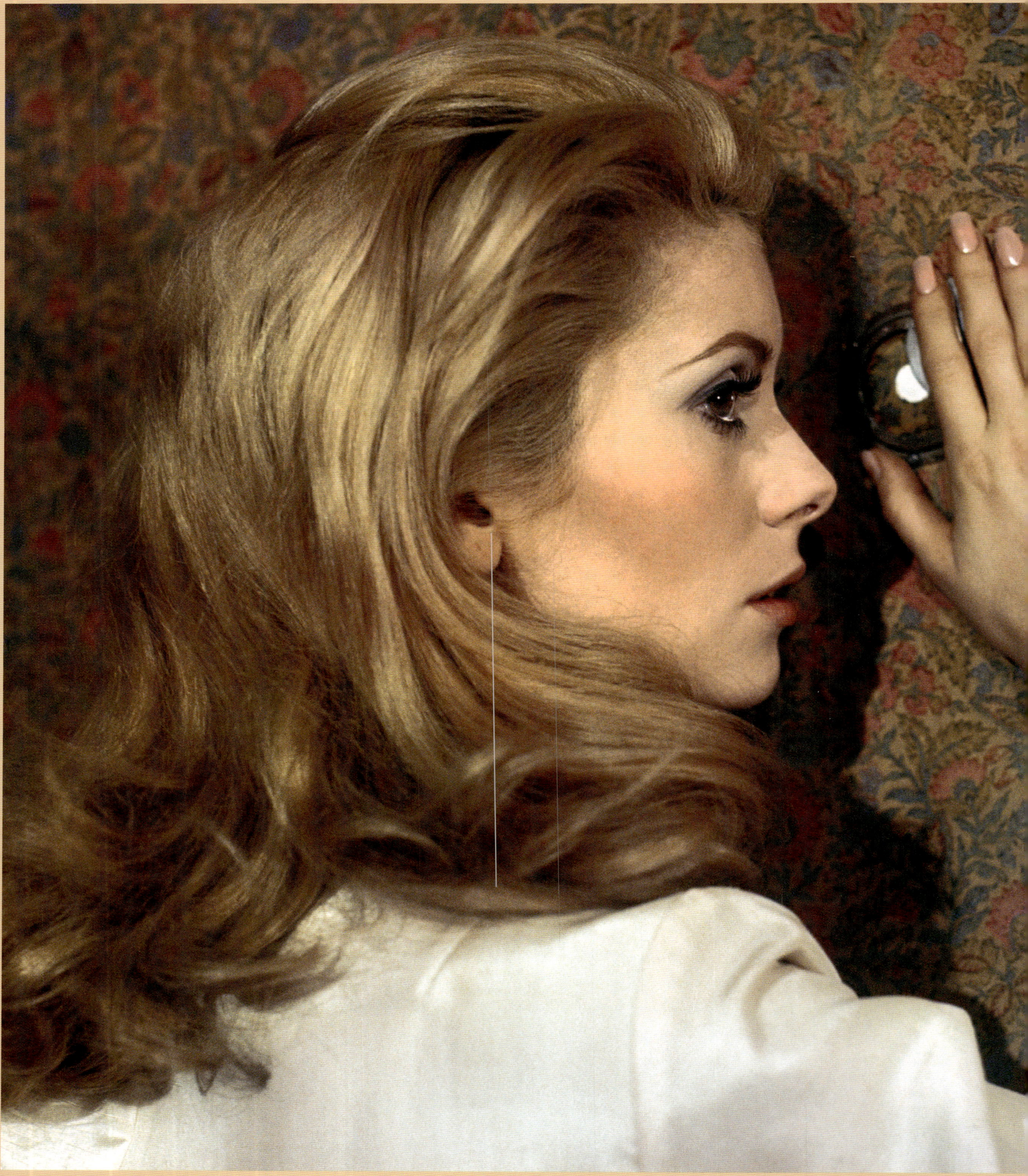

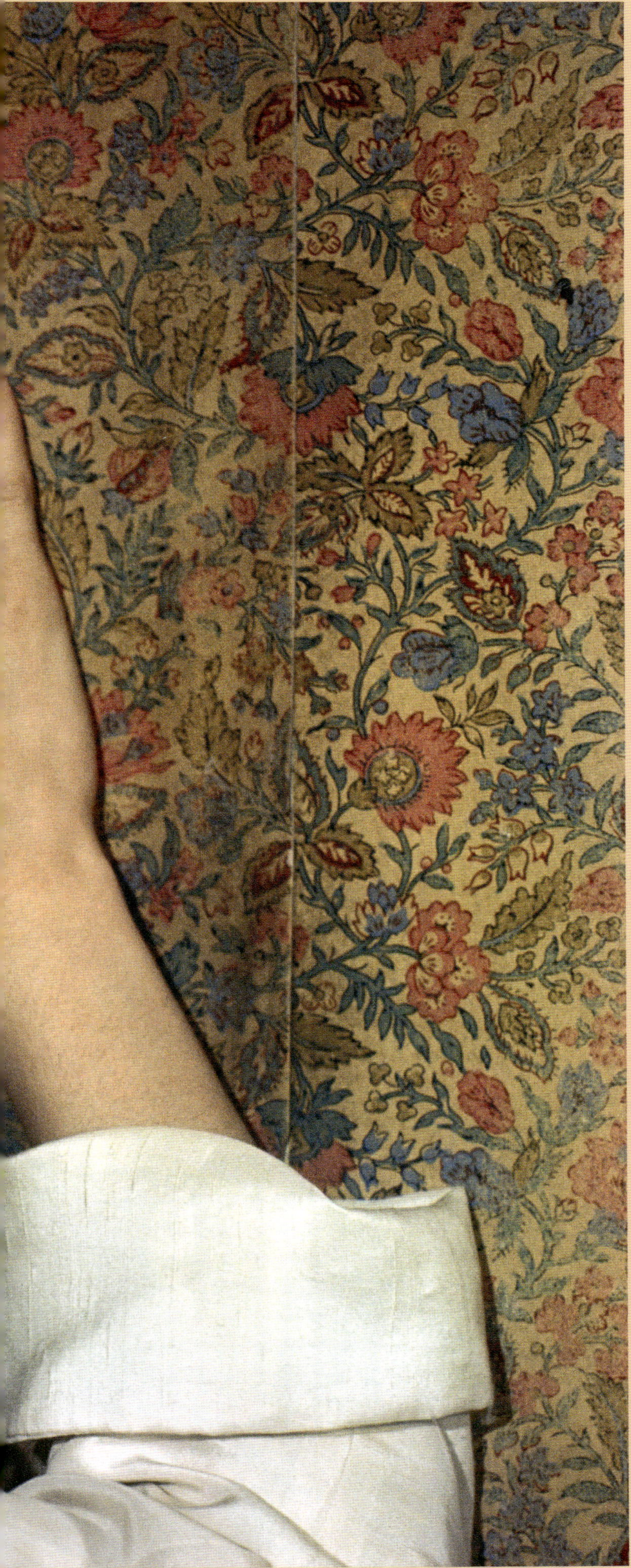

Die 1950er und 1960er Jahre

Eigentlich wollte Catherine Deneuve nicht Schauspielerin werden. Alles hat sich per Zufall ergeben. Während ihre Altersgenossinnen noch die Schulbank drücken, spielt sie kleine Rollen in leichten Komödien. Aber das echte Glück, sich eine Figur zu erarbeiten und mit einem Autor darüber zu diskutieren, der Spaß am Drehen und an der Arbeit im Team – all das kommt erst 1964, als sie mit Jacques Demy *Die Regenschirme von Cherbourg* dreht.

In diesen Jahren des Lernens und des Vertrautwerdens mit der Branche, macht sie wesentliche Bekanntschaften: mit Roman Polanski, Danielle Darrieux, Philippe de Broca. Catherine Deneuve verkörpert noch nicht den Archetypus der idealen Frau, aber ihre klassische Schönheit und ihr klares Gesicht, hinter dem sich ein fester Charakter verbirgt, zieht die Regisseure an. Innerhalb von nicht einmal zwei Jahren dreht sie vier Meisterwerke: *Die Mädchen von Rochefort*, *Ekel*, *Belle de jour* und *Leben im Schloss*. Die Schauspielerin bringt von Anfang an die Fähigkeit mit, verschiedene Stile und Lebenswelten zu verkörpern. Aber sie wählt nicht nur Rollen, sondern auch Regisseure, sie probiert aus, geht Wagnisse ein.Und das Jahrzehnt endet für sie mit einer weiteren Begegnung von kapitalem Ausmaß: 1969 schlägt ihr François Truffaut vor, *Das Geheimnis der falschen Braut* zu drehen.

»Welche angesagten jungen Schauspielerinnen von heute hätten wohl den Mut, mit 23 Jahren in einem Film wie *Belle de jour* mitzuspielen? Tatsächlich verlangt das mehr als nur Mut – nämlich Hellsichtigkeit. Catherine Deneuve hat sich selbst eine Karriere geschaffen, derer sich man auch noch dann lange erinnern wird, wenn weniger abenteuerliche Karrieren längst der Vergessenheit anheim gefallen sein werden.«

Martin Scorsese

Catherine Deneuve und ihre Schwester Françoise Dorléac beim Lernen ihrer Rollen für *Les portes claquent* (*Die kleinen Sünderinnen*, 1960).

»Das war mein erster Film, nur dass ich darin gar nicht mitspielte, sondern lernte, Krawatten zu binden.«

Catherine Deneuve

Les Collégiennes

Kinostart: 1957
Regisseur: André Hunebelle
Hauptdarstellerinnen: Marie-Hélène Arnaud, Christine Carère, Estella Blain, Véronique Verlhac, Sylvie Dorléac
Rolle: Statistin

Catherine heißt noch nicht Deneuve und ist zum damaligen Zeitpunkt lediglich Statistin. Bei der Schauspielerin, die in diesem Film mitwirkt, handelt es sich auch nicht um Françoise, die von jeher vom Kino und vom Theater träumt und mit 15 Jahren die Schule schmeißt, um bei Raymond Girard zu lernen, ehe sie im Mai 1959 am Konservatorium anfängt. Die Hauptdarstellerin ist in diesem Jahr die jüngere Schwester, Sylvie.

Sie hat eine kleine Rolle in dieser gefühlsbetonten Komödie, die André Hunebelle in einem Mädcheninternat spielen lässt. Catherine erkennt man gar nicht zwischen all den Schülerinnen, während Sylvie die zehnjährige Adélaïde spielt, die vorgibt, eine Schlafwandlerin zu sein, um sich nachts an den Marmeladentöpfen zu laben. Sie spielt diese kleine komödiantische Facette inmitten des Melodrams der Halbwüchsigen perfekt, doch Sylvie Dorléac verfolgt im Weiteren keine Schauspielerkarriere.

Wie ihre Schwestern ist auch sie bereits als kleines Kind mit diesem Milieu konfrontiert, denn beide Eltern sind Schauspieler. Maurice Dorléac und Renée Simonot ziehen vier Mädchen groß: Danielle, die Älteste, entstammt der ersten Ehe ihrer Mutter, Françoise und Catherine werden am 21. März 1942 bzw. am 22. Oktober 1943 geboren, die Jüngste, Sylvie, 1946. Als »die vier Töchter des Dr. March« bezeichnen sie manche Biographen in Anspielung auf Louisa May Alcotts Romanklassiker *Little Women*, um die glückliche und behütete Kindheit von Catherine Deneuve und ihren Schwestern zu beschreiben. Alles in allem ein sehr geregeltes, beinahe bürgerliches Familienleben. Die Mädchen erhielten ihre Bildung in den guten Schulen des 16. Arrondissements von Paris, zwischen dem Boulevard Exelmans und der Porte Saint-Cloud, und waren nie sich selbst überlassen.

Im Unterschied zu Françoise, deren Karriere mit dem Eintritt ins Konservatorium beginnt, zeigt Catherine kein Interesse an der Schauspielerei. Und dennoch wird sie nur wenige Jahre später schnell zum Weltstar aufsteigen.

Ihr nächster Film, *Les Petits Chats* (dt.: *Die kleinen Katzen*; 1959), bleibt in der Zensur hängen, doch mit ihm nimmt sie ihren Künstlernamen an: Deneuve, den Geburtsnamen ihrer Mutter. Es folgen zwei weitere Nebenrollen in *Les portes claquent* (1960), in dem sie die kleine Schwester von Françoise spielt, und *L'Homme à femmes* (*An einem heißen Nachmittag*; 1960) mit Mel Ferrer und Danielle Darrieux. Sehr schnell erregt ihre Schönheit die Aufmerksamkeit der gesamten Branche. Ihr geistreicher, lebhafter Tonfall lässt eine entschlossene junge Frau erkennen, die bald darauf Roger Vadim verführt, die unheimlichste Figur des französischen Kinos jener Zeit.

Zu Beginn der 1960er Jahre ist aus Catherine Dorléac Catherine Deneuve geworden. Sie stürzt sich in eine Karriere, die eher per Zufall über sie gekommen ist.

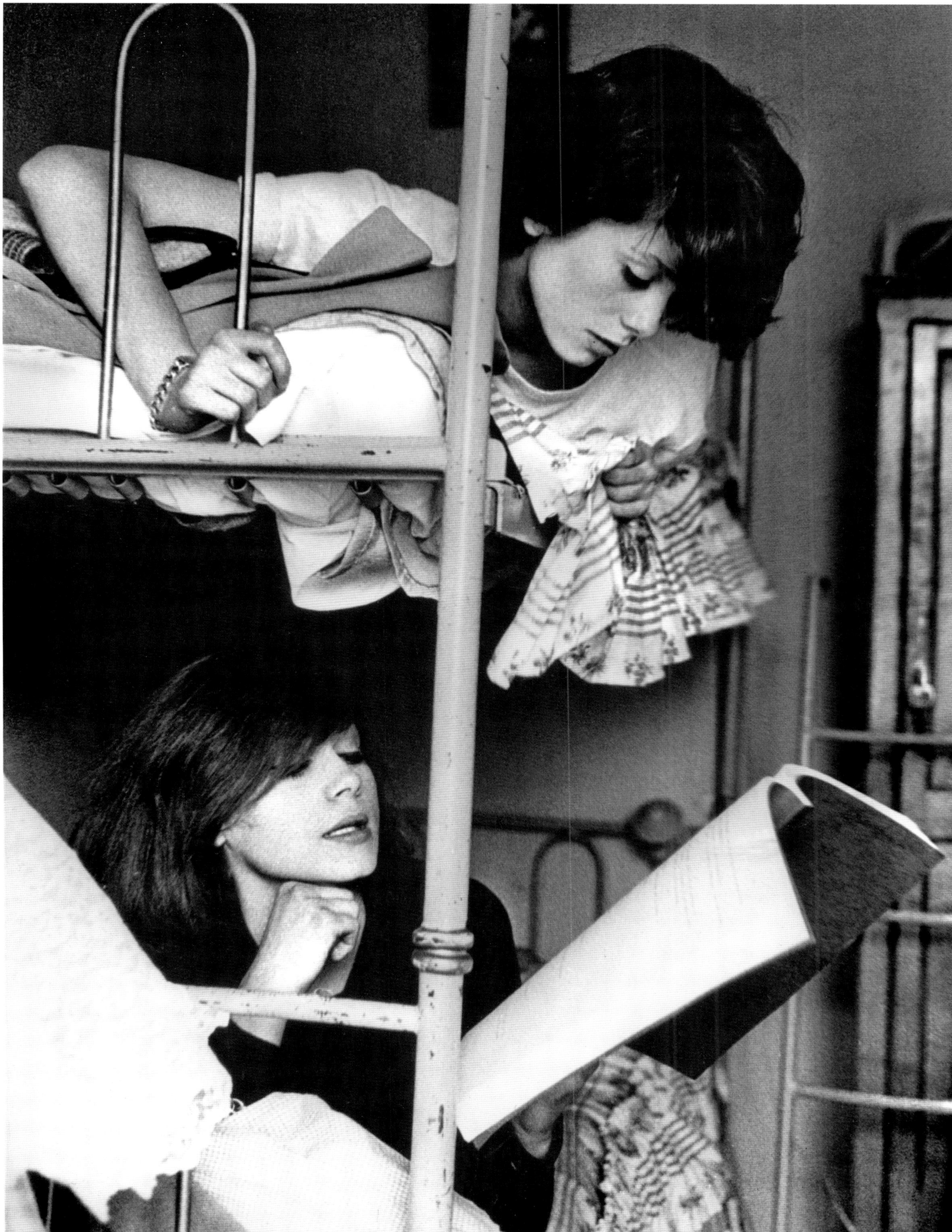

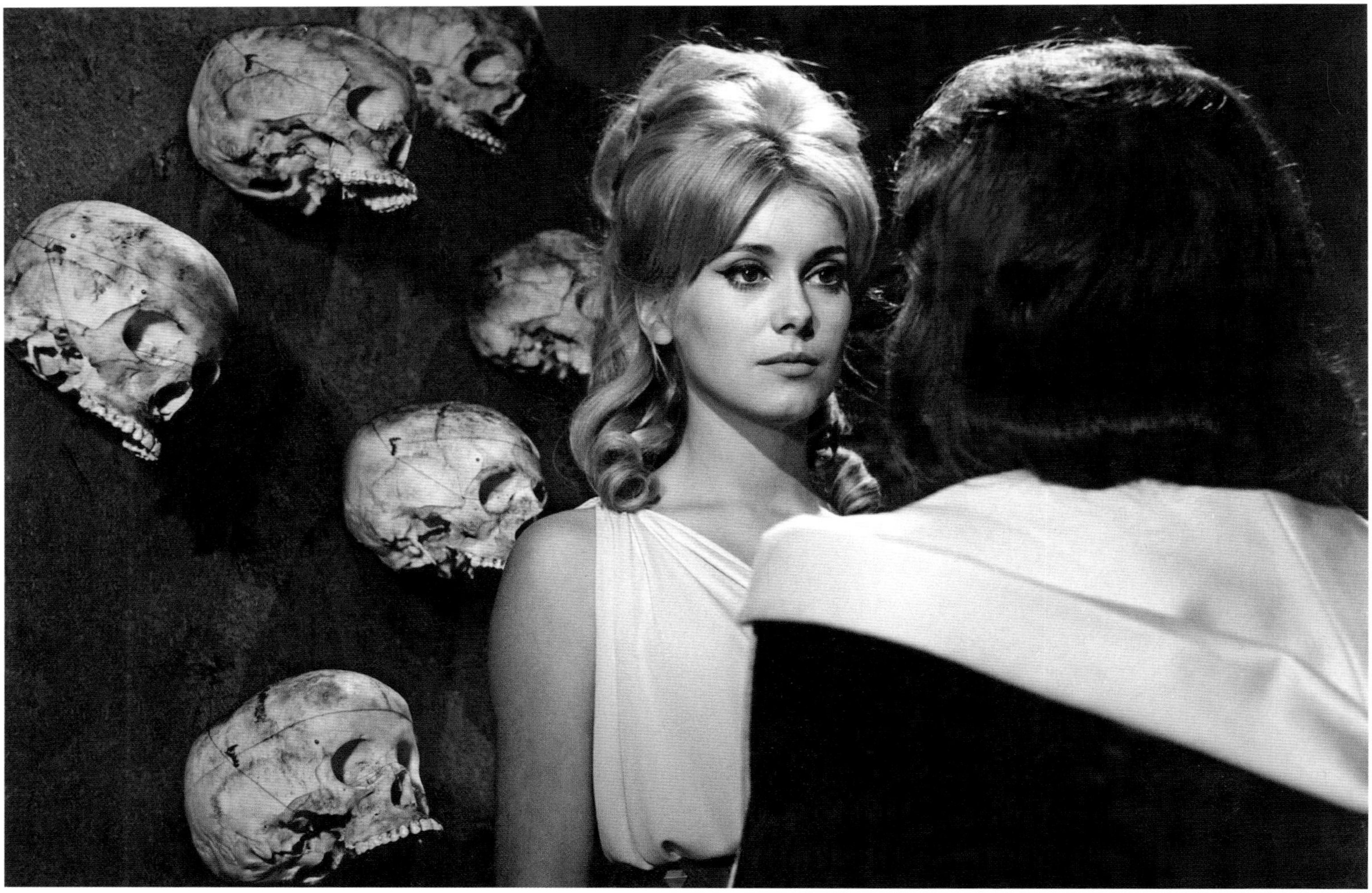

Die freie Adaption eines Werks des Marquis de Sade durch Roger Vadim: der Zweite Weltkrieg liefert den Zeitrahmen für die Begegnung zwischen Justine, der Tugend (Catherine Deneuve), und Juliette, dem Laster (Annie Girardot).

Le Vice et la Vertu

Kinostart: 1963
Regisseur: Roger Vadim
Hauptdarsteller: Annie Girardot, Catherine Deneuve, Robert Hossein
Rolle: Justine Morand

Alles von Catherine Deneuve ist bereits in diesem unmerklichen Lächeln, vielleicht dem einzigen im Film oder wenigstens dem einzigen, das verblüfft, weil es so flüchtig und unerwartet kommt. Flüchtig, da die Kamera es sehr schnell aus dem Fokus verliert. Unerwartet, da es im grausamsten Moment des Films auftritt, in genau dem Augenblick, da sie vergewaltigt wird. Dieses Lächeln, das sich ihrem Gesicht entringt, ist dasselbe kalte und seltsam zurückgenommene Lächeln, das sie später zur großen Buñuel-Interpretin macht.
Aber bei Vadim ist es noch kein Charakterzug oder Persönlichkeitsmerkmal. Das Feuer unter dem Eis, wie manche später kommentieren werden, ist in den drei Filmen dieser Epoche noch nicht zur Gänze wahrnehmbar: weder in der Episode »Sophie« in *Les Parisiennes*, noch in *Et Satan conduit le bal* (*In der Hand eines Stärkeren*) oder in *Le Vice et la Vertu*, in dem der Regisseur die dämonische Rolle der Justine mit seiner Lebensgefährtin besetzt. Der Film schockiert; und wahrscheinlich war das die Absicht.
Lange Diskussionen in den Studios, Lachanfälle am Steuer eines geklauten Ferrari – alles, was, wie in den Romanen von Françoise Sagan, das mondäne Leben dieser dröhnenden 60er Jahre ausmacht, trägt dazu bei, sie auf die Titelseiten der Magazine zu katapultieren. Frankreich wartet ganz unverhohlen auf die neue Muse nach Brigitte Bardot. Es geschieht übrigens im Zusammenhang der Dreharbeiten zu *Les Parisiennes*, dass sich Deneuve die Haare blond färbt. Auf der Leinwand wird sie in dieser Zeit weniger wahrgenommen. Sie blüht vielmehr im Privatleben auf, ist bald Mutter eines kleinen Christian. Mit *Le Vice et la Vertu*, einer sehr persönlichen Verfilmung von Marquis de Sade (mit einem Drehbuch von Roger Vadim), befindet sich die Schauspielerin Deneuve noch im Entwicklungsstadium.

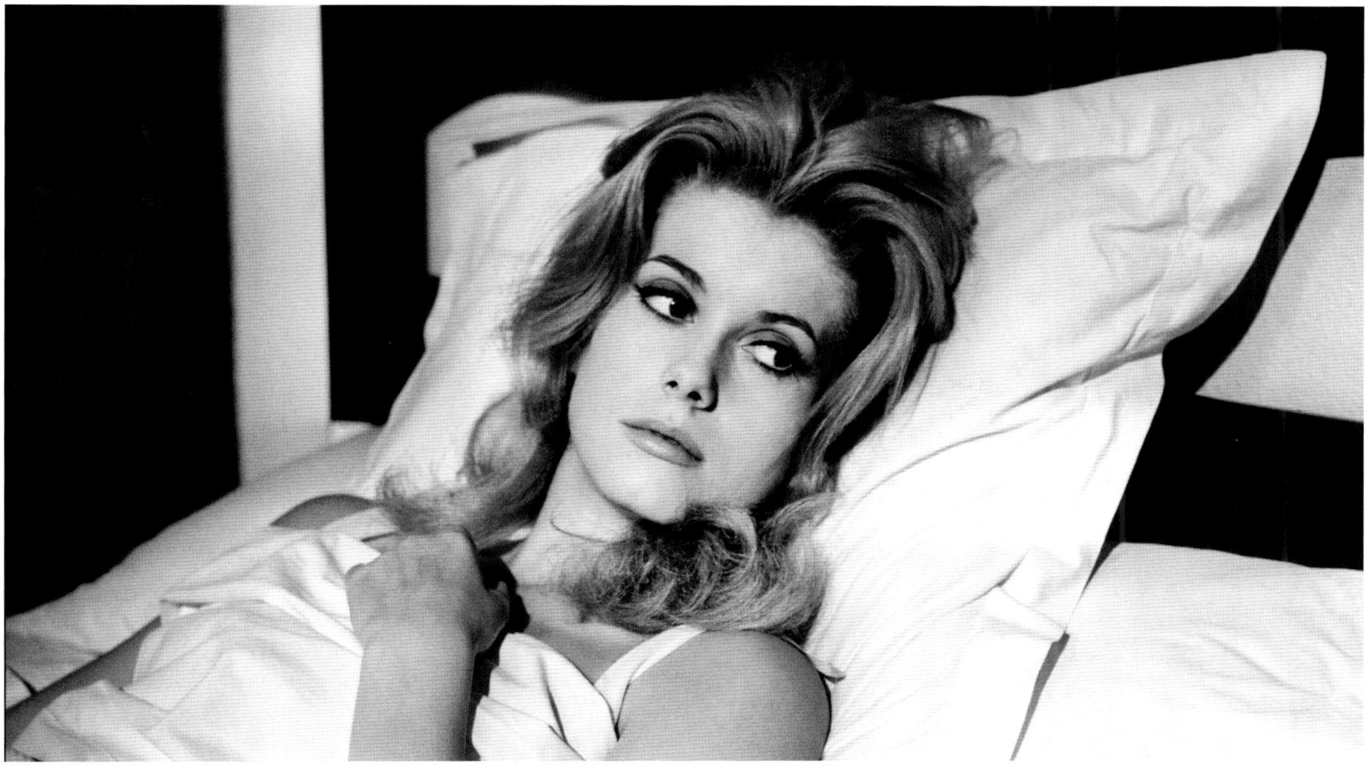

Deneuve spielt Catherine, Daniels (Daniel Gélin) Tochter. Sie ist verliebt in Bernard (Bernhard Wicki) und stellt sich vor, eine erwachsene Frau zu sein, obwohl sie noch ein Kind ist.

Vacances portugaises

Kinostart: 1963
Regisseur: Pierre Kast
Hauptdarsteller: Françoise Arnoul, Michel Auclair, Bernhard Wicki, Daniel Gélin, Catherine Deneuve
Rolle: Catherine

In einem Gespräch mit Arnaud Desplechin spricht Catherine Deneuve von *Vacances portugaises* als dem »Nouvelle-Vague-artigsten« Film, den sie je gemacht hätte. »Da waren Doniol-Valcroze, Aptekman, Françoise Arnoul, Françoise Brion ...«, fährt sie fort und zählt die Leute auf, die die Entourage des Regisseurs Pierre Kast ausmachten, eines ehemaligen Mitarbeiters von Henri Langlois an der Cinémathèque française. Pierre Kast war auch Assistent von Jean Renoir und von Jean Grémillon und er lieferte regelmäßig Beiträge für die *Cahiers du cinéma*, ist also sozusagen ein tragende Säule des Cineastentums.
Fügt man noch den Kameramann Raoul Coutard und den Komponisten Georges Delerue hinzu, lässt sich damit die Geschichte einer Bande erzählen. Einer echten Freundestruppe, aber auch und vor allem einer Arbeitsgemeinschaft, die sowohl vor als auch hinter der Kamera zusammenkommt.
Jeder von ihnen hat auf seine Weise zu einer echten Avantgarde beigetragen, die, nachdem sie das Cineastentum revolutioniert hatte, das Filmemachen vollkommen verändert hat. In diesem aufrührerischen Klima mischt sich Catherine Deneuve in die Dreharbeiten von *Vacances portugaises* ein, dessen Machart auf den ersten Blick und im Unterschied zu seiner Geschichte nicht wirklich avantgardistisch ist. Die kleine Welt, die hier geschildert wird, kündigt die Generation der 68er bereits an. Pierre Kast zeigt die intellektuelle Bourgeoisie, die den Gepflogenheiten ihrer Epoche voraus ist, starke Frauen, freie Liebe, akzeptierte Trennungen. Man trifft hier auch auf eine Dreiecksbeziehung; schon jetzt, eine Art *Jules und Jim* ein paar Jahre vor ihrer Zeit. Das Drehbuch und die Figur von Catherine Deneuve könnten auch heute noch verfilmt werden. Pierre Kast macht sich einen Spaß daraus, die Pariser Intelligenzia dabei zu filmen, wie sie sich Fragen zu ihrer Gefühlswelt stellt.
Und wie so oft ist es die Jugend, die am idealistischsten und infolgedessen ein wenig konservativ ist. Sie spielt die Tochter von Daniel Gélin. Vom Furor und der Unschuld ihrer Jugend getragen, nimmt sie die Liebe allzu ernst. Sie möchte den Freund ihres Vaters, Bernard, heiraten, doch der weigert sich, da er sie als ein 19-jähriges Kind betrachtet, während sie sich schon als junge Frau sieht.
Eine kleine Rolle für Catherine Deneuve, die es ihr erlaubt, mit einigen großen Namen dieser Zeit in Berührung zu kommen; außer Daniel Gélin, mit dem sie zusammenspielt, sind das Françoise Brion, Michel Auclair, Françoise Arnoul, Pierre Vaneck.

Cherbourg, 1957: Geneviève erhält nur wenige Nachrichten von ihrem Verlobten, der zum Algerienkrieg eingezogen wurde.

Les Parapluies de Cherbourg
(Die Regenschirme von Cherbourg)

Kinostart: 1964
Regisseur: Jacques Demy
Hauptdarsteller: Catherine Deneuve, Nino Castelnuovo, Anne Vernon, Mireille Perrey, Marc Michel
Rolle: Geneviève

Sie heißt Geneviève. Sie ist schwanger. Mit ihrer Mutter, Madame Emery, betreibt sie einen hübschen Laden für Regenschirme. Mit der Leidenschaft und der Unschuld ihres jugendlichen Alters ist Geneviève hin- und hergerissen in der Liebe zu zwei Männern: zu Guy, dem jungen Automechaniker, der zum Militär einberufen wird, um in Algerien zu kämpfen, und zum reichen Roland, einer guten Partie. Recht schnell wird sich Geneviève der Vernunft beugen müssen und ihre jugendliche Leidenschaft vergessen.
Die *Regenschirme von Cherbourg* bilden eine echte Zäsur in der Karriere von Catherine Deneuve, mit einem Davor und einem Danach. Ein Film, der in mehrerlei Hinsicht bedeutsam ist: eine gehaltvolle Rolle, eine filmische Quasi-Familie, die sie auch später regelmäßig trifft, weil sie ihr am Herzen liegt, und die Erfahrung eiserner Disziplin unter der Führung eines anspruchsvollen Regisseurs.
Mit der Rolle der Geneviève erobert sie den Bereich einer ausgereiften Hauptfigur. Schluss mit den Haupt- oder Nebenrollen der Unbedarften oder des pfiffigen jungen Mädchens. Dank einiger herzzerreißender Szenen eröffnet ihr Demy die Möglichkeit, einen viel größeren Part zu spielen. Eine Chance, alle Gefühle zum Ausdruck zu bringen, die mit der verzehrenden Leidenschaft des Verliebtseins und mit den Verletzungen einhergehen, die Sehnsucht und Verbitterung auslösen.
Deneuve erlebt zum ersten Mal die detailversessene Präzision, auf die Jacques Demy bei seinen Drehs Wert legt: die Texte müssen aufs Komma genau sitzen, damit sie sich in die Lieder und ins Playback einfügen. Für Proben hat der Regisseur die Angewohnheit, seine Protagonisten einmal wöchentlich um sich zu scharen, um jede einzelne der gesungenen Sequenzen genau aufeinander abzustimmen. Einen zweimonatigen Urlaub nutzt Deneuve dazu, jedes ihrer Lieder eins nach dem anderen einzuüben, ebenso wie die ihrer Partner am Set. Eine Gedächtnis- und Präzisionsarbeit, die ihr für die Zukunft von großem Nutzen sein wird.
Am Beginn der *Regenschirme* steht eine Liebe auf den ersten Blick und in allen Ehren, eine Art ästhetischer Anziehung: Demy war geradezu verrückt nach Deneuve, seit er sie in *L'Homme à femmes* (*An einem heißen Nachmittag*), einem Film von Jacques-Gérard Cornu, gesehen hat, in dem sie übrigens an der Seite von Danielle Darrieux auftritt. Der Regisseur ist fasziniert von ihren feinen Gesichtszügen, ihren zarten Gesten und von dieser Traurigkeit, die er in ihrem Blick wahrzunehmen glaubt. Er möchte sie um jeden Preis kennenlernen. Anlässlich eines Treffens überreicht er ihr sein Drehbuch: eine »farbige Oper«, wie er sagt, wie »ein langes Lied, das sich durch den ganzen Film zieht«. Das Projekt ist revolutionär. In Paris machen sich manche lustig, sind misstrauisch oder behandeln Demy gleich wie einen Verrückten. Deneuve dagegen ist neugierig geworden: »Es war das erste Mal, dass mich jemand wirklich für einen Film wollte.« Als sie sich mehrere Monate später wieder treffen (die Finanzierung des Films hatte sich verzögert), ist die jun-

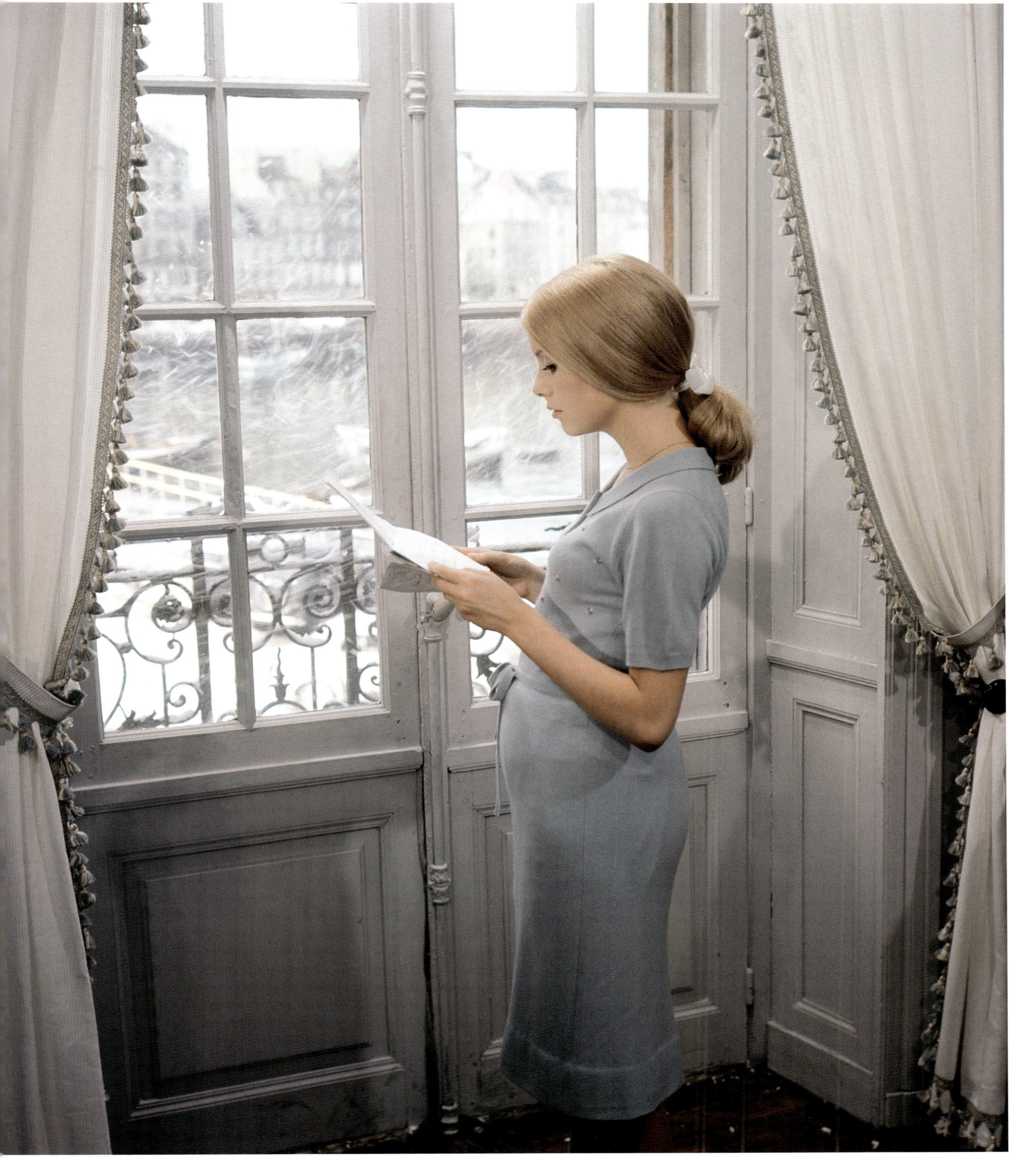

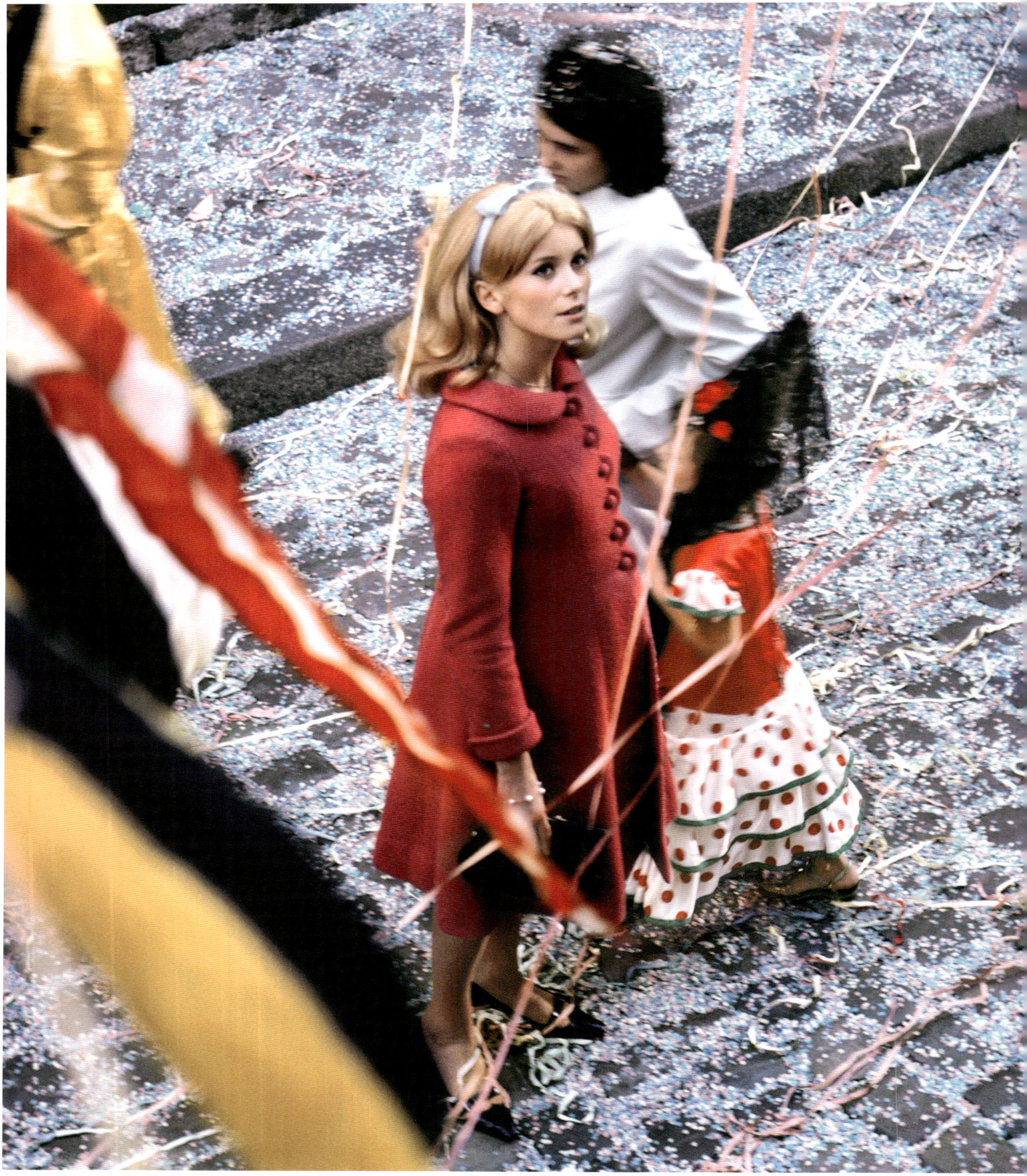

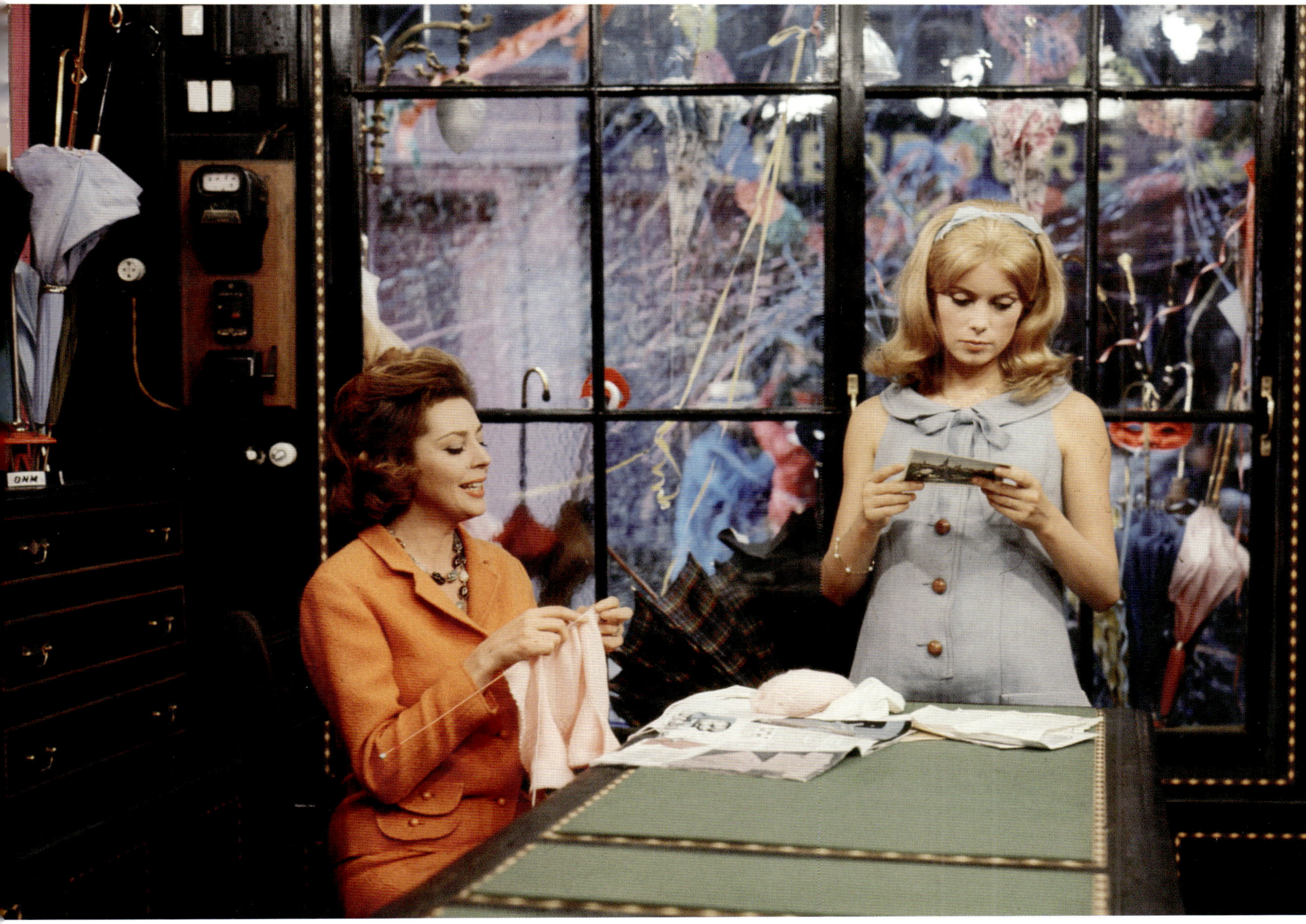

Oben: Madame Emery (Anne Vernon) und ihre Tochter Geneviève führen ein Geschäft, das seinen Namen zu Recht trägt: »Die Regenschirme von Cherbourg«.

Links: Jacques Demy spielt mit Farben, Liedern, Phantasiewelten. Während der fröhlichen Dreharbeiten im Sommer 1963 ahnt niemand, dass dieser so schwierig zu finanzierende Film wenige Monate später in Cannes die Goldene Palme erhalten wird.

»Der Triumph der *Regenschirme* führte dazu, dass ich von Grund auf über meine Karriere nachgedacht habe und anfing, meinen Beruf als Filmschauspielerin ernst zu nehmen.«

Catherine Deneuve

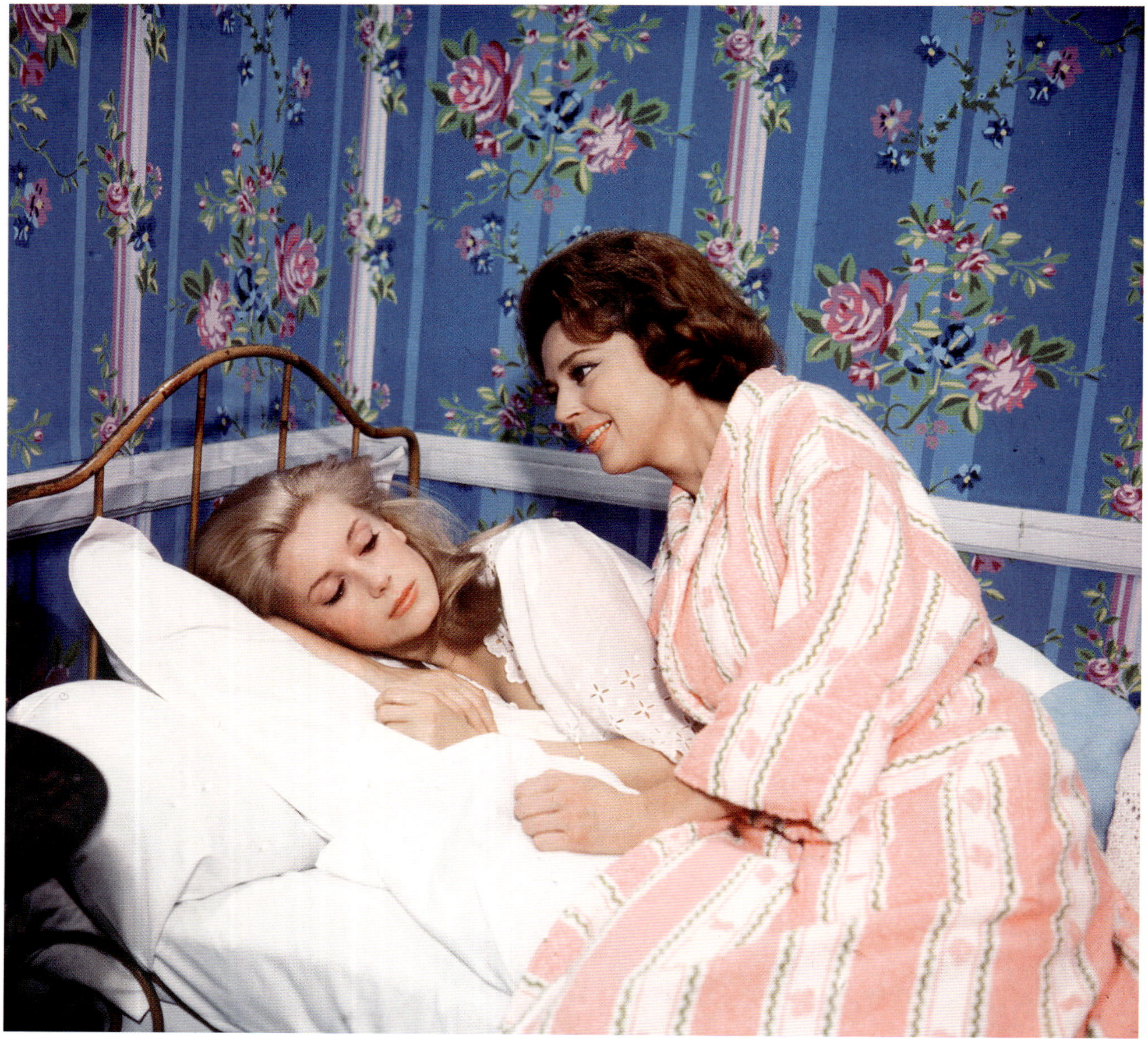

Rechts: Der Italiener Nino Castelnuovo, der ein paar Jahre zuv in *Rocco und seine Brüder* auf sich aufmerksam gemacht hatte, spielt die Rolle des Verlobten, Guy Fouch Die Liebe zwischen Guy und Geneviève darf nicht sein, doch sie währt ewig.

Links: Eine zarte Vertrautheit zwischen Mutter und Tochter, trotz Meinungsverschiedenheiten und Verboten, die Geneviève daran hindern, ihre Liebe in der Öffentlichkeit auszuleben.

ge Schauspielerin Mutter eines Sohnes und hat ihre Frisur verändert. Und zwar nicht nur ein bisschen, sondern Deneuve ist zur großen Bestürzung von Jacques Demy blond geworden. Um ihr das Aussehen der Geneviève zu verleihen, das er sich vorgestellt hatte, verlangt Demy von Catherine Deneuve, ihre Frisur à la Bardot aufzugeben – sie trägt »Choucroute« nach der Mode der Zeit. Agnès Varda, Demys Gefährtin, legt ihr nahe, sich die Ponyfrisur einer Heranwachsenden schneiden zu lassen. »Ich habe fast geheult, als sie mir die Haare zum ersten Mal nach hinten gebürstet hat [...], als hätte sie mich ausgezogen. Ich habe gebettelt, ich wollte nicht, ich fand mich schrecklich ... Jacques Demy hat mich dann wieder beruhigt, aber es fiel mir extrem schwer.« (*Cinéma*, 1. Juli 1969)

Während der Dreharbeiten ist die Atmosphäre fröhlich und familiär. Acht Wochen lang mietet sich die Truppe in einem Stadtpalais ein, und ständig erschallt Gelächter. Die Musik und die unvergesslichen Chansons von Michel Legrand tönen durch die ganze Stadt.

Als der Film abgeschlossen ist, geht der Traum weiter: zunächst der Louis-Delluc-Preis, der ihr im Januar 1964 verliehen wird, dann die überraschende Auswahl für Cannes. »Ich glaubte, man wolle eine Scherz mit mir treiben«, sagt Deneuve. Unglückliches Zusammentreffen allerdings, dass der Film im Wettbewerb mit *La peau douce* (*Die süße Haut*) läuft; Catherine Deneuve wird ungewollt zur Konkurrentin ihrer eigenen Schwester, Françoise Dorléac. Die Goldene Palme geht an *Die Regenschirme von Cherbourg*. Danach kommt die Oscar-Nominierung für den besten ausländischen Film. In Frankreich löst der Film in der Woche seines Kinostarts Fassungslosigkeit aus; manche Zuschauer verlassen den Saal nach zehn Minuten, weil die gesungenen Dialoge sie verwirren. Aber der Film wird schnell zum echten Erfolg: er bleibt über ein Jahr in den Kinos.

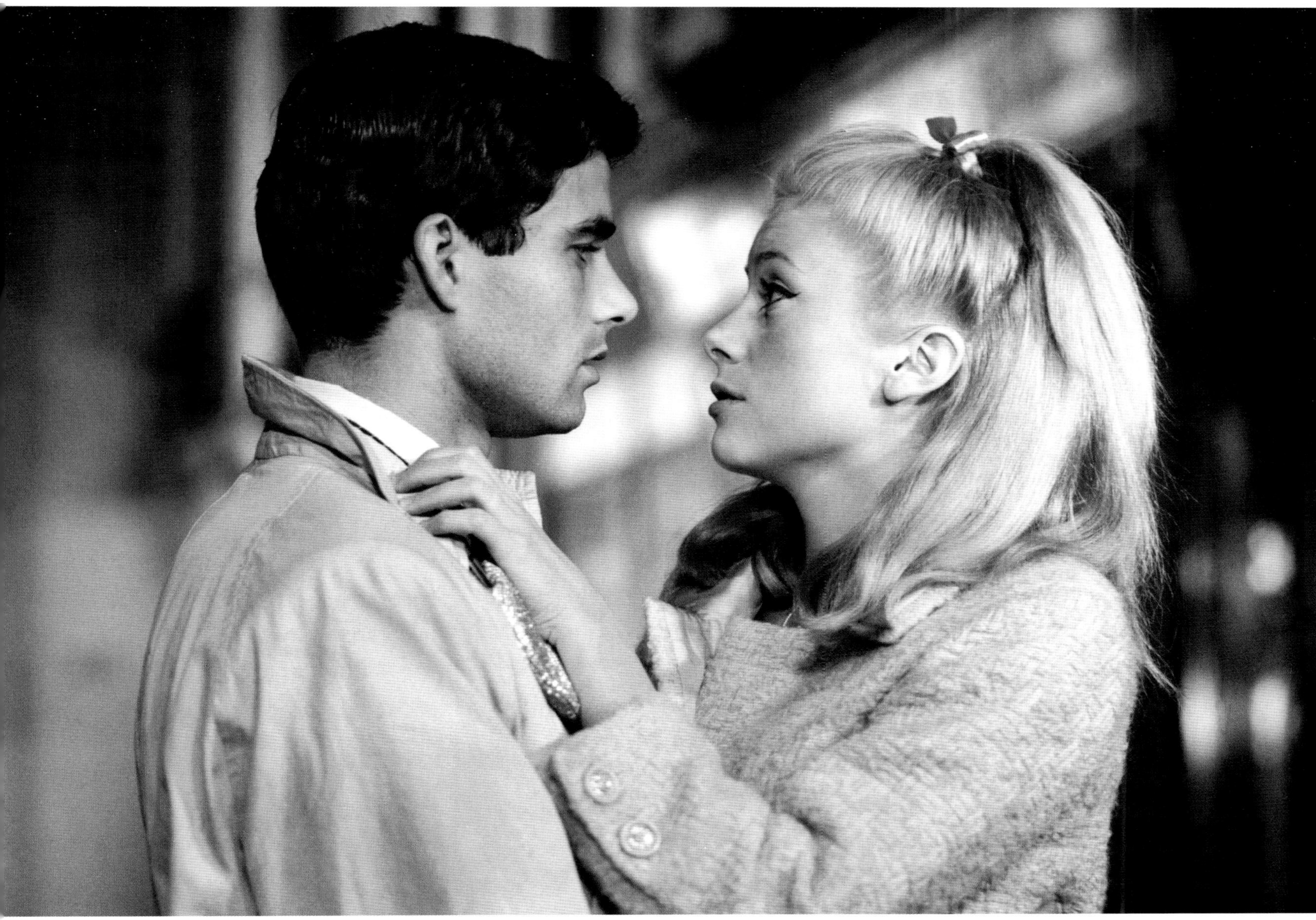

Das ist eine unerhörte Chance für eine zwanzigjährige Schauspielerin. Zumal vor dem Hintergrund, dass zu Beginn wenige Leute an den Film glaubten und Mag Bodard all ihre Talente als Produzentin aufbieten musste, um die Finanzierung zum Abschluss zu bringen.

Der Historiker Jean-Loup Passek bringt diesen Erfolg auf den Punkt: »Jenseits der wunderbar fein abgestimmten Farbigkeit und Ausstattung von Bernard Evein und jenseits der raffiniert eingehaltenen Vorgabe, alle Dialoge singen zu lassen, berührt *Die Regenschirme von Cherbourg* vor allem durch die Bitterkeit seines Themas (ein einfaches Glück, das durch den Algerienkrieg zerstört wird) und die Kraft, mit der Demy, ohne herablassend oder ironisch zu sein, ein still verzweifeltes Melodram inszeniert.« Ein Film, der vier Jahre vor Mai 68 zum Symbol des Hungers nach Freiheit wird, erlaubt er doch auf seine Art auch, den Schleier ein wenig zu lüften über dem, was die Öffentlichkeit noch verschämt als die »Ereignisse« in Algerien bezeichnet. Und er verschafft Catherine Deneuve eine entscheidende Rolle, die bis dahin nicht recht daran glaubte, Karriere zu machen. Sogar nach dem Filmstart spürt man in den Interviews der jungen Schauspielerin noch ihre Bescheidenheit aufblitzen: »Ich habe immer Angst, eine Szene unvollkommen zu spielen, aber ich fürchte mich nicht mehr davor, mich auf das Abenteuer Film einzulassen.« Deneuve ist zu dieser Zeit eine junge Frau, der es Journalisten gegenüber ein wenig an Selbstsicherheit zu mangeln scheint, die aber in ihrem tiefsten Inneren zur Wahl ihrer Themen steht, die gleichermaßen subjektiv und visionär sind. Sie hat auf einen in seinem Genre einzigartigen Film gesetzt, der in seiner Zeit bahnbrechend ist. *Die Regenschirme von Cherbourg* gehört heute in die Reihe jener Filme, die von Kinofreunden in aller Welt in den Rang eines Klassikers erhoben wurden.

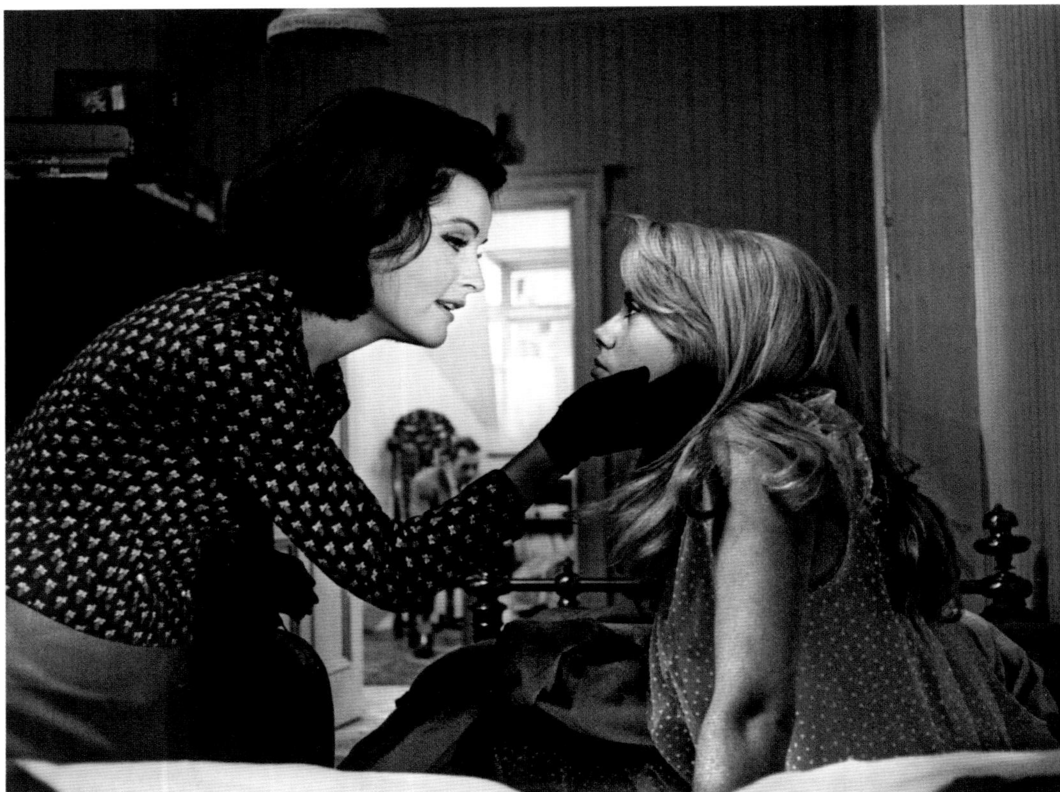

Rechts: Roman Polanski erklä
einige Jahre später, dass es se
Wunsch war, Deneuve aus nächst
Nähe zu filmen, um den Ausdru
von Angst, äußerster Reizbarkeit u
Neurose einzufange

Links: Helen Ledoux (Yvonne Furneaux) ahnt nicht, welches Risiko sie eingeht, als sie in Urlaub fährt und ihre kleine, orientierungslose Schwester Carole in ihrer Wohnung in London sich selbst überlässt.

Folgende Doppelseite: Die berühmte Szene mit den Händen im Flur, die an die phantastische Welt von Jean Cocteaus *Die Schöne und das Biest* erinnert. Ein Beispiel für die frühe Meisterschaft des jungen Regisseurs.

Ekel
(Répulsion)

Kinostart: 1965
Regisseur: Roman Polanski
Hauptdarsteller: Catherine Deneuve, Yvonne Furneaux, John Fraser, Ian Hendry
Rolle: Carole

Gleich beim ersten Zusammentreffen verstehen sich Catherine Deneuve und Roman Polanski bestens. Als sie ihn kennenlernt, ist sie schlagartig von der Intelligenz und der Lebhaftigkeit des jungen polnischen Regisseurs eingenommen. Der Filmemacher beeindruckt durch sein großes Mundwerk, durch seine virtuose Kameraführung, die schon bei seinen ersten Kurzfilmen auffiel, und auch durch sein Schicksal als Holocaust-Überlebender – vom Warschauer Ghetto zu *Das Messer im Wasser*, seinem ersten Film, der es fast bis zum Oscar geschafft hätte. Polanski ist nur knapp leer ausgegangen, als die Juroren schließlich *Achteinhalb* von Fellini kürten. Aber Polanski wird mit seinen gerade mal gut dreißig Jahren durchaus wahrgenommen in Hollywood. Kein Oscar für *Das Messer im Wasser* also, aber der Film kommt auf die Titelseite des *Time*-Magazins, als würdiger Vertreter »internationaler Kunst«.
Catherine Deneuve ihrerseits hat auch soeben einen Triumph hinter sich, den der *Regenschirme von Cherbourg*. Sie weiß, dass ihre noch junge Berühmtheit künftig dazu beitragen kann, Finanzierungen zu generieren. Um diesem ungestümen Regisseur zu helfen, stehen die beiden Produzenten von Compton Group bereit. Sie sind zwar eher für ihre Produktionen aus der Welt des Softpornos bekannt, erklären sich aber bereit, eine erste Zahlung als Vorschuss zu leisten. Ihre einzige Bedingung: Sie verlangen von Polanski einen »Horrorfilm«, da sie überzeugt sind, dass dieses Genre die Massen anzieht. Der Regisseur fügt sich, so glücklich ist er, eine Finanzierung für einen Film gefunden zu haben, und macht sich an die Arbeit. Er bittet seinen Freund Gérard Brach um Unterstützung. Und so benötigen sie nur ganze siebzehn Tage, um das Drehbuch von *Ekel* unter Dach und Fach zu bringen! Gérard Brach ist seit je Freund und Komplize. Später werden die beiden *Tanz der Vampire*, *Der Mieter*, *Tess*, *Piraten* gemeinsam schreiben ... Um die Geschichte von *Ekel* zu schaffen, greifen die beiden Kameraden auf ihre Erlebnisse als Nachtschwärmer in Saint-Germain-des-Prés zurück. Die Figur der Carole ist inspiriert von einer lebenden Person, einer jungen Frau,

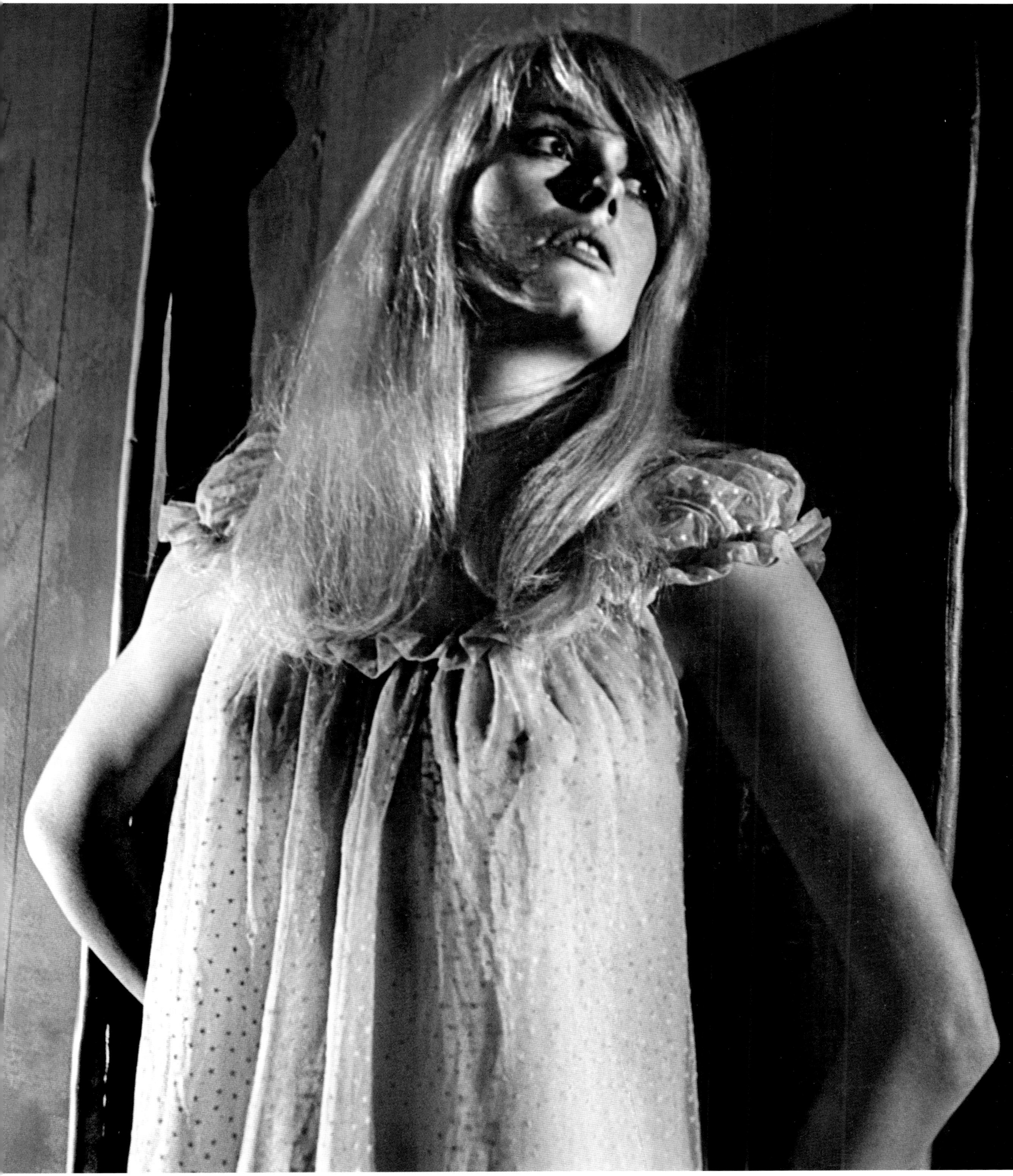

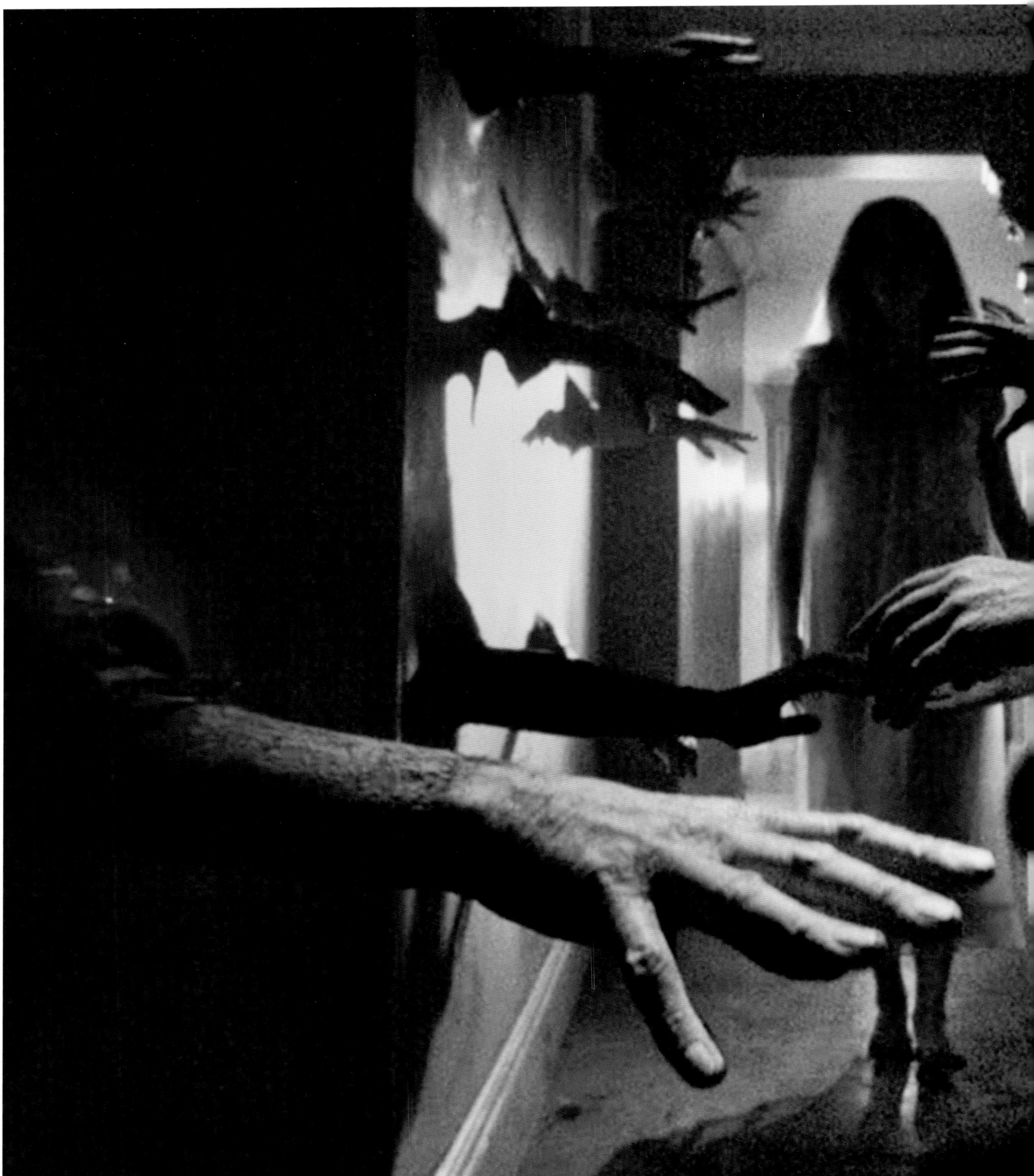

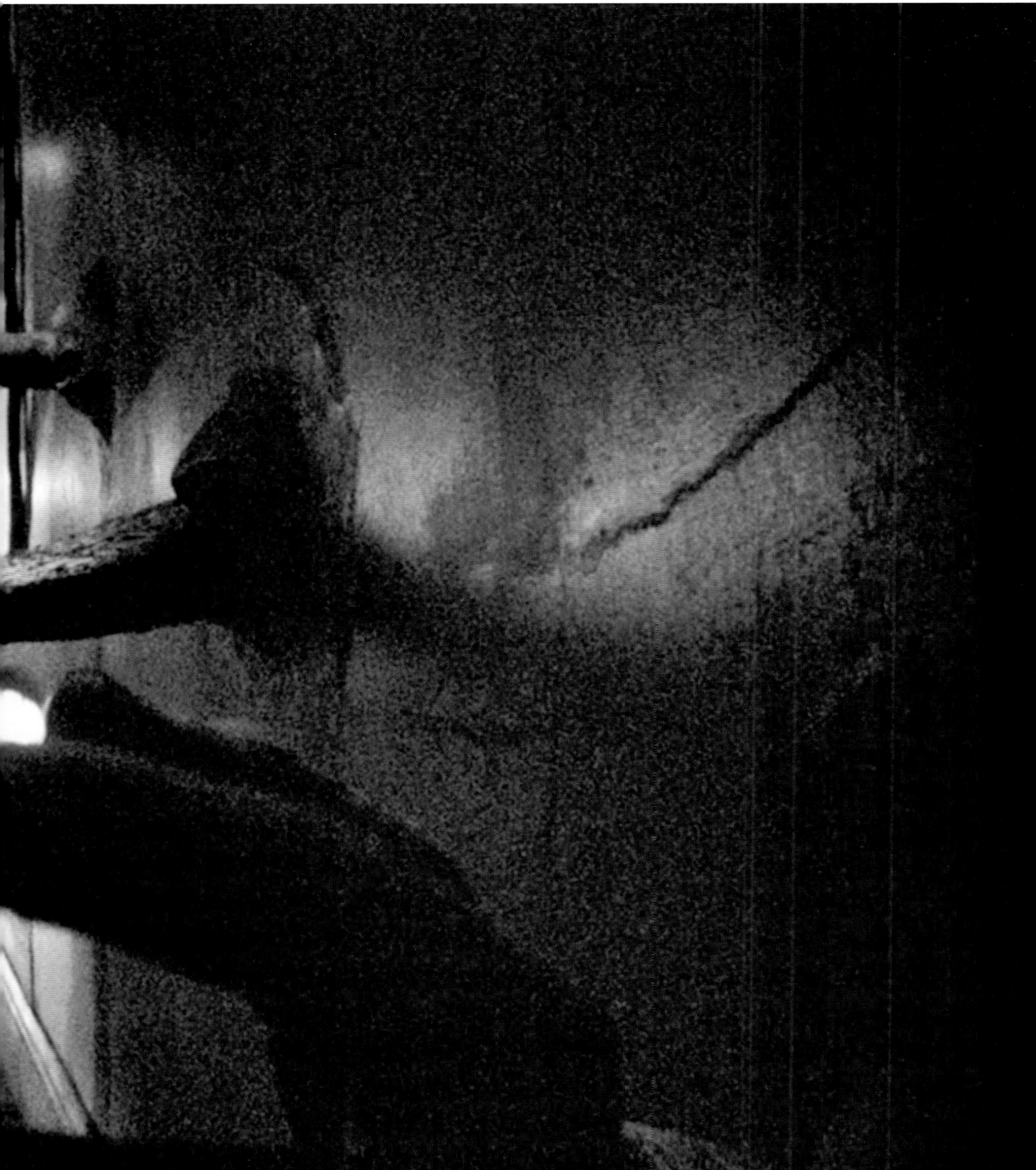

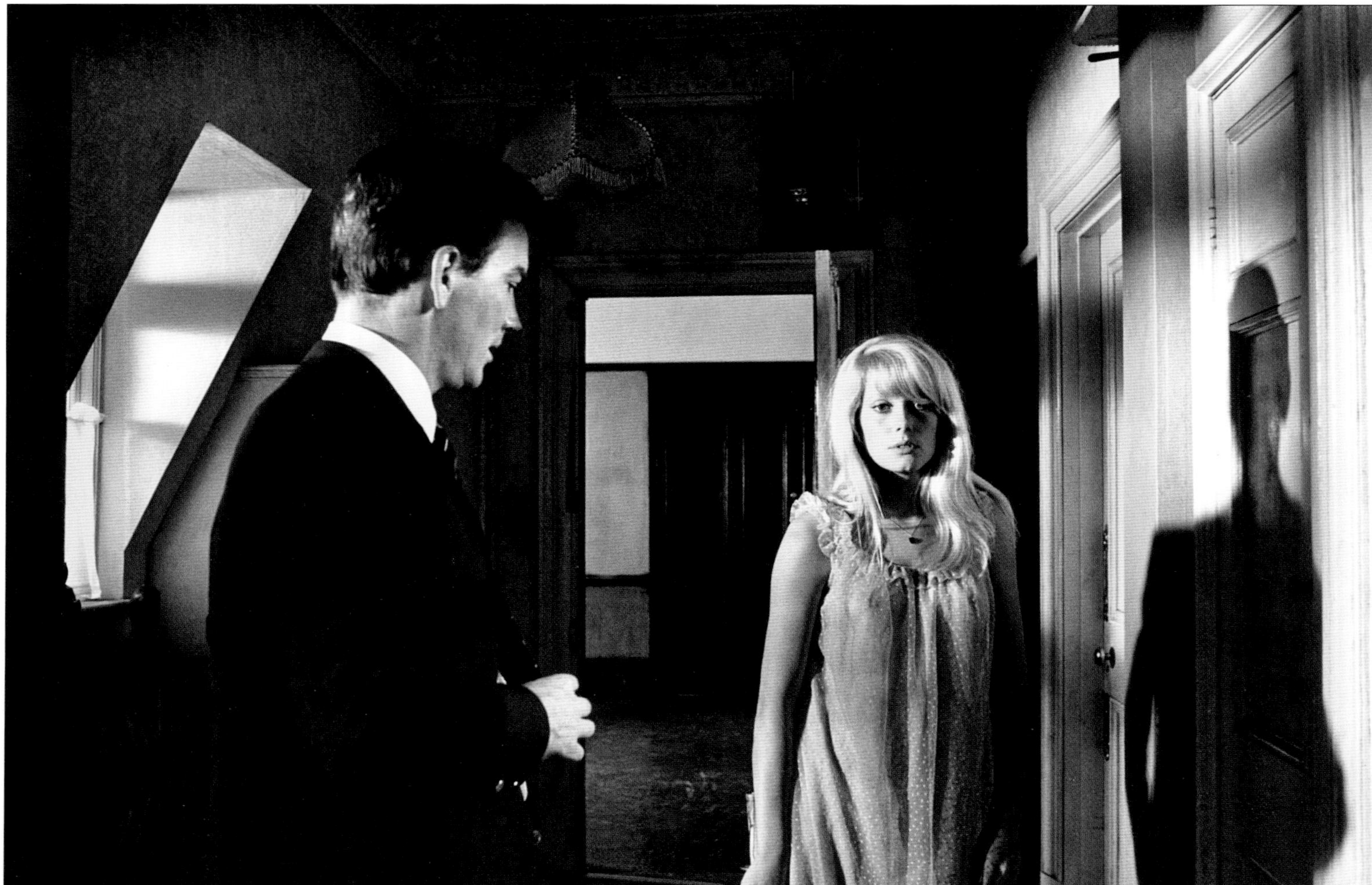

Für Carole ist jeder Mann eine potenzielle Bedrohung.

auf die Polanski und Brach gestoßen waren und die sie mit ihrer auf den ersten Blick unschuldigen Ausstrahlung fasziniert hatte, die aber im weiteren Verlauf erschreckende sexuelle Vorlieben enthüllt hatte.

Um die psychische Gestörtheit von Carole zu verkörpern, hält Polanski die vernünftige Catherine Deneuve für die beste Wahl: der größte denkbare Kontrast zu den *Regenschirmen.* So ist sie es also, die diese schizophrene und von Ängsten getriebene Frau spielen wird, die sich, ein paar Tage vernachlässigt von ihrer Schwester, verbarrikadiert und jeden Abend der Vorstellung erliegt, von einem Mann vergewaltigt zu werden. Ihre Neurosen treiben sie nach und nach in einen mörderischen Wahn. Eine Besessenheit, die sie dazu treibt, jeden Mann ermorden zu wollen, der an ihre Tür klopft. Polanski entscheidet sich, das Fortschreiten des Wahnsinns aus nächster Nähe zu filmen. Er bittet Gilbert Taylor, Stanley Kubricks Kameramann, der in *Doktor Seltsam* wahre Wunder vollbracht hatte, seine Hauptdarstellerin in Großaufnahme zu filmen, um besser in ihren Wahnsinn vorzudringen. Vom Visagisten verlangt er, sich beim Make-up auf ein Minimum zu beschränken, um jeden Schauer auf der Haut sichtbar zu machen, jede Regung im Gesicht. »Ich wollte die geringsten Nuancen ihrer Stimmung einfangen«, erklärt der Regisseur, dem es darum geht, »die Landschaft eines Gehirns« zu filmen. Polanski vergleicht Deneuves Auge mit dem eines Pferdes, »immer in Fluchtbereitschaft, immer unruhig«. Das Schwarzweiß tut ein Übriges zum Spannungsaufbau. Die letzte Bedingung ist, dass Deneuve auf Englisch spielt; aber die Rolle ist fast stumm und enthält wenige Dialoge.

Eingeschlossen in die Pinewood-Studios nahe London, getrennt von ihrem gut einjährigen Sohn, sammelt die junge, 23-jährige Schauspielerin beklemmende, aber auch bereichernde Erfahrungen. »Ich war die einzige Französin neben zwei feierwütigen Polen«, wird sie später sagen. Polanski, den manche Journalisten den »wilden Vadim« nennen, ist verführerisch und intelligent. In dieser Zeit entdecken und erleben Catherine Deneuve und ihre Kollegen auch

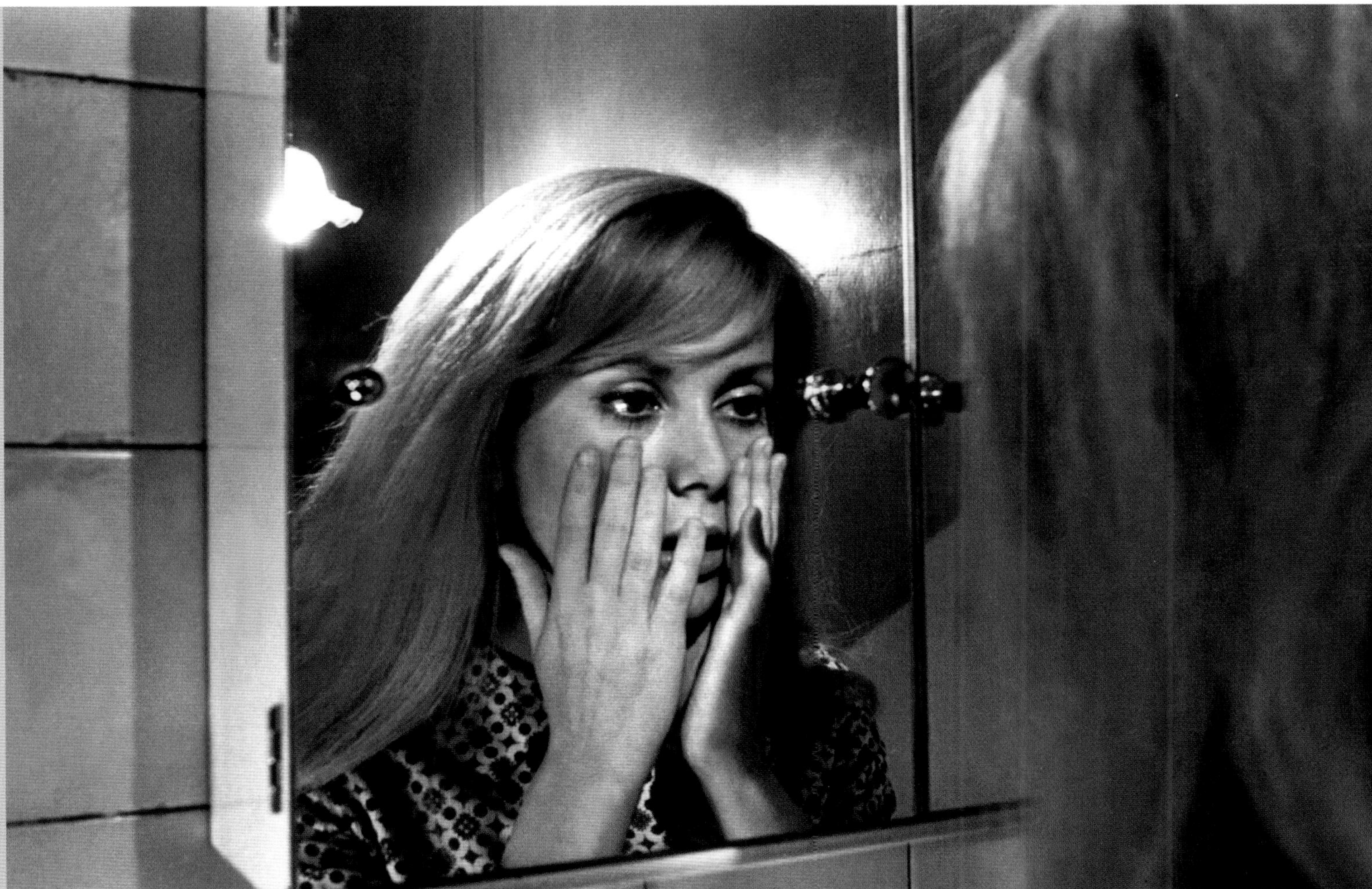

Der Spiegelbeweis für Carole. Ist sie im Begriff, verrückt zu werden? Der Zuschauer wird ständig in Atem gehalten.

das *Swinging London*. Konzerte, Popmusik-Abende im Minirock, Treffen mit Künstlern wie Marianne Faithful und Mick Jagger. Im Lauf eines dieser Abende lernt Deneuve den Photographen David Bailey kennen, den sie am 18. August 1965 heiratet.

Das Zusammentreffen mit Polanski erweist sich als bedeutsam auf Deneuves Weg. Sich ganz und gar einfühlen in die Psyche eines Kreativen, seinen Phantasien lauschen, seine Arbeitsanforderungen respektieren: wie schon mit Demy durchläuft Deneuve noch einmal eine gute Schule. Sie geht erschöpft aus diesen viermonatigen Dreharbeiten hervor. »Mit Deneuve zu arbeiten war, wie mit einer besonders geschickten Tanzpartnerin Tango zu tanzen«, wird Polanski später sagen. »Sie wusste genau, was ich am Set von ihr erwartete, und schlüpfte ganz und gar in die Haut der Figur – so sehr, dass sie am Ende der Dreharbeiten weggetreten und ein wenig verrückt geworden war.« (aus *Roman par Polanski*.) *Ekel* markiert auch den Beginn einer langen, auf gegenseitiger Bewunderung basierenden Freundschaft mit dem Filmemacher.

Die Presse ist begeistert. Als der Film in die Kinos kommt, loben die Kritiker die Leistung der Schauspielerin, und alle sind verzaubert, ihr dabei zuzusehen, wie sie sich entpuppt.

Ekel erlaubt einschlägige Rückschlüsse auf Deneuves Persönlichkeit dieser Zeit. Bei näherer Betrachtung erkennt man bereits die starke Person hinter ihrer Engelsblondheit: Die junge Frau beginnt, ihr Privatleben ganz unabhängig zu gestalten, lehnt es etwa zum großen Erstaunen eines Teils der Öffentlichkeit ab, Roger Vadim, den Vater ihres Sohnes, zu heiraten. Scheu im Alltag, aber unerschrocken auf der Leinwand. Gerade erst Mutter geworden, hält sie sich noch im Hintergrund, erzählt der Presse dann und wann von ihren Träumen als Vorzeigegattin und von der großen Liebe. Aber als Schauspielerin überrascht sie, indem sie wagemutig die finstersten Rollen wählt, wie etwa die erstaunliche Figur der Carole.

Mit *Ekel* zeigt Deneuve der Welt ganz bewusst und zum ersten Mal, dass sie nicht nur eine gute Schauspielerin ist, sondern eine, die zu allem fähig ist.

»Ich kenne weder Vorurteile noch Tabus. Ich finde nichts undenkbar und kann sehr weit gehen, wenn mich der Film überzeugt. Aber Provokation um ihrer selbst willen – nein. Nur sein eigenes Image herausfordern oder das Publikum, daran glaube ich nicht. Ich muss nichts beweisen.«

Catherine Deneuve

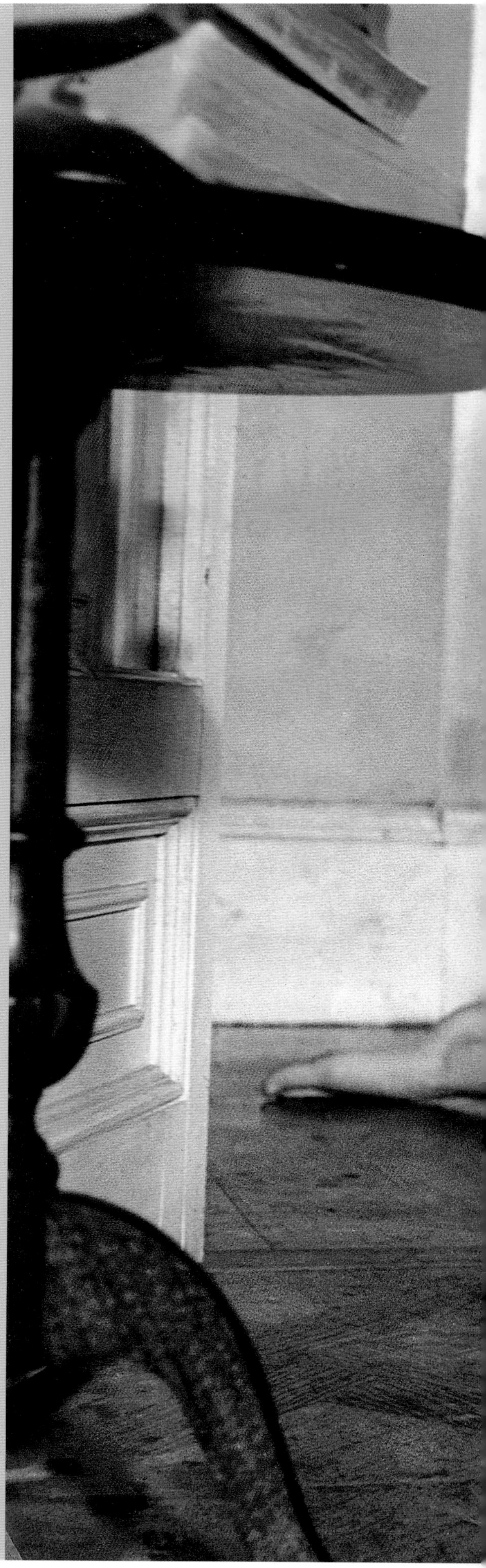

Am Telefon verrennt sich Carole in ihre Angst, weiß nicht mehr, ob sie um Hilfe rufen oder Gewalt anwenden soll.

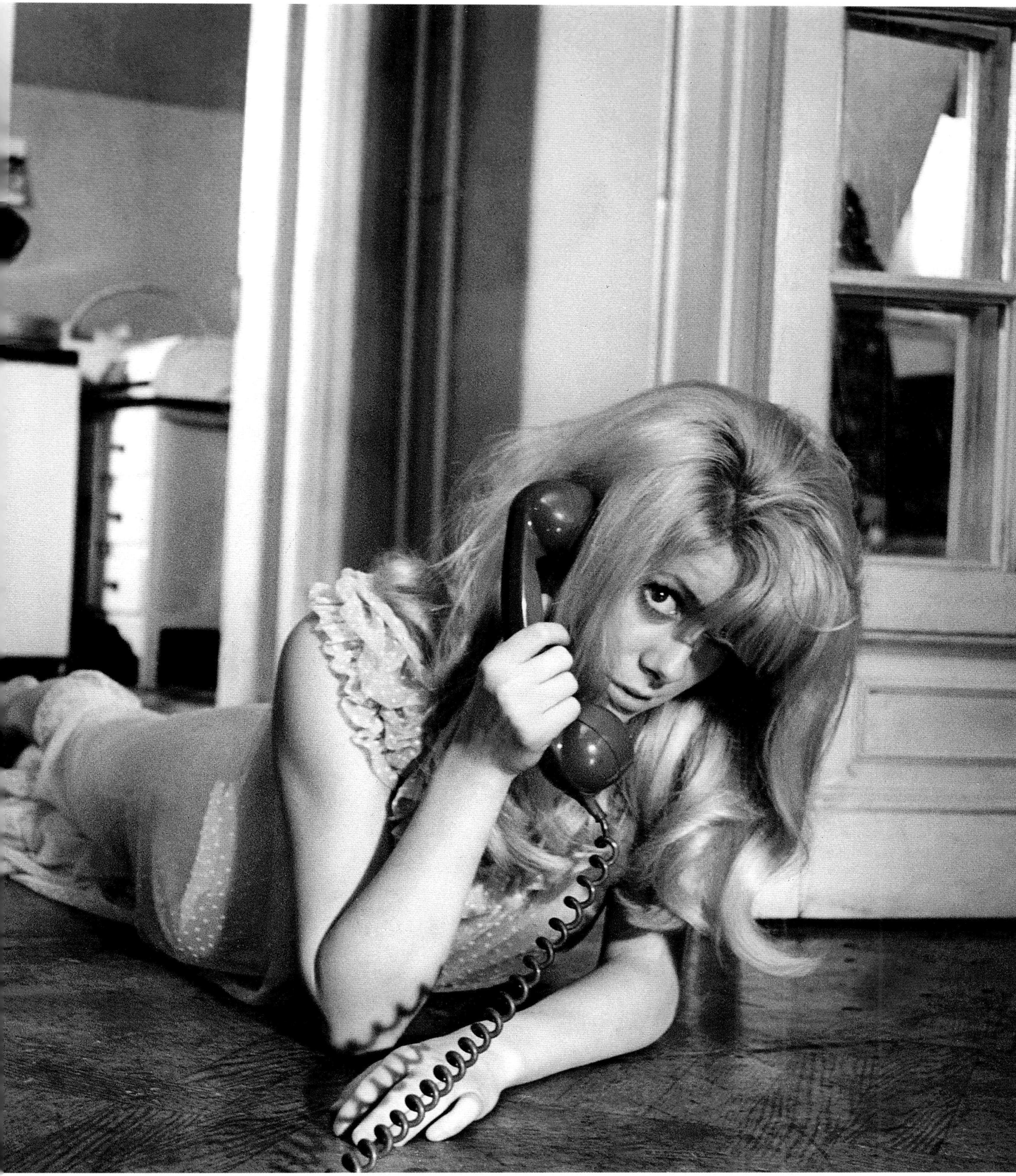

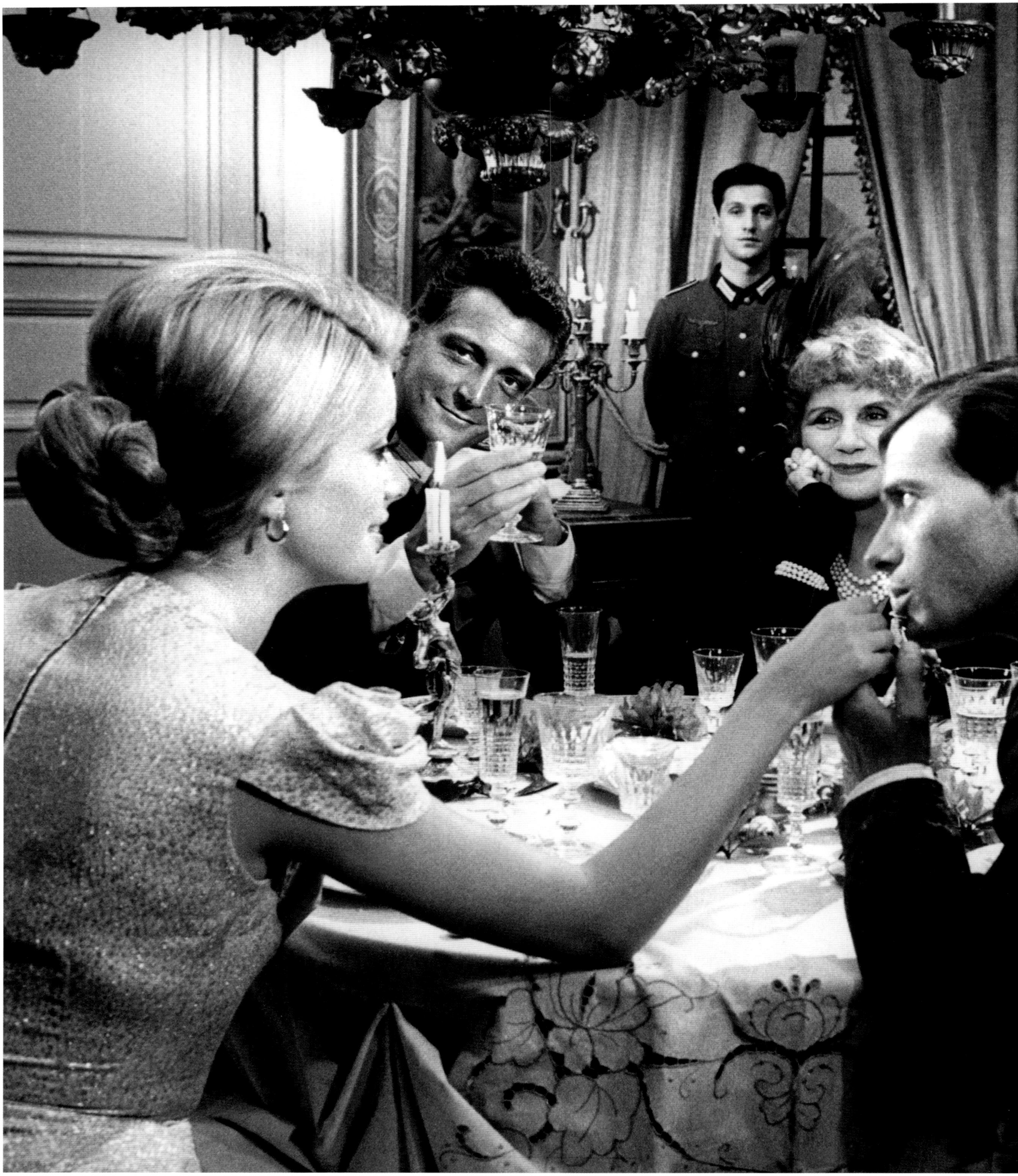

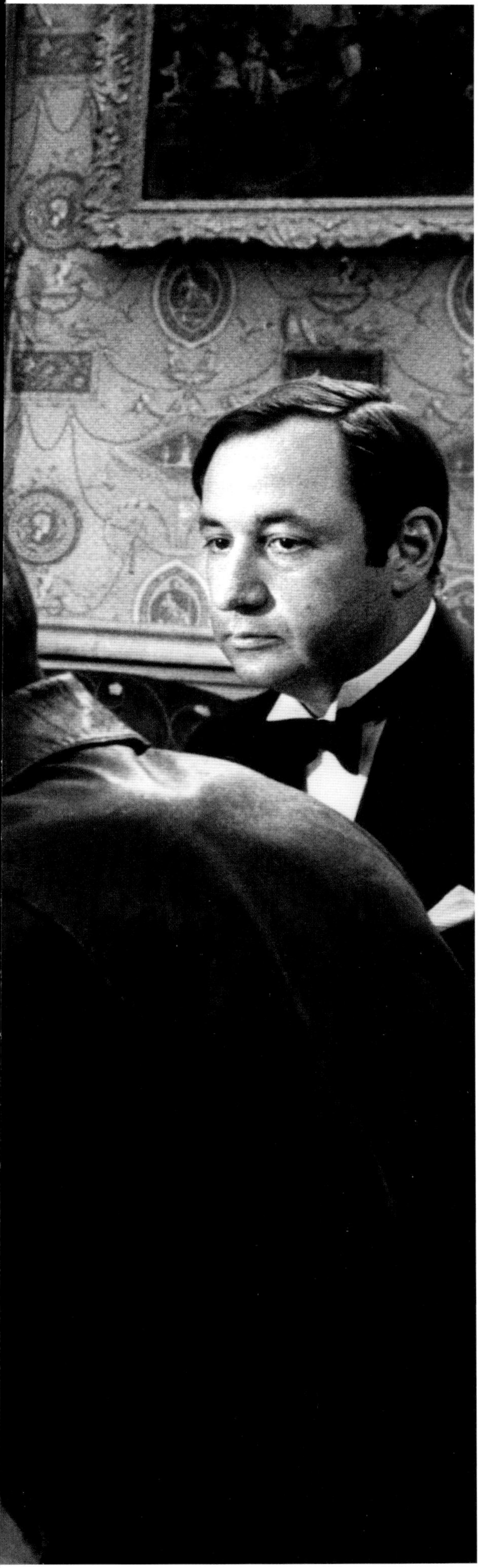

Die frivole Marie, die sich in ihrem großen Anwesen konstant langweilt, freut sich über Abwechslung von ihren immer gleichen Begleitern (Philippe Noiret, Mary Marquet).

La Vie de château
(Leben im Schloss)

Filmstart: 1966
Regisseur: Jean-Paul Rappeneau
Hauptdarsteller: Catherine Deneuve, Philippe Noiret, Pierre Brasseur, Henri Garcin, Mary Marquet
Rolle: Marie

Gute Filme leben oft von guten Drehbüchern. Jean-Paul Rappeneau, Alain Cavalier, Claude Sautet: alle drei haben sich zusammengesetzt, um die Geschichte von *Leben im Schloss* zu verfassen. Und der Schriftsteller Daniel Boulanger zeichnet für die Dialoge verantwortlich. Zwanzig Jahre nach der Befreiung entstaubt diese lebendige Komödie das Genre des Kriegsfilms in einem Frankreich, das noch immer allzu bereit ist, die Jahre der Besatzung zu vergessen.

Wir befinden uns im Frühjahr 1944, in einem Schloss in der Normandie, nur ein paar Steinwürfe entfernt vom Strand, an dem die Alliierten gelandet sind. Marie, die Herrscherin vor Ort, langweilt sich schrecklich, eingeklemmt zwischen Vater, Schwiegermutter und Ehemann. Letzteren findet sie viel zu träge und dick. Ihr Wunsch nach Abwechslung erfüllt sich, als die deutschen Offiziere beschließen, sich im Schloss einzurichten. Nun muss nur noch ein Fallschirmspringer aus dem Lager der Résistance auftauchen – er bleibt mit seinem Schirm im Baum hängen! – und der deutsche Kommandant dem Charme der Schlossherrin erliegen, und schon entspinnt sich die schönste Komödie.

Im Lauf dem Sommers 1965 finden die Dreharbeiten im Schloss Neuville in fröhlicher und entspannter Atmosphäre statt, »direkt unter der Sonne« (*Sous le soleil exactement*), wie Anna Karina ein Jahr später singen wird.

Rappeneaus Erstling wird bei seinem Start aus mehreren Gründen als Erfolg gefeiert: Der Regisseur folgte seiner Intuition und ließ Deneuve in einem für sie ziemlich neuen Register spielen. In einem Aufeinanderprallen der Welten stellt er sie einer ganz anderen Generation von Schauspielern gegenüber: Philippe Noiret, Pierre Brasseur und Mary Marquet. Und den

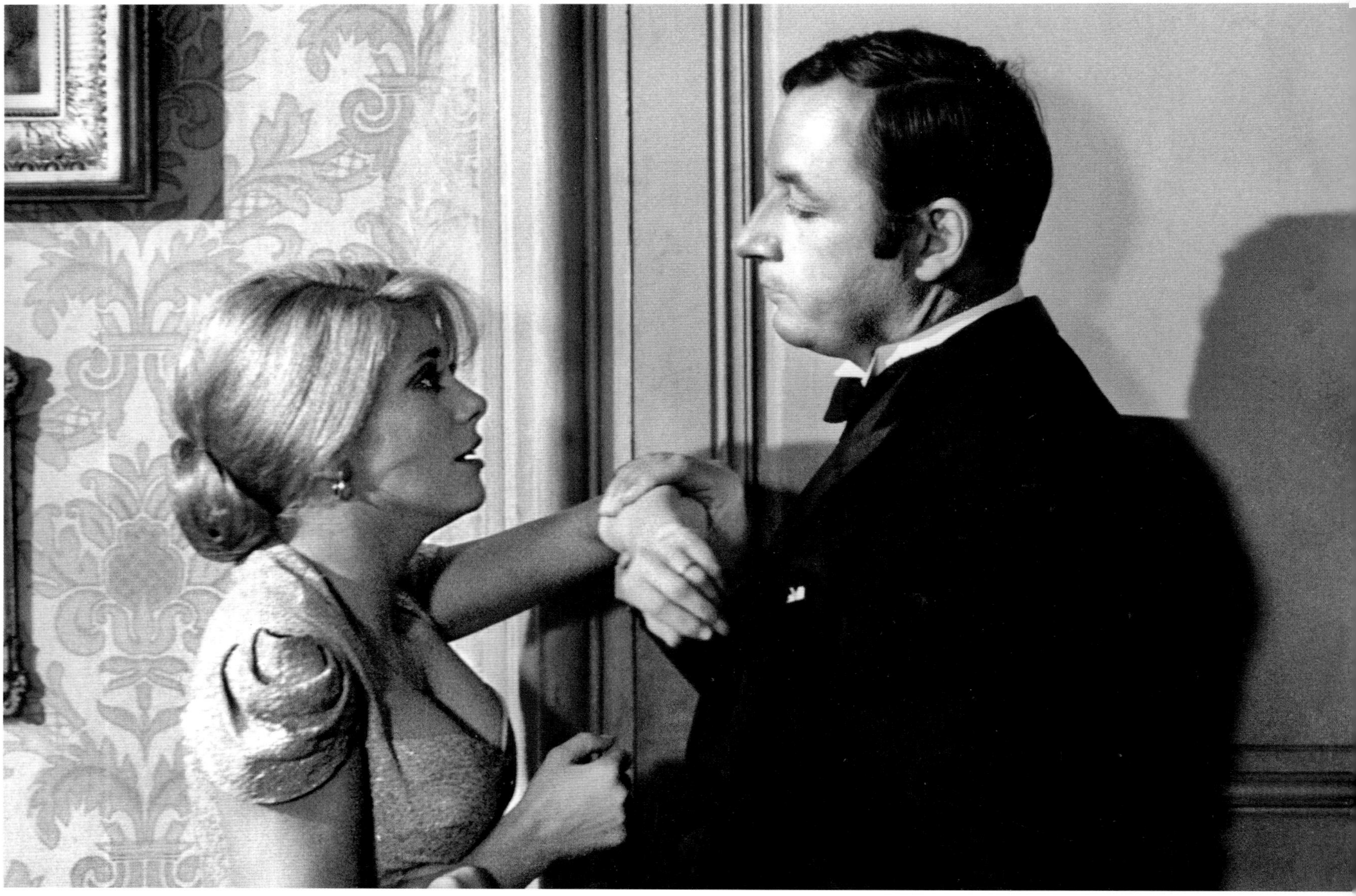

Kleine Plänkeleien mit ihrem Mann Jérôme (Philippe Noiret), Streitigkeiten unter Eheleuten, die in Zeiten der Besatzung als Ventil dienen, während draußen der Krieg tobt.

Krieg phantasievoll zu beschreiben ist zu dieser Zeit auch noch eine sehr gewagte Herangehensweise. Rappeneau hat sich seiner eigenen Kindheitserinnerungen bedient, dabei den Situationen etwas Würze verliehen und die feindlichen Soldaten karikiert. Zur Musik von Michel Legrand (der dem Universum Deneuve entschlossen treu bleiben wird) reiht der Film komische Szenen aneinander und wagt es vor allem zwanzig Jahre nach Kriegsende erstmals, über diese Zeit der Besatzung, die Frankreich noch traumatisiert, zu lachen.

»Lebendig, elegant, frivol, mit einem Hauch Koketterie und Raffinement in der Inszenierung«, liest man in *Le Monde*. So ist es ganz normal, dass *Leben im Schloss* 1966 den Louis-Delluc-Preis abräumt, der das beste Erstlingswerk des Jahres auszeichnet.

»Ich mag durchaus Situationskomik, aber nicht Ausdruckskomik.« Catherine Deneuve hat Antworten parat, als die Presse in vielen Interviews unablässig von ihrer »Kälte«, von ihrem »geheimnisvollen, undurchdringlichen« Gesicht spricht. Manche finden sie »statisch« und vergleichen sie mit Greta Garbo oder mit Bardot als Gegenentwurf. Die Fans jedoch entdecken in diesem Jahr eine andere Facette der Schauspielerin, weit entfernt von den Bildern der Hochglanzmagazine. Als sie zu den Dreharbeiten von *Leben im Schloss* interviewt wird, erscheint sie barfuß und mit gelöstem Haar, ganz und gar entspannt. Nun, da sie eine Szene gedreht hat, in der sie im Nachthemd einen Gang entlangläuft, erzählt sie mit einem Lächeln und großer Natürlichkeit von diesem »Leben im Schloss«, das »ein wenig bewegt, aber sehr angenehm« sei.

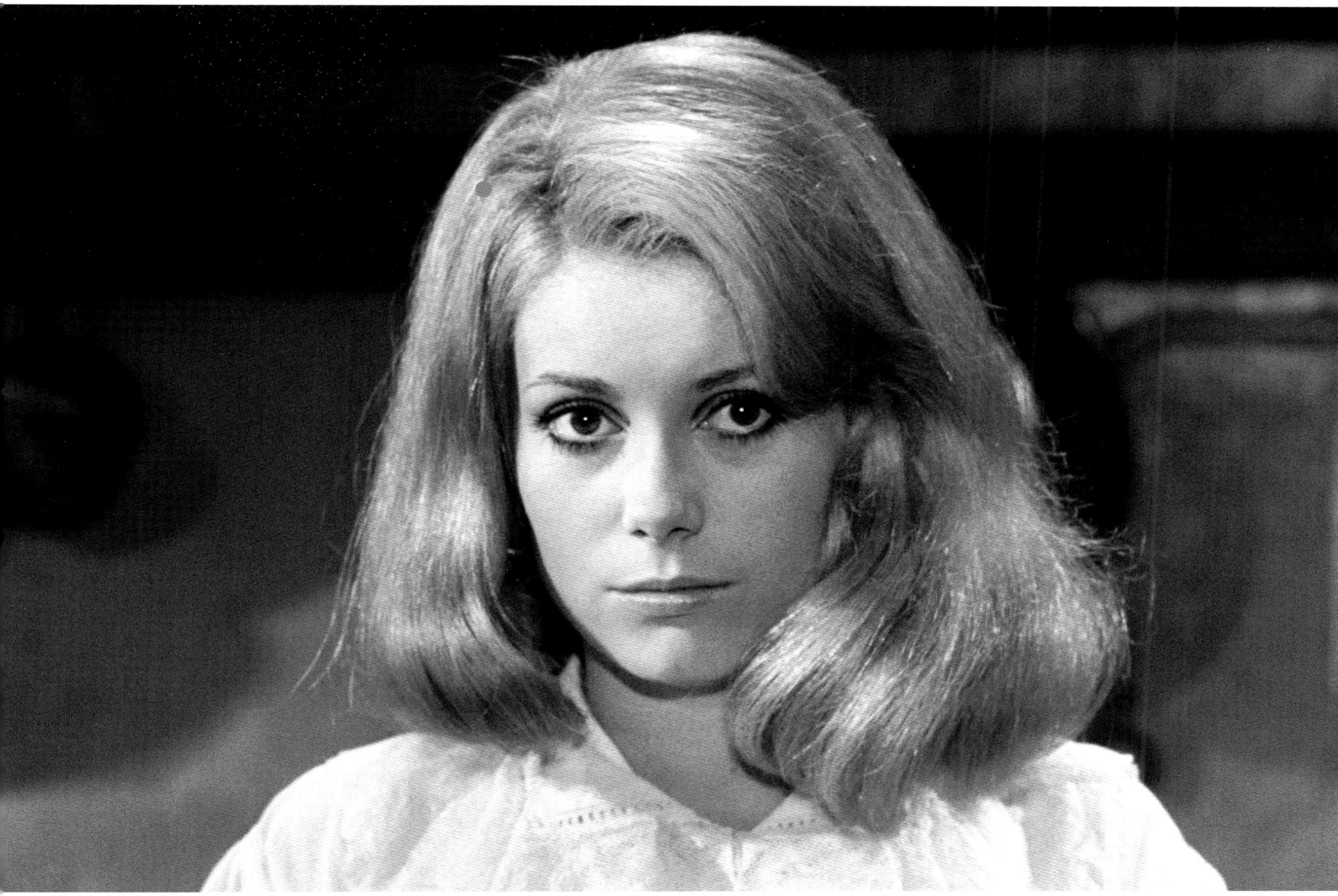

»Ich war bereits verheiratet und Mutter, da spielte ich noch einmal, und zwar diesmal ganz fröhlich, die Rolle eines romantischen jungen Mädchens. Aber ich mochte das sehr gern. Es hatte etwas von *Vom Winde verweht*.«

Catherine Deneuve

Wenn der Film einen nicht unwichtigen Platz in Catherine Deneuves Filmographie einnimmt, liegt das auch daran, dass Rappeneau als Erster vom künftig berühmten »maschinengewehrartigen« Sprechtempo der Schauspielerin profitiert. Dennoch schwankte er zunächst zwischen den beiden Dorléac-Schwestern. Catherine gewinnt schließlich, weil ihre Schwester zu oft zu spät zu den Verabredungen erschienen war. Und der Regisseur ist auch neugierig: »Man hatte mir prophezeit, dass es mir nicht gelingen würde, ihr sichtbare Gefühlsbewegungen abzuringen. Sie sei wie aus Marmor. Am Ende hatte ich geradezu Mühe, sie zu bremsen. Diese so zart wirkende Blondine ist ein Bulldozer. [...] Sie ist diejenige, die die meisten Worte in die kürzeste Zeit packen kann, ohne dass ihr eine Silbe verloren geht. Auch wenn sie zunächst statisch erscheint – sie trägt einen Formel-1-Motor in sich!« (*Marie-Claire*, 1984).
Catherine Deneuve dabei zuzusehen, wie sie einem deutschen Soldaten einen Besen über den Kopf zieht oder wie sie barfuß durch den Rasen im Garten läuft, erstaunt und fasziniert das französische Publikum. Gilles Jacob [Produzent und Filmkritiker, ehemaliger Präsident der Filmfestspiele von Cannes, A.d.Ü.] fühlt sich an den Tonfall der amerikanischen Vorkriegskomödien erinnert. Kaum sind die Dreharbeiten beendet, bekennt Deneuve in einem Interview, dass sie am liebsten so schnell wie möglich wieder mit Rappeneau drehen würde: »Ich habe sehr gern mit ihm gearbeitet, sein Ton und sein Stil sind wunderbar, und mir hat es umso besser gefallen, als niemand sonst eine solche Figur für mich erfunden hätte, die hat viele Leute ja auch überrascht. Deshalb muss

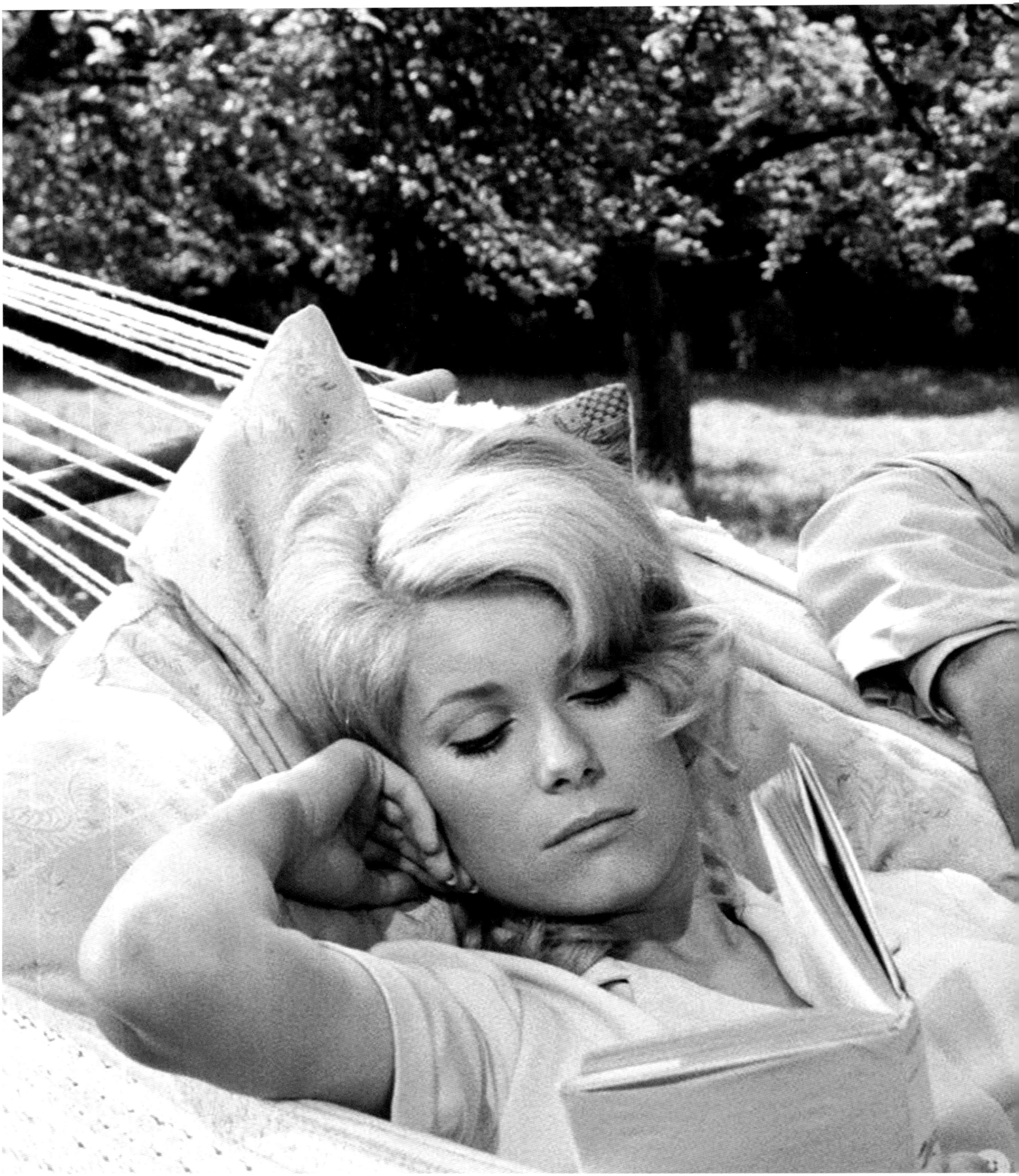

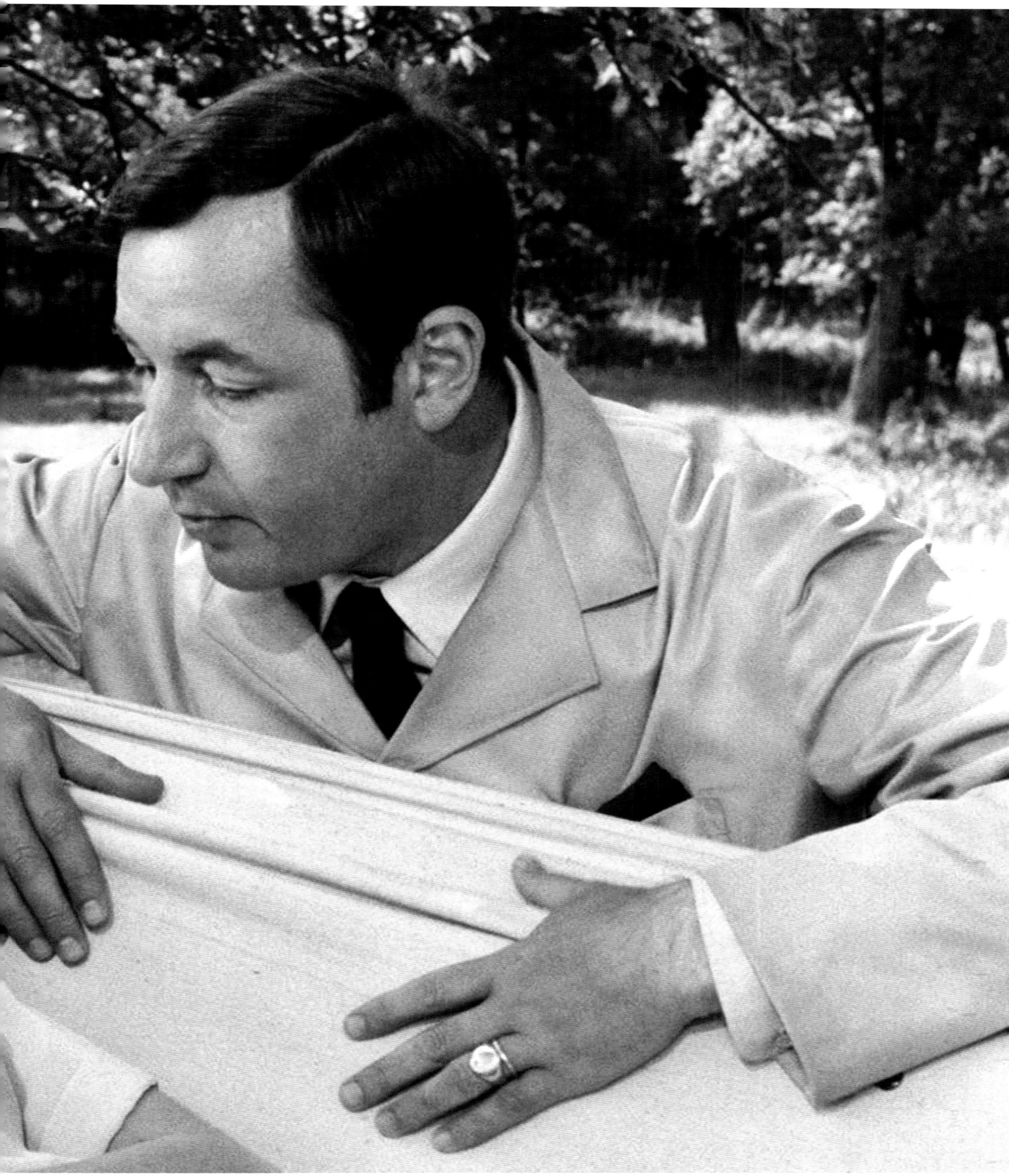

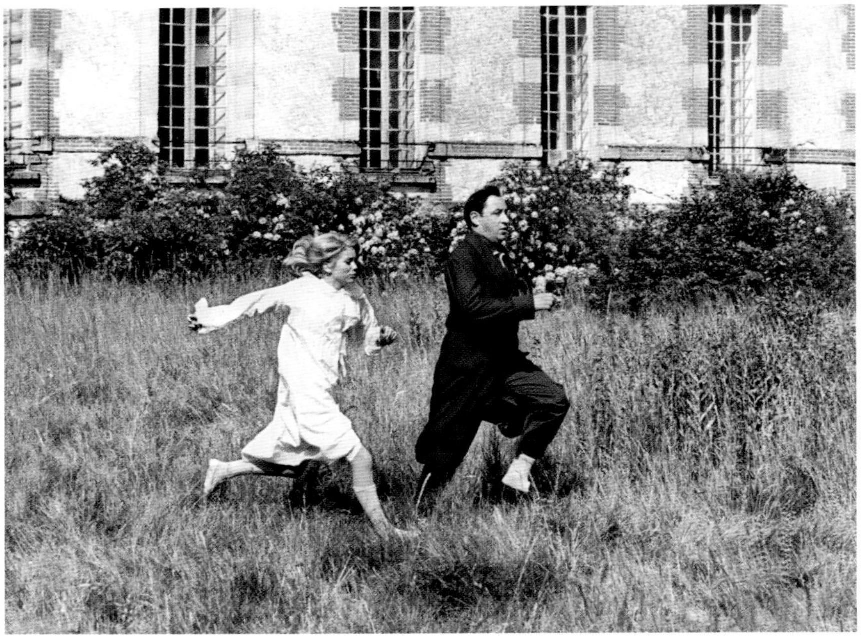

»Ich liebe diesen Film. Ich liebe Komödien. Und es ist sehr schwierig, eine Komödie mit einem gewissen Anspruch zu machen. […] Und oft waren es die Rollen, die zunächst nicht für mich vorgesehen waren, die mich am meisten gereizt haben.«

Catherine Deneuve

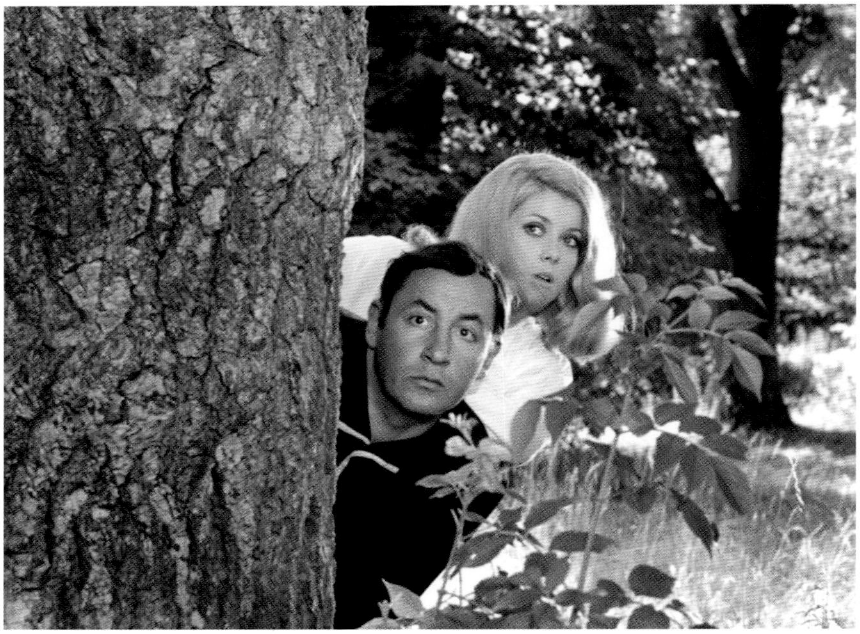

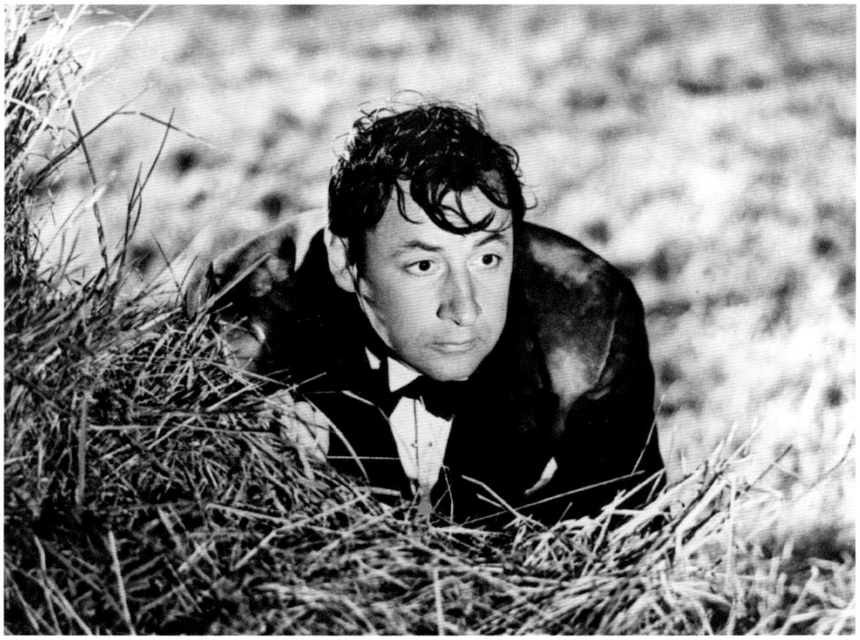

Das Talent von Jean-Paul Rappeneau liegt darin, einen Hauch von leichter Komödie durch diese düstere Zeit der Besatzung wehen zu lassen: er portraitiert das Paar Deneuve/Noiret, das durch sie hindurch und umeinander herum wirbelt.

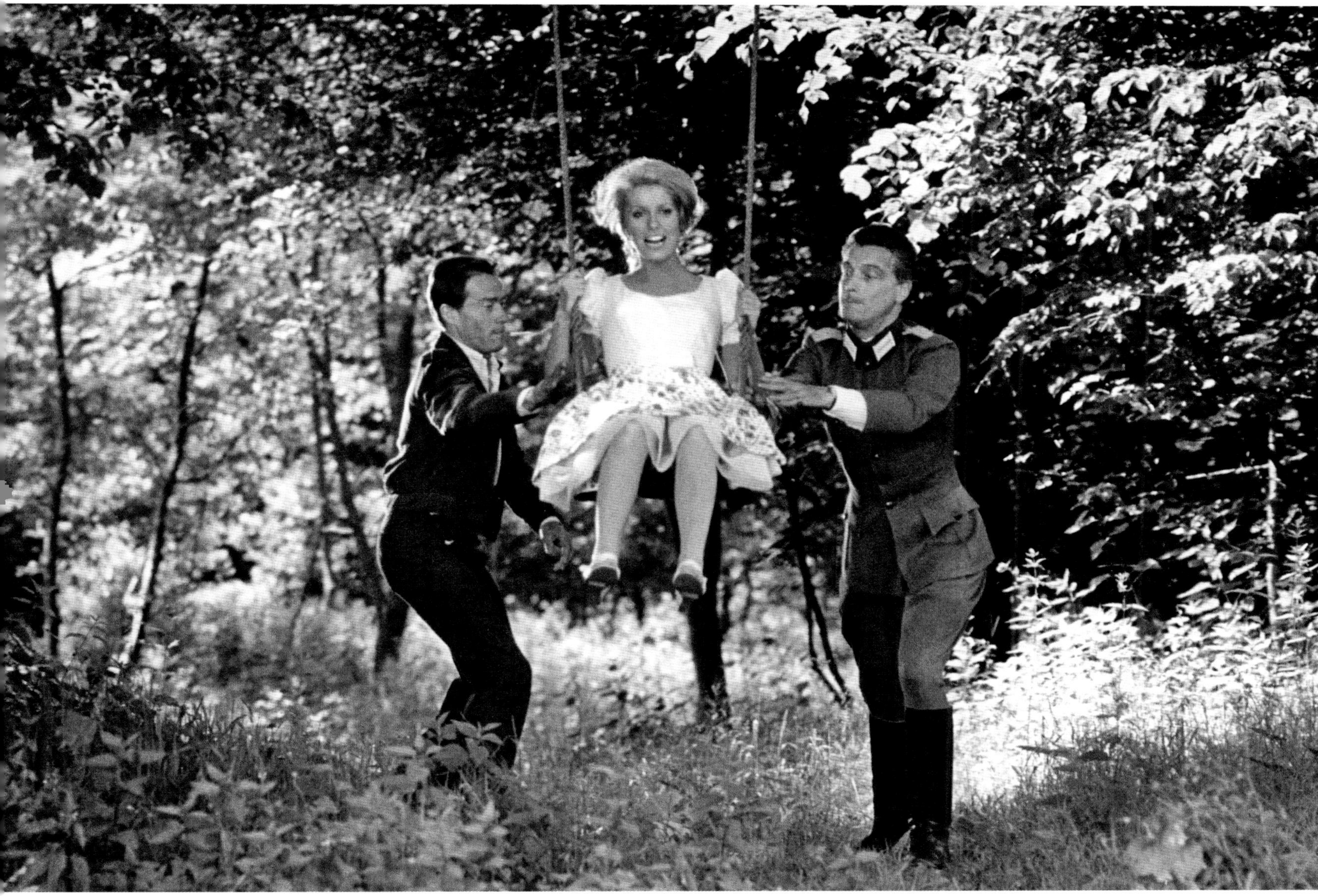

Wie weit kann Marie die deutschen Soldaten an der Nase herumführen, die ihrer Schönheit und ihrem verführerischen Charme erlegen sind?

ich aufpassen und möglichst viele Drehbücher und Entwürfe lesen, denn jetzt weiß ich, dass es Sachen gibt, die man mir von Vornherein nicht anbieten wird, die ich aber gern machen würde, die mir Spaß machen.« (*Cinéma*, 1969)

Für Pierre Billard in *L'Express* ist das Urteil klar: »Dieser Film wird Geschichte schreiben. [...] *Leben im Schloss* holt die unantastbare Epoche der Besatzung und Befreiung aus dem Bereich des Musée Grevin [Wachsfigurenkabinett von Paris, A.d.Ü.] heraus.«

Nach der Naiven bei Demy und der Neurotischen bei Polanski sieht man hier die pfiffige Schlossherrin vor Rappeneaus Kamera.

Endlich eine echte Komödienrolle! So wie Howard Hawks von Cary Grant verlangte, in *Leoparden küsst man nicht* schnell zu sprechen, so drückt auch Rappeneau dem Film seinen Stempel auf, genauso wie er es ein paar Jahre zuvor mit Drehbüchern getan hat, die ähnlich lebhaft waren: *Gezeichnet: Arsène Lupin*, *Zazie* oder auch *Abenteuer in Rio*. Seine Neigung zu einem lebhaften Stil, sowohl hinsichtlich der Darbietung seiner Schauspieler als auch der Kameraführung, findet in der Person von Catherine Deneuve ein perfektes Echo.

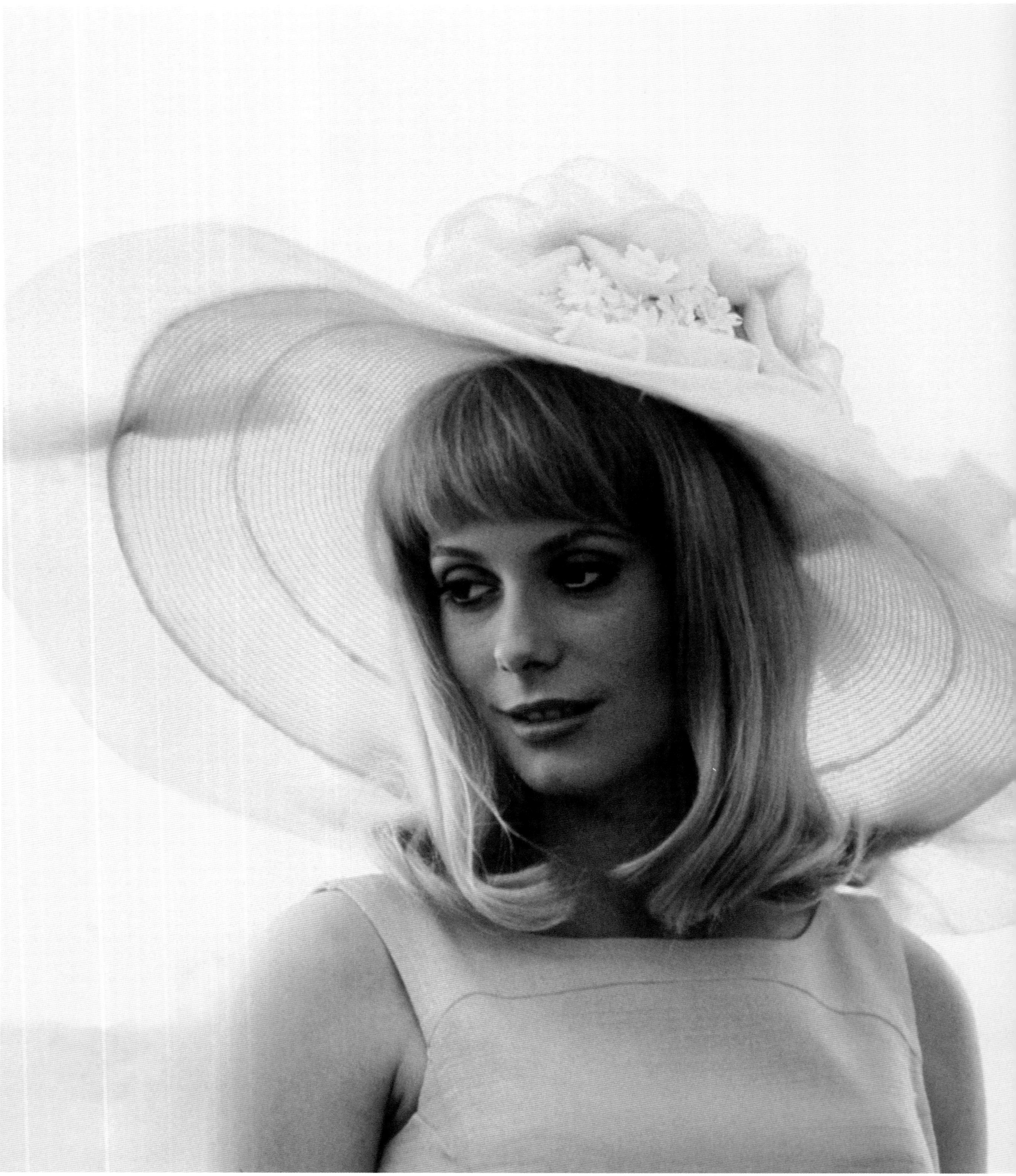

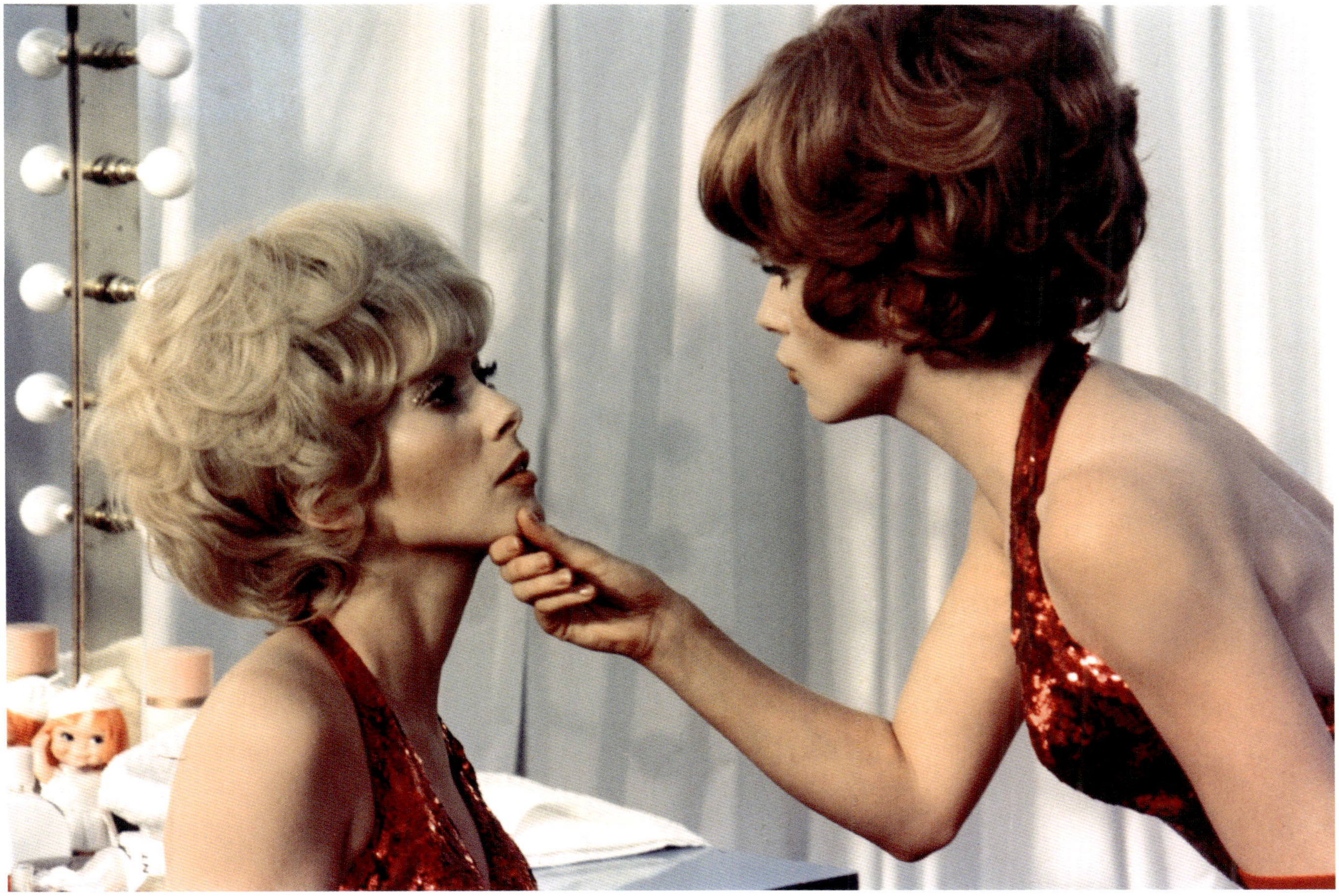

Delphine und Solange Garnier, »zwei Zwillingsschwestern, geboren unter dem Sternzeichen der Zwillinge«. Auf ewig. »Mi fa so la mi ré, ré mi fa so so so ré do« …

Les Demoiselles de Rochefort
(Die Mädchen von Rochefort)

Kinostart: 1967
Regisseur: Jacques Demy
Hauptdarsteller: Catherine Deneuve, Françoise Dorléac, Jacques Perrin, Gene Kelly, Danielle Darrieux, Michel Piccoli
Rolle: Delphine

»Never change a winning team.« Diese Erkenntnis, so trivial oder vereinfachend sie ist, hat den Absolventen der Ecole des beaux-arts von Nantes jedenfalls nicht unbeeinflusst gelassen. Nach dem internationalen Triumph seiner *Regenschirme von Cherbourg* kann Jacques Demy nun endlich seinen alten Traum in Angriff nehmen: eine musikalische Komödie, wie die Amerikaner sie so gut beherrschen. Er hat sie schon im Kopf – ein fröhliches, gesungenes und getanztes Spektakel, getragen von der romantischen Idee der vollkommenen Liebe. Das ist der Leitfaden des Films. Und Catherine Deneuve fällt die Aufgabe zu, dieses »weibliche Ideal« in der Figur der Delphine zu verkörpern, einer jungen Tanzlehrerin, die laut von der großen Liebe träumt. Mit voller Kraft verschreibt sich Deneuve dieser Aufgabe. Sie ist überglücklich, wieder mit dem Regisseur zusammenzuarbeiten, dem sie sich ebenso verbunden fühlt wie seiner Gefährtin Agnès Varda. Begeistert ist sie auch, mit ihrer Schwester Françoise Dorléac gemeinsam zum Dreh zu fahren.

Schon im Vorfeld bereitet es Deneuve großen Spaß, sich mit Proben zur Choreographie von Norman Maen in London auf die Tanz- und Gesangsszenen vorzubereiten. Die Vorzeichen sind in jeder Hinsicht bestens. Auf der Suche nach einer geeigneten Location in einer passenden Stadt, die ihrer Meinung nach einen schönen großen Exerzierplatz aufweisen soll, reisen Jacques Demy und Agnès Varda schließlich nach Rochefort, und die Dreharbeiten beginnen. Sie finden in der Atmosphäre eines großen Familienfestes statt. Die ganze Stadt nimmt

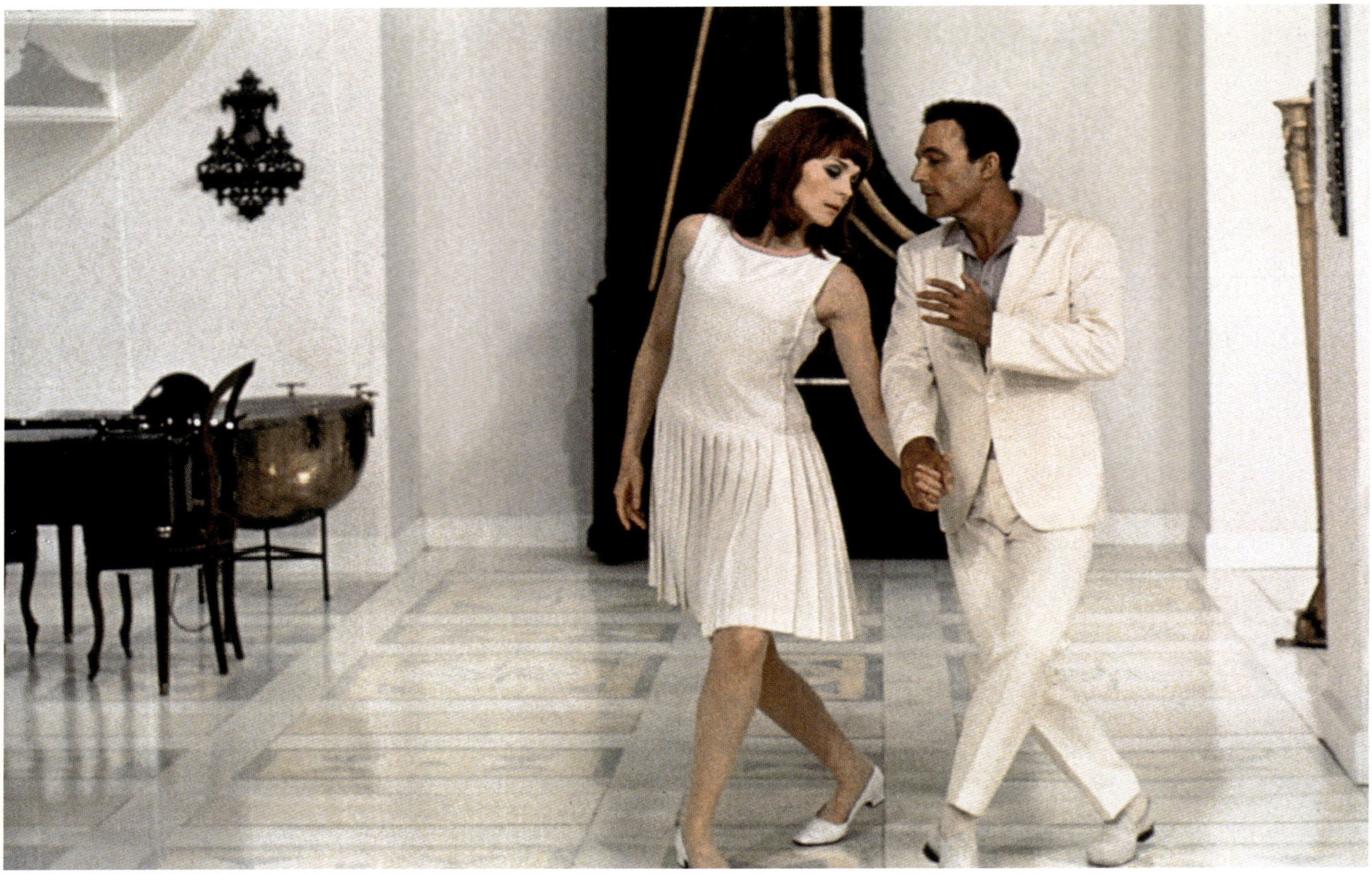

Oben: Ein Pas de deux von Françoise Dorléac (Solange) und Gene Kelly (Andy Miller).

Rechts: Der Filmemacher Paul Vecchiali sagt über Jacques Demy: »Bei ihm glänzt das Schaufenster und präsentiert sich in gewagten Farben, aber im Hinterzimmer des Ladens verbirgt sich ein unverstellter, tragischer Blick aufs Leben und auf die Figuren.«

daran teil, und manchmal hört man die Einwohner die berühmt gewordenen Lieder der Zwillingsschwestern summen. Für Catherine bleibt das Erlebnis der Dreharbeiten als eines der fröhlichsten ihrer jungen Karriere in Erinnerung, unauslöschlich verbunden mit ihrer Schwester Françoise Dorléac. Ein schillerndes Bild – leider das letzte – des Tandems Deneuve-Dorléac, das für immer im kollektiven Gedächtnis bleibt. »Demys Film hat uns wieder zusammengeführt«, erzählt Deneuve. »Zumal wir im Film Zwillinge sind, und diese Beziehung uns in die Atmosphäre unserer Kindheit zurückversetzt hat. [...] Wir wohnten im selben Hotel am Rand von Rochefort, wir waren immer zusammen, redeten Blödsinn, heckten Streiche aus, echte Kinderstreiche. Damals waren wir zwanzig und zweiundzwanzig Jahre alt, aber wir benahmen uns wie Teenager.«

Das Drehbuch der *Mädchen* entstand im Lauf des Sommers 1964, also sogar bevor *Die Regenschirme von Cherbourg* gedreht wurde. Damals hoffte Jacques Demy, Brigitte Bardot und Audrey Hepburn für die Rollen der Zwillingsschwestern zu gewinnen. Bardot hatte zugestimmt, zog aber zurück, als sie erfuhr, dass ihre britische Kollegin nicht mitmachen würde. Es dauert also einige Jahre, bis das Projekt der *Mädchen* konkret wird; es ist teuer und daher finanziell schwer auf die Beine zu stellen. Weil große Stars mitspielen sollen, wie George Chakiris, der mit *West Side Story* einen Riesenerfolg gelandet hat, und Gene Kelly, den alle Welt aus *Ein Amerikaner in Paris* (1951) und aus *Singing in the Rain* (1952) kennt, müssen noch ein paar Millionen Dollar draufgelegt werden. Wieder muss sich Jacques Demy trotz seines schon abgelieferten Erfolgs abmühen, allein auf Basis des Drehbuchs zu überzeugen; die Tatsache, dass Catherine Deneuve auf der Besetzungsliste steht, hilft, die Geldgeber zu überzeugen.

Mit seiner Musikkomödie will Jacques Demy etwas Originelles, noch nie Dagewesenes schaffen. Sich von den Amerikanern inspirieren lassen, ohne sie zu kopieren. Von den Darstellern verlangt er, Playback zu singen. Anne Germain singt für Catherine Deneuve, wie sie es später auch in *Peau d'âne* (*Eselshaut*) tun wird.

In *Die Mädchen von Rochefort* sind alle auf der Suche nach der Liebe. Zuallererst die Schwestern Garnier: Delphine, die mit

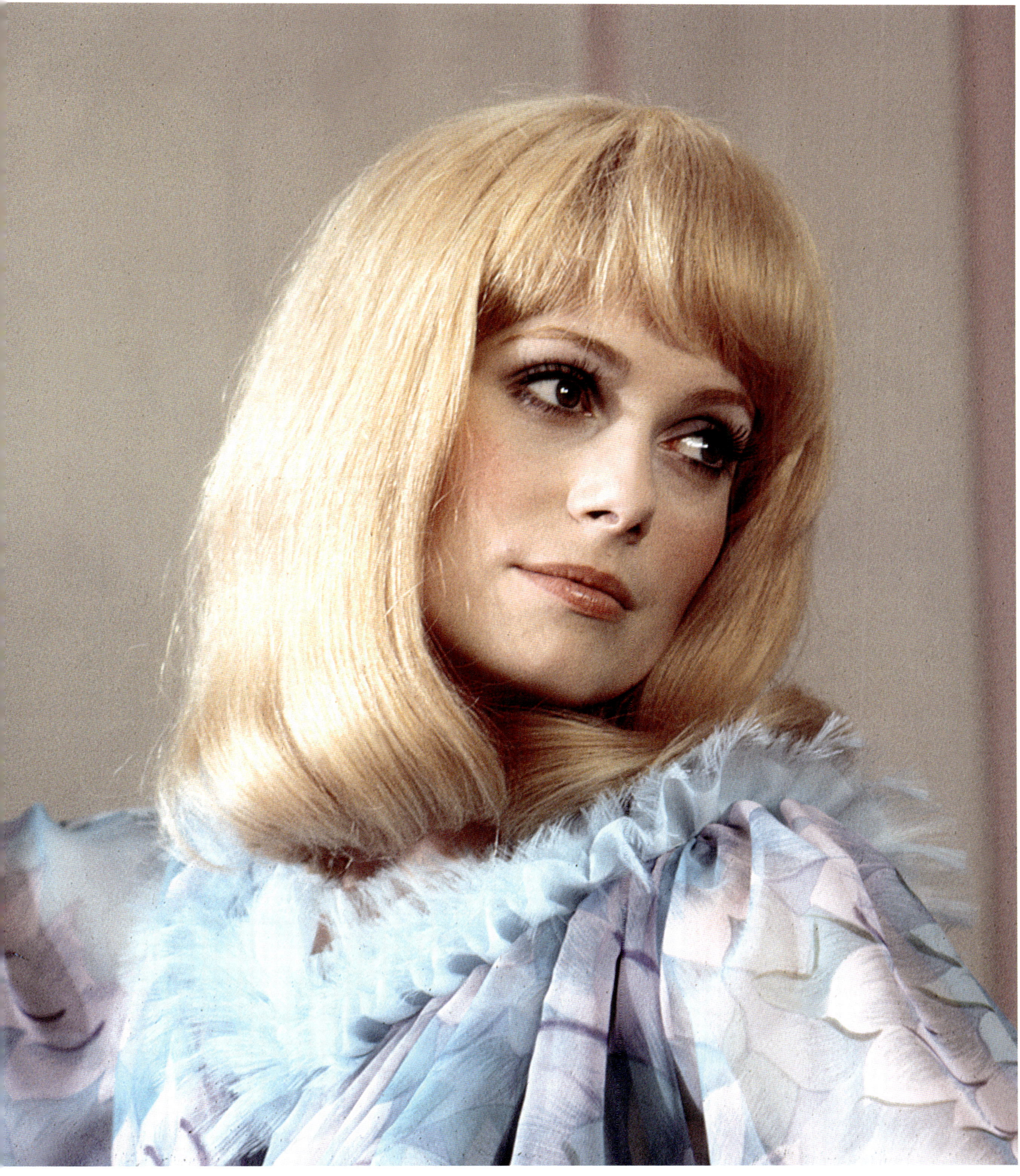

Nous sommes deux sœurs jumelles,
Nées sous le signe des Gémeaux.
Mi fa sol la mi ré,
Ré mi fa sol sol sol ré do.
Toutes deux demoiselles,
Ayant eu des amants très tôt.
Mi fa sol la mi ré,
Ré mi fa sol sol sol ré do.

(DELPHINE)
Nous fûmes toutes deux élevées par Maman,
Qui pour nous se priva, travailla
vaillamment.

(SOLANGE)
Elle voulait de nous faire des érudites,
Et pour cela vendit toute sa vie des frites.

(DELPHINE et SOLANGE)
Nous sommes toutes deux nées de
père inconnu.
Cela ne se voit pas, mais quand nous
sommes nues,
Nous avons toutes deux au creux des
reins, c'est fou…

(DELPHINE)
… là un grain de beauté…

(SOLANGE)
… qu'il avait sur la joue !

Wir sind zwei Zwillingsschwestern, geboren
unter dem Sternzeichen der Zwillinge.
Mi fa so la mi re,
Re mi fa so so so re do.
Beide unverheiratet,
doch schon früh von Liebhabern umschwärmt.
Mi fa so la mi re,
Re mi fa so so so re do.
(Delphine)
Wir wurden alle beide von Mama großgezogen,
die Opfer brachte für uns und tapfer arbeitete.
(Solange)
Sie wollte uns zu Bildung verhelfen
und verkaufte dafür Fritten ihr Leben lang.
(Delphine und Solange)
Wir wissen nicht, wer unser Vater ist.
Man sieht es nicht, nur wenn wir nackt sind:
wir haben beide ganz unten am
Rücken, ganz verrückt …
(Delphine)
… einen Schönheitsfleck, …
(Solange)
… den er auf der Wange hatte!

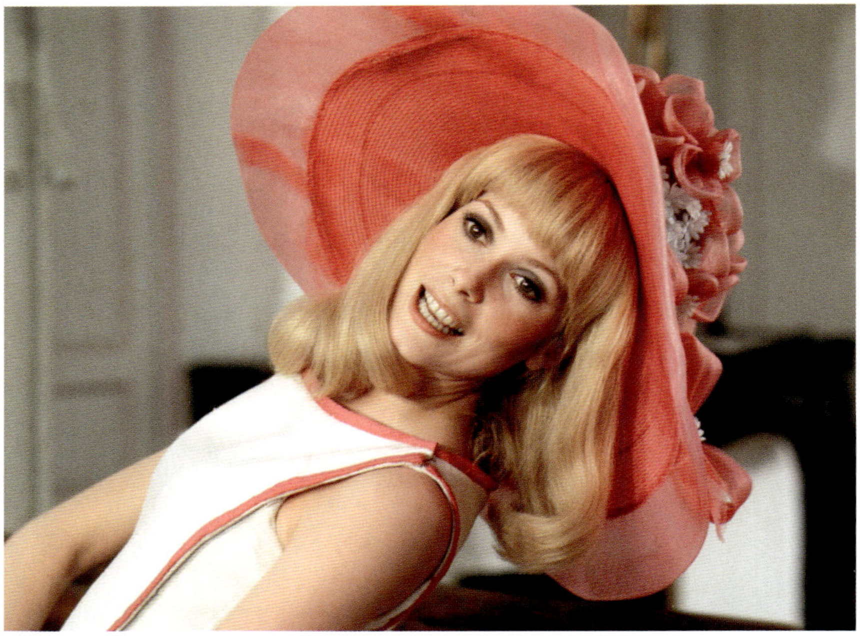

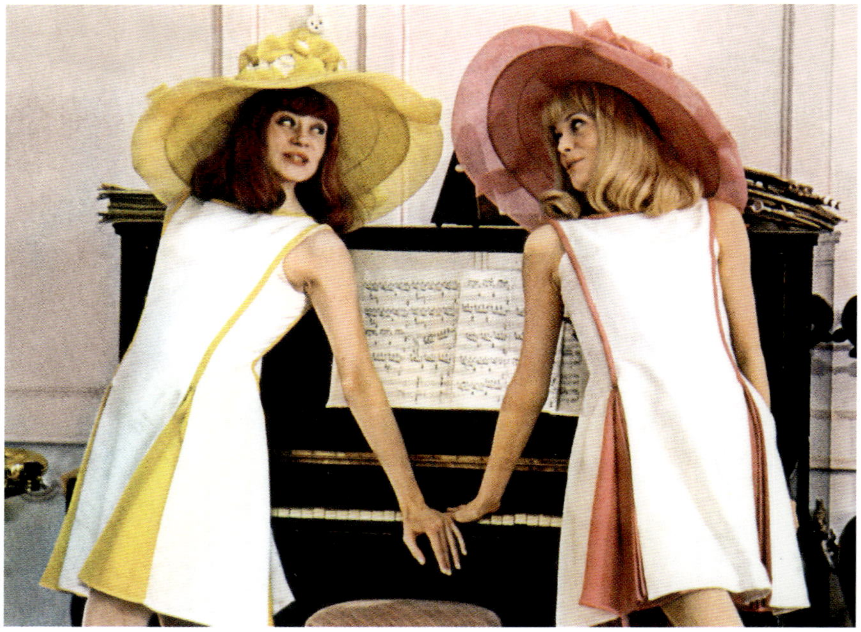

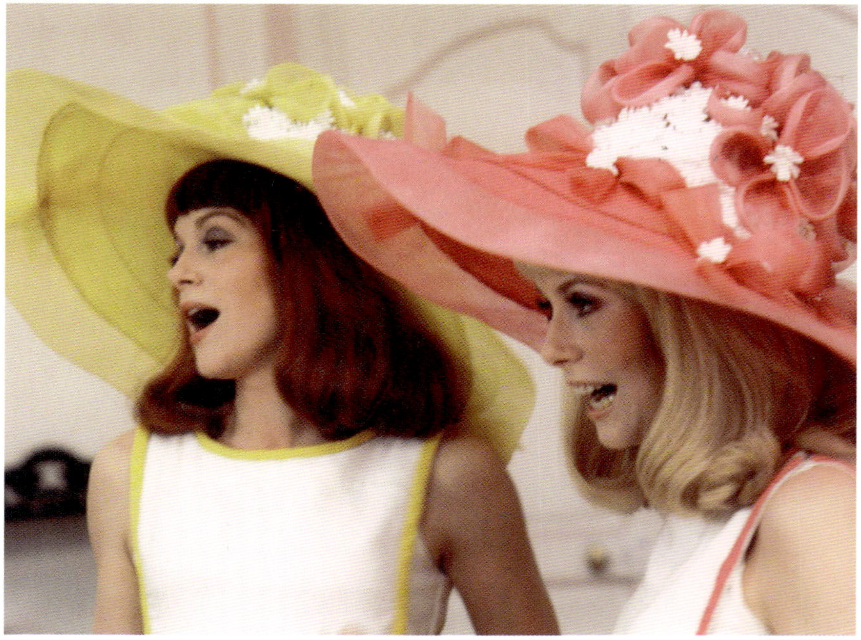

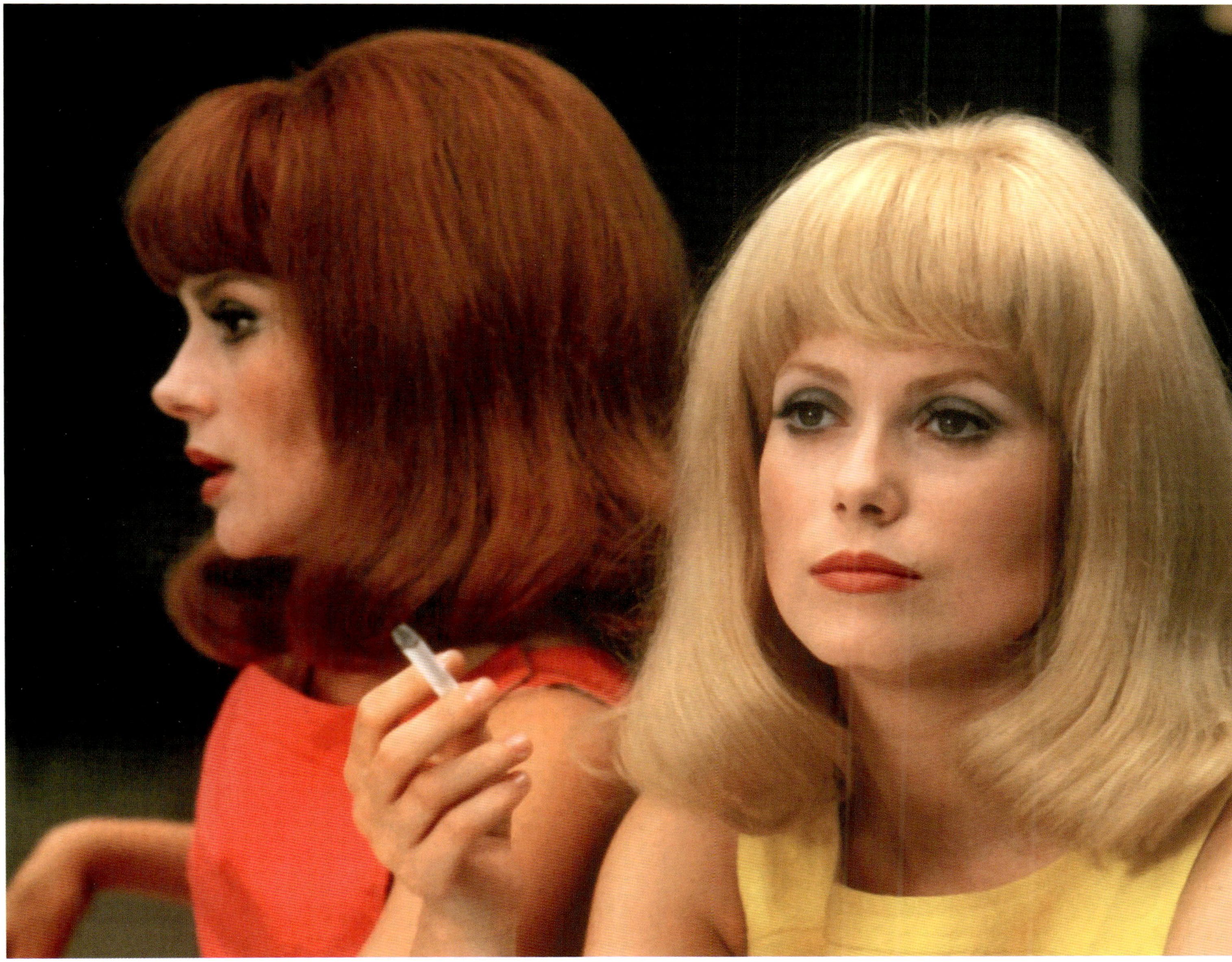

Während der Dreharbeiten ist die Vertrautheit der beiden Schwestern mit Händen zu greifen. Abseits vom Set hört man zwischen den Takes ihre Lachsalven.

Maxence Katz und Maus spielt, einem Matrosen, der auf dem Absprung zu »einer Mission in Nantes« ist; Solange, die von Andy Miller, dem berühmten amerikanischen Musiker, träumt, ihre Mutter Yvonne (Danielle Darrieux), die sehnsüchtig an ihre vergangene Liebe mit Simon Dame (Michel Piccoli) zurückdenkt.

Delphine Garnier zu spielen bedeutet für Catherine Deneuve nicht nur die Gelegenheit, in ein märchenhaftes Universum zurückzukehren, das ihr liegt, sondern sie kann obendrein beweisen, dass es ihr gelingt, innerhalb nur eines Jahres mit Leichtigkeit von Polanski zu Demy zu wechseln.

Der Film kommt am 8. März 1967 in die Pariser Kinos. In einem bereits von politischem Aufruhr und der Lust auf Rebellion bewegten Frankreich, das zwischen strengem Gaullismus und dem Ruf nach Modernisierung zerrissen wird, scheint *Die Mädchen von Rochefort* mit seiner Frische und seinen poppigen Kulissen jedem Zuschauer ein echtes Glücksgefühl zu vermitteln.

Der Film schwelgt in grellen Farben wie die Lieder von France Gall oder Françoise Hardy, die in den Fernsehsendungen der damaligen Zeit von sich reden machen, und liefert das perfekte Gegenmittel zu einer Gesellschaft, die in ihrem engen Korsett aus Prinzipien zu ersticken droht. Delphine und Solange Garnier schwanken zwischen märchenhafter Liebe und dem Drang in die Ferne und werden so zu neuen französischen Heldinnen. Mit ihren Liedern und ihrem Augenaufschlag haben sie das Zeug dazu, die letzten Bastionen einer Gesellschaft einzureißen, die schon von der sexuellen Befreiung träumt. Beim Publikum stößt der Film auf ein herzliches bis begeistertes Echo. In nur wenigen Wochen sehen mehr als eine Million Zuschauer *Die Mädchen von Cherbourg*. Noch heute liegt er in der Publikumsgunst der Franzosen weit vorn.

»Ich erwartete nichts und ich hatte keine bestimmte Vorstellung vom Leben als Schauspielerin, als ich anfing. Wenn man in jungen Jahren Erfolg hat, kann man nicht sagen, dass man das so gewollt oder sich gewünscht hat. Die Vorschläge kommen einer nach dem anderen, man muss nicht kämpfen.«

Catherine Deneuve

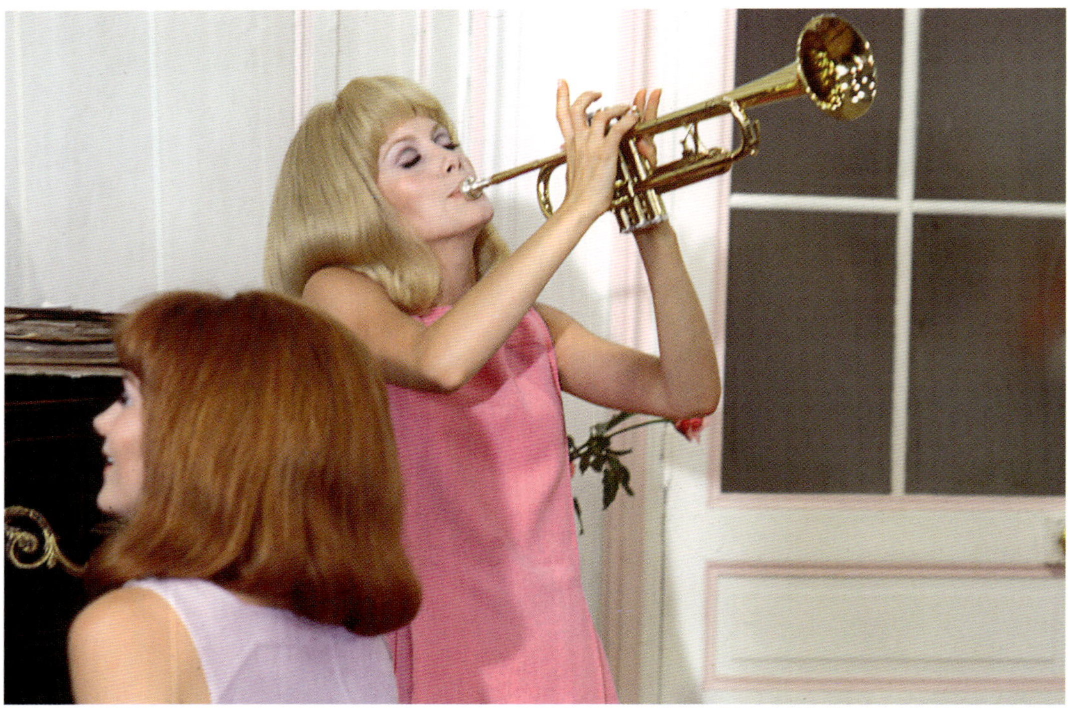

Oben: Um Tanz und Gesang einzustudieren, arbeiten Françoise und Catherine einige Wochen lang in London mit dem Choreographen Norman Maen.

Jacques Demy schart zahlreiche Talente um sich: Michel Legrand für die Musik, Vladimir Cosma für die Arrangements, Bernard Evein für die Kulissen und Claude Miller als Regieassistenten.

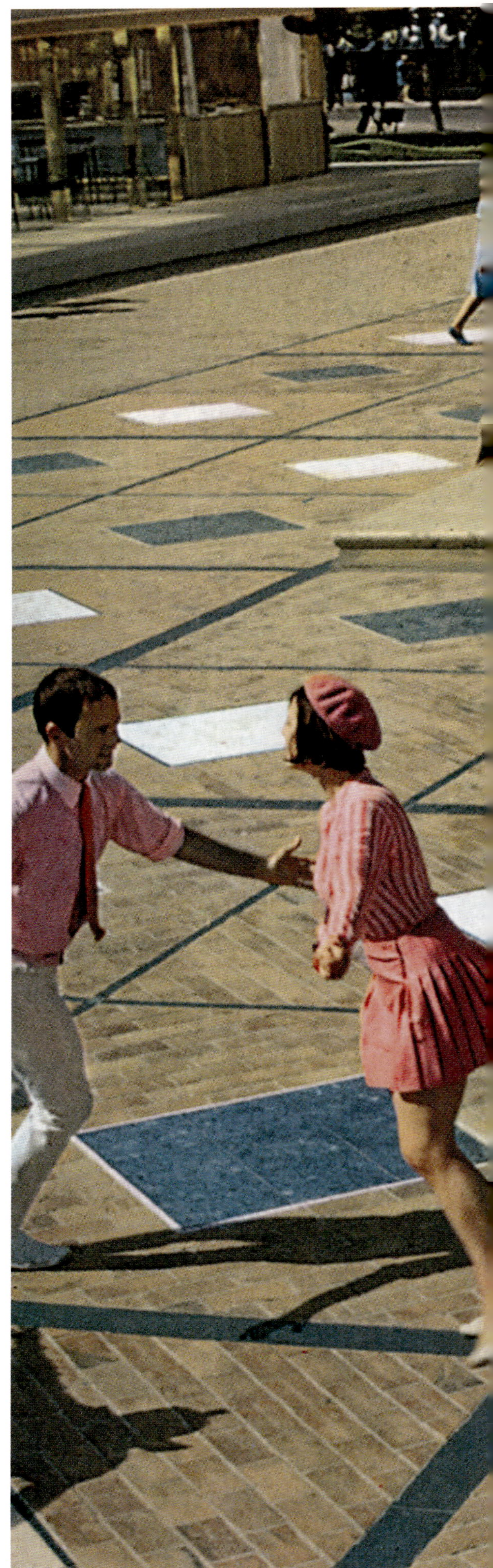

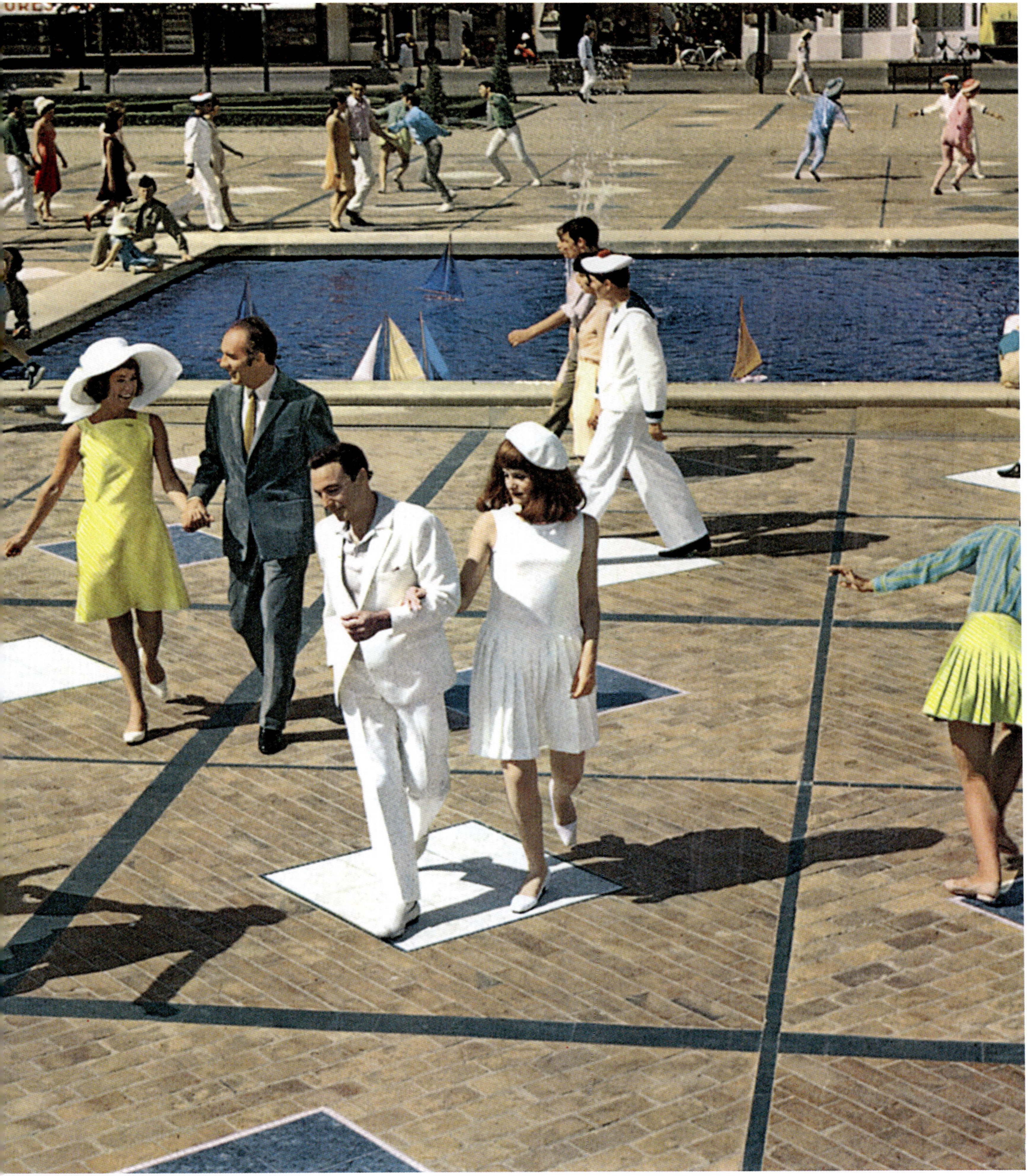

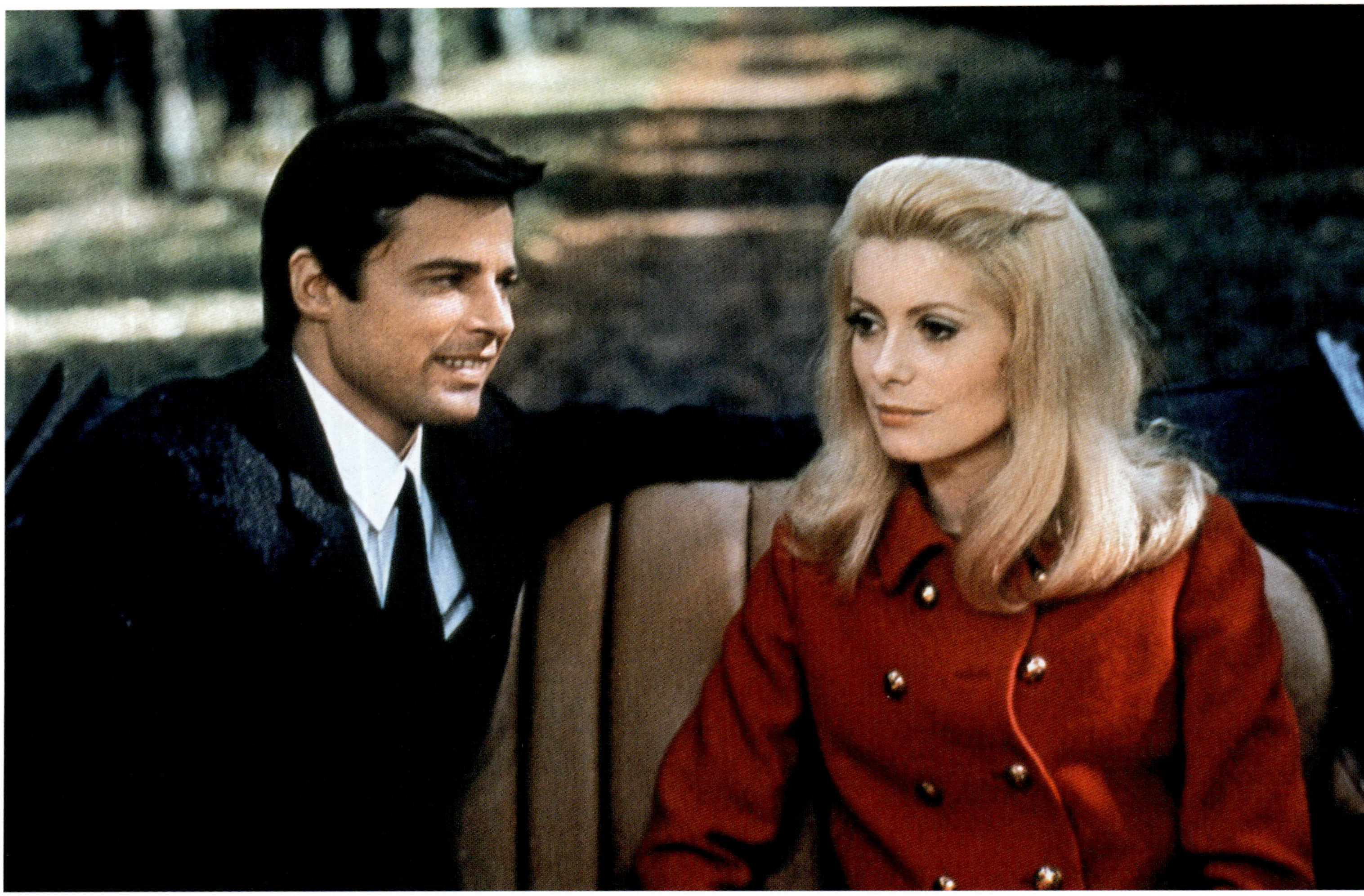

Oben: Catherine Deneuve gemeinsam mit Jean Sorel (ihr Mann Pierre Sérizy im Film), einem der Stars der damaligen Zeit.

Rechts: Das Schockbild zu Beginn des Films: Séverine, gefesselt und von ihren Angreifern ausgepeitscht.

Belle de jour (Schöne des Tages)

Kinostart: 1967
Regisseur: Luis Buñuel
Hauptdarsteller: Catherine Deneuve, Jean Sorel, Michel Piccoli, Geneviève Page, Pierre Clémenti
Rolle: Séverine

Zusammentreffen mit Luis Buñuel – Schock! Und eine großartige Erfahrung für eine gerade mal 24-jährige Schauspielerin. Der spanische Filmemacher, den alle respektvoll »Don Luis« nennen, hat mit *Viridiana* 1961 die Goldene Palme von Cannes gewonnen. Ihm eilt der Ruf voraus, ein anspruchsvoller, schwieriger, manchmal wortkarger Regisseur zu sein. In Trauer, weil sein Freund, der Surrealist André Breton, vor Kurzem gestorben ist, ist er zu Beginn der Dreharbeiten von *Belle de jour* nicht zum Dialog in der Lage. Und fordert von seiner Darstellerin ein von Langsamkeit geprägtes Auftreten. Langsam laufen, weniger schnell sprechen. Diese Forderung gerät geradezu zur Obsession. Der Meister macht immer dieselben Anmerkungen und nagt damit am Selbstvertrauen seiner Darstellerin.

Schon in der ersten Szene nimmt Deneuves Auftritt den Zuschauer gefangen. Sie spielt Séverine, eine vernünftig aussehende junge Frau, die neben ihrem Mann in einer Kutsche sitzt. Plötzlich ändert sich die Atmosphäre dieses ruhigen Ausflugs. Der Ehemann Pierre (gespielt von Jean Sorel) lässt seine Frau aussteigen, bindet sie an einen Baum, peitscht sie aus und liefert sie dann dem Kutscher aus. Natürlich spielt Buñuel mit unseren Nerven und Gefühlen: Es handelt sich um eine Phantasie, nämlich um Séverines eigene. Denn hinter dem äußeren Schein der Vorzeigegattin verbirgt sich eine Frau, die davon träumt, sich im Bordell von Madame Anaïs zu ver-

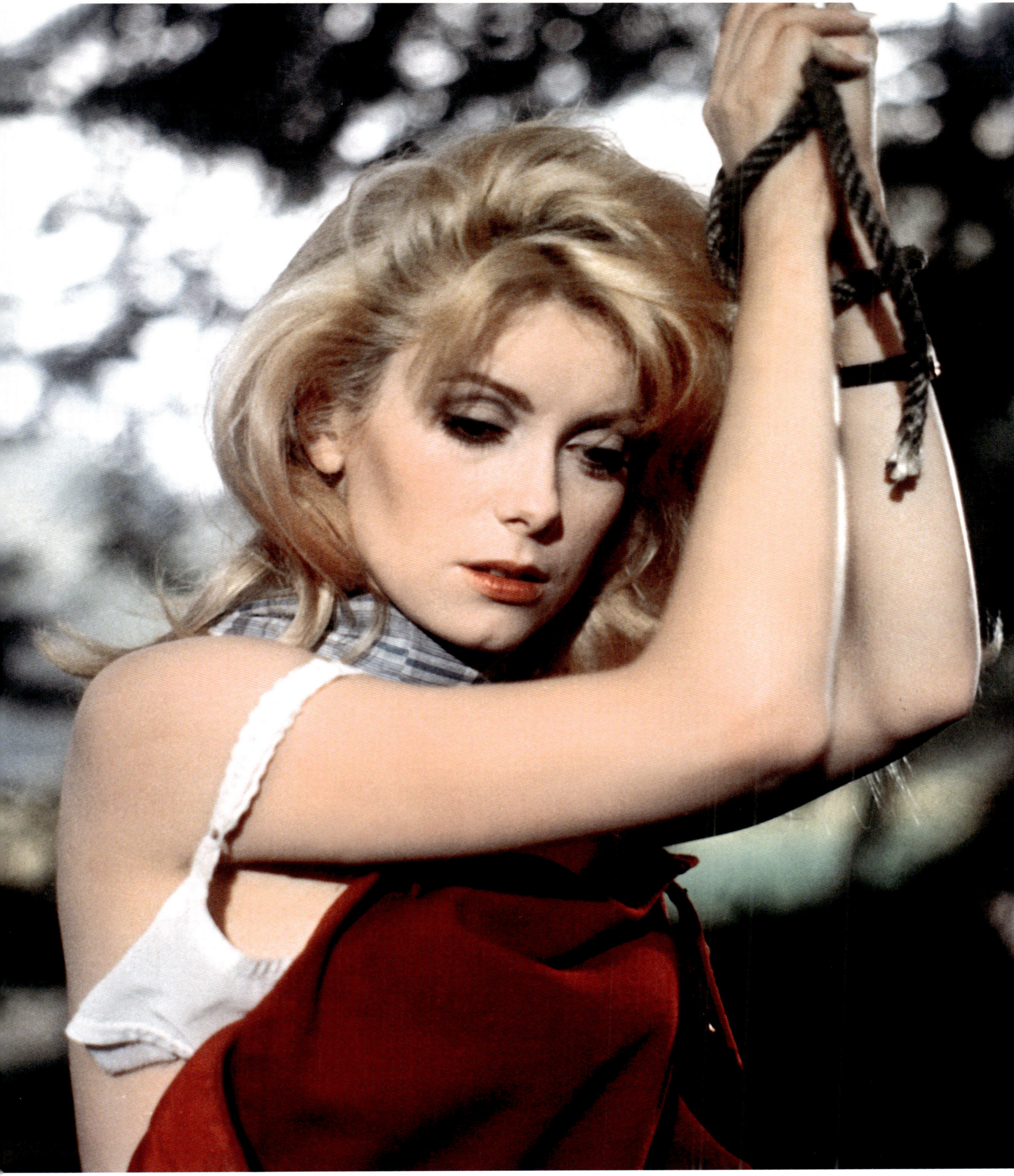

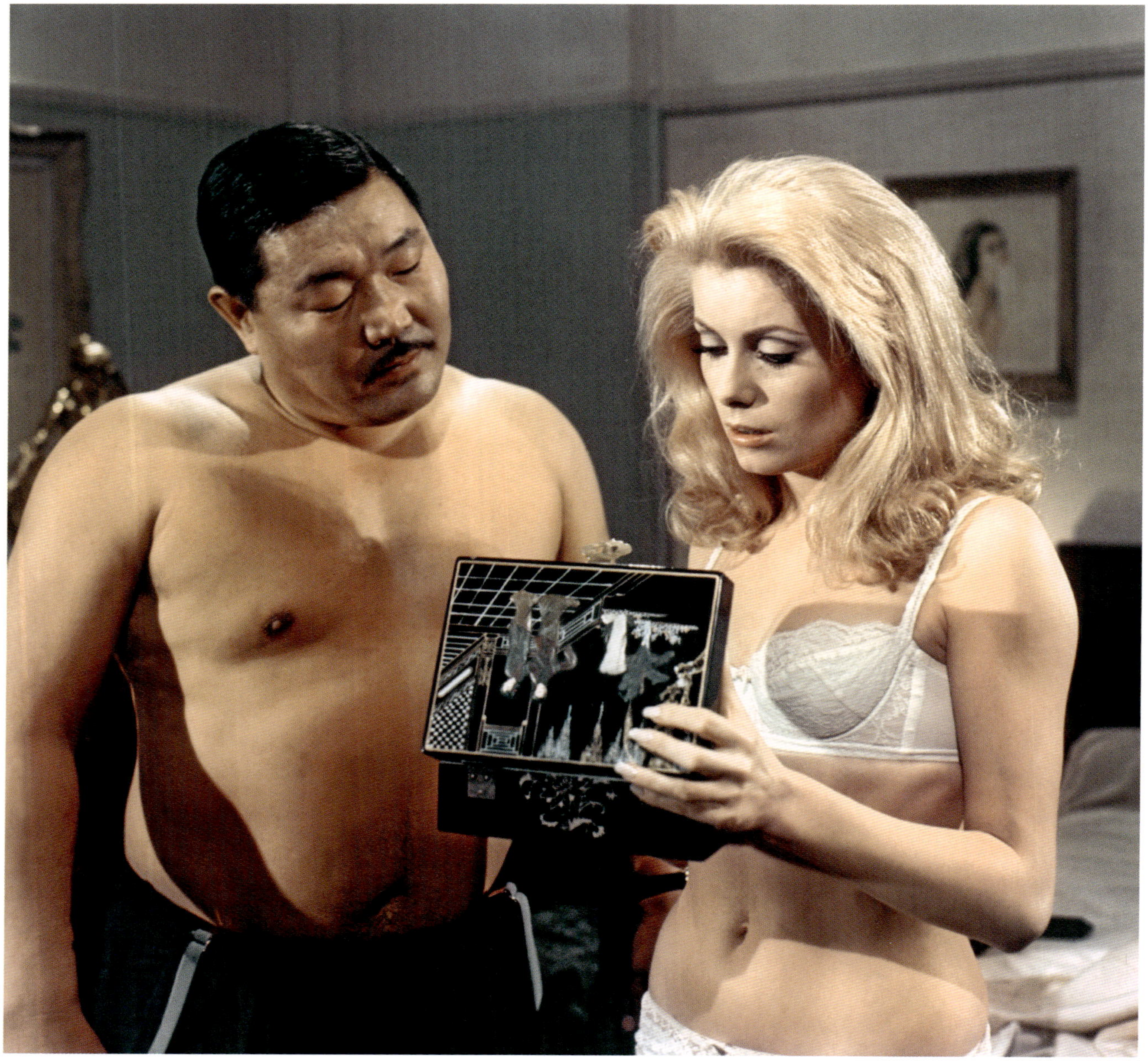

Die »Geheimnis-Box«, eine der Entdeckungen von Séverine, die mit ihren Kunden tausend Facetten der Liebe und der Sexualität erforscht.

dingen. Schließlich stellt sie sich dort vor und beschließt, dort zu »arbeiten«, tagsüber, daher der Name, unter dem man sie dort kennt.

In diesem latent erotischen Universum, das sich beständig zwischen Traum und Wirklichkeit bewegt, scheint Catherine Deneuve absolut zu Hause zu sein. Sie spielt Versteck mit dem Zuschauer, indem sie sich von der Bürgerlichen zur Prostituierten wandelt und sich einem Defilée von Kunden stellt, von denen einer bizarrer ist als der andere.

Der Film hinterfragt die Konventionen seiner Zeit. Jean-Claude Carrière, der das Drehbuch schreibt, lässt sich von einem Roman Joseph Kessels inspirieren, scheint dabei aber auch mit Schriften des Marquis de Sade in Berührung gekommen zu sein. Kessels Roman hatte Buñuel im Übrigen auch nicht ganz überzeugt, er hielt ihn für Schund. Carrière schlägt daher vor, um der Geschichte mehr Substanz zu verleihen, eine Gruppe von Prostituierten und Psychoanalytikern zu interviewen. Und damit Catherine Deneuve zu helfen, ihre Rolle einer in Widersprüche verstrickten Bürgerlichen zu gestalten.

Deneuve ist in diesem Film nicht nur umwerfend schön, sie erweist sich auch als käuflich – und zerbrechlich. Mit äußerst sparsamen Gesten lässt sie alle Arten von Phantasmen erstehen und umgeht dabei jegliche Fallen der Lächerlichkeit und der Banalität. »Sie hatte alles, aber sicher nicht das Auftreten einer lockeren Frau«, erzählt Jean-Claude Carrière, »Eleganz, Zurückhaltung, eine Art des Zurückgeworfenseins auf sich selbst, die Buñuel sehr

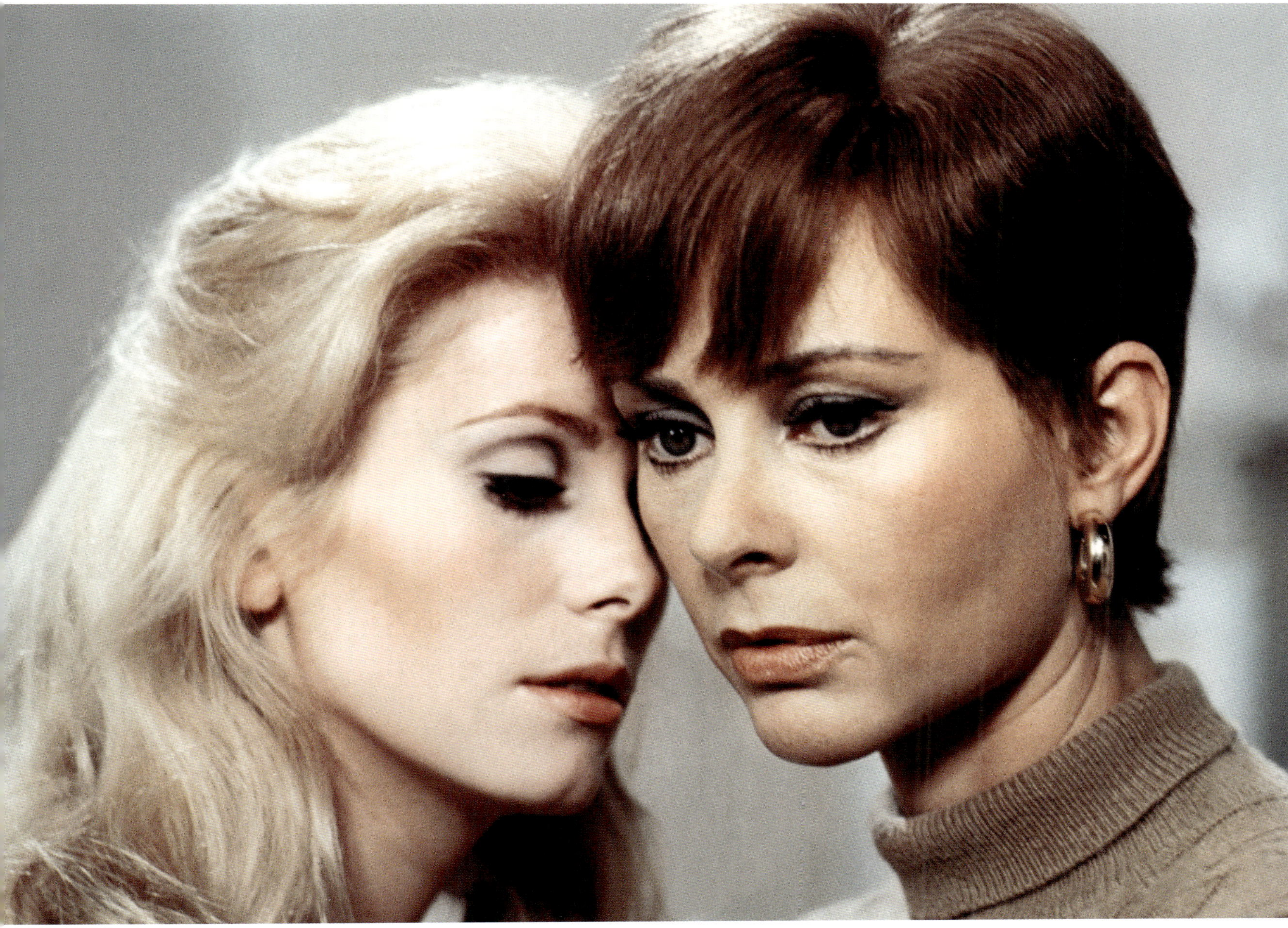

Mit Madame Anaïs, die Séverine in Belle de jour, die Schöne des Tages, verwandeln wird. Eine komplexe Beziehung voller unterschwelliger Botschaften. Und eine großartige und gewagte Rolle für die Bühnenschauspielerin Geneviève Page.

interessant fand.« (Gespräch mit Jean Michaud-Mailland, *Les Lettres françaises*, 10. November 1966).

Um Séverine zu werden, kann die Schauspielerin noch auf weitere Unterstützung zählen: einen jungen, talentierten Couturier. Der ersinnt die Kleider mit dem Schnitt, der gleichermaßen chic und sexy ist und das Doppelleben der Figur so auf ideale Weise unterstreicht. Sein Name: Yves Saint-Laurent. *Belle de jour* wird zum ersten Fall eines langen Zusammenwirkens zwischen dem Modeschöpfer und der Schauspielerin.

Zu ihrem Verdruss entsteht am Set nicht die Vertrautheit, wie sie es mit Jacques Demy und Roman Polanski gewöhnt ist. Wenn die letzte Klappe eines Arbeitstages gefallen ist, machen sich an manchen Abenden Traurigkeit, Zweifel und Einsamkeit breit. Einige Jahre später wird Deneuve bekennen, dass sie sich in dieser Zeit von ihrer Schwester Françoise trösten und aufbauen lässt. Sie allein war in der Lage, »Worte zu finden, die mir aus der Krise geholfen haben, Worte des Trostes sowohl in seelischer wie in beruflicher Hinsicht«.

Die befremdliche Atmosphäre in *Belle de jour* ist zu einem wesentlichen Teil auch Michel Piccoli in der Rolle des perversen Freundes zu verdanken, sowie Geneviève Page als Bordellinhaberin und dem großen Kameramann Sacha Vierny, der auch die Bilder von *Hiroshima, mon amour* und später von Peter Greenaways Filmen schuf. In einem vorhersehbaren Urteil zeigt sich Joseph Kessel nach der Vorführung tief betroffen: »Buñuels Genie hat alles, was ich bei der Umsetzung erhoffen konnte, bei Weitem übertroffen.«

»*Belle de jour* **ist ein Film, der bleiben wird.«**

Catherine Deneuve

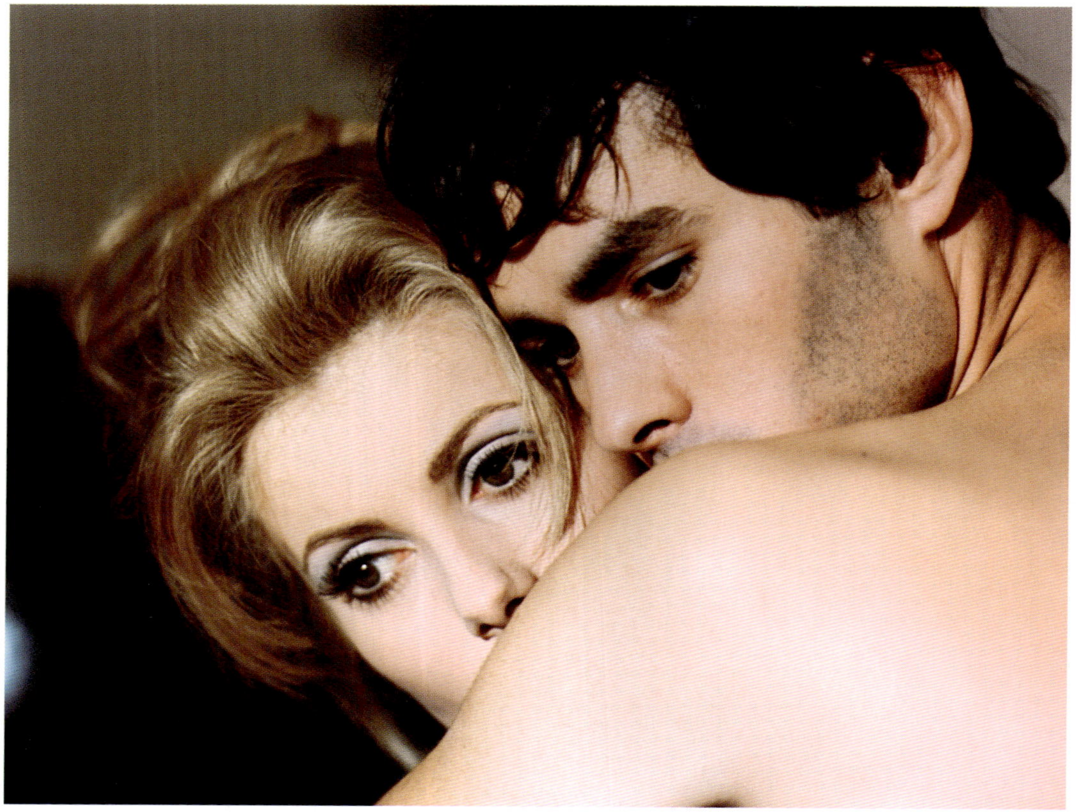

Oben: Auf den Tag genau ein Jahr vor dem Mai 68 in die Kinos gekommen, zielt *Belle de Jour* vorausschauend mitten ins Herz einer jeden Frau, die sich nach sexueller Befreiung sehnt.

Rechte Seite: Regisseur und Darstellerin sprechen wenig miteinander. Catherine Deneuve erinnert sich an einen Satz: »Am Set und vor den Takes wiederholte er unaufhörlich: ›Bitte auf keinen Fall Motivation, Catherine. No motivation!‹«.

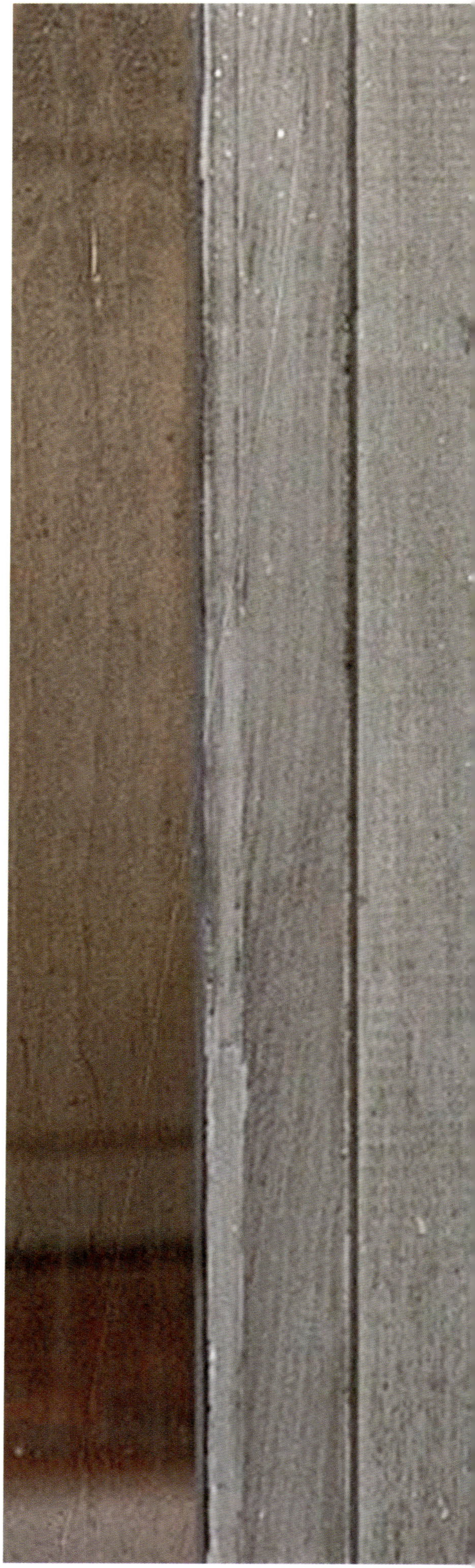

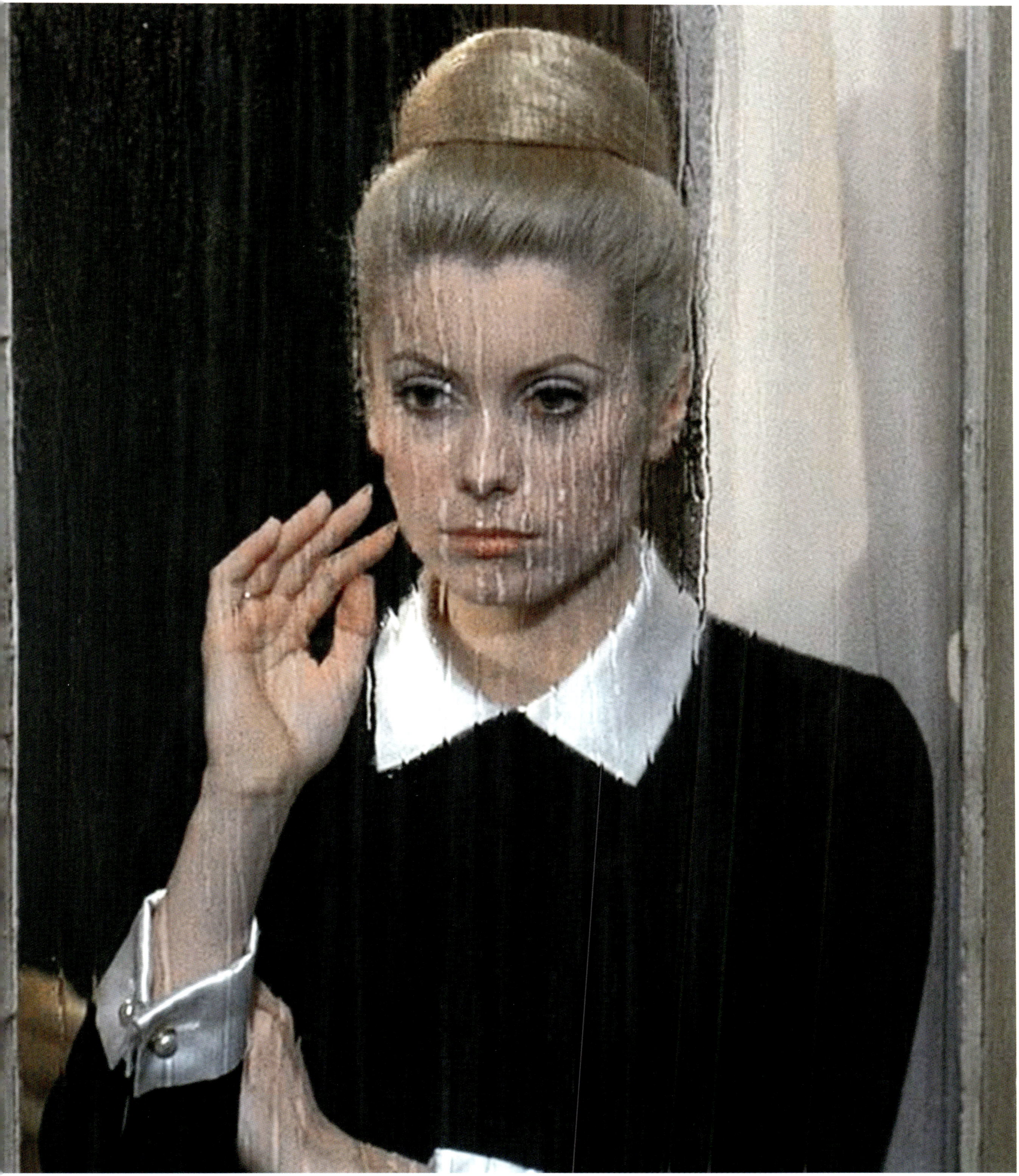

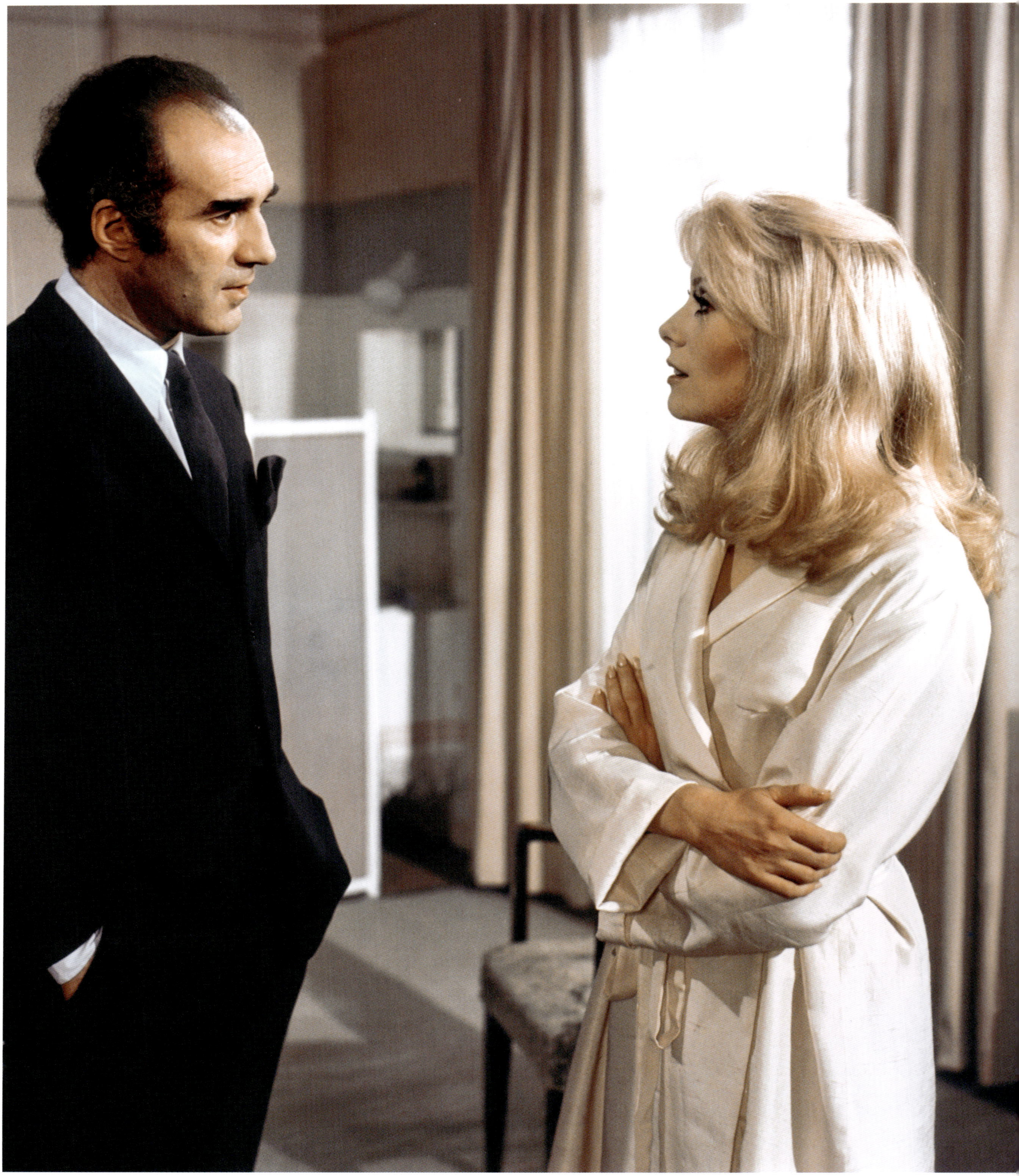

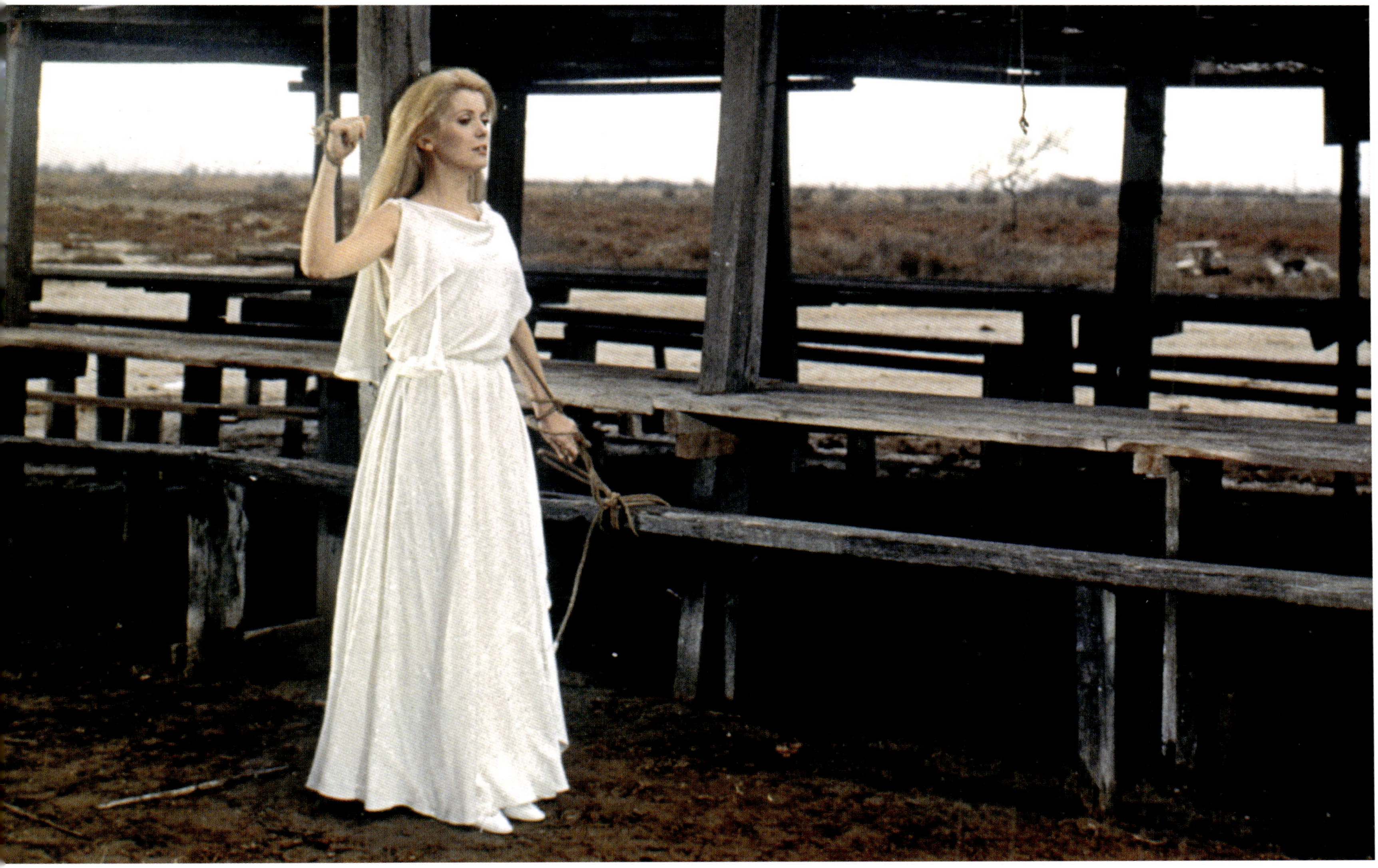

Oben: Gefesselt zu sein – eine der Phantasien von Séverine/Belle de jour. Aber sind das die einzigen Fesseln, die sie beeinträchtigen und behindern?

Links: Freund oder Feind? Eine ungeklärte Beziehung mit Monsieur Henri Husson (Michel Piccoli), dem Mann, der alles auslöst.

Aber als der Film am 23. Mai 1967 in die Kinos kommt, ist er für unter 18-Jährige verboten. Die Zensur reagiert sehr kritisch und verlangt einige Schnitte. Am Ende wird der Film aber trotz der Zensoren zum echten Publikums- und Kritikererfolg, den mehr als zwei Millionen Zuschauer sehen. Catherine Deneuve erhält noch mehr Zuspruch als bei ihren vorangegangenen Filmen. Die Presse feiert ihren Auftritt: »Sogar in den derbsten Szenen bewahrt sie eine Art Reinheit. Bei ihr akzeptiert man alles, lässt alles zu. Sie hat sich durchgesetzt.«

Auch das ausländische Publikum erkennt ihre Leistung an: Catherine Deneuve erhält einen Darstellerpreis in Acapulco, der Film bekommt den Goldenen Löwen der Filmfestspiele von Venedig und eine Nominierung für die British Awards 1969. Es ist ein Triumph auf der ganzen Linie.

Michel Aubriant, ein Journalist bei *Candide*, schreibt in einem visionären Satz, der Geschichte machen wird: »Hinter diesem glatten, schönen Gesicht, diesem klaren Blick – welche Stürme!« (*Candide*, 5. Juni 1967).

Eine Liebe auf den ersten Blick, die zur großen Liebe zwischen Lucile u Antoine (Roger Van Hool) wird und sich in den schönen Vierteln von Paris abspielt. Françoise Sagan find lobende Worte, um ihrer Bewunderung für Catherine Deneu Ausdruck zu verleihen, sie schätzt ihre Zurückhaltung und ihr dezente Auftreten.

La Chamade
(Herzklopfen)

Kinostart: 1968
Regisseur: Alain Cavalier
Hauptdarsteller: Catherine Deneuve, Michel Piccoli, Roger Van Hool
Rolle: Lucile

Herzklopfen ist die erste und einzige Zusammenarbeit zwischen Catherine Deneuve und Alain Cavalier. Schade, könnte man sagen. Man kann sich lebhaft vorstellen, wie auch weitere Filme der beiden auf Interesse gestoßen wären. Der dezidiert bereinigte Stil von Cavalier passt perfekt auf die Schauspielerin.

Was das Verhältnis zwischen Sagan und Deneuve anbelangt, könnte man dieselbe Aussage treffen: lauter gemeinsame Interessen, die Chemie stimmt zwischen der Schauspielerin mit ihrer etwas unnahbaren Schönheit und der Schriftstellerin mit dem leicht beißenden und eleganten Tonfall. Wer würde sich besser eignen als Deneuve, um Lucile in *Herzklopfen* zu verkörpern, diese frivole junge Frau, deren schon fast obsessiver Müßiggang an Nihilismus grenzt.

Mehr denn je verkörpert Catherine Deneuve hier eine Heldin ihrer Zeit, auch wenn sie auf den ersten Blick ganz gegen die Strömung der revoltierenden Hippie-Jugend unterwegs zu sein scheint, die auf dem Boulevard Saint-Michel Pflastersteine wirft. Aber man darf sich nicht täuschen lassen. Das Trio Sagan/Cavalier/Deneuve zettelt mit *Herzklopfen* eine Art stiller Revolution gegen die Bürgerlichen, die Oberflächlichen und die Egoisten an.

Sagan selbst hat sich gewünscht, dass ihre Figur auf der Leinwand von Deneuve verkörpert wird. Sie beschließt auch, sich selbst um die Dialoge und das Drehbuch zu kümmern, was sie zu ihrem Bedauern bei früheren Verfilmungen ihrer Stoffe versäumt hatte.

In der Geschichte, die drei Jahre nach der Buchveröffentlichung verfilmt wird, geht es um Themen, die der Autorin am Herzen liegen. Die Liebe zwischen einem jungen Mädchen und einem älteren und reicheren Mann, die Versuchung des Ehebruchs, der Hunger nach Freiheit, der Wunsch nach Befreiung von jeglichen Fesseln, und das alles mit einem Hauch Naivität. Eine Szene bringt den Geist des Films und der Figur auf den Punkt: Lucile/Deneuve, die mit Hochgeschwindigkeit in einem Cabrio dahinbraust, hebt ihre Hand in den Wind. Sie will die Luft spüren, die zwischen ihren Fingern hindurchfließt wie die Zeit, die vergeht.

Lucile ist der Inbegriff der Jugend, die in die Freiheit verliebt ist und nur auf ihre Wünsche hört. Wenn sie etwa auf einer Bank Chips isst und feststellt, dass sie auf dem besten Weg ist, dem Charme eines jungen Manns am Tresen einer Bar zu erliegen. Ihre wichtigsten Beschäftigungen sind Feste, Abendgesellschaften in Saint-Tropez, Theaterbesuche. Der Film kommt im Oktober 1968 in die Kinos; während der Dreharbeiten gab es Streikwellen und den berühmten Aufstand der Filmschaffenden, an dem auch Alain Cavalier teilnahm und der das Festival in Cannes in diesem Jahr ins Wanken gebracht hatte.

In *Herzklopfen* sind ständig Whiskygläser und unterwürfige Domestiken zu sehen. Das kann nerven. Man kann sich an der Belanglosigkeit stören, die die Geschichte verströmt, auch an den zu inszeniert wirkenden Posen der Heldin oder an ihrer Sprechweise.

Hinter den Kulissen ersinnt und erschafft Yves Saint Laurent Luciles »Look«. Er bringt seinen kreativen Beitrag ein: kleine, enge Kostüme, Hängekleidchen mit geometrischen Mustern und flache Absätze lassen Lucile brav wirken. Dennoch enthält das Drehbuch subtile Spitzen gegen die Bourgeoisie. Sogar das Thema Abtreibung, das noch ein Tabu darstellt, wird angesprochen. »Lucile passt gut zu mir«, sagt die Schauspielerin, »sie ist begabt fürs Glücklichsein.« Und Sagan fügt hinzu: »*Herzklopfen* handelt von Liebe und Geld. Auch Lucile treibt ihre kleine Revolution voran.«

Als der Film in die Kinos kommt, betonen mehrere Kritiker vor allem, wie gut Deneuve spielt. Jean de Baroncelli ist einer von ihnen; voller Überzeugung und Bewunderung schreibt er in *Le Monde*: »Dank ihrer wird Lucile lebendig – rührend und unausstehlich, süchtig nach Nichtstun, nach Luxus, nach Sonne und flüchtigen Freuden, ganz und gar natürlich und ohne Illusionen über die Grenzen ihres egoistischen Glücks.« In *L'Express* wagt Pierre Billard einen anderen Vergleich: »Hätte Brigitte Bardot Lucile gespielt, wäre sie ein Luder.«

Obwohl er nur einen Film mit Deneuve gedreht hat, dürfte Alain Cavalier in seiner Beurteilung der Wahrheit am nächsten kommen: »Für dieses Gesicht trägt sie die alleinige Verantwortung. Sie formt es wie eine wertvolle Rohsubstanz. Was war sie mit sechzehn Jahren anderes als eine hübsche Schülerin ohne weitere Merkmale? Heute umgibt ein magischer Schein dieses Oval von seltener Perfektion, das zu jedem Ausdruck fähig ist, weil Catherine Deneuve gelernt hat, was Leiden ist. Sie war, was eigentlich keine Schauspielerin sein kann: der Pygmalion ihrer selbst.«

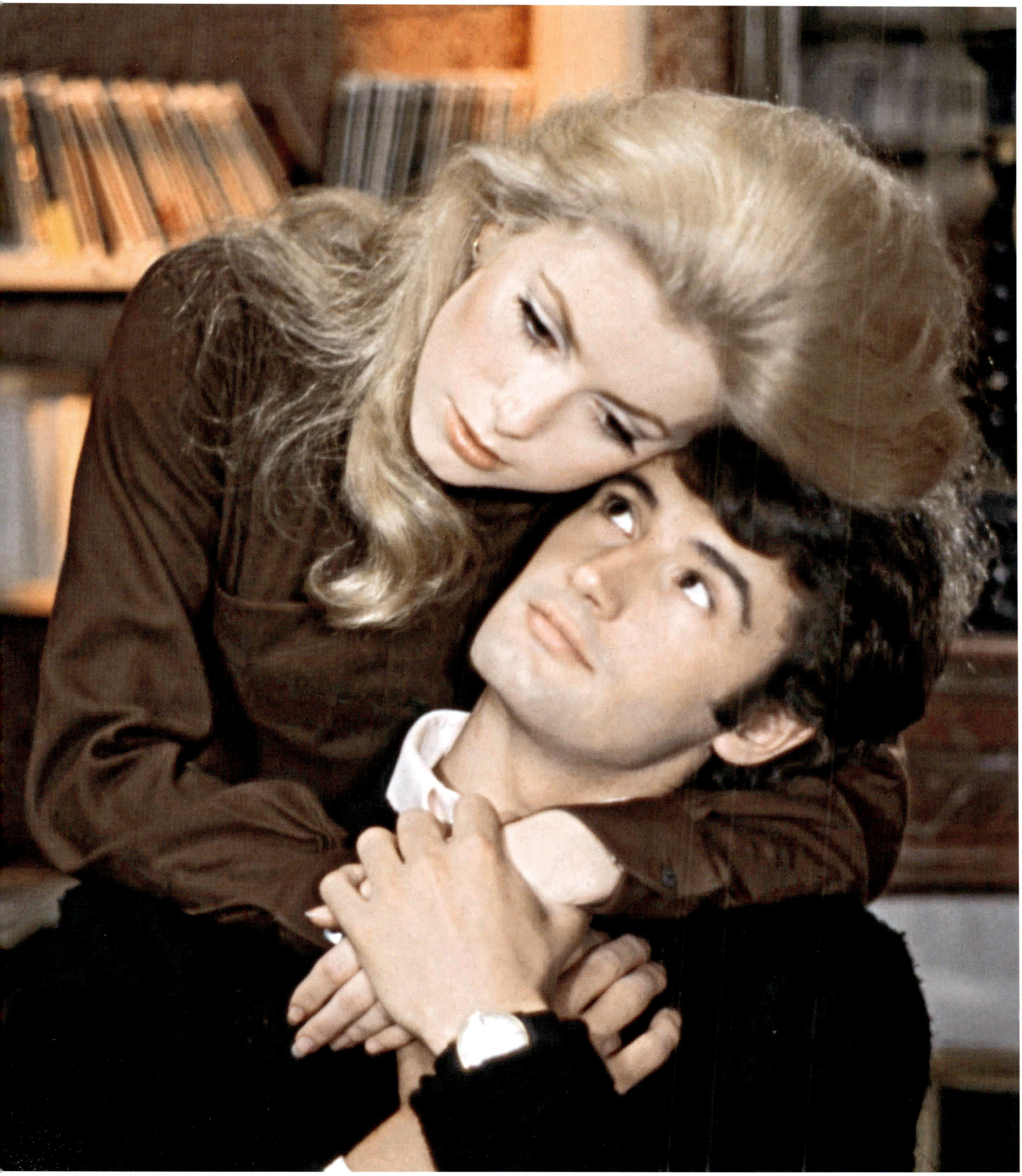

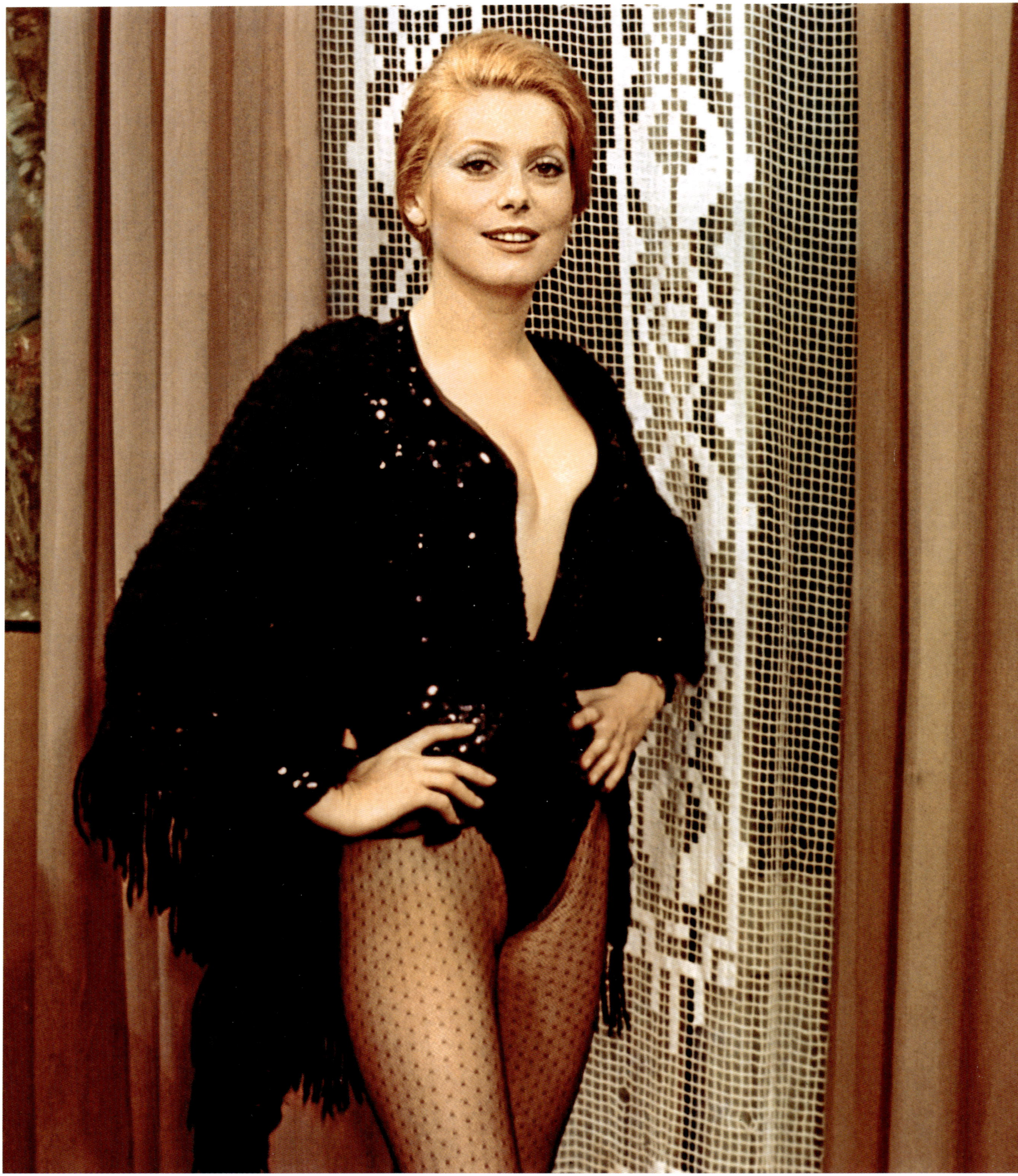

ie Verfilmung eines Romans von William Irish. Zunächst hatte Truffaut Brigitte ardot für die Rolle der ungestümen Marion im Blick, doch sie war nicht erfügbar. Dabei hatte sie sogar eine Probeaufnahme mit Belmondo gemacht.

La Sirène du Mississippi (Das Geheimnis der falschen Braut)

Kinostart: 1969
Regisseur: François Truffaut
Hauptdarsteller: Catherine Deneuve, Jean-Paul Belmondo, Michel Bouquet
Rolle: Marion

Im Jahr 1969 spielt sich für Catherine Deneuve alles mit einer ähnlichen Geschwindigkeit ab wie bei den Mai-Unruhen, die Frankreich 1968 erschüttert haben. In ihrem Leben häufen sich bedeutsame Begegnungen in beeindruckender Dichte: nach Polanski und Luis Buñuel nun also François Truffaut. Tatsächlich ist es der Zufall, der Deneuve mit einem der brillantesten Filmemacher ihrer Generation zusammentreffen lässt. Eine kleine Revolution in der Karriere der Schauspielerin.

Zehn Jahre zuvor hat Truffaut in Cannes mit seinem Erstling *Les Quatre cents coups* (*Sie küssten und sie schlugen ihn*) den Großen Preis der Jury abgeräumt. Seither reiht er einen Erfolg an den anderen: *Jules et Jim*, *Baisers volés* (*Geraubte Küsse*). Nun möchte er einen Roman von William Irish (das Pseudonym von Cornell Woolrich) verfilmen, dessen Gedankenwelt er sehr schätzt; 1968 hatte er bereits ein Werk von ihm adaptiert, *La Mariée était en noir* (*Die Braut trug schwarz*). Das Projekt liegt ihm am Herzen und er investiert großen Ehrgeiz, will es als Komödie inszenieren mit zwei Schauspielern, die praktisch die Rollen tauschen. Er erklärt das auf seine Weise: »Catherine Deneuve war der ›böse Bube‹, eine mit allen Wassern gewaschene Gaunerin, Jean-Paul Belmondo das verschüchterte Mädchen, das alle Hoffnungen in die Ehe setzt.«

Belmondo ist also Louis Mahé, der reiche Industrielle, der alles aufgegeben hat, um als einsamer Wolf auf La Réunion zu leben. Mittels einer Anzeige sucht er eine Frau. Eine ungestüme Blondine, die sich für eine andere ausgibt, landet bei ihm. Sie ist alles andere als schüchtern und plündert ihn aus. Ihre Eskapaden erfahren jedoch ein Ende, als die große Liebe über sie kommt.

Die Filmequipe hat sich also nach La Réunion begeben. Belmondo lässt seine aktuelle Liebe, die wohlgeformte Ursula Andress, nachkommen. Der Regisseur und seine Hauptdarstellerin entdecken mit jedem Tag mehr Gemeinsamkeiten und werden zum eingeschworenen Team. In Vorbereitung der gemeinsamen Arbeit hatten sie Briefe ausgetauscht. »Wir waren in allem einer Meinung«, sagt Truffaut später. Zunächst passiert allerdings etwas Atemberaubendes: Deneuve erreicht im selben Jahr neue Höhen der Berühmtheit, auch auf internationaler Ebene. Truffaut ist bemüht, sich nicht zu sehr beeindrucken zu lassen vom Gedanken, dass er mit einem Star arbeitet, nach dem Hollywood seine Fühler ausstreckt. Die Schauspielerin kommt soeben aus den USA zurück, wo sie *The April Fools* (*Ein Frosch in Manhattan*) mit Jack Lemmon gedreht hat. Ein Jahr zuvor hatte das Magazin *Look* Deneuve aufs Podest gehoben, indem es ihr den Titel der »schönsten Frau der Welt« zuerkannte.

Nichtsdestotrotz stößt sich die Kritik an dem Film, als er in die Kinos kommt. Sogar Truffaut wirkt nicht mehr ganz überzeugt von seinem Werk. Deneuve allerdings bietet der Streifen Gelegenheit, sich frivoler zu zeigen, als man sie bisher kannte: eine lustige, spritzige, widerspenstige Frau. Weniger neurotisch und ungekünstelter als bei Polanski und Buñuel

Doch das Publikum bleibt fern. Gilles Jacob, der zu jener Zeit als Journalist tätig ist, formuliert lapidar: »Man glaubt Deneuve nicht, wenn sie ihr Leben erzählt, man glaubt auch Belmondo nicht.« Sogar in den Tropen trägt Marion/Julie elegante Kleidung, mit Spitzen und Schlapphut. Eine Einstellung brennt sich in die Wahrnehmung nicht nur von Modefans ein: die Schauspielerin in beiger Safarijacke und mit einem braunen Ledergürtel um die Taille. Ein ikonisches Kleidungsstück, das Yves Saint Laurent, Freund und Ausstatter des Stars, populär gemacht hat. Eine Jacke, die symbolisch für den Kampf der Frauen um Unabhängigkeit und Macht steht. Diese einfache, männliche, militärisch anmutende Jacke, die auf harmlose Weise Konventionen und Gewohnheiten auf den Kopf stellt, erlangt dank Truffauts Film im Jahr 1969 eine große mediale Verbreitung. Der Film trägt auch dazu bei, das Image der Schauspielerin zu formen, die als unabhängige Frau weder vor dem Thema Scheidung noch vor ihrer persönlichen Freiheit zurückschreckt. In einem Interview mit *Nouvelles littéraires* spricht Deneuve von ihren »großen Schwächen«. Mit nur 25 Jahren ist sie sich ihrer Trümpfe ebenso bewusst wie ihrer Grenzen.

Sie ist nicht so beliebt wie ihre Kolleginnen aus dieser Zeit, Annie Girardot oder Brigitte Bardot beispielsweise, doch mit Truffaut beginnt die Medienheldin Catherine Deneuve, ihr Image als »kühle Blondine« dauerhaft zu etablieren. 1969 sind auf französischen Leinwänden die Gesichter von Romy Schneider, Michèle Mercier, Françoise Fabian zu sehen. Und eine ganz junge, aus England stammende Schauspielerin taucht erstmals auf: Jane Birkin. Angesichts ihrer Kolleginnen, Freundinnen und Konkurrentinnen versucht Deneuve kühlen Kopf zu bewahren: »Ich bin viel weniger charakterstark, als es aussieht. [...] Auch wenn ich es wollte, ich kann nicht alles machen. Ich habe eine körperliche Schranke. Im wahren Sinn des Wortes bin ich kein Mädchen für alles.«

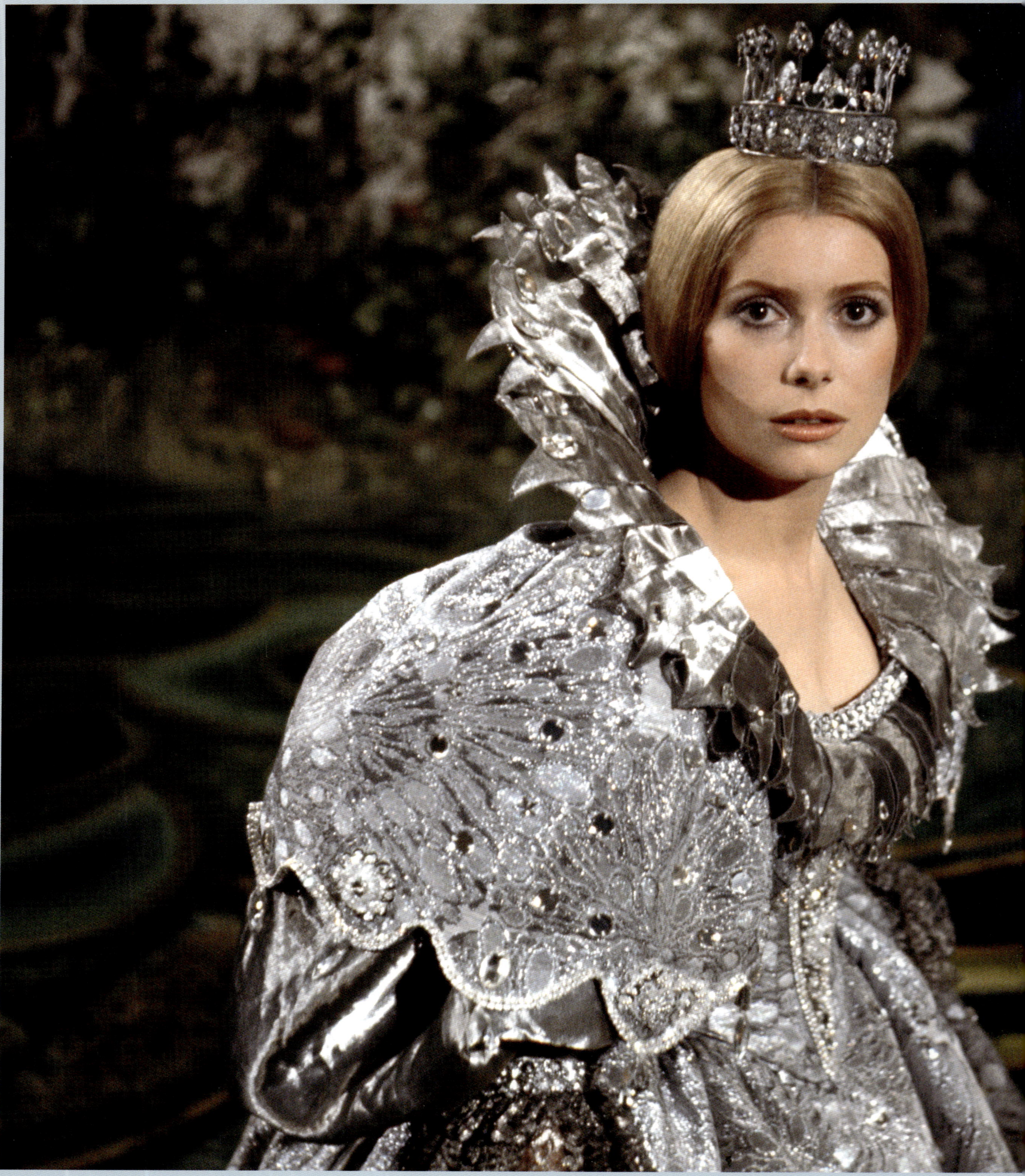

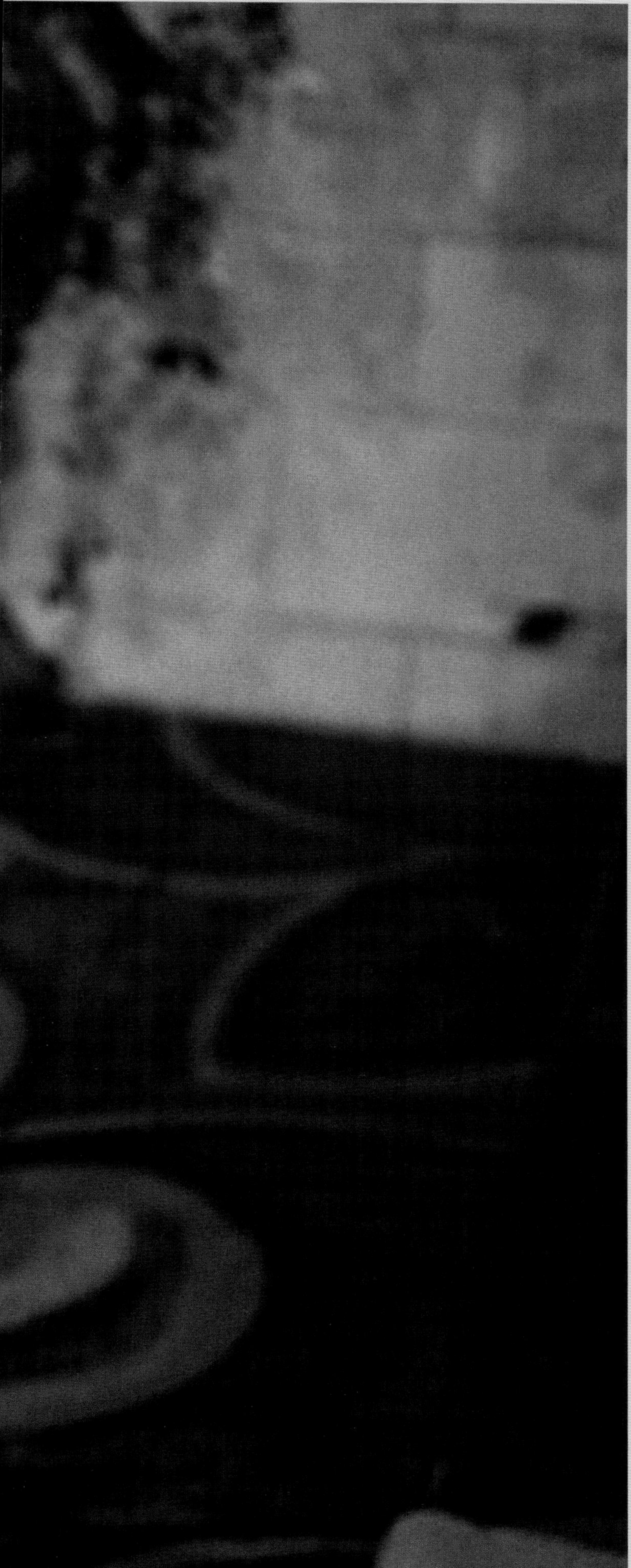

Die 1970er Jahre

Diese Zeitspanne ist untrennbar mit Luis Buñuel und Jacques Demy verbunden – als hätten die beiden beschlossen, sich wie Paten mit Zauberkräften noch einmal über die Wiege der jungen Schauspielerin zu beugen. 1970 dreht Catherine Deneuve innerhalb eines Jahres *Tristana* und *Eselshaut*. Es sind Filme, die zwei verschiedene Aspekte der Post-68er-Gesellschaft zeigen: einerseits die Rebellion und die Lust auf Grenzüberschreitung, wie sie zur selben Zeit aus den Liedern der Stones und von Janis Joplin herauszuhören sind, auf der anderen Seite das Gefühlsbetonte, die Summer of Love-Atmosphäre eines Märchens, das eher den sanfteren Melodien der Beatles entspricht.
In einer Zeit feministischer Kämpfe und von Miniröcken, die Befreiung verheißen, spielt Catherine Deneuve unter der Regie von Claude Lelouch eine Frau, die ohne Mann ein Kind haben will. Zeitgleich mit Simone Veil und dem Gesetz zum Schwangerschaftsabbruch unterzeichnet sie 1971 das »Manifest der 343 Schlampen« für das Recht auf Abtreibung.
Manchmal dreht sie vier Filme pro Jahr, immer häufiger mit Italienern (Marco Ferreri, Mauro Bolognini, Sergio Citti, Dino Risi) – und um ein Haar hätte sie eine schöne Zusammenarbeit mit Jean-Pierre Melville versäumt.
1979 überreicht sie eine doppelte Goldene Palme an *Die Blechtrommel* und *Apocalypse Now*, zwei Filme, die Wut und Revolte gegen eine Welt in Aufruhr herausschreien. Deneuve leistet ihren ganz eigenen Beitrag zu den Hippie-Jahren, zum einen mit *Das Geld der anderen*, einem Film, der die dubiosen Machenschaften der Banken entlarvt, und dann, im Zusammenspiel mit einem unkonventionellen Antihelden, in *Jetzt oder nie*.

»Das Märchen von *Eselshaut*
ist schwer zu glauben,
aber solange es auf der Welt Kinder gibt,
Mütter und Großmütter,
wird man es in Erinnerung behalten.«

Charles Perrault

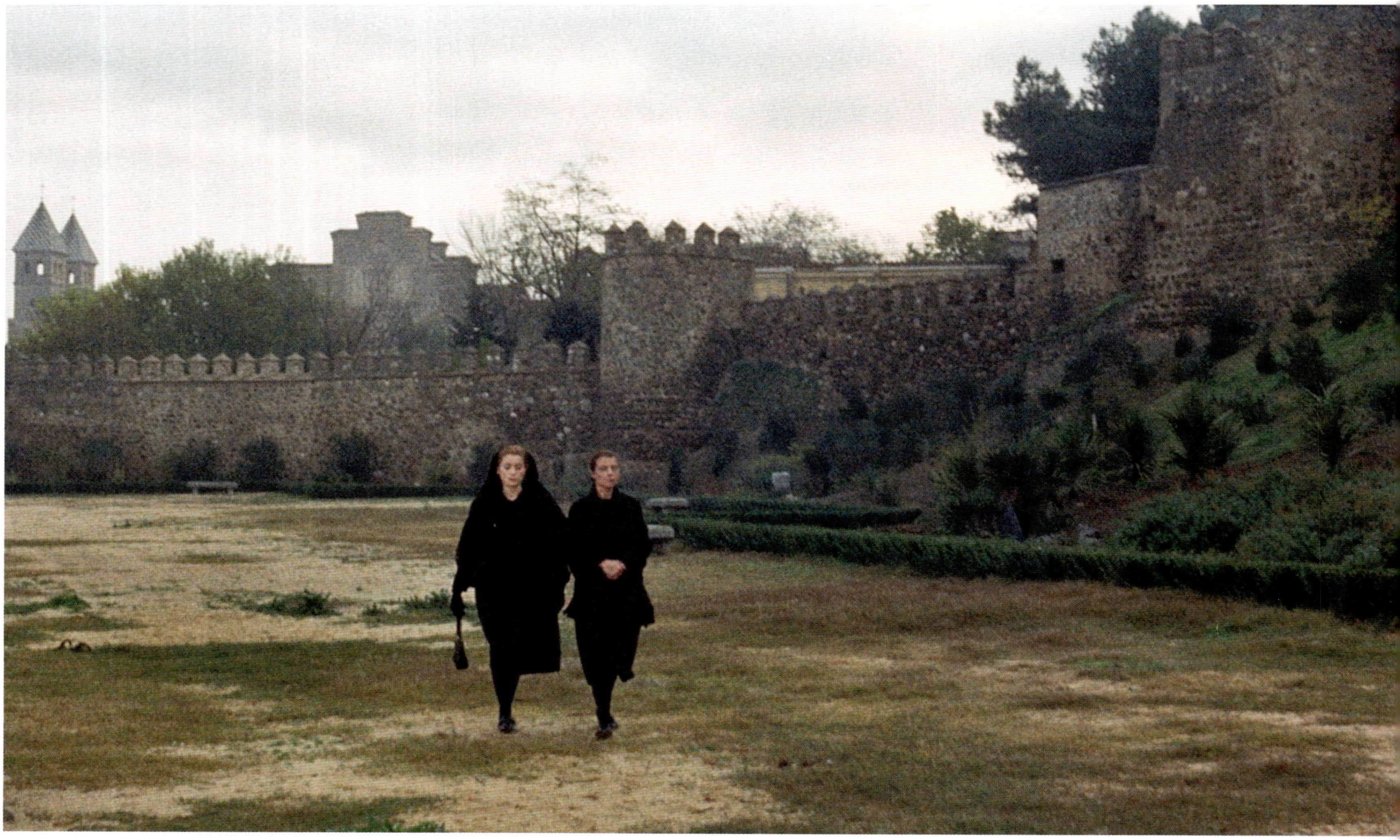

Während der Dreharbeiten spricht die Schauspielerin französisch, doch Luis Buñuel besteht darauf, dass sie spanisch synchronisiert wird. Die französische und englische Synchronfassung ihrer eigenen Rolle spricht Deneuve selbst, damit vor allem in den USA die Zuschauer ihre eigene Stimme hören.

Tristana

Kinostart: 1970
Regisseur: Luis Buñuel
Hauptdarsteller: Catherine Deneuve, Fernando Rey, Franco Nero
Rolle: Tristana

»Dienstag, 28. September. Erster Drehtag. Neun Uhr. Trockene Kälte, blauer Himmel, ich friere in meinem braunen, dünnen Kostümchen, auch das Lampenfieber setzt mir zu, aber nicht so sehr wie Fernando.« Obwohl sie sich sehr genau an ihre kühle Beziehung beim Dreh von *Belle de jour* erinnert, hat sich Catherine Deneuve erneut darauf eingelassen, mit Luis Buñuel zu drehen. Welche Schauspielerin würde da schon auch Nein sagen. Buñuel, Freund von Savador Dalí, von André Breton und auch des berühmten Dichters García Lorca, ist ein anerkannter, unumstrittener Meister und wird von allen Filmliebhabern angehimmelt.

Es ist ein seltsames Paar, das Deneuve mit dem Schauspieler Fernando Rey abgibt. Die wenigen Sätze, die die Schauspielerin zwischen zwei Szenen in ihrem Drehtagebuch über *Tristana* festhält, beinhalten zugleich das Vergnügen wie auch die Schwierigkeit, mit Buñuel zu drehen. Wie schon bei *Belle de jour* legt er auch hier seine legendäre Übergenauigkeit an den Tag. Er spricht wenig, gibt seinen Schauspielern nur minimale Anweisungen. Und eben das führt hin und wieder zu Befremden und Missverständnissen. Ein radikaler Wechsel der Atmosphäre für Deneuve, die die eher familiäre Umgebung bei den Dreharbeiten mit Demy schätzt, wo sie sich nach eigenen Angaben »wie von einer Wolke getragen« fühlt.

So wie die Inspiration zu *Belle de jour* von Joseph Kessel kam, orientiert sich auch *Tristana* an einem literarischen Werk. Buñuel wollte Benito Perez Galdós verfilmen, einen der großen spanischen Dramatiker und Romanciers. Die Geschichte stellt einen freidenkenden Aristokraten, Don Lope (Fernando Rey), und ein junges Mädchen,

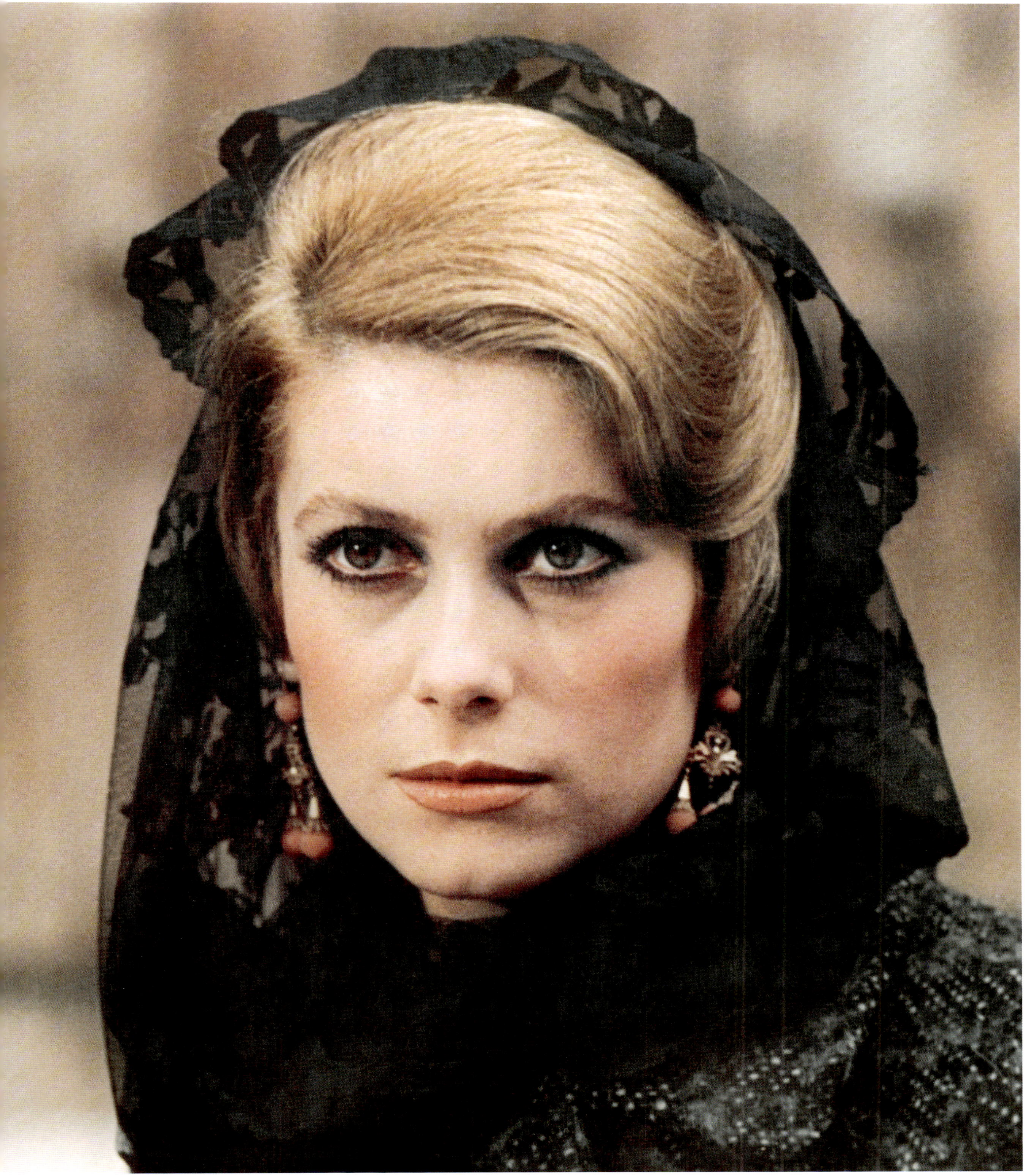

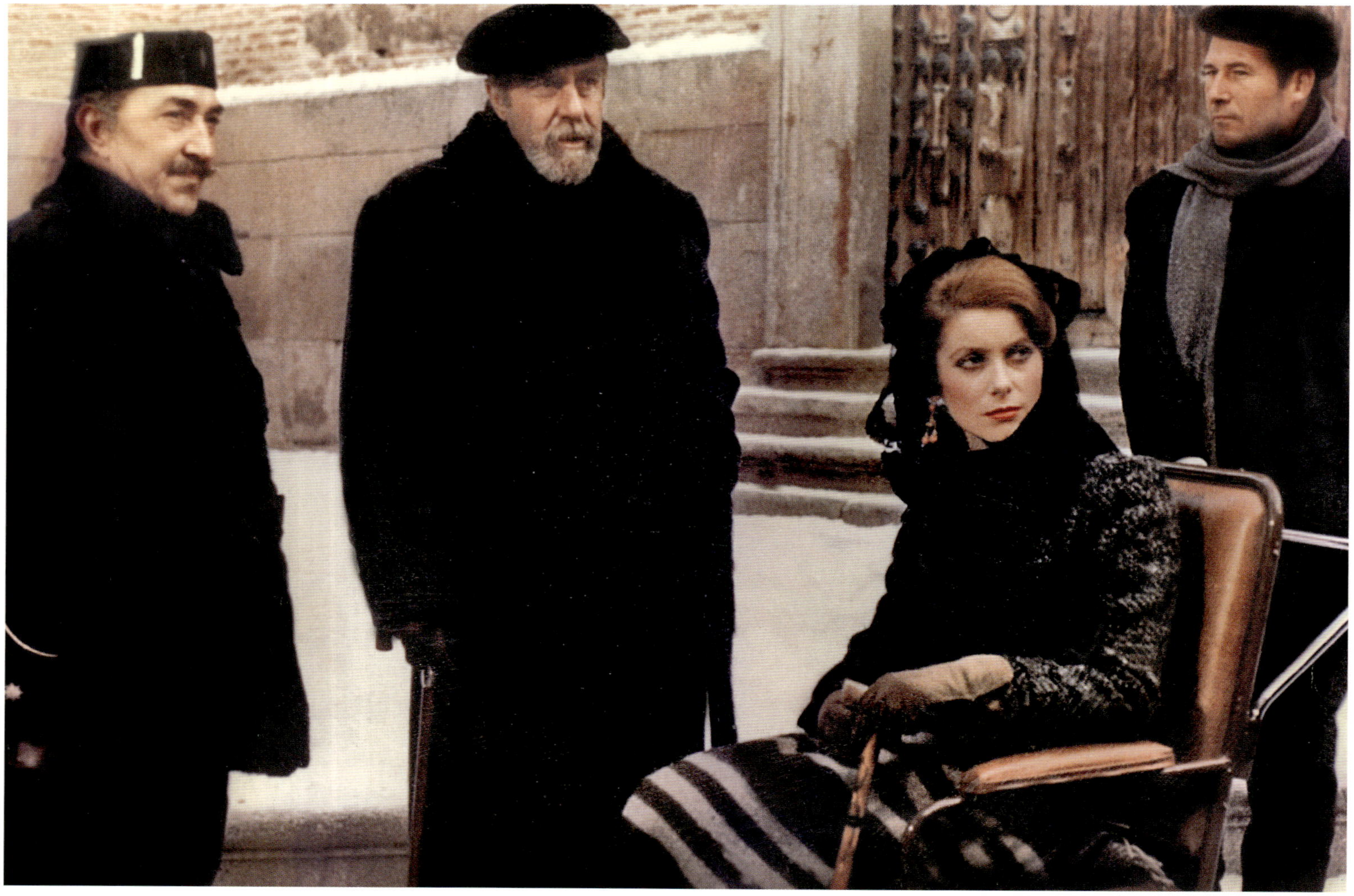

Liebe, Hass, Anziehung, Rache. Tristana pflegt eine ambivalente Beziehung zu ihrem Vormund, Don Lope (Fernando Rey).

dessen Vormund er ist, einander gegenüber. Sie werden ein Liebespaar, dem Altersunterschied und der quasi inzestuösen Verbindung zum Trotz. Bis zu dem Tag, als sich Tristana in einen Maler verliebt und mit ihm nach Madrid zieht. Jahre später kommt sie zurück, wird krank und muss sich einer Amputation unterziehen. Zwischen Phantasiebildern und Sadismus etabliert Buñuel eine rätselhafte Atmosphäre mit deutlich kritischen Stellungnahmen gegen die spanischen Eliten und ihre Heuchelei. In einigen Szenen wird die Metapher vom Meister und seiner Sklavin zwischen Fernando Rey und Catherine Deneuve greifbar.

Der Blick, den Deneuve Tristana verleiht, wenn sie von ihren Halluzinationen heimgesucht wird, zeigt, wie perfekt sie sich in die Buñuelsche Phantasiewelt einfühlen kann. In einer sich wiederholenden Szene, die berühmt geworden ist, sieht sie den abgetrennten Kopf ihres Vormunds in der Kirchenglocke.

Die andere »Person« im Film ist Toledo, die Stadt, in der Buñuel aufgewachsen ist. Der Filmemacher war geprägt durch seine Kindheit bei den Jesuiten, und die Stadt lässt all seine Kindheitserinnerungen wiederaufleben. In den sonnengebadeten Straßen herrscht ein bedrückendes Klima von Schweigen und unausgesprochenen Dingen. Kaum ein Dialog für Deneuve. Übrigens verlangt Buñuel zum großen Leidwesen der Schauspielerin, dass sie synchronisiert wird. »Dieser Film wird wirklich spanisch«, schreibt sie, »ich werde synchronisiert, und manchmal ist das schwer zu akzeptieren.«

Doch Kraft und Besonderheit der Regie überzeugen die Schauspielerin in einer Abfolge von Szenen, von denen eine stärker ist als die nächste. In einer Kirche, die Buñuel seit seiner Jugend fasziniert, muss sich Tristana auf einer Alabasterstatue ausstrecken wie eine Grabfigur. Surrealistische oder gewollt provokative Bilder. Deneuve nimmt den Meister bei der Arbeit unter die Lupe. »Ich spüre, dass sich der Film weit vom Drehbuch entfernt«, schreibt sie. »Jeder Ort, jede Szene entwickelt sich anders. Oft nimmt er bei den Proben Hervorhebungen, Verschärfungen oder Veränderungen vor.«

Unterdrückte Triebe, Machtverhältnisse, die allgegenwärtige Sexualität, Glanz und Elend des Lebens in der Provinz – *Tristana* schneidet alle Themen an. Sie werden in den rätselhaften Gesichtszügen der Titelfigur sichtbar. Man erahnt sie in ihrem humpelnden Gang. An manchen Tagen

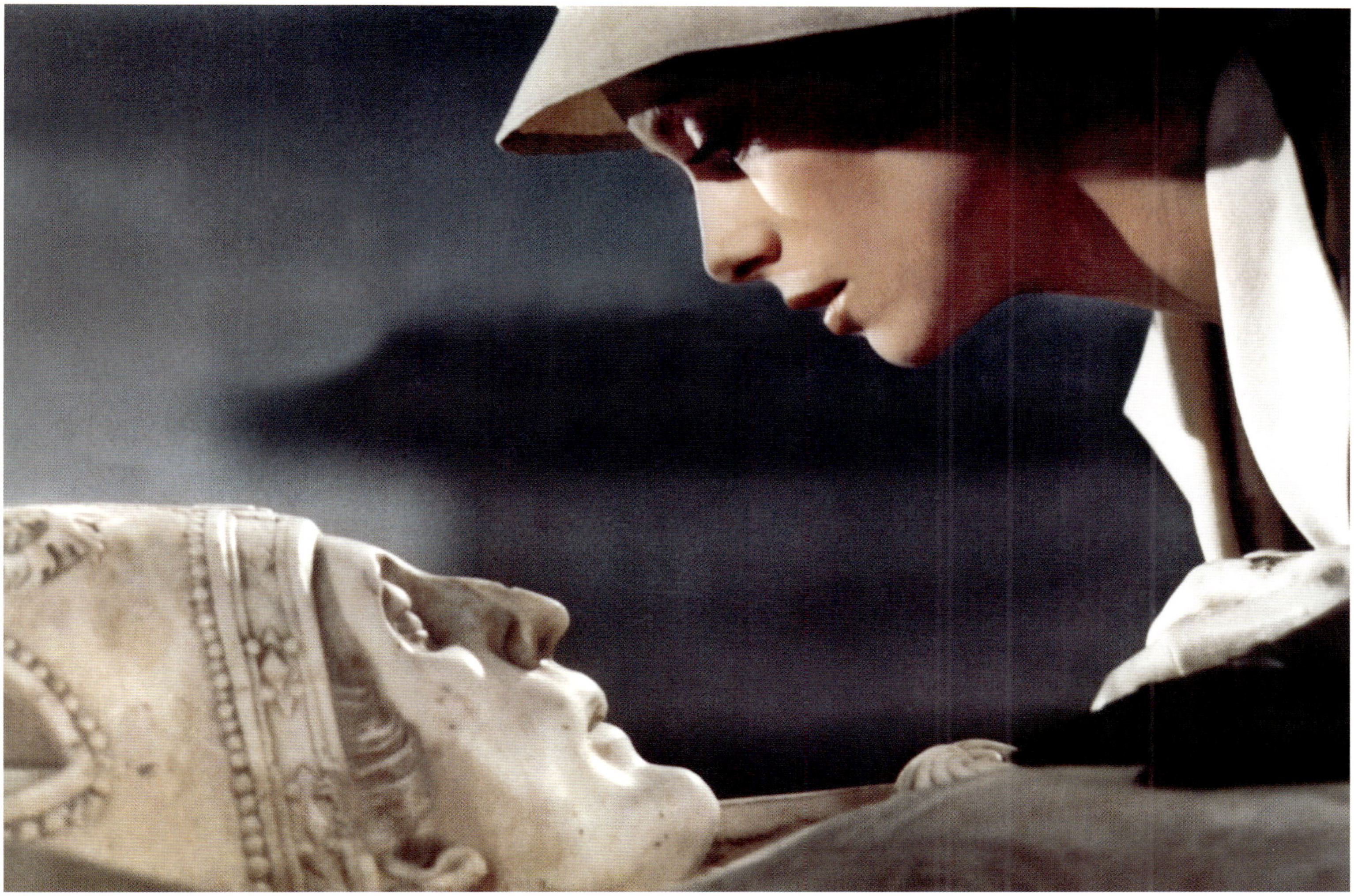

Eine Szene, die die prüden spanischen Zuschauer schockt: Tristana legt sich lustvoll auf eine Statue in just der Kirche, die Buñuel als Kind oft besuchte.

muss die Schauspielerin eine dicke Schicht fahler Schminke tragen: »Alle finden, dass ich diabolisch aussehe.«

Der Assistent bittet sie, langsamer zu sprechen (wieder das berühmte Sprechtempo!), um die Synchronisation einfacher zu machen. Zahlreiche Unbequemlichkeiten also, denn es ist kalt und es muss schnell gedreht werden. Die Dreharbeiten sind »ein Martyrium«, »eine Grenzerfahrung für die Schauspielerin«, schreibt Eric Neuhoff in seinem kleinen Buch über die herausragenden Rollen von Deneuve. »Sie muss sich älter und hässlicher machen, sich wie eine alte Jungfer aus dieser Zeit kleiden, eine undankbare Aufgabe.« Wie auch immer, Deneuve zeigt »Don Luis«, dass sie nicht mehr davor zurückschreckt, ihre Oberschenkel zu präsentieren, sie, die ein paar Jahre zuvor noch einige Gläser Alkohol brauchte, ehe sie sich in *Belle de jour* ausziehen konnte. Seinem Ruf entsprechend arbeitet der spanische Regisseur mit direkten Methoden. »Mich hat nichts mehr sonderlich überrascht«, erzählt sie, »denn als ich am Flughafen von Madrid ankam, nahm mich Buñuel als Erstes in eine Werkstatt mit, in der ich ›mein‹ Holzbein anprobierte, ja, ein großartiges Holzbein, auf Maß gemacht [...]!«

So kühl und hierarchisch die Beziehung zwischen »Don Luis« und Deneuve zu Beginn auch war, zuletzt entspannt sich das Verhältnis. *Tristana* ist für Deneuve eine bereichernde Erfahrung und ein weiteres Lehrstück, eines, das ihr ein Leben lang von Nutzen sein wird: über die komplexe Beziehung zwischen einem Filmemacher und seinen Schauspielern, über die Geduld, die Unterordnung und die Aufmerksamkeit, die es an den Tag zu legen gilt, die verdeckten Absichten eines Künstlers, die man dennoch umsetzen soll, den schöpferischen Zauber, der sich plötzlich über Dreharbeiten legt. Bei *Tristana* profitiert Deneuve von »diesem Freigeist«, als den sie Buñuel erlebt.. Ausgerechnet sie, die ihr Vater manchmal als »Anarchistin« bezeichnete und die aus ihrem ungezügelten Bedürfnis nach Freiheit nie einen Hehl machte.

Tristana ist ein grausamer, verzweifelter Film, in den Buñuel seine eigene Angst vor dem Tod hineinzuprojizieren scheint. Das Jahr 1970 geht zu Ende, Catherine Deneuve feiert ihren 27. Geburtstag. Und hat schon in 26 Filmen mitgewirkt.

Donnerwetter, was für eine Heldin! Romanschreiber erfinden so was nicht mehr. Die Amerikaner wären trotz all ihrer Dollars nicht in der Lage, sie hervorzubringen. Sucht, vergleicht, tretet den Beweis an: Es gibt nur eine solche, und wir sind es, die sie haben.«

Laurent Chalumeau

Buñuel besteht auf einem extrem blassen Make-up, das fast leichenartig wirkt, um die Figur Tristana zu charakterisieren. Die Dreharbeiten finden in Toledo statt, wo die Jugenderinnerungen des Regisseurs zum Tragen kommen.

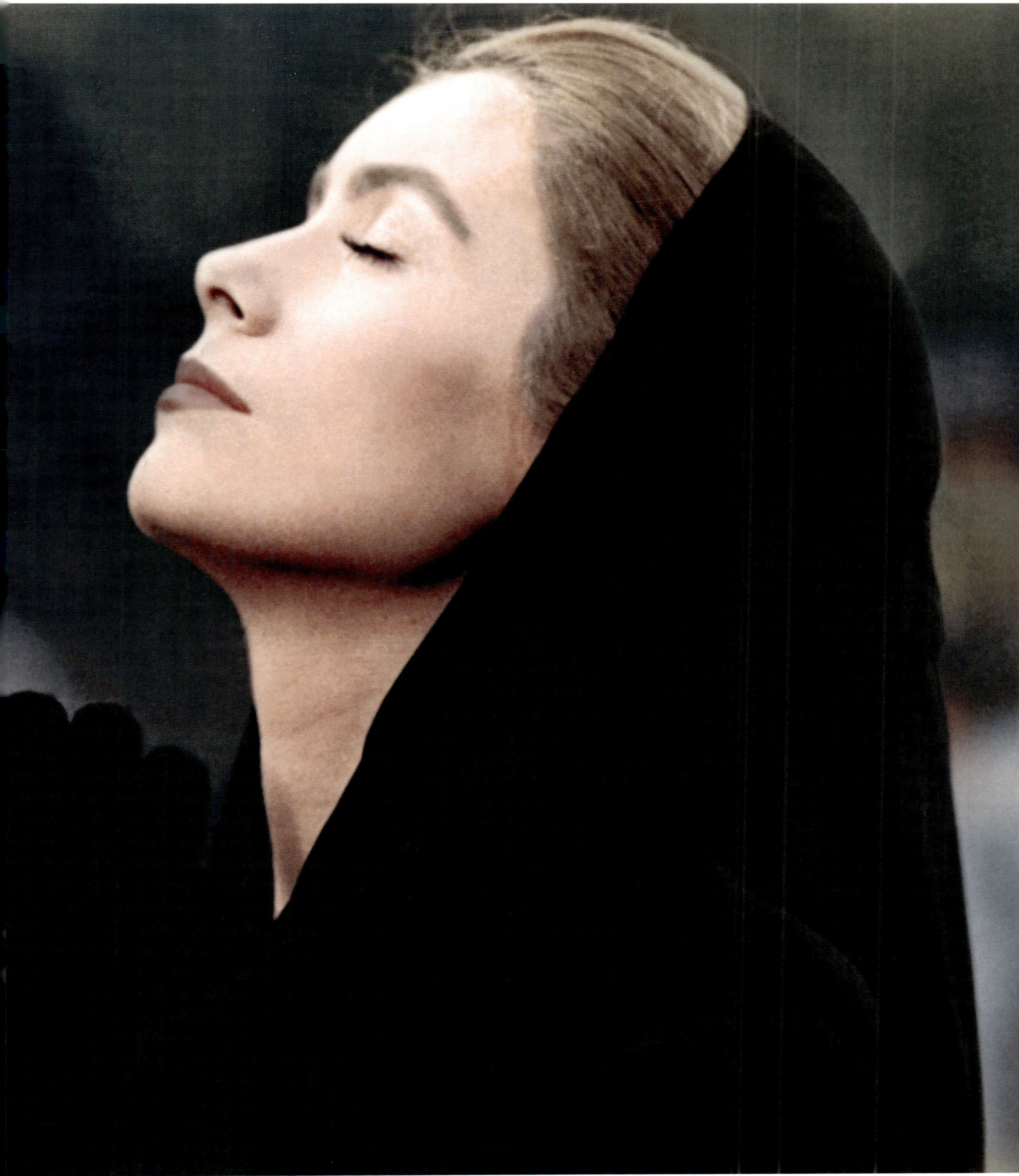

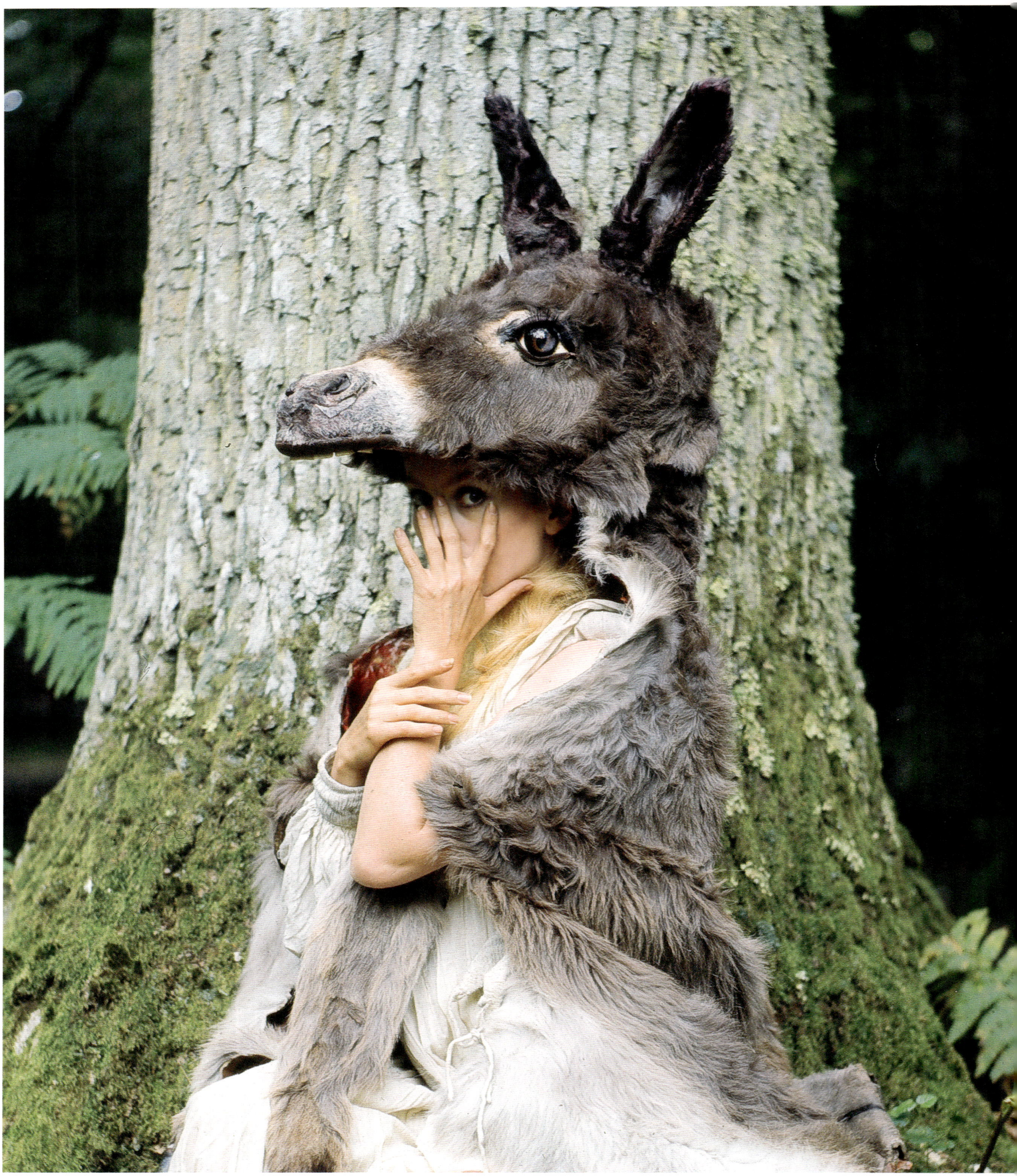

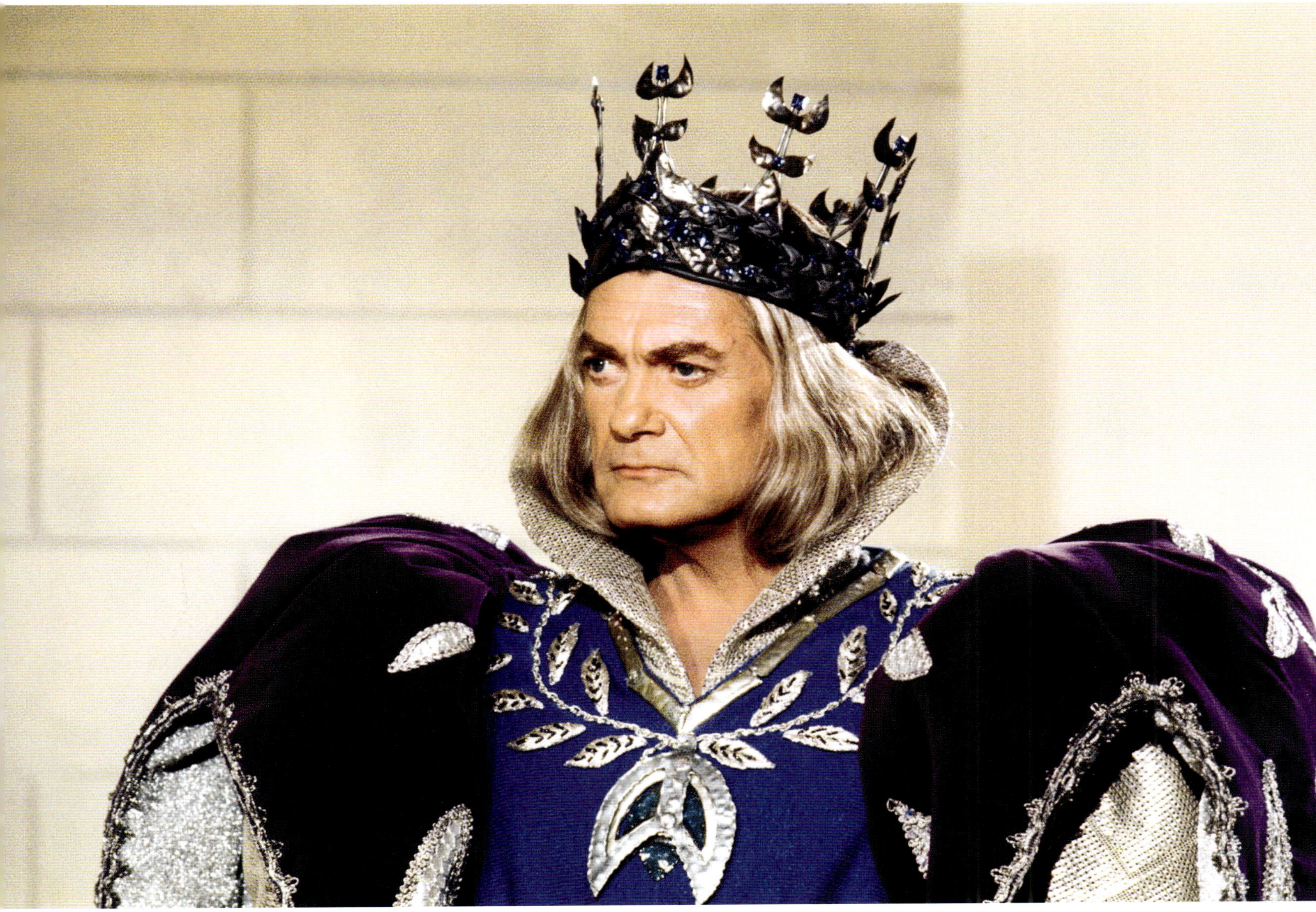

Oben: Jean Marais ist der Blaue König, Inbegriff des Inzest begeh(r)enden Vaters, der sich von der leidenschaftlichen Suche nach Liebe und Schönheit hinreißen lässt.

Links: Das echte Fell von Eselshaut ziert am Ende statt der Seidenroben die Filmplakate in Frankreich.

Peau d'âne
(Eselshaut)

Filmstart: 1970
Regisseur: Jacques Demy
Hauptdarsteller: Catherine Deneuve, Delphine Seyrig, Jacques Perrin, Jean Marais, Micheline Presle
Rolle: Eselshaut

Wiedersehen mit Jacques Demy. Nach dem Erfolg von *Die Regenschirme von Cherbourg* und *Die Mädchen von Rochefort* taucht Deneuve erneut in die familiäre Atmosphäre von wiederum ganz andersartigen und ehrgeizigen Dreharbeiten ein, in ein Universum, das dem Regisseur am Herzen liegt: die Welt der Märchen. Die dritte Zusammenarbeit zwischen Demy und Deneuve scheint von vornherein unter einem guten Stern zu stehen.
Die Hälfte der Drehzeit mit einem echten Tierfell auf dem Kopf arbeiten? Stundenlang unbewegt verharren, um die Spezialeffekte auf dem »mondfarbenen« Kleid zur Geltung zu bringen? Catherine Deneuve zögert keine Sekunde.
Die Schauspielerin kommt geradewegs von einer triumphalen Werbetour für Buñuels *Tristana* zurück, der sogar für die Oscars nominiert war. Das bestärkt sie in

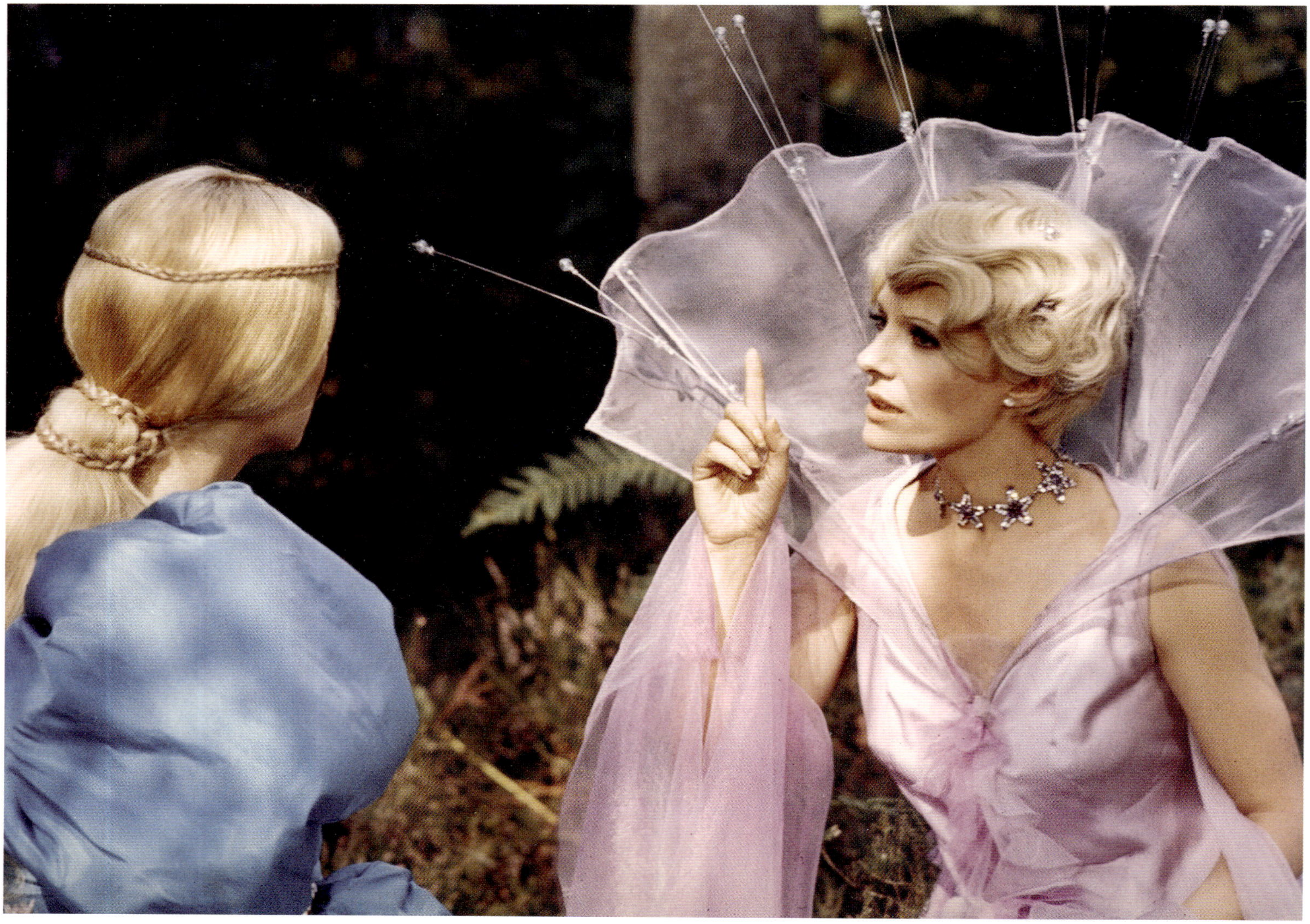

»Mein liebes Kind, man heiratet niemals seine Eltern ...«.
Delphine Seyrig spielt die klassische Märchenrolle der schützenden Fee und Patin.

ihrer Intuition und ihrem Hang zu gewagten und innovativen Projekten. Denn wieder hat Demy die Latte sehr hoch gelegt: Märchenhaftes, Anachronismen, Humor, das Ganze gekreuzt mit einer inzestuösen Leidenschaft – nichts erscheint ihm zu gewagt für diese Verfilmung von Charles Perraults Märchen. Und wieder ist die überschwängliche Mag Bodard als Produzentin mit von der Partie, eine Frau mit scharfem Verstand und visionärer Phantasie, die das Projekt von Beginn an unterstützt und verteidigt.

Denn *Eselshaut* ist ein Projekt mit langem Atem, eine Idee, die schon ewig existiert, ursprünglich war es einmal der zweite Film, den der Regisseur gleich nach *Lola* machen wollte. Demy besinnt sich auf seine Erinnerungen und auf das Kasperletheater, mit dem er als Kind spielte. Ein König, eine Prinzessin in der Verbannung, eine gute Fee: Damit der Film seinen Kindheitserinnerungen so nah wie möglich kommt, engagiert Demy Jean Marais als Hommage an Cocteaus *La Belle et la Bête*, Delphine Seyrig mit ihrer betörenden Stimme, Jacques Perrin, der wie Maxence in *Die Mädchen von Rochefort* die Rolle des romantischen Liebhabers übernimmt, und Catherine Deneuve, die die Reinheit und das Wunderbare schlechthin verkörpert. Für die Produzentin Mag Bodard ist der Film, »ein Märchen, das beweist, dass das Unmögliche jederzeit eintreten kann«. Die Beziehung zwischen dem Regisseur und seiner Schauspielerin scheint besser zu funktionieren denn je. Sobald sie auf der Leinwand auftaucht, sei es im Krinolinenkleid oder im Gewand einer Bäuerin, lässt uns Catherine Deneuve alles Unglück dieser Welt vergessen. Und die Schauspielerin ist weit davon entfernt, nur auf ihre optische Ausstrahlung zu vertrauen – vielmehr verkörpert sie buchstäblich Demys Träume und lässt eine ganz und gar poetische und märchenhafte Welt wahr werden. »Ich habe Vertrauen gehabt und die Rolle angenommen, ohne eine Zeile des Drehbuchs zu kennen«, sagt sie. »Weil ich nichts ablehnen kann und nichts je ablehnen werde, was Demy mir vorschlägt. Ihm verdanke ich den echten Beginn meiner Karriere mit *Die Regenschirme von Cherbourg.* Denn davor war ich zu jung, mit

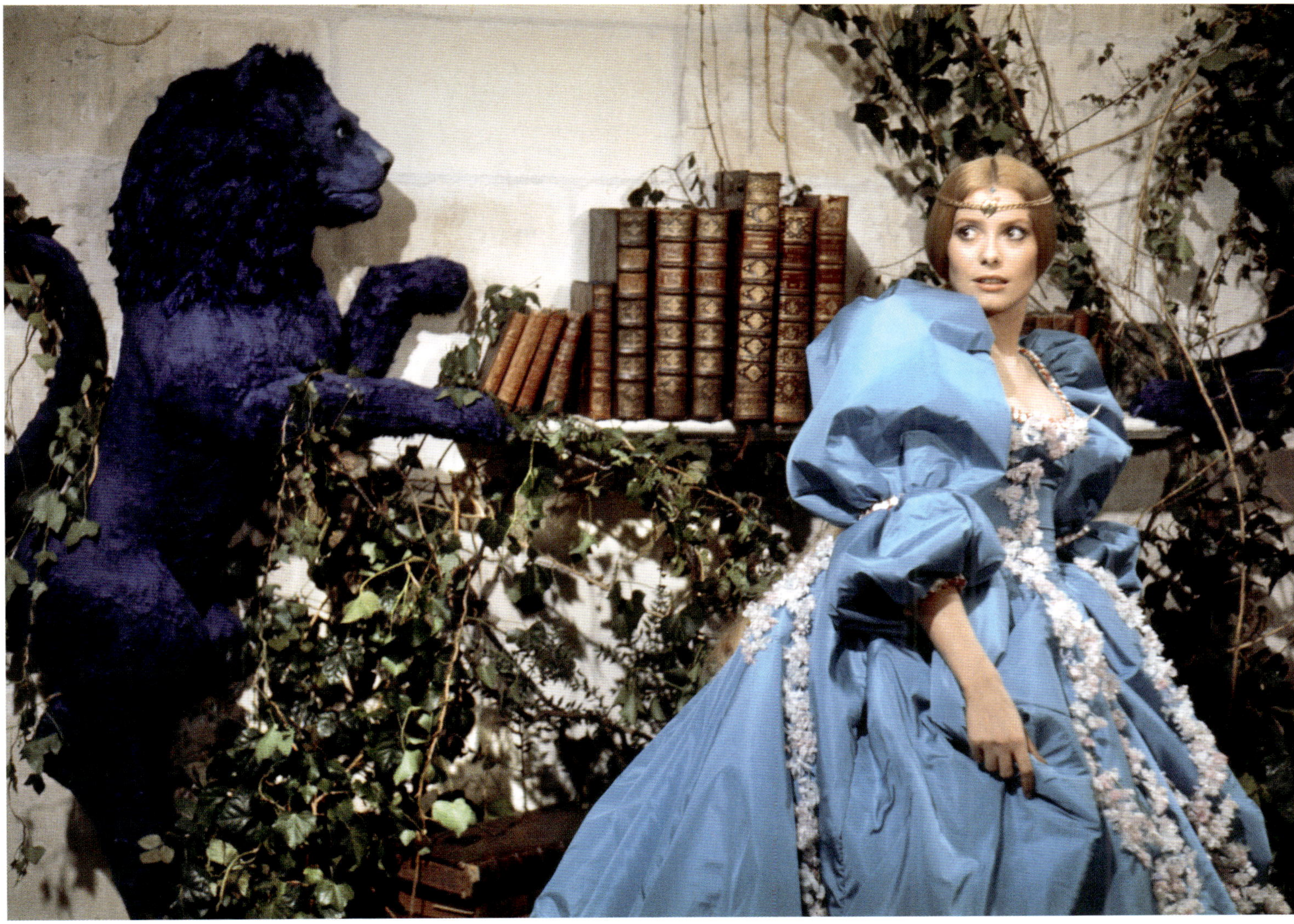

Die Prinzessinnenroben wurden aus Leinwandstoff geschaffen, um darauf Bilder projizieren zu können. Bis heute ist nicht ganz geklärt, wie das funktionieren konnte.

sechzehn weiß man noch nicht, worauf man sich einlässt. Seit den *Regenschirmen* habe ich mich nicht oft getäuscht.« Es stimmt, dass sie trotz ihres jugendlichen Alters einen Riecher hat. Sie gesteht Autorenprojekten ebenso viel Bedeutung zu wie Produktionen, die ein großes Publikum anziehen sollen, denn für sie »sind Filme dazu da, von möglichst vielen Menschen gesehen zu werden«.

Das Schloss von Chambord und andere Schlösser in den Départements Yvelines und Oise liefern die majestätischen Kulissen für diese Geschichte, die gleichermaßen real und märchenhaft ist. Man kann sich die Herausforderung vorstellen, die der erste Drehtag für die Schauspielerin bedeutet. »Ich musste an der Glaubwürdigkeit ebenso arbeiten wie an der Irrealität. Ich musste auf ganz leichte Weise spielen, ohne mich festzulegen. [...] Die nur in der Phantasie existierende Figur von Eselshaut, die keinerlei vorgefassten Charakter bietet, erleichterte mir die Annäherung, die im Übrigen, wie es scheint, auch Demys Wünschen entsprach«, erklärt sie. Catherine entdeckt, dass es ein Glück für sie ist, insbesondere mit Jean Marais zusammenzuarbeiten, der sie mit seiner Freundlichkeit und seiner Flexibilität beeindruckt und »noch großartiger ist, als man es ihm nachsagt«, wie sie feststellt.

Wie in den *Mädchen* wird Deneuves Part von Anne Germain gesungen. Und Michel Legrands Talent trägt zum Zauber des Films bei. Noch kann sich keiner vorstellen, wie viele Menschen noch Jahrzehnte nach Anlaufen des Films die Lieder auswendig summen können. In der berühmten Szene mit dem Kuchen, dem »Liebeskuchen«, die zum Klassiker geworden ist, wird Deneuve nicht synchronisiert, sondern kocht und singt selbst. Demy verlangt von seinen Darstellern, in allem zu übertreiben: »Unsere Blicke zur Decke, unsere überbetonten Gesten, die Niedergeschlagenheit oder Überschwang zum Ausdruck bringen sollten, wie in Andachtsbildern. Wir platzten vor Lachen, und in manchen Szenen kann man das auch ahnen. Aber es passierte hauptsächlich hinter vorgehaltener Hand und war ein Tribut an das Surreale im ästhetischen und literarischen Sinn.«

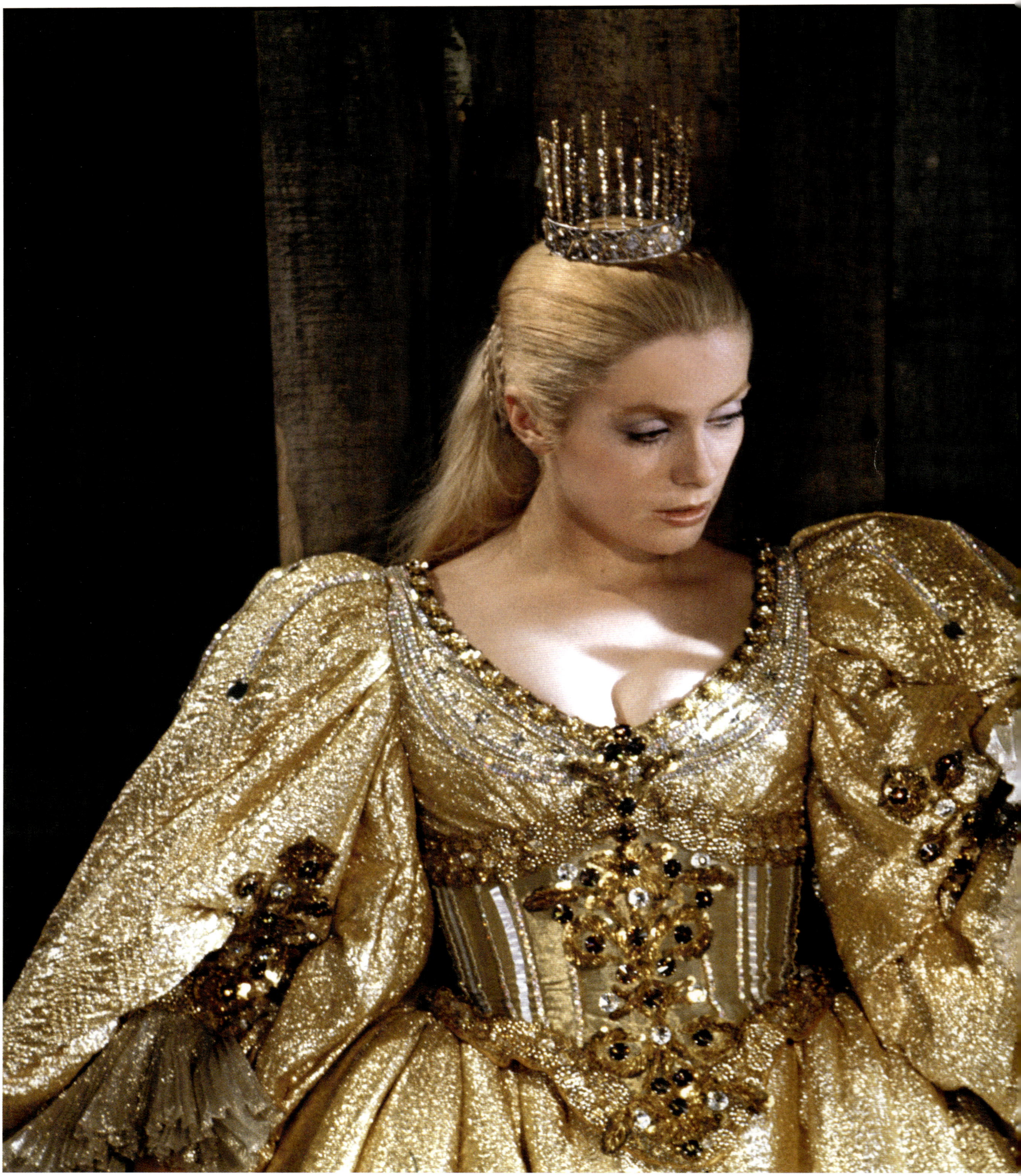

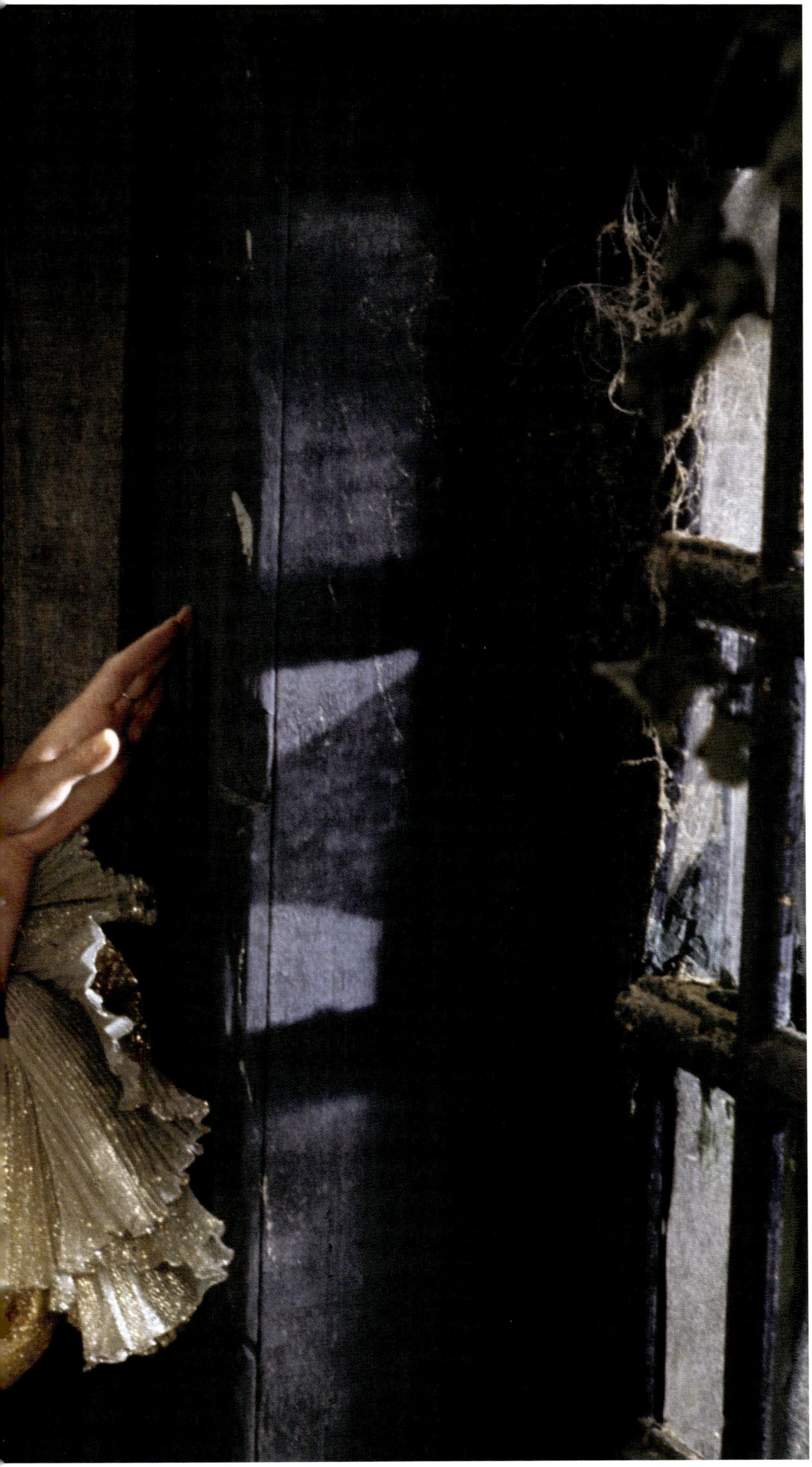

Kleider in den Farben der Zeit, des Mondes, der Sonne. Jacques Demy nützt Materialien, Farben, Ausstattungen, wie es alle bedeutenden Filmleute tun. Er befreit sich von den Gewohnheiten des französischen Kinos seiner Zeit und lässt seinen Ideen freien Lauf, die durch Erfahrungen in Amerika geprägt sind. Obwohl Hollywood ihn gern verpflichten würde, dreht er lieber *Eselshaut* und verwirklicht damit einen schon immer gehegten Traum.

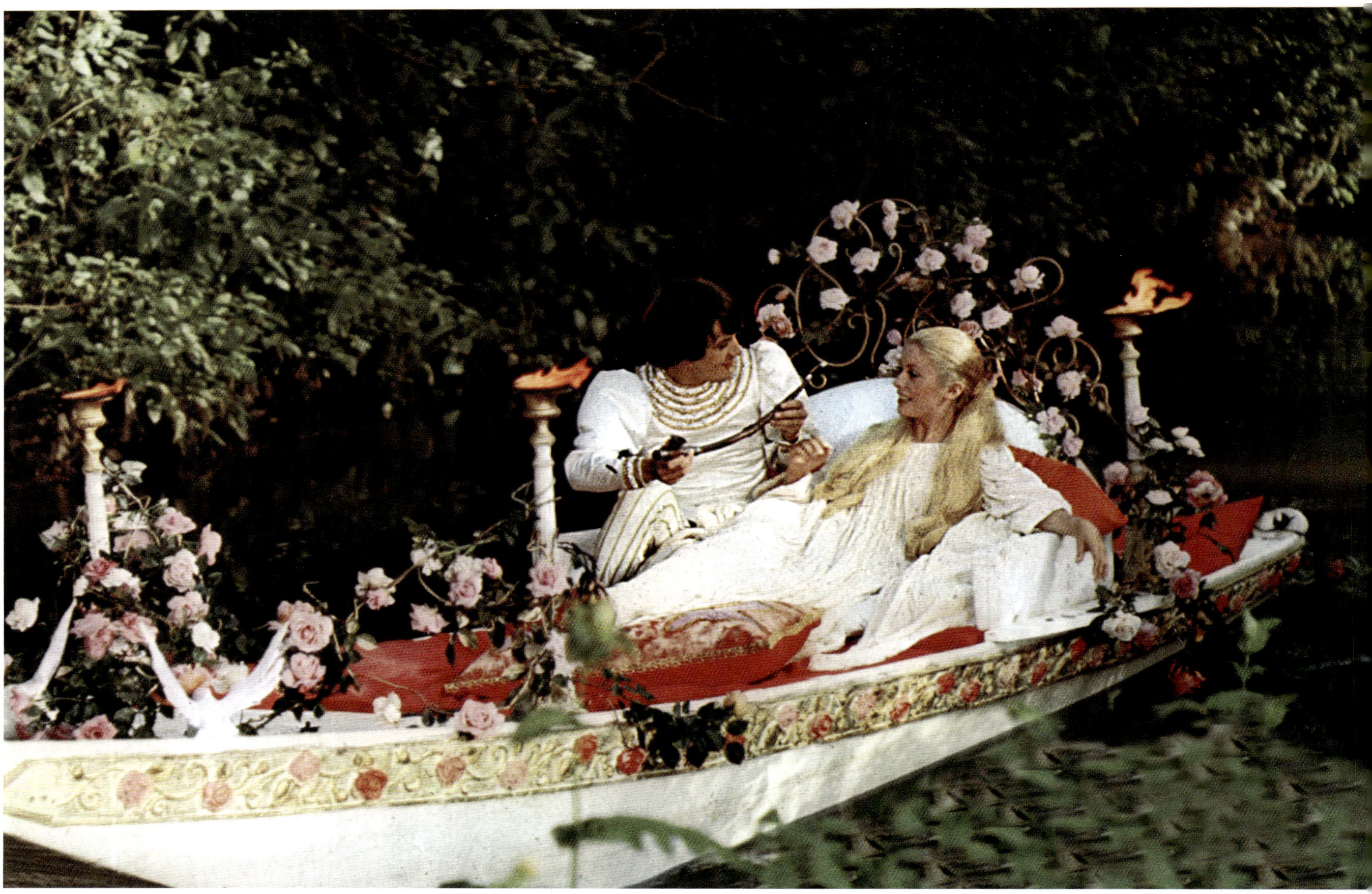

Ein märchenhafter Ausflug mit dem Prinzen. Die Lieder von Catherine Deneuve und Jacques Perrain sangen Anne Germain und Jacques Revaux.

Die Presse überschlägt sich in Superlativen, Deneuve wird als »ideale Prinzessin« gepriesen, und Jean-Louis Bory erweist im *Nouvel Observateur* Demy seine Ehrerbietung dafür, dass er Cocteau wiederauferstehen lässt: »Nichts wirkt künstlich, alles ist darauf ausgerichtet, das Durcheinander zwischen dem Realen und dem Wunder, zwischen dem realen Wunderbaren und der Wahrheit zu fördern, und darin genau besteht ja das Märchenhafte.« 2003, als der Film auf DVD erscheint, kommt Deneuve noch einmal auf ihren Spaß beim Drehen und auf den besonderen Platz dieses Films in ihrer Filmographie zurück: »Wo immer ich hinging, der Film hat mich begleitet. Es gibt Rollen, die man vergisst. Aber in dem Fall ist es der Film selbst, der mich nie losgelassen hat. [...] *Eselshaut* bezieht seinen anhaltenden Zauber eben aus der Tatsache, dass er kein mit Spezialeffekten überladener Science-Fiction-Film ist. Andernfalls fänden Kinder ihn altmodisch. Der Film als Ganzes hat eher die Wirkung eines Spezialeffekts.«

Das Moderne an diesem Film ist zum Teil auch darauf zurückzuführen, dass die Welt, in der sich die Darsteller präsentieren, gleich mehrere Generationen zum Träumen bringt. Auch vierzig Jahre später bezaubert der Film die Menschen noch immer weit über die französischen Landesgrenzen hinaus. Deneuve wächst über ihre rein körperliche Schönheit hinaus und verleiht der Unschuld einer Prinzessin Tiefgang, die zerrissen ist zwischen dem inzestuösen Verlangen nach ihrem Vater und der Grausamkeit der Erwachsenenwelt.

Ende des Jahres 1970 kommt der Film zum besten denkbaren Zeitpunkt in die Kinos, nämlich direkt vor Weihnachten. Am 16. Dezember ist das »Le Normandie« auf den Champs-Élysées ausverkauft. Minister und Menschen jeder Couleur haben sich um Plätze für die verschiedenen Vorpremieren gerissen. Ganze Familien drängen ins Kino. Der Film wird für Deneuve zum neuen Publikumserfolg und übertrifft mit 2,2 Millionen Zuschauern sogar ihre vorangegangenen Filme.

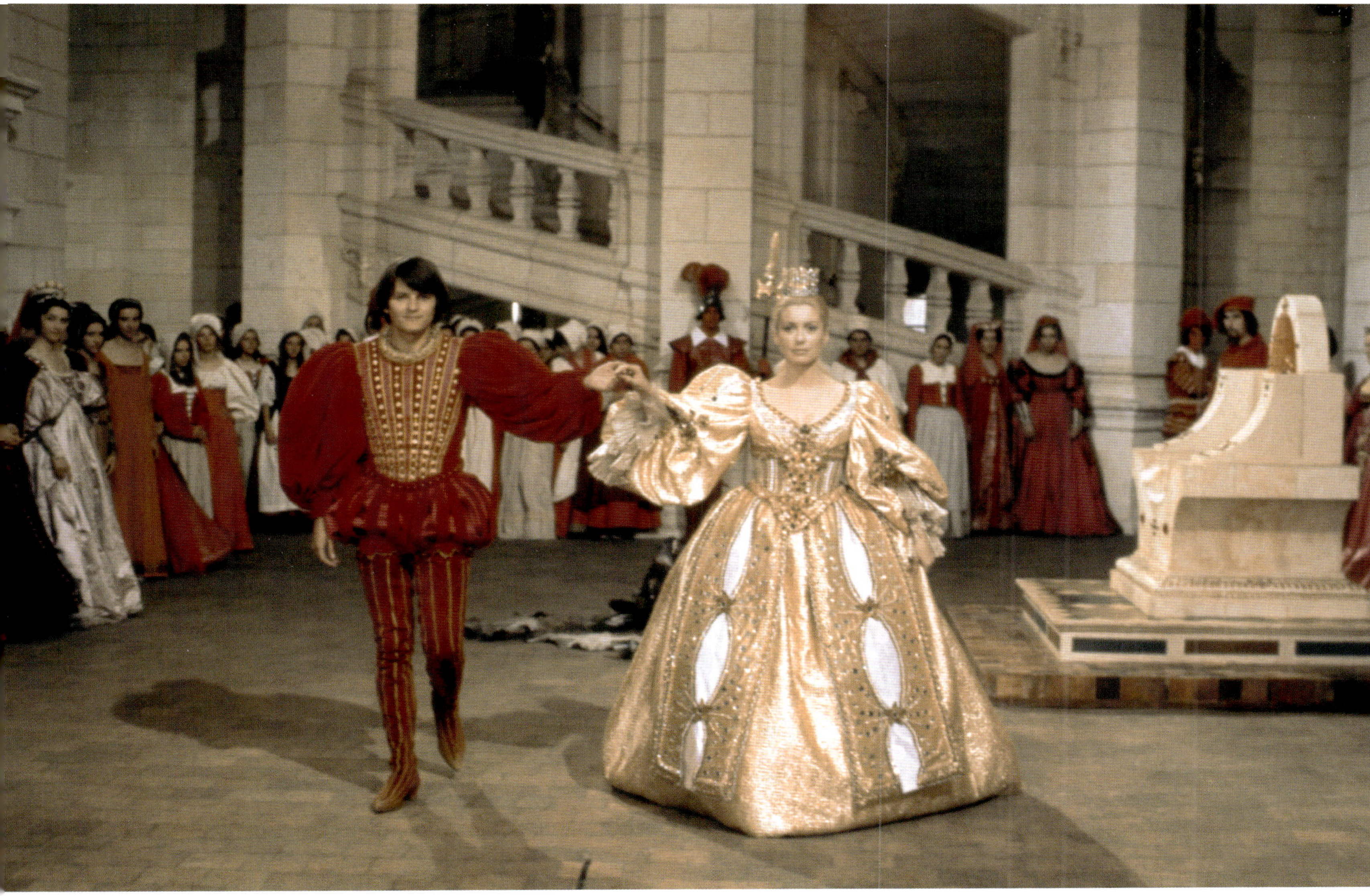

Die Schlussszene mit der Hochzeit wurde im beeindruckenden Ambiente des Schlosses von Chambord gedreht, in dem sich die berühmte doppelte Wendeltreppe befindet.

»Als ich die Szene geschrieben habe, in der man Eselshaut sieht, wie sie den Teig knetet und dabei das Lied vom Liebeskuchen singt, habe ich Schneewittchen vor mir gesehen, wie sie mit den Vögeln gemeinsam eine Torte bäckt.«

Jacques Demy

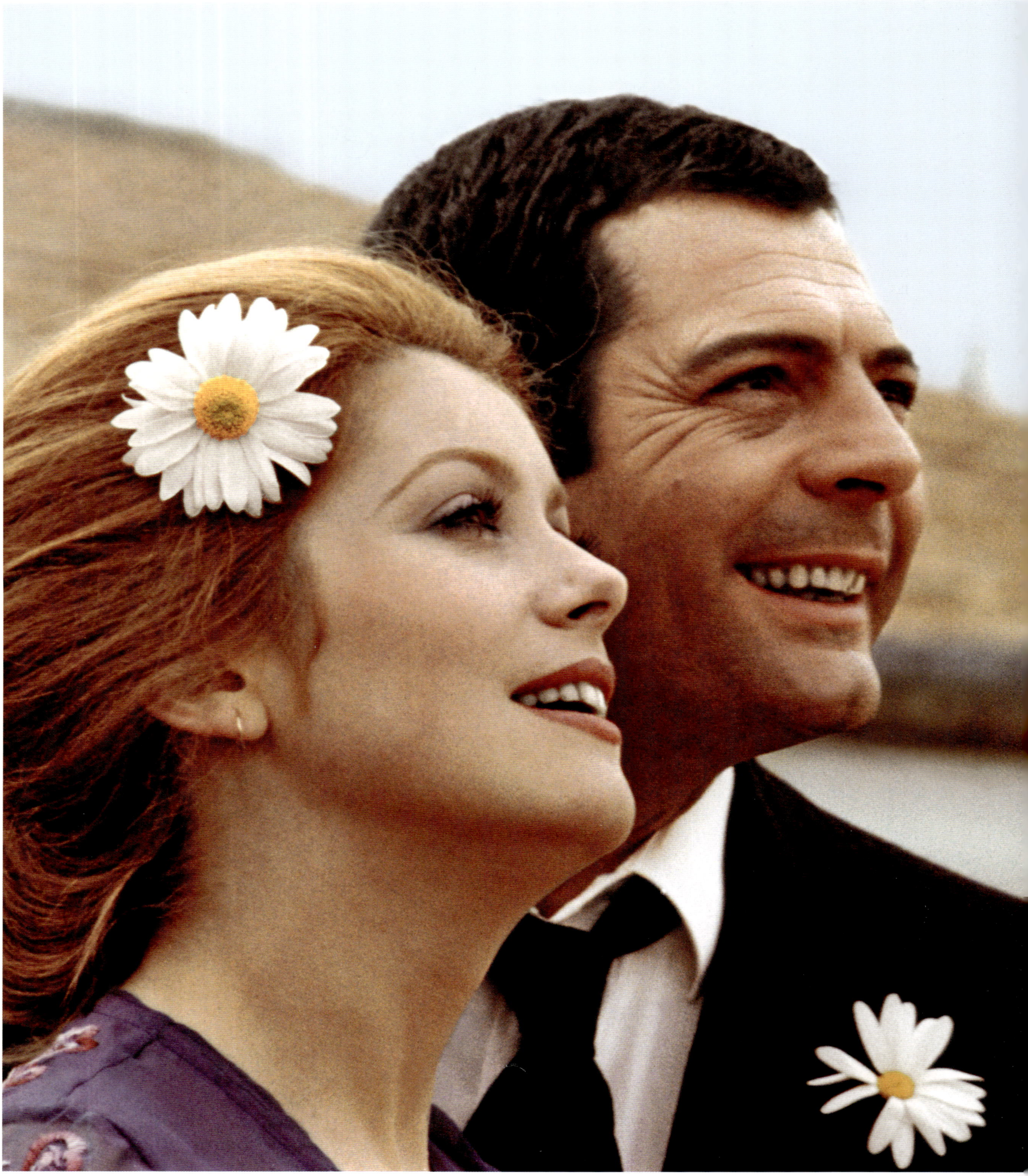

ch lieben, in dieselbe Richtung blicken, sich gegenseitig stützen, nander verstehen und zuhören: jede Menge Definitionen für e Liebe, die hier durch einen Schicksalsschlag ins Wanken gerät. adine Trintignant spürt dieser Erfahrung mit Catherine Deneuve und arcello Mastroianni nach, die im Film ihre Vornamen behalten.

Ça n'arrive qu'aux autres (Das passiert immer nur den anderen)

Filmstart: 1971
Regisseurin: Nadine Trintignant
Hauptdarsteller: Catherine Deneuve, Marcello Mastroianni
Rolle: Catherine

Ein einziger Anruf genügte, damit der Film zustande kam. Am Beginn von *Das passiert immer nur den anderen* stehen ein Telefonanruf und eine wahre Begebenheit. Nadine Trintignant wollte ihr persönliches Drama erzählen, die Geschichte vom Verlust ihrer Tochter, die sie gemeinsam mit dem Schauspieler und Regisseur Jean-Louis Trintignant hatte. Ihre kleine Pauline starb mit neun Monaten. Diese Geschichte zu erzählen hilft Nadine Trintignant, das Erlebte zu verarbeiten und dem Trauma zu entfliehen. Selten fand der Ausdruck »nach einer wahren Geschichte« größere Rechtfertigung. Nadine Trintignant hinterlegt ihr Drehbuch bei Catherine Deneuves Concierge mitsamt einer kleinen Nachricht und der Bitte um rasche Antwort: »Ob ja oder nein, das ist mir schon fast egal. Aber ich wäre dankbar, wenn Du mir schnell antworten könntest. Warten ist ein Horror für mich.« In nur einer Nacht liest Deneuve das Skript, es bewegt sie und gefällt ihr, und am nächsten Morgen greift sie zum Telefonhörer: »Deine Geschichte ist sehr schön geschrieben. Du hast mein Einverständnis, die Antwort lautet: Ja!« Nun muss nur noch der männliche Darsteller gefunden werden. Deneuve erinnert sich an ein Dinner mit Roman Polanski, das ein paar Wochen zuvor in London stattgefunden hat; er hatte ihr einen angesagten italienischen Schauspieler vorgestellt. Sie war von seiner Erscheinung beeindruckt gewesen, er hatte die Haare für eine Rolle so kurz rasiert, dass sie in ihm zunächst nur mit Mühe den Hauptdarsteller von *La dolce vita* wiedererkannte. Das Abendessen verlief »in fröhlicher, geradezu angenehmer Atmosphäre«. Also nennt Deneuve Nadine Trintignant spontan genau diesen Namen. Er wird ihr Partner im Film. Die Regisseurin entscheidet genauso schnell. So wird daraus also die Geschichte von Catherine und Marcello. Denn die beiden Hauptdarsteller behalten im Film ihre echten Namen.

Alles wird ganz schnell entschieden. Die Dreharbeiten beginnen sofort. Und so lernt Catherine Deneuve den Mann näher kennen, der auch einfach ein Tischgenosse hätte bleiben können. Marcello Mastroianni ist ein bedeutender italienischer Schauspieler jener Zeit, er hat bereits mit den größten Filmemachern seines Landes gedreht, wie Fellini, Antonioni, De Sica und Visconti. Aber er macht auch gern Abstecher auf die Nordseite der Alpen, mit Louis Malle etwa (*Vie privée*; *Privatleben*) oder Roman Polanski (*Was?*).

Das Phänomen Paar: Catherine Deneuve betont häufig, wie »seine Mäander und sein Mysterium« sie derart faszinieren, dass ihr das Thema keine Ruhe lässt. Ganze Abende lang diskutiert sie darüber mit Nadine Trintignant, mit der sie sich verbunden und vertraut fühlt. Um diese »Höhlenforschung« am Paar weiterzutreiben, weiter noch als in *Belle de jour* oder *Die Regenschirme von Cherbourg*, dafür bietet dieses Drehbuch ein fruchtbares Terrain. *Das passiert immer nur den anderen* ist die Geschichte eines Paares, das von der schlimmsten aller Tragödien erschüttert wird, dem plötzlichen und brutalen Verlust eines kleinen Kindes. Doch der Film ist an keiner Stelle pessimistisch sondern zeigt, wie die beiden als Paar diese Prüfungen überleben können. Die Liebe ist Hauptthema dieses sehr intimen und unter die Haut gehenden Films. Stunde um Stunde folgt die Kamera Deneuve und Mastroianni, die, eingeschlossen in ihrem Zuhause, zunächst unfähig sind, die Trauer zu bewältigen, die sie umwirft. Dann kommt nach und nach ein kleiner Lichtschein zurück. Nadine Trintignant ist sich bewusst, dass sie einen Film über ein sehr schmerzhaftes Thema und eine sozusagen offene Wunde dreht, zwei Jahre nach dem plötzlichen Tod ihrer Tochter. Sie weiß, dass der Film schockieren und Menschen aus dem Gleichgewicht bringen kann, und ist darauf gefasst, beim Kinostart der Schamlosigkeit bezichtigt zu werden.

Der Film entsteht in einer familiären Atmosphäre mit einem sehr reduzierten Team, maximal sieben Personen, die abgeschottet in einer Wohnung arbeiten. Serge Marquand, Nadines Bruder, ergänzt die Besetzungsliste. Deneuve bekennt, dass Grausamkeit und Ungerechtigkeit, die Menschen empfinden müssen, wenn sie ein Kind verlieren, ihr sehr zusetzen. »Es ist ein Film über die Liebe, aber er ist auch sehr brutal«, sagt sie. Am Ende der Dreharbeiten erklärt sie, dass sie »erschöpft« sei. Die Regisseurin äußert sich lobend über ihre »unverwüstliche« Energie. Und Deneuve fügt hinzu: »Es ist wahr, dass ich physisch kaum je zusammenbreche. Ich habe tanzen gelernt und halte mich aufrecht, das läuft sozusagen von selbst. Aber seelisch war es mühsam.«

Das passiert immer nur den anderen hat einen besonderen Platz im Herzen der Schauspielerin: »Es ist ein Film, der mir sehr wichtig ist, denn er gibt Hoffnung und zeigt, dass man dank der Liebe wieder Freude finden kann an den alltäglichen Dingen des Lebens.«

Liza, eine verwegene, ausgeflippte, sexy Frau. Eine Mischung aus Ferre[ris] Verrücktheit und Deneuves Phantasie – und ein explosiver Cocktail.

Liza
(Allein mit Giorgio)

Kinostart: 1971
Regisseur: Marco Ferreri
Hauptdarsteller: Catherine Deneuve, Marcello Mastroianni, Corinne Marchand, Michel Piccoli
Rolle: Liza

Nach einem Studium der Tiermedizin zum Film gekommen, macht Ferreri mit *Allein mit Giorgio* (italienischer Titel: *La cagna*, die Hündin) zwar nicht seinen ersten Film, aber noch ist er nicht der Regisseur von *Das große Fressen*, der im darauffolgenden Jahr zum Skandal von Cannes und zum phänomenalen Publikumserfolg wird.

Liza, das ist Catherine Deneuve in der Rolle einer Frau, die in erster Linie kapriziös und widerspenstig ist – und ausgesprochen sexy. Von der ersten Einstellung an braungebrannt, die Haare in wildem Aufruhr, das weiße Hemd klebt ihr nach dem Bad im Meer auf der Haut; dann, am nächsten Morgen, leicht bekleidet neben Mastroianni. Diese berühmte »unverschämte Blondheit« ... aber in manchen Szenen nimmt Liza buchstäblich den Platz von Giorgios Hündin ein.

Giorgio und Liza begegnen sich auf höchst unwahrscheinliche Weise auf einer winzigen, verlassenen Insel im Mittelmeer, nachdem beide aus ihrem Leben geflohen sind. Sie lässt aus einer Kurzschlusshandlung heraus ihren Liebhaber und ihre Freunde zurück, mit denen sie auf Kreuzfahrt war. Von der Bucht aus, in der sie vor Anker gegangen sind, erreicht sie schwimmend die kleine Insel, die Giorgio zu seinem Domizil erkoren hat, um dort als Einsiedler mit seinem Hund Mélampo zu leben. Er ist nicht wirklich ein Robinson Crusoe, denn er hat sein Leben in Einsamkeit selbst gewählt, als er seine Frau, sein Kind und die große Stadt verließ. Seinen Beruf als Comiczeichner übt er zwischen Angeln, Essensammeln und Spaziergängen aus. Er lebt also eine Freiheit, die durch nichts zu stören ist. Früh am Morgen muss Liza weggehen, um nicht zu seinem Freitag zu werden. Und um in seinen Augen überhaupt zu existieren, muss sie den Hund loswerden und seinen Platz im Herzen seines Herrn einnehmen.

Das Filmplakat zeigt Deneuve mit einem Halsband, wie sie Mastroiannis Hand leckt. Die Provokation hat ihr Maximum erreicht: eine Frau, die wie ein Tier abgerichtet ist! Während sich die westliche Welt in Frage stellt, unter Druck geraten durch Fortschritt und Feminismus.

Die Reaktion der Öffentlichkeit im Mai 1972 ist schrecklich. Und die Kritiken sind wenig liebenswürdig. »Sie schlabbert nicht, sie kläfft nicht, sie schnüffelt nicht, aber sie beißt«, schrieb Gilles Jacob in *L'Express*. Catherine Deneuve als Hündchenersatz für Marcello Mastroianni, das lässt aufheulen. Wen? Die Fans des Stars, die Frauen, die Hundefreunde, sozusagen jedermann.«

Jean-Claude Carrière hat für das Drehbuch *Melampus*, einen Roman von Ennio Flaiano, dem Drehbuchautor von Fellini, adaptiert. Ohne sich allzu sehr um die Geschichte zu kümmern, hat Ferreri ganz frei einen Film gedreht, der heute zwar weniger schockiert, dabei aber eine faszinierende Studie über die Bestialität in jedem von uns bleibt.

Deneuve gewöhnt sich schließlich an »Ferreris Bande«, mit der zu drehen »wie Urlaub« war, und sie findet Gefallen daran. Aber es brauchte ein wenig Zeit, um mit ihm vertraut zu werden, erzählt sie im Hinblick auf Ferreri: »Mit ihm habe ich gelernt, sehr entspannt zu sein. Ich habe so unglaubliche und so gewaltige Dinge gesehen, dass ich zu Beginn sehr unglücklich war. Es war so neu, ungewohnt, improvisiert, dass es mich aus der Bahn warf, und dann brüllt er auch noch herum. Ich kann mir so einiges anhören und anschauen ... Ich bin nicht abgestumpft, aber ich bin cool. Sehr cool.«

In dieser Titelrolle zeigt Catherine Deneuve, wie »radikal modern« sie sein kann, »Rock 'n' Roll von Natur aus«, um die Worte von Arnaud Desplechin aufzugreifen, für den sie »die skandalträchtigste Frau Frankreichs« ist und bleibt. Diejenigen, die glaubten, sie sei eine Brave, entdecken, dass sie bis ans Limit geht.

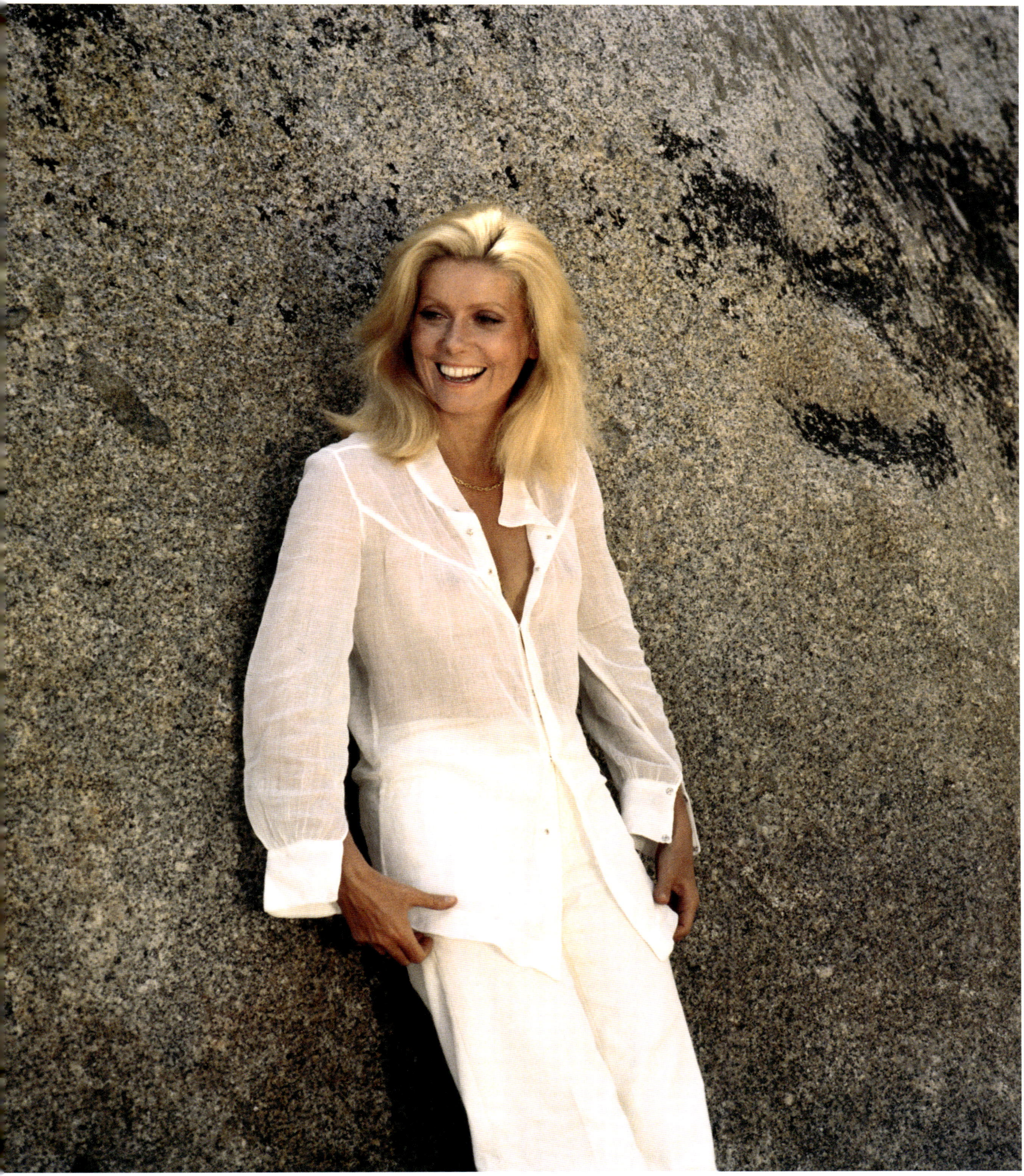

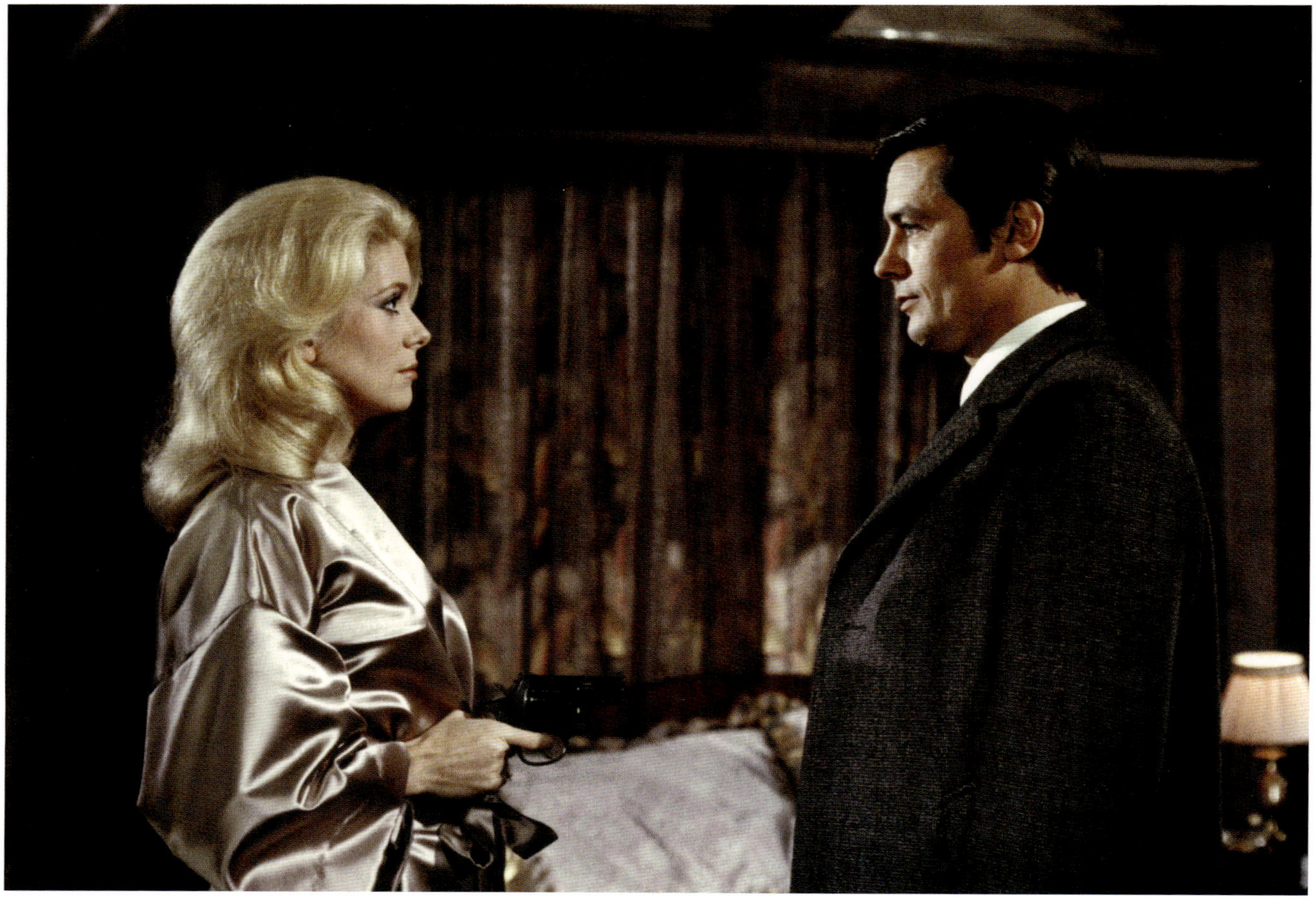

»In *Der Chef* gibt es eine Frau, die zu allem und jedem ›geht schon‹ sagt. Und die eineinhalb Stunden später den Telefonhörer abnimmt und ›Ja‹ sagt. Catherine Deneuve hat verstanden, dass dadurch, dass sie die einzige Frau im Film war, ihre Gegenwart wichtig wurde.«
Jean-Pierre Melville

Un flic
(Der Chef)

Kinostart: 1972
Regisseur: Jean-Pierre Melville
Hauptdarsteller: Alain Delon, Richard Crenna, Catherine Deneuve, Riccardo Cucciolla, Michael Conrad
Rolle: Cathy

Während sie auf die Geburt ihrer Tochter wartet, erlegt sich Catherine Deneuve eine kurze Pause auf. Und dennoch nimmt sie, im fünften Monat schwanger, eine kleine Rolle an, und zwar an der Seite von Alain Delon und im Film eines anerkannten Meisters: Jean-Pierre Melville. Diese fünf Drehtage, um die er sie bittet, werden die einzigen des Jahres 1972 bleiben. Sie nimmt das Angebot an, weil sie auf einen zweiten Film hofft, der ihr »erstes wirklich gemeinsames Projekt« hätte werden sollen, erzählt sie Jahre später, 1996, in einem Interview mit *Inrockuptibles*. Sie wussten voneinander, dass sie sich beide für die Verfilmung eines amerikanischen Romans der schwarzen Serie interessierten, und beschließen, *Der Chef* gemeinsam zu machen, um »sich kennenzulernen«. Die Schauspielerin dachte natürlich nicht im Traum daran, dass es der letzte Film dieses *enfant terrible* des französischen Kinos werden würde.
Rückwärtsgewandt und nostalgisch hat der Filmemacher ein Gesamtwerk geschaffen, in dem Einsamkeit und Scheitern die dominierenden Themen sind; *Der Chef* bildet da keine Ausnahme, denn alles vermittelt hier eine Atmosphäre von Untergang und Versinken in Einsamkeit. Die erste Einstellung des Films, die Delon zeigt, ist diesbezüglich eindeutig. Im Fond eines Wagens, der am frühen Morgen durch Paris fährt, lässt sich aus dem Gesicht des Polizisten ein Gefühl von Schwermut ablesen.
Deneuves Figur dagegen schwankt zwischen zwei Männern, die sich offenkundig stark unterscheiden. Sie verkörpert Melvilles Grundsätze: wenig Dialoge und viele beredte Blickwechsel in ihren Begegnungen mit Delon. *Der Chef* bietet Stoff für die Phantasie, welche weiteren Filme neben dieser kurzen Zusammenarbeit mit Melville hätten entstehen können.

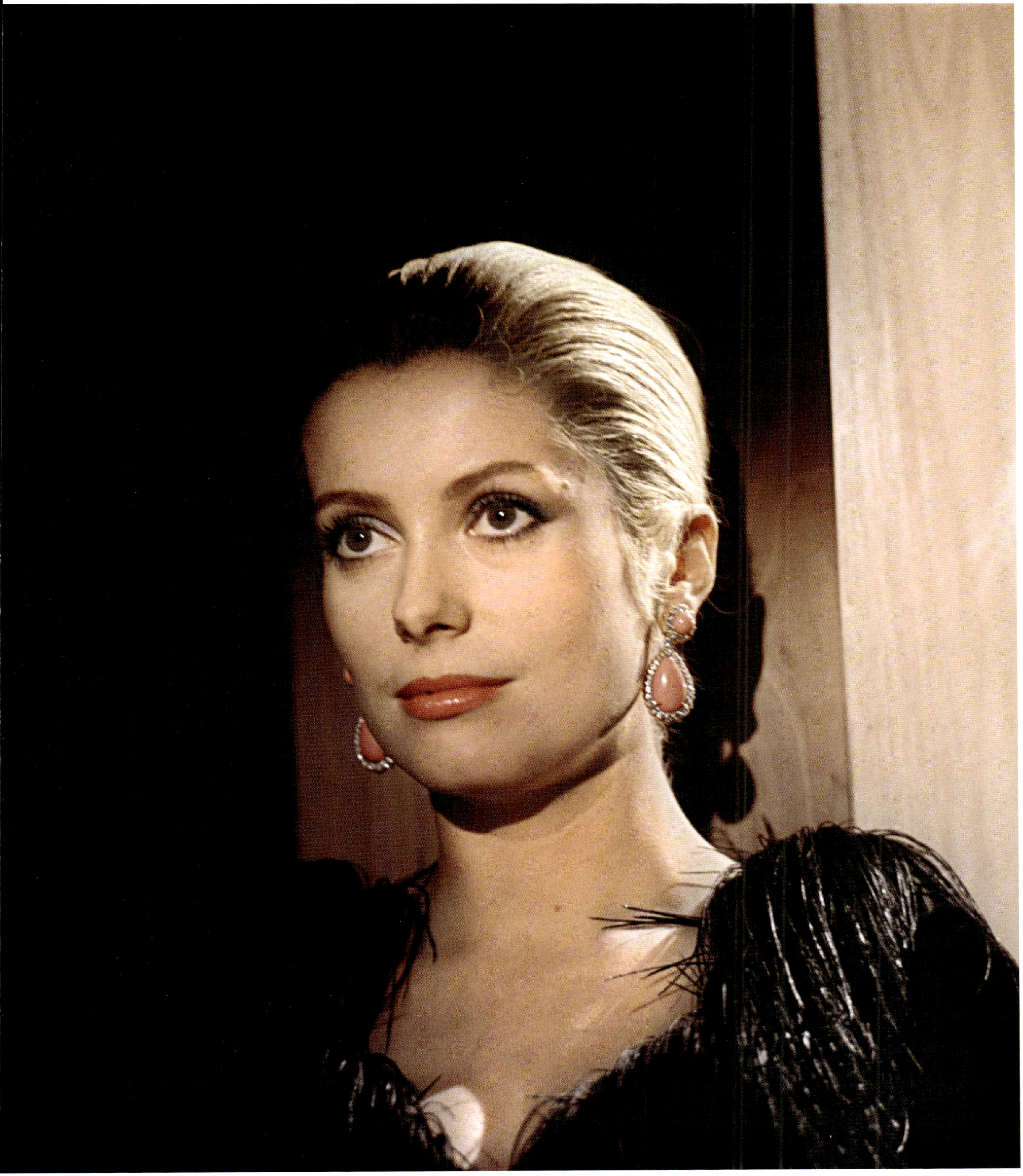

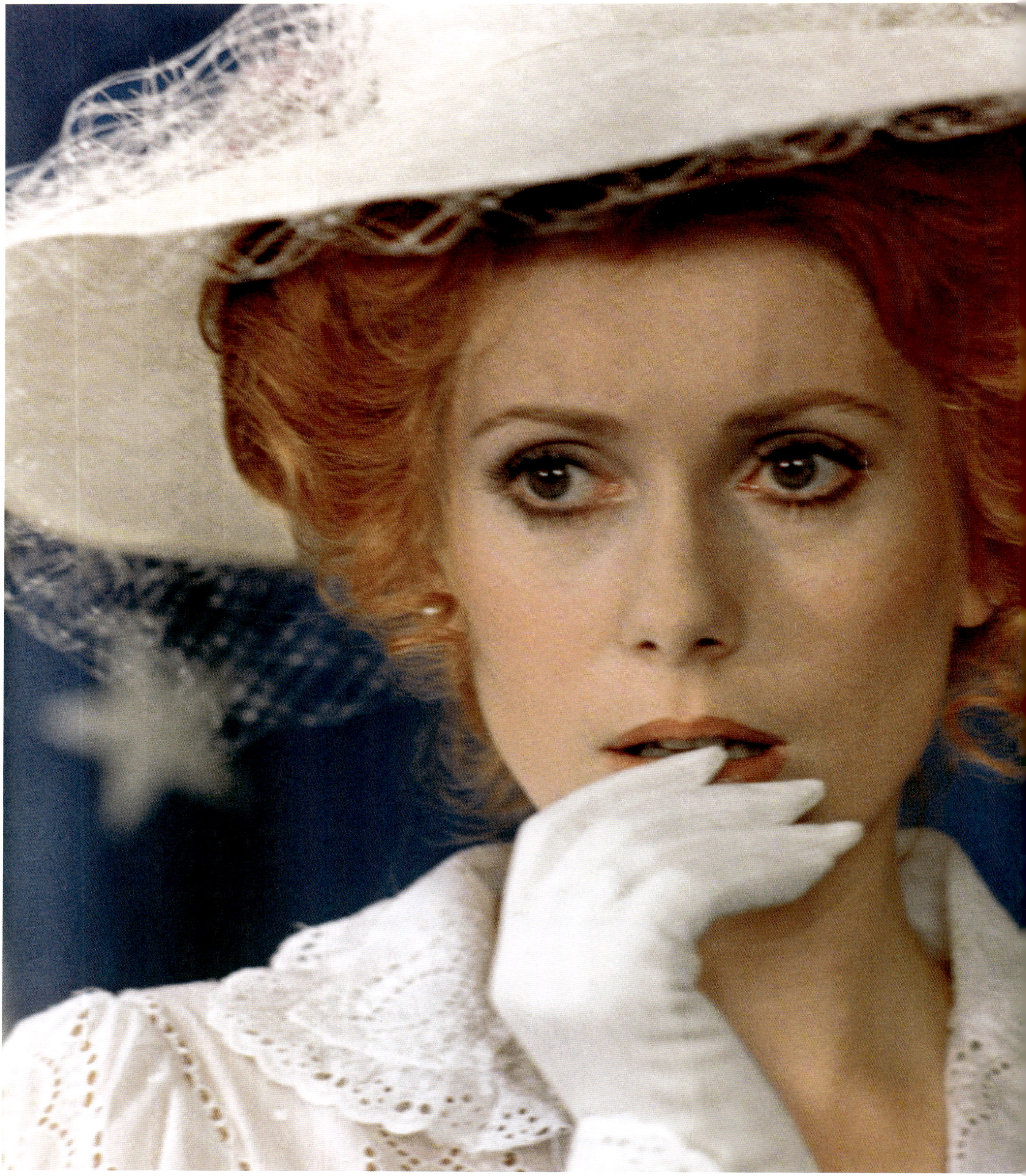

therine Deneuve spielt in dieser
estern-Farce, die mitten in der
ustelle der Hallen von Paris
dreht wurde, Marie-Hélène de
smonfrais, eine Kranken-
wester, und sie ist verliebt in
onel Custer.

Touche pas à la femme blanche!

(Berühre nicht die weiße Frau)

Kinostart: 1973
Regisseur: Marco Ferreri
Hauptdarsteller: Marcello Mastroianni, Michel Piccoli, Philippe Noiret, Catherine Deneuve, Ugo Tognazzi
Rolle: Marie-Hélène de Boismonfrais

»Ich liebe es, Komödien zu spielen!« Diese Aussage, die aus tiefstem Herzen kommt, vertraut Catherine Deneuve im Gespräch Arnaud Desplechin an. Sie erzählt, dass sie sich bei Dreharbeiten mit Ferreri köstlich amüsiert habe, wie später bei *Palais royal!* und *Das brandneue Testament*.

Berühre nicht die weiße Frau ist gleichermaßen Westernparodie, ideologische Metapher wie politische Satire und hat für Deneuve die Rolle einer nymphomanischen Krankenschwester vorgesehen. Nichts weniger als das.

In politischer Hinsicht greift der Film mit aggressivem Humor das Thema Klassenkampf auf. Ferreris Werk ist nicht gealtert, im Gegenteil, es gewinnt, wenn man es sich heute noch einmal ansieht. Wir befinden uns am Beginn der 70er Jahre, einer kämpferischen Zeit, in der der Ruf nach Veränderung auch auf Stadtplanung und Architektur übergreift. Deshalb spielt die Geschichte hauptsächlich im Herzen von Paris, der Film wird nämlich mitten in der Großbaustelle der Hallen gedreht. Das riesige Loch, das nach dem Abriss der Pavillons Baltard – künftiger Standort des Forum des Halles – gähnt, wird im Film kurzerhand zum »großen Loch der schwarzen Hügel« und dient als Location für die Schlacht von Little Bighorn (1876), die zu den berühmtesten der amerikanischen Geschichte zählt. Das europäische Publikum kennt diese Episode aus dem großen Krieg gegen die Sioux dank einiger Hollywood-Western (*Sein letztes Kommando* von Raoul Walsh, *Ein Tag zum Kämpfen* von Robert Siodmak oder Arthur Penns *Little Big Man*).

Da es ihr an politischer Haltung nie mangelt, scheint sich Deneuve in der Rolle von Marie-Hélène de Boismonfrais wohlzufühlen, einer Krankenschwester, die sich inmitten einer symbolträchtigen Kampfzone aufhält, denn der große Sandplatz zwischen den Ruinen des alten Paris wird für Ferreri zum Studienobjekt für die Beziehungen zwischen Unterdrückern und Unterdrückten. Die Westernparodie gerät zum Brennspiegel aktueller gesellschaftspolitischer Debatten. »Meine Indianer stehen für das untere Proletariat, dem die Gesellschaft nicht einmal eine Ruinenlandschaft überlassen will«, bekennt Ferreri in einem Interview zum Film.

Um dieses einmal mehr anstößige Werk zu besetzen, versammelt der Filmemacher die Schauspieler um sich, die *Das große Fressen* zum Erfolg geführt haben: Marcello Mastroianni spielt Colonel Custer. Neben ihm gibt Ugo Tognazzi einen indianischen Fährtenleser, der fürs amerikanische Militär arbeitet. Michel Piccoli wird als alter Buffalo Bill geschminkt, ein Haudrauf, der von seinen vergangenen Heldentaten schwadroniert. Und Philippe Noiret ist General Terry, der sich in seinem schönen Pariser Appartement verschanzt hat, um aus der Entfernung die Schlacht gegen die Indianer zu beobachten, die er verlieren wird.

Inmitten dieser wilden und barbarischen Männer verkörpert Catherine Deneuve Marie-Hélène in makellosem Weiß und mit flammend rotem Haar. Sie ist verliebt, seufzt, beißt sich auf die Lippen und verfällt in Stöhnen, wenn sie Colonel Custers nur ansichtig wird. In einer Szene, in der sie ihn quasi vergewaltigt, treibt Deneuve die burlesk-komische Darbietung so weit, wie sie sich noch nie vorgewagt hat, und das mit paradoxer Präzision. Es genügen ein paar kurze Szenen, um zu erkennen, dass hier eine Horde von Freunden am Werk ist, die sich wie Kinder amüsieren. »Catherine Deneuve ist eher Mädchen als Frau«, schreibt Desplechin und weist damit auf ihre kindlich-fröhliche Seite hin, die sie nie aufgegeben hat. Und Rebellion, bevorzugte Haltung von Kindern und Jugendlichen, ist auch immer in ihren Augen zu lesen, wenn sie eine Komödie dreht. Jeder Film von Ferreri liefert dafür jedenfalls ein gutes Beispiel, illustriert die satirischen und karikaturistischen Komponenten ihrer Filmographie.

»Ich würde gern woanders aufwachen«, sagt die Prostituierte Nicole zum Cop, den Burt Reynolds spielt und in den sie verliebt ist.

La Cité des dangers
(Straßen der Nacht)

Kinostart: 1975
Regisseur: Robert Aldrich
Hauptdarsteller: Burt Reynolds, Catherine Deneuve, Ben Johnson, Paul Winfield
Rolle: Nicole Britton

Kein André Cayatte, kein Yves Boisset taucht in Catherine Deneuves Karriere auf. Für politische und andere ernsthafte Themen begibt sich die Schauspielerin auf Umwege. Auf seine Art ist dieser düstere Thriller von Robert Aldrich, dem Autor von *Rattennest*, eine unverblümte Anklage gegen Gewalt und Ungerechtigkeit. Wenn Kriminelle am sicheren Ort sitzen, entgehen sie der Bestrafung, das ist die Botschaft.

Die *Straßen der Nacht* befinden sich in Los Angeles, aber der Originaltitel, *Hustle*, bedeutet drängen, hetzen oder, im Gangsterjargon, abzocken, Schwarzhandel treiben, sogar auf den Strich oder auf Kundenfang gehen. Und die, die auf den Strich geht, aber keine Kunden fängt, ist Nicole. Die Rolle einer Prostituierten für Catherine Deneuve also. Mit dem langem Haar einer *femme fatale*, im roten Kleid mit Rückendekolleté, lebt Nicole unauffällig ihre Liebesgeschichte mit einem Polizisten (Burt Reynolds). Ohne sich Illusionen hinzugeben, wissen beide, dass »jeder eines Tages käuflich ist«, und schon gar in der Stadt der Engel.

»Ich würde gern anderswo aufwachen«, vertraut Nicole ihrem Leutnant an. Denn das deprimierende Ambiente hindert die beiden nicht, zu träumen und über gemeinsame Reisen zu phantasieren. Der ganze Film dreht sich im Übrigen um permanentes Aufschieben, als sei der Widerspruch schon gelöst. Die vier ersten Einstellungen geben den Tonfall vor: eine fröhliche Reisegesellschaft kommt an einem Seeufer an und entdeckt dort eine Leiche, eine Prostituierte und ein Polizist durchleben eine große Liebesszene, ein Vater bezeugt im Untergeschoss eines Kommissariats, dass es sich bei der Leiche um seine Tochter handelt, während rundherum alle das Sonntagnachmittagsmatch im Radio verfolgen, ein schwarzer Cop verprügelt einen verdächtigen Albino ...

Für Aldrich existiert nichts Normales und Banales, als müsse man der schreienden Ungerechtigkeit Recht geben, die der Film anklagt. Der Tod des jungen Mädchens lässt eine Vergewaltigung vermuten und einen als Selbstmord getarnten Mord; aber die Empfehlung lautet, keine Wellen zu schlagen »im Land der Unterwelt und des Farbfernsehens«. Ein hohes Tier steht unter Verdacht in dieser Affäre, deren Aufklärung keine Fortschritte macht. »Manchmal kommt es vor, dass man die Christen nicht mehr von den Löwen unterscheiden kann«, erklärt der Cop, den Burt Reynolds spielt. Doch er ist nur scheinbar so weise, denn in Wahrheit hat ihn eine große Melancholie erfasst, weil sich die Kleinen gegen die Mächtigen nicht zur Wehr setzen können. Nicole teilt die bittere Erkenntnis derer, die überzeugt sind, dass nichts sich ändert und auch nichts sich ändern wird.

Der Film war in den USA ein Kassenerfolg, in Frankreich weniger, da man hier dem Zusammenwirken zwischen dem wilden Hollywoodregisseur und dem ehemaligen Fernsehstar misstraute – Robert Aldrich und Burt Reynolds hatten die Firma »Robert« gegründet,, um den Film zu produzieren, den dann Paramount vertrieb.

In einem Interview, das Catherine Deneuve zwei Jahre nach den amerikanischen Dreharbeiten gab, erinnert sie sich: »Vor Aldrich hatte ich ein bisschen Angst. Man hatte mich gewarnt, dass er mit Frauen sehr hart umspringe ... Mit mir war er total charmant. Aber ich habe etwas erlebt, das mir zuvor nie passiert war, nicht mal in Frankreich. Wir haben nämlich vor dem Dreh eine Woche lang geprobt, zunächst an einem Tisch sitzend. Und ich, die ich nie Theater gespielt hatte, die niemals so etwas wie eine gemeinsame Lesung gemacht hatte, habe gemerkt, dass das sehr nützlich ist, denn es hat mir eine große Leichtigkeit gegeben. Beim Drehen war dann alles viel einfacher.«

Robert Aldrich versteht sich also entgegen seinem Ruf als schwieriger Regisseur für Frauen bestens mit Catherine Deneuve. Schnell fühlt sie sich in der Runde ihrer Partner aufgehoben und aufs Beste willkommen geheißen am Set. Aber »um in den USA wirklich Erfolg zu haben, dafür müsste man dort leben – und das ist ausgeschlossen«, erklärt sie der französischen Presse. Und so ist ihre amerikanische Karriere von kurzer Dauer.

In der Figur der melancholischen Prostituierten Nicole erlebt man eine Frau, die sich auf einer Irrfahrt befindet, ohne dabei traurig zu sein, eine unbestimmte Seelenlage, die sich im Lauf der Jahre verstärkt. Man könnte darin schon eine Vorbotin zweier anderer großartig gespielter gestrandeter Figuren erkennen, Hélène in *Begegnung in Biarritz* und Bettie in *Madame empfiehlt sich*.

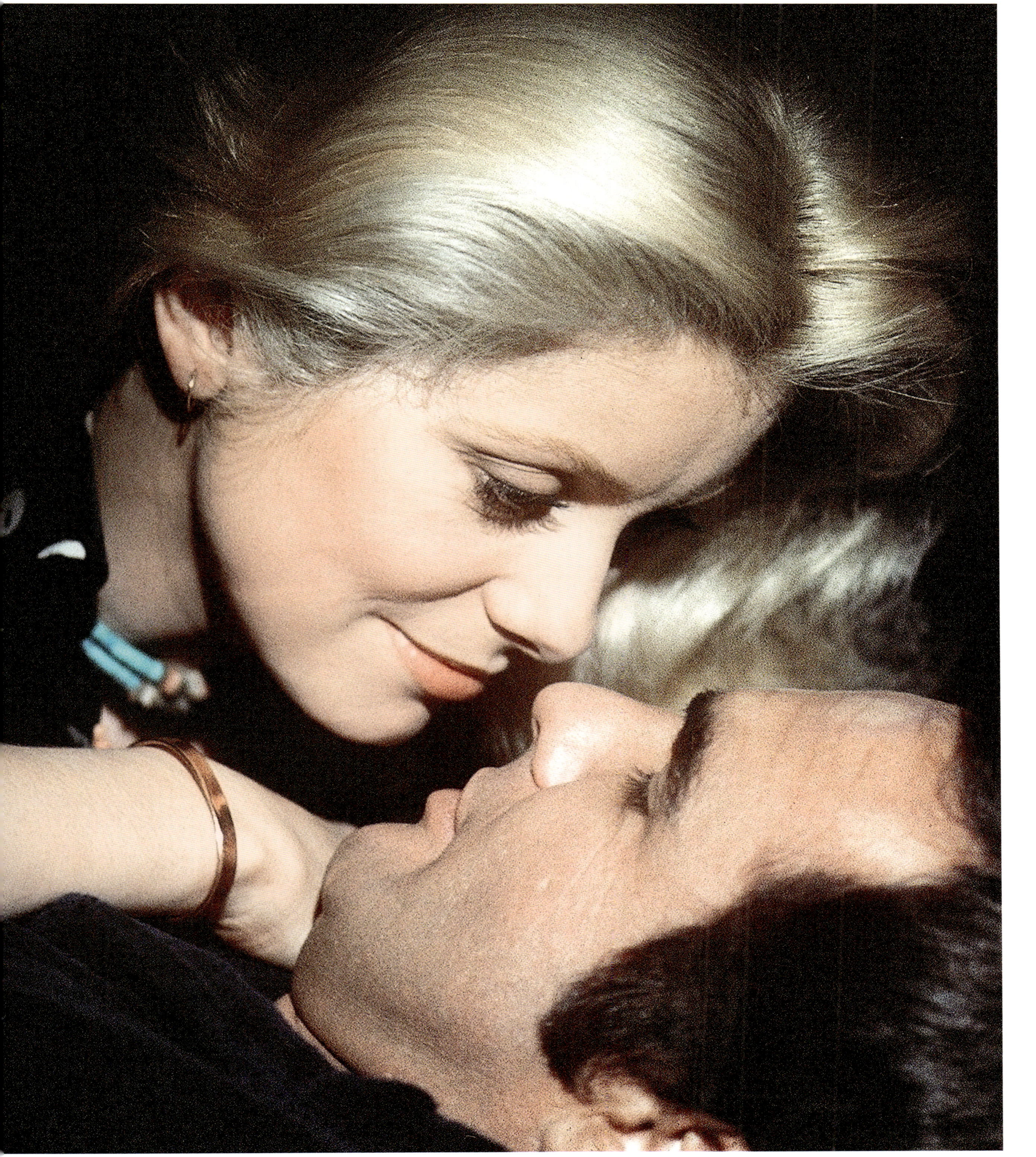

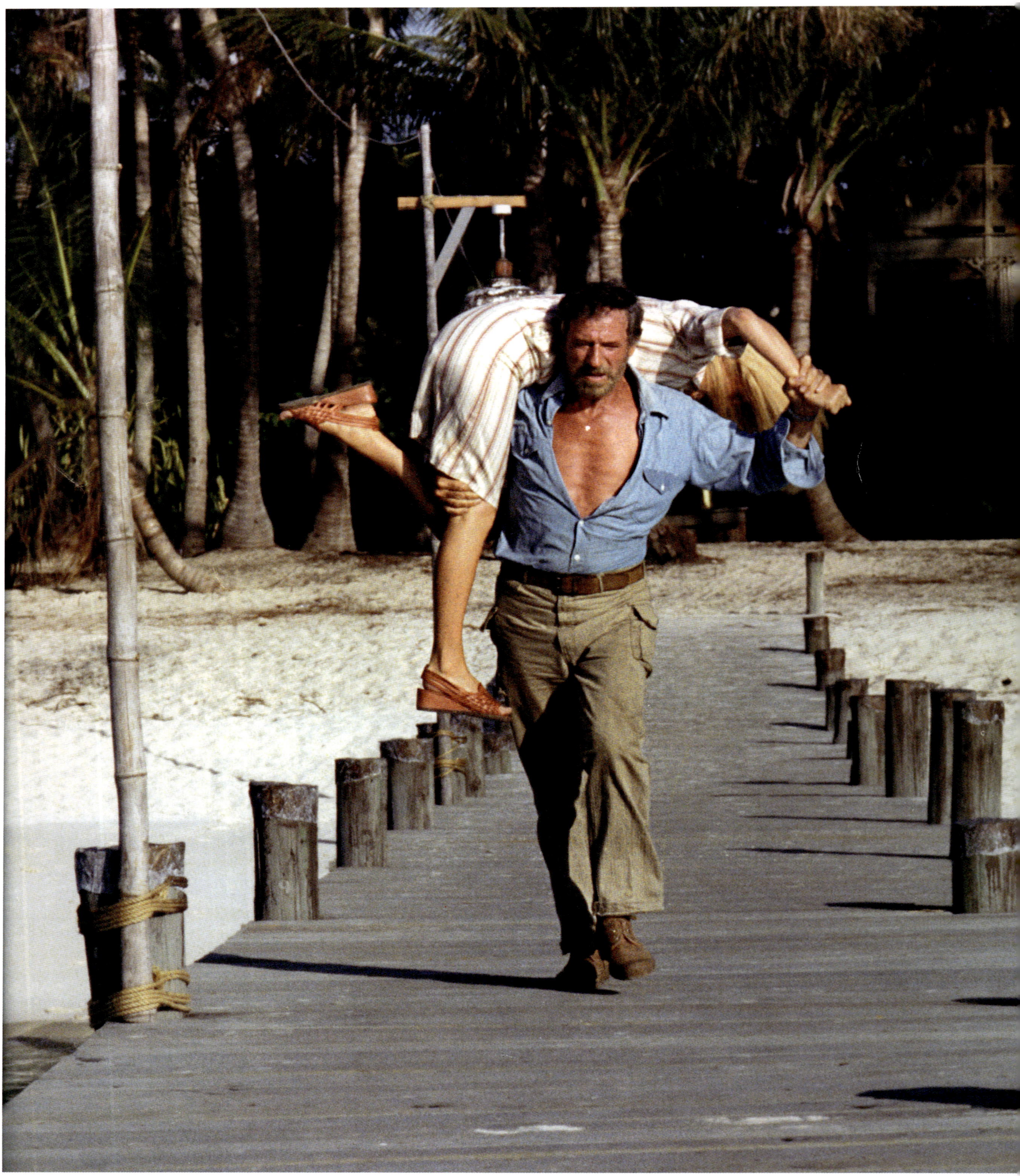

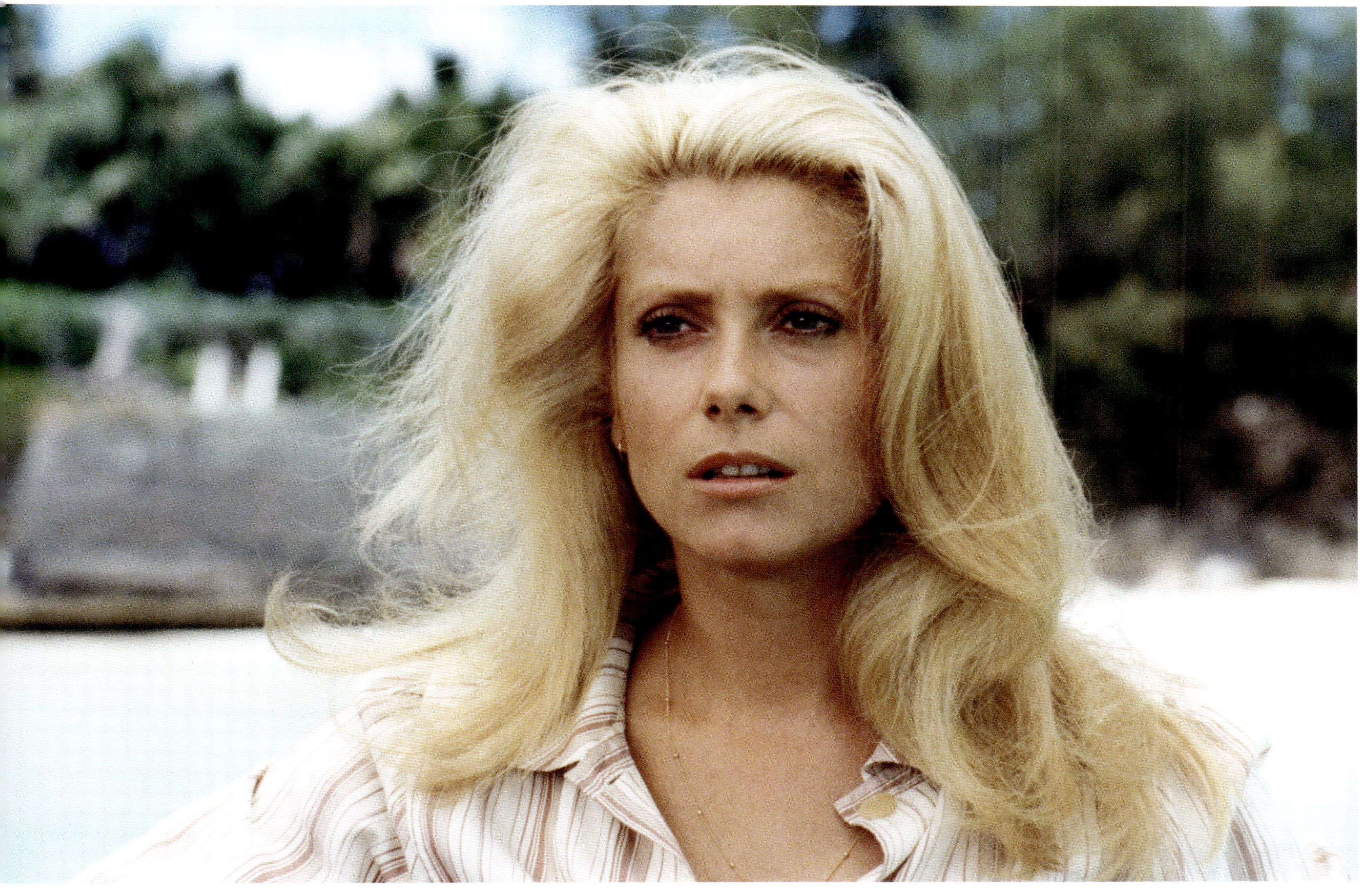

Auf den Jungferninseln gedreht, handelt *Die schönen Wilden* von Jean-Paul Rappeneau von der Unmöglichkeit eines Zusammenlebens zwischen Montand und Deneuve.

Le Sauvage
(Die schönen Wilden)

Kinostart: 1975
Regisseur: Jean-Paul Rappeneau
Hauptdarsteller: Yves Montand, Catherine Deneuve, Luigi Vannucchi, Tony Roberts
Rolle: Nelly Ratabou

Auch wenn der (Original-)Titel im Singular steht, ist die Geschichte doch im Plural erzählt. Zwar gibt es nur einen Wilden, aber zwei auf der Flucht, und sie prallen aufeinander in diesem neuen Drehbuch, das sich Jean-Paul Rappeneau 1975 zu verfilmen anschickt.
Der Filmemacher hat sich viel Zeit genommen, um seine Geschichte niederzuschreiben, und er hat sich dabei von seiner Schwester Élisabeth und vom Dialogautor Jean-Loup Dabadie beraten lassen. Der Akt des Schreibens ist für ihn extrem wichtig und die Genauigkeit dabei eine der wesentlichen Zutaten seines Rezepts für saftige Komödien. Rappeneau selbst bemüht übrigens den kulinarischen Vergleich. »Meine Arbeit ähnelt der Herstellung eines Club-Sandwich«, erklärt er der Presse im Sommer der Dreharbeiten. »Ich gehe von einem poetischen Bild aus, auf das ich meine persönlichen Themen schichte: Eifersucht, Rache, Verfolgung, Verschleierung, das ganze Geflecht. An-

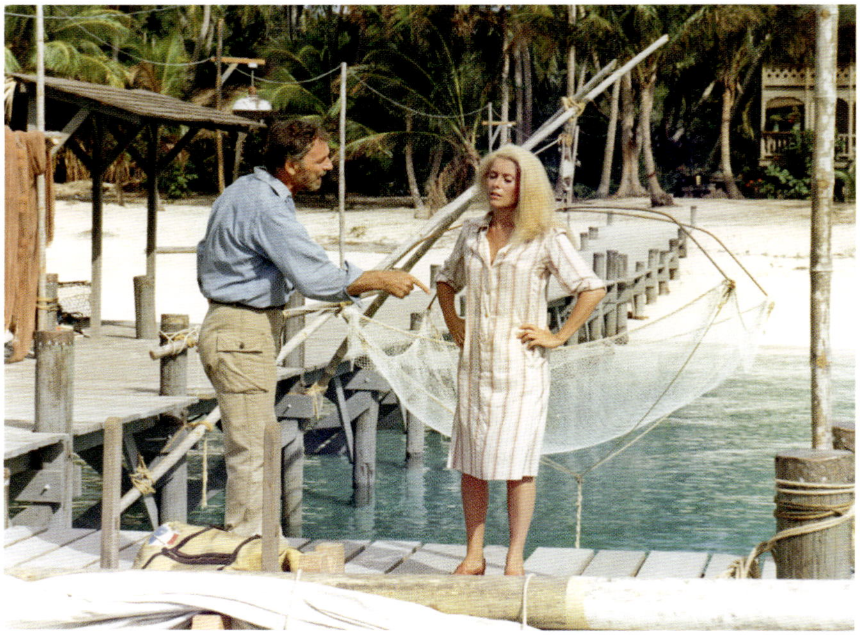

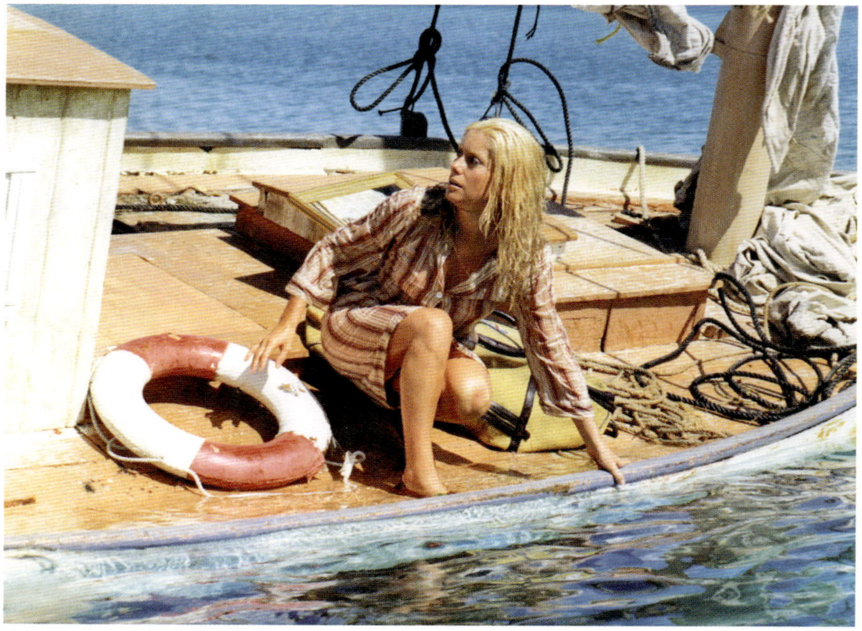

Catherine Deneuve wechselt plötzlich zum Du: »Ich will bei dir bleiben.«
»Unmöglich«, antwortet Montand. – »Mistkerl!
Wenn das so ist, bleibe ich.«
»Wie, hier?«
»Ja, hier. Ist doch schön hier, oder?«
»Ja, für mich ist es sehr schön! Und es ist sehr schön, weil ich ganz allein bin!«

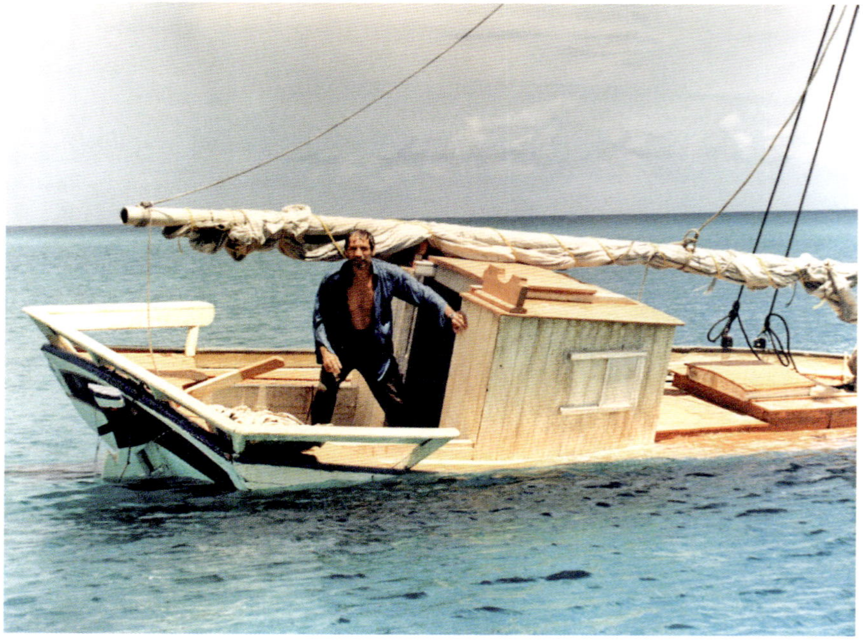

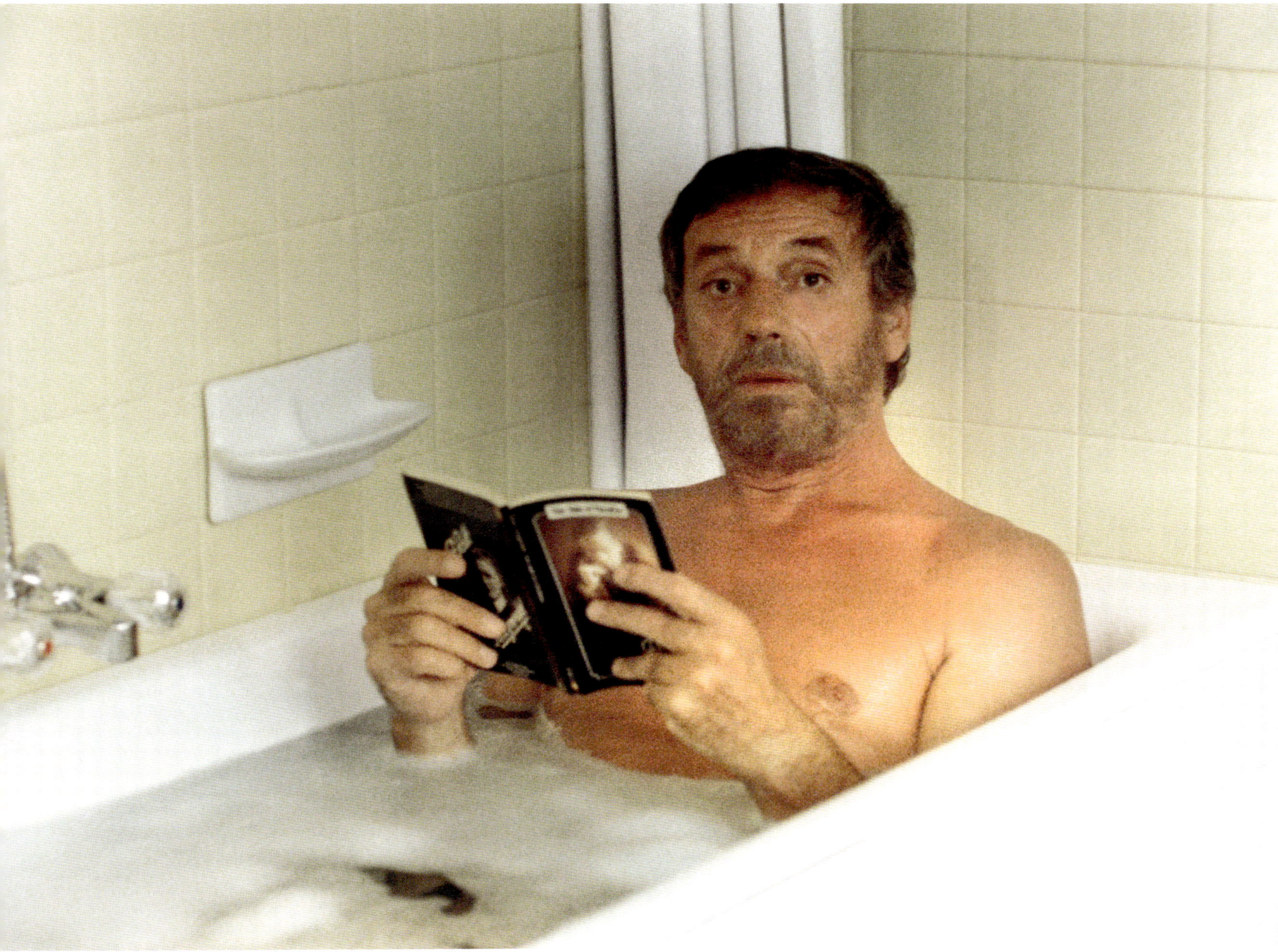

Deneuve, die von ihrem eifersüchtigen und gewalttätigen Mann verfolgt wird, wählt die erstbeste Zuflucht. Montand, mit einem Groschenroman in der Hand nackt in der Badewanne seines Hotelzimmers sitzend, wirkt nicht gerade optimal gewappnet, um sie zu verteidigen.

»Ich fühlte mich in dem gestreiften Kleid total wohl, das die Ausstatterin für mich ausgesucht hatte. Dass ich es während des gesamten Films trug, half mir, zu der Figur zu werden, ich musste gar nicht mehr spielen.«

Catherine Deneuve

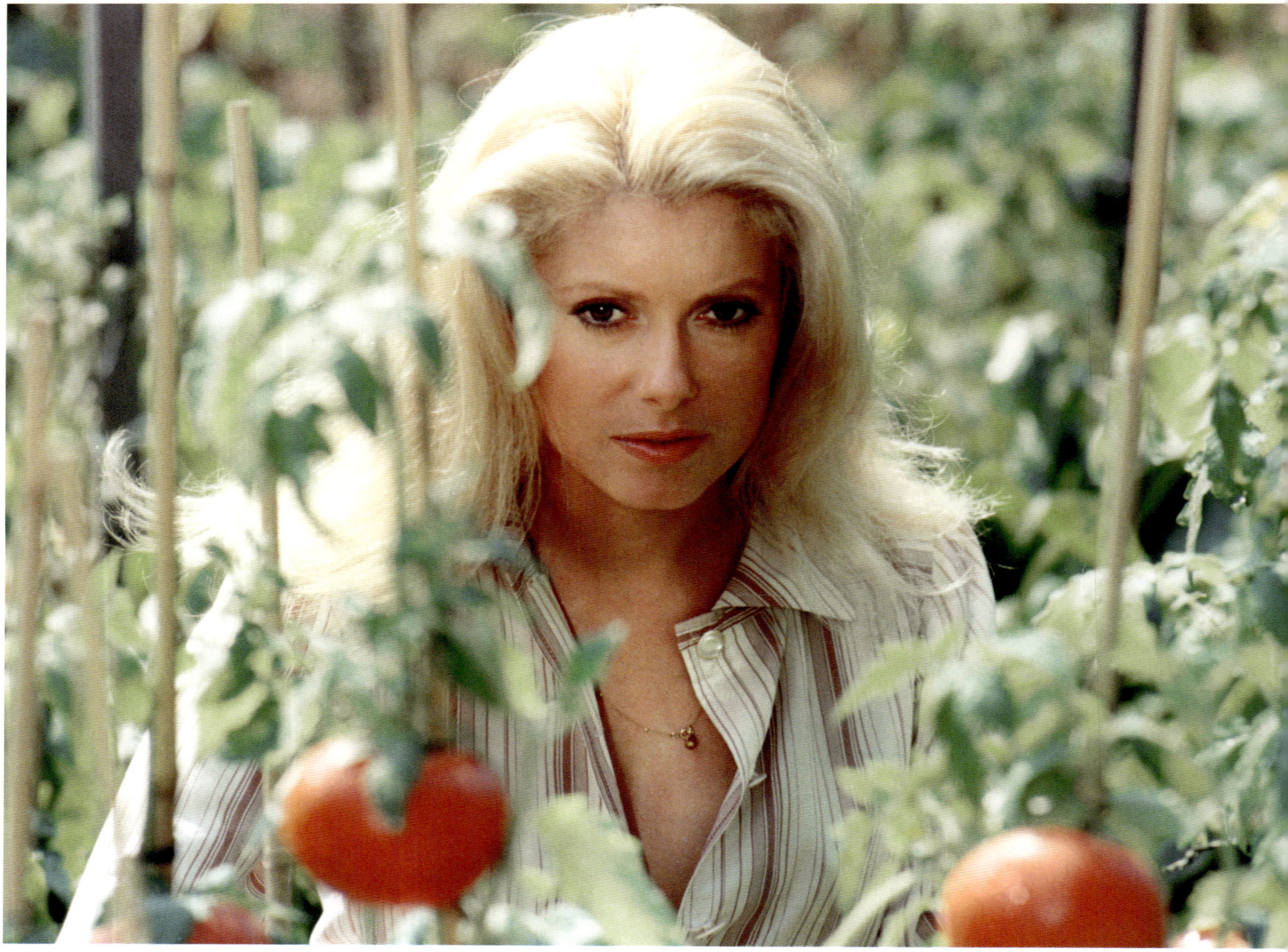

Auf seiner einsamen Insel lebt »der Wilde« wie Robinson. Sein Gemüsegarten – die Szene wurde im Schrebergarten von Saint-Cloud gedreht – ist ein kleines Paradies.

schließend wähle ich einen geschlossenen Raum: ein Haus, eine Insel; eine weit zurückliegende Zeitspanne oder einen entfernten Ort: den Zweiten Weltkrieg oder Südamerika. Und auch wenn ich von einem sehr persönlichen kleinen Thema ausgegangen bin, bin ich plötzlich mit einer riesigen Maschinerie mit einem komplexen Räderwerk konfrontiert.«

Die schönen Wilden zeigt also zwei Menschen auf der Flucht, nicht vor einer Strafe, sondern vor ihrem Leben und ihren Verpflichtungen. Er, das ist Yves Montand, der »Wilde« aus dem (Original-)Titel. Als die Filmhandlung einsetzt, lebt er schon lange einsiedlerisch auf einer winzigen Insel vor Caracas. Man erfährt nichts von seiner Geschichte, nur, dass er eine seelische Verwundung davongetragen hat, die er verbirgt. Er pflegt sie, indem er ein abgeschiedenes Leben führt, dem er durch seine Freude am Kochen einen gewissen Rhythmus verleiht. Auf seiner Insel fehlt es ihm an nichts, zumindest fast nichts. Er hat es sich wie ein moderner Robinson bequem eingerichtet, mit Wasser, Strom, Gemüseanbau und Geflügelzucht. Ein Seventies-Ideal und ein bis heute gültiges Beispiel von Selbstgenügsamkeit und Kritik an der Konsumwelt. Leider muss er von Zeit zu Zeit aufs Festland, um etwa einen defekten Motor auszutauschen, aber vor allem, um seine Früchte und sein Gemüse

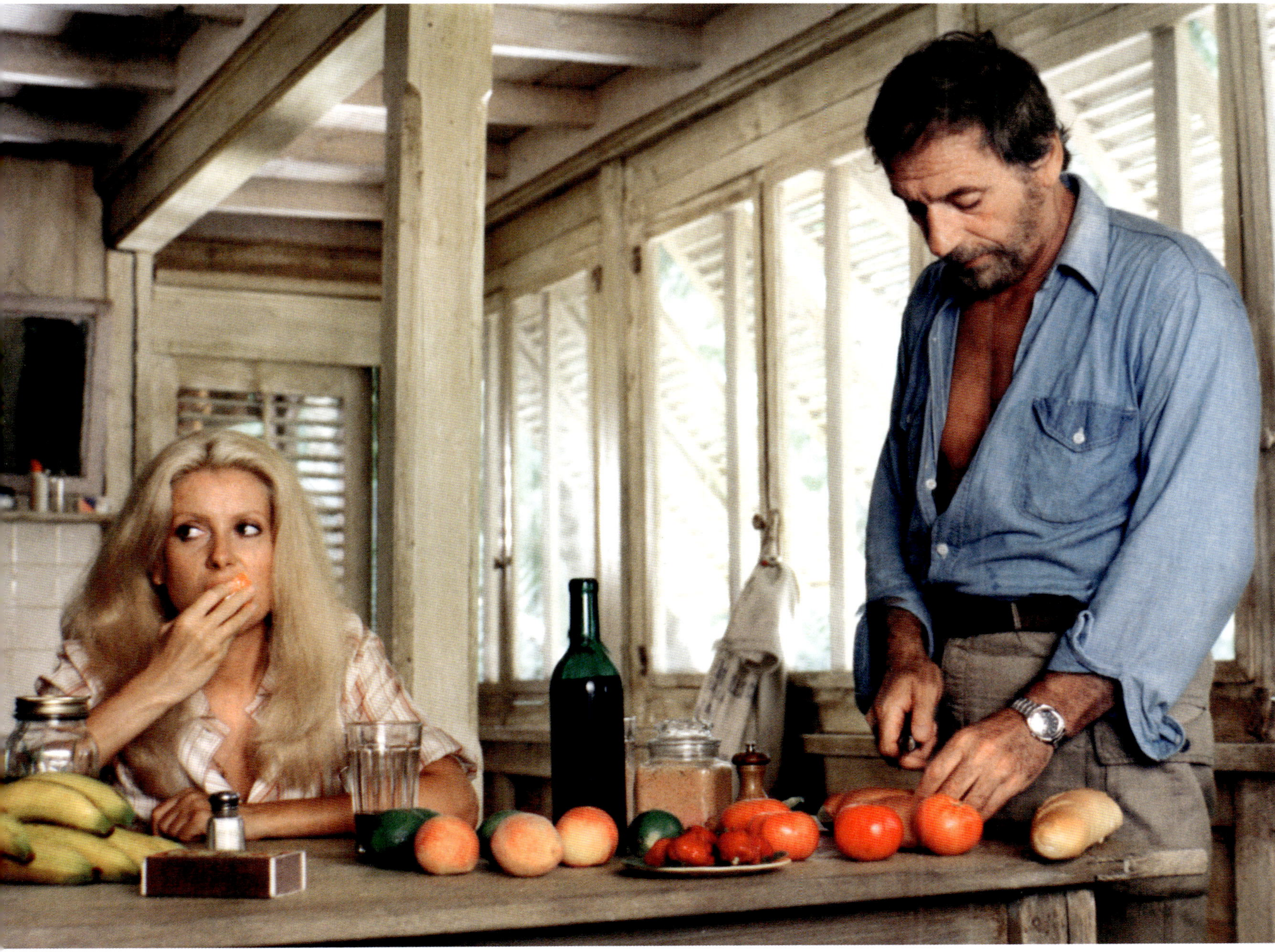

Es brauchte schon die Raffinesse und Substanz der Dialoge von Jean-Loup Dabadie, um sich an dieses Zusammentreffen zweier Persönlichkeiten zu gewöhnen.

zu verkaufen. Und der Zufall will es, dass er auf eine Frau trifft, die ihrerseits alle Brücken abgebrochen hat und ihn auf einen verrückten Kurs bringt. Sie ist auf der Flucht vor der Ehe und vor ihrem eifersüchtigen und gewalttätigen italienischen Verlobten. Außerdem versucht sie, ihrem ehemaligen Arbeitgeber zu entkommen, einem etwas zwielichtigen Barbesitzer, dem sie ein Gemälde von Toulouse-Lautrec gestohlen hat, um sich für den nicht ausbezahlten Lohn schadlos zu halten. Am Ende der Verfolgungsjagd laufen alle Bewegungen in dieser kleinen Welt bei der hinreißenden Nervensäge zusammen. Und unser Wilder muss erleben, dass sein ruhiger Alltag dahin ist.

Mit ihrem Auftreten eines blonden Tornados, ihrer wilden Frisur und dem vorgetäuschten Erstaunen im Blick ist Catherine Deneuve der Erfrischungsfaktor schlechthin in der Geschichte. Das Drehbuch ist gleichermaßen wunderbar einfach und eine Aneinanderreihung von lustigen und unerwarteten Szenen. Als sie es liest, ist Catherine Deneuve augenblicklich begeistert vom leichten Ton der Komödie, der allerdings dazu dient, eine ordentliche Portion Pessimismus und eine düstere Weltsicht zu kaschieren. »Ich habe eine Komödie mit ernsthaften Personen gesehen«, gesteht sie *Télérama*, als der Film in die Kinos kommt. »Die Situationen sind

Nachdem sie dem Boot ein Leck verpasst hat, muss Montand Deneuve bei sich auf der Insel behalten. Und so beginnt zwischen den beiden ein Geplänkel nach dem Motto: Je t'aime, moi non plus (Ich liebe dich – ich dich auch nicht).

»Immer hatte ich diese toupierten Haare gehabt, und plötzlich sagten die Leute: Na, endlich ist die Haube weg! Ich war nicht mehr zurechtgemacht, sondern hatte nasse Haare, die mir am Kopf klebten, nackte, braune Beine. Das hatte mehr Sex.«

Catherine Deneuve

lustig, aber die Figuren verzweifelt. Die Frau, die ich spiele, handelt nicht aus einer Laune heraus. Sie hat Angst, will sich befreien ... Hier wird ein bestimmter Zeitgeist lächerlich gemacht, der darin besteht, seinen eigenen Garten zu bestellen, aber es ist eine schöne Liebesgeschichte, ohne dass die Beziehungen gezwungen wirken würden.«

Der Bezug zur Hollywood-Komödie (*screwball comedy*) ist offensichtlich. Frank Capra ist nie sehr weit, wenn Rappeneau uns von zwei verrückten Wesen erzählt, die den absoluten Gegensatz verkörpern, aber gezwungen sind, auf engem Raum miteinander auszukommen. Leidenschaftliche Liebe befällt sie natürlich in dem Augenblick, da sie aneinandergeraten. Ihre jeweiligen Verrücktheiten wirken wie die gegensätzlichen Pole ein- und desselben Magneten.

Seit *Leben im Schloss* träumte Jean-Paul Rappeneau davon, wieder mit Catherine Deneuve zusammenzuarbeiten. »Catherine ist eine Draufgängerin und eine lustige Person«, erklärt er der Presse vor den Dreharbeiten, »und ihre Lebendigkeit ist nur selten auf der Leinwand genutzt worden. Jetzt werde ich sie mal ganz und gar zum Einsatz bringen, Sie werden sehen, wie dynamisch sie ist, wie sie mit unbezähmbarer Energie gegen Menschen und Ereignisse ankämpft, die ihr feindlich gesonnen sind.« Hawks oder Cukor hätten sich keine bessere Schauspielerin erträumen können. Sie, die ständig forderten, dass doppelt so schnell gesprochen werden sollte, wären dem Tempo von Deneuve kaum hinterhergekommen.

Für die weibliche Rolle gab es keinen Zweifel bei Rappeneau. Um »den Wilden« allerdings zu finden, brauchte er länger. Bei Alain Delon und Lino Ventura wird vorgefühlt, aber beide lehnen ab, weil ihnen die Rolle nicht »männlich« genug ist. Denn dieser »Wilde« ist nicht wirklich eine harte Nuss, vielmehr lässt er sich von diesem unmöglichen Mädchen an der Nase herumführen. Yves Montand nimmt die Rolle an, muss allerdings verärgert zur Kenntnis nehmen, dass er nicht die erste Wahl des Regisseurs war. Übrigens fordert er für das Ende des Films eine Szene, in der seine Figur am kapitalistischen System, das für sein Exil verantwortlich ist, Rache nimmt. Die Szene fällt letztlich dem Schnitt zum Opfer.

Außerdem hat er das vage Gefühl, als Stichwortgeber für »die Kleine« zu dienen, wie er sie nennt. Das geht so weit, dass er sich in der Flughafenszene weigert, ihr nachzulaufen, und dabei erfindet er die besondere Gangart, die zu den starken Bildern des Films gehört.

Aber das Verhältnis zwischen Deneuve und Montand ist alles andere als schlecht. Er verhält sich ein bisschen wie der große Bruder und stachelt sie an, im Spiel über sich hinauszuwachsen. »Mir ist es immerhin zu verdanken, dass man im Film ihre Brüste sieht«, sagt er in seiner Biographie. »›Vor wem versteckst du dich?‹, habe ich sie gefragt. Da ist niemand auf der Insel. Sie fand, dass ich Recht hatte, es war nur logisch.« Aber wie bei jedem großen Bruder sind seine guten Ratschläge, auch wenn sie klug sind, in brutale Worte gefasst. »Meine Figur hat nur ein Ziel: diese Nervensäge loszuwerden, die Catherine spielt«, fährt er fort. »Und erst als ich zurück in Paris war, habe ich gemerkt, dass meine Figur auf mich abgefärbt hatte. Ich hatte zwei Monate mit ihr auf einer Insel zugebracht und sie kaum angesehen.«

Man kann sein Bedauern nachvollziehen. In diesem Film entfaltet Catherine Deneuve ihre volle Ausstrahlung. Und zwar nicht, weil sie als perfekte Schönheit daherkommt, sondern viel eher, weil sie ganz frei ist in ihrem Spiel. Ihre Spontaneität explodiert förmlich auf der Leinwand.

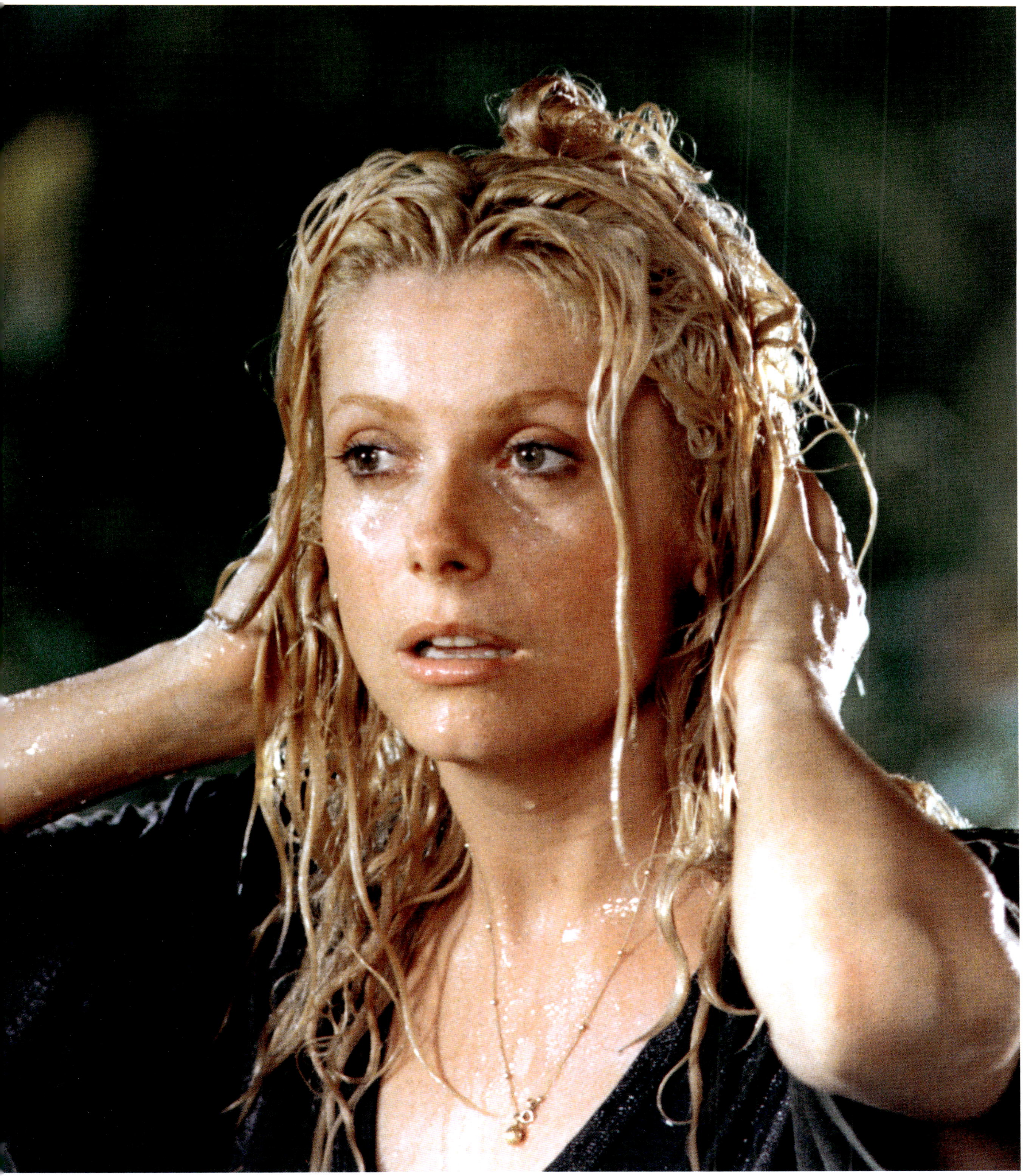

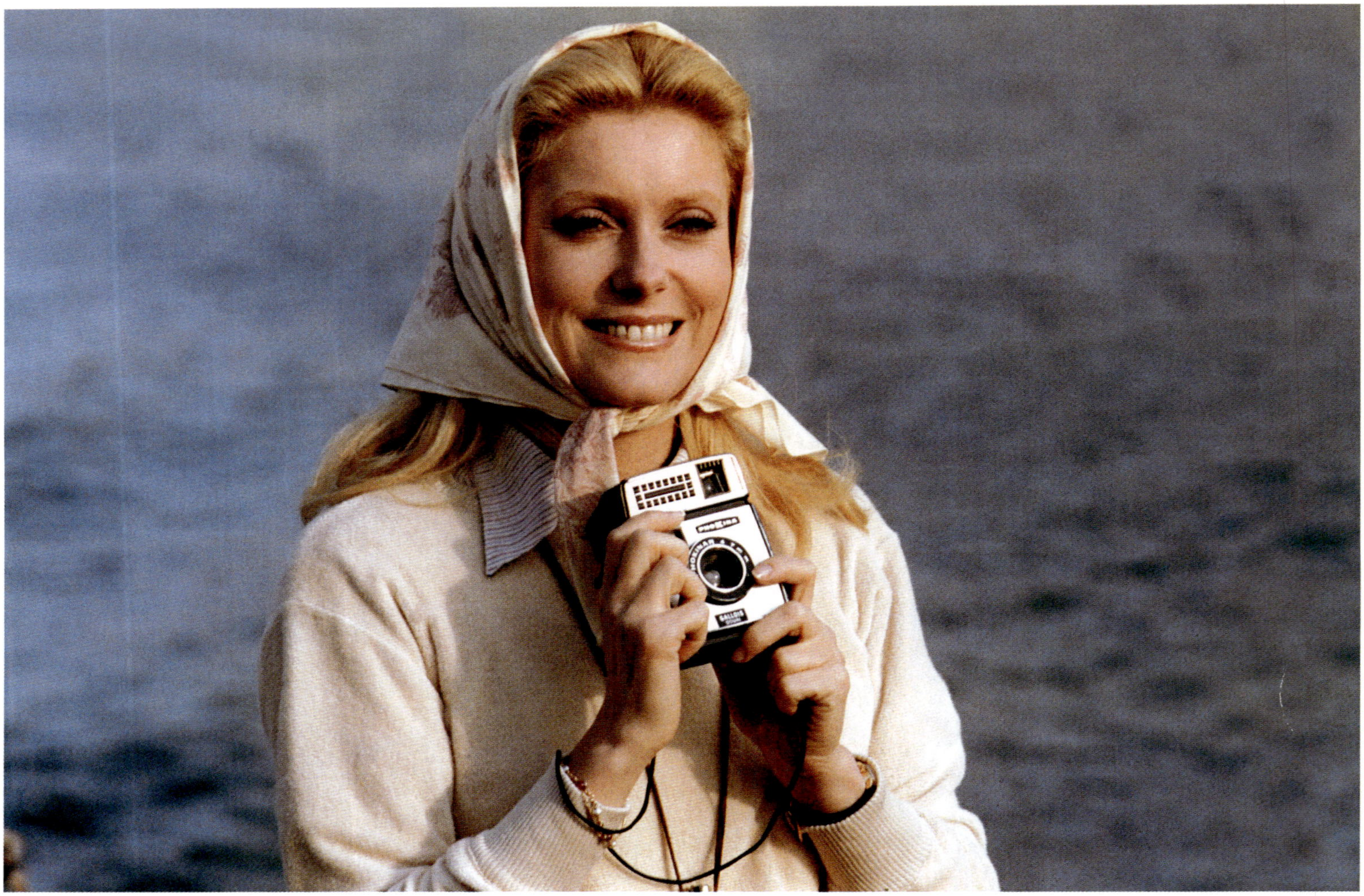

Nach einer langen Gefängnisstrafe klammert sich Catherine mit aller Kraft ans Leben, denn sie hat einen Sohn, der zum jungen Mann geworden ist.

Si c'était à refaire
(Ein Hauch von Zärtlichkeit)

Kinostart: 1976
Regisseur: Claude Lelouch
Hauptdarsteller: Catherine Deneuve, Anouk Aimée, Charles Denner, Francis Huster
Rolle: Catherine Berger

Der Film beginnt mit einer langen Einstellung der subjektiven Kamera, auf Gesichtshöhe. Man verlässt eine Zelle und folgt den langen Gängen von Fleury-Mérogis, während die Gefängniswärterin vorausläuft und sich von Zeit zu Zeit umdreht, um direkt in die Kamera zu blicken. »Wir sind in einer echten Zelle losgegangen und haben das ganze Gefängnis mit echten Aufseherinnen durchquert«, erklärt der Regisseur in *Lelouch Mode d'emploi*. »Das Mädchen vorn ist eine echte Wärterin. Ich sagte mir, ich könnte diese Geschichte nicht erzählen, ohne den Zuschauer spüren zu lassen, was es bedeutet, Jahre im Gefängnis verbracht zu haben. Der Zuschauer musste das Gefängnis im selben Moment verlassen wie sie.« Sie, das ist Catherine, die Heldin des Films, gespielt von Catherine Deneuve. Die Gleichheit der Namen verwirrt zusätzlich. Aber die Schauspielerin ist nicht von Anfang an zu sehen, man entdeckt sie erst am Ende dieser langen Folge von Einstellungen, wenn der Zuschauer die Gefängnis-Atmosphäre aufgesogen hat; jetzt begreift er, dass Deneuve eine Frau spielt, die soeben aus dem Gefängnis entlassen wird. Zunächst sieht man sie im Taxi sitzen, neugierig beäugt vom Taxifahrer, während sie selbst fasziniert scheint von den Veränderungen, die in der Außenwelt vor sich gegangen sind. Dann

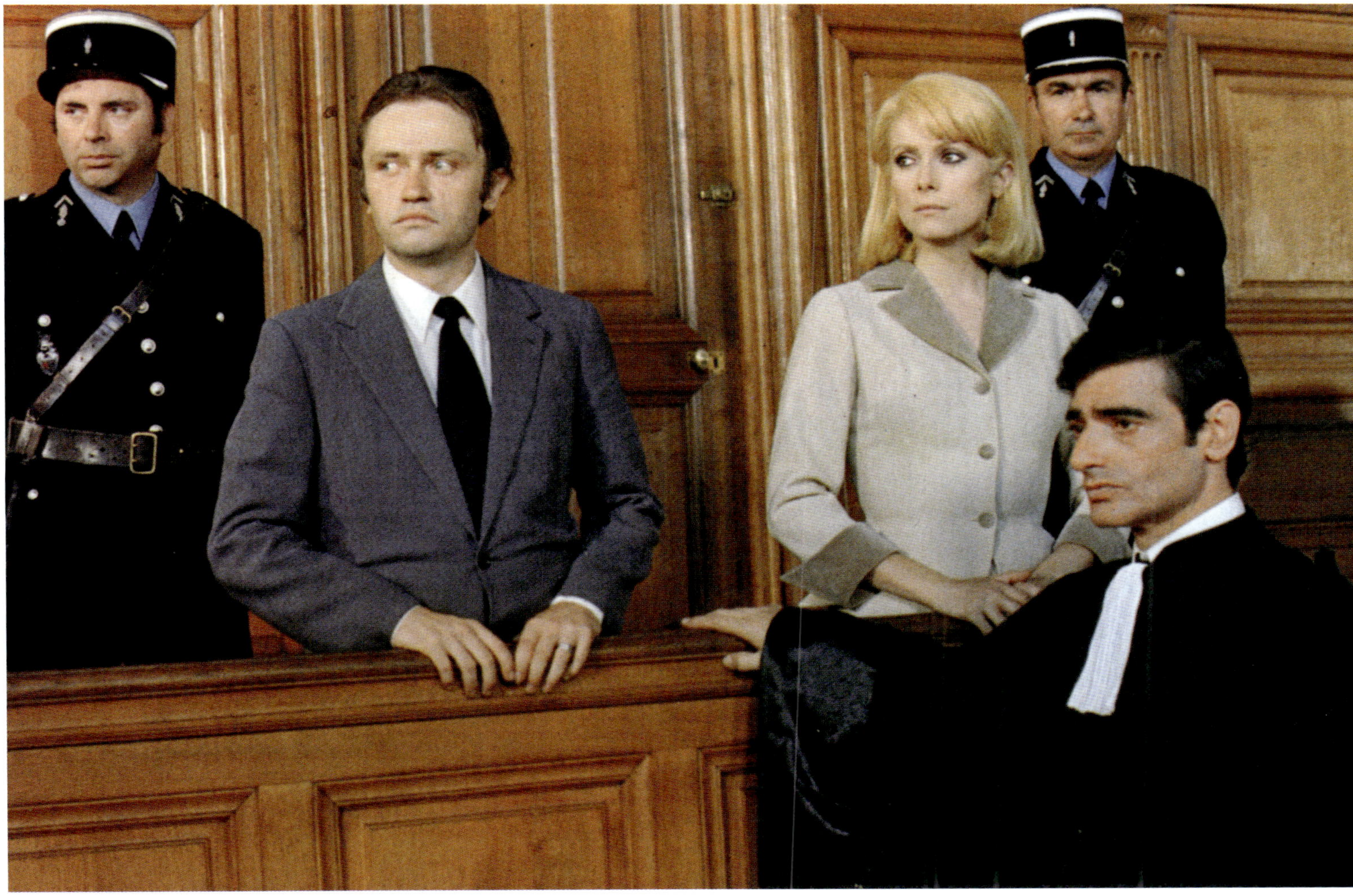

Catherine Deneuve zwischen Niels Arestrup und Charles Denner anlässlich des Prozesses, der sie ins Gefängnis bringen wird.

in einem Zug, in Großaufnahme, während ein Mitreisender mit ihr ins Gespräch zu kommen versucht. Die Kamera lässt sie nicht los, verweilt auf ihr, die erhaben und still ist, unfähig, ein Wort herauszubringen, als wäre sie noch in Einzelhaft. Der virtuose Filmemacher Claude Lelouch bannt jede Regung der Schauspielerin auf Zelluloid.

Der Regisseur wollte um jeden Preis Catherine Deneuve für die Rolle. Denn ihre »atemberaubende Schönheit« war unumgänglich, um nicht in ein exzessives Melodram zu verfallen. Diese Geschichte ist in erster Linie die einer Frau, die um ihr Glück kämpft und sich am Ende entscheidet, allein ein Kind zu haben. »In mir gibt es diesen Willen, den Geruch von Misthaufen in Rosenwasserduft zu wandeln«, erklärt Lelouch. »In meinen Filmen überwinden die Helden ihre Schwierigkeiten in neun von zehn Fällen.« *Ein Hauch von Zärtlichkeit* beginnt an einem finsteren Ort und endet am Gipfel des Mont Blanc.

In Deneuves Karriere ist der Film in mehrerlei Hinsicht eine Premiere, zum einen wegen der Rolle (eine entlassene Strafgefangene), aber auch wegen einer neuen Art zu arbeiten. Wie es bei ihm üblich ist, liefert Lelouch den Schauspielern kein Drehbuch und gibt ihnen auch die Dialoge erst unmittelbar vor den Takes, als wollte er einen Überraschungseffekt erzielen. So versucht der Regisseur den traditionellen Ablauf von Schnitt-Gegenschnitt zu vermeiden und zeigt stattdessen den Darsteller, der die Szene beherrschen wird.

Es ist auch das erste Mal, dass Catherine Deneuve eine erwachsene Frau darstellt, Mutter eines 14-Jährigen, und nicht mehr eine ganz junge Frau. Ihr Sohn erfährt erst später, dass Catherine seine Mutter ist. Ihre Beziehung ist wirr. Er schubst sie schließlich in die Arme seines Geschichtslehrers, des sehr attraktiven Francis Huster, der einen typischen Vertreter der 68er-Lehrergeneration spielt. Wie es eben der damaligen Zeit entspricht. Als Gegenpol, der die charakterlichen Unterschiede betont, setzt Lelouch der Blondheit von Deneuve die dunkle Schönheit von Anouk Aimée entgegen, die ihre beste Freundin spielt.

Eine Frau, die ihr Leben nach dem Gefängnisaufenthalt neu gestalten will. Eine alleinerziehende Mutter, die ihr Schicksal annimmt. Wir befinden uns im Zeitalter der zunehmenden Befreiung: Catherine Deneuves Gesicht allein ist schon beredtes Zeugnis davon.

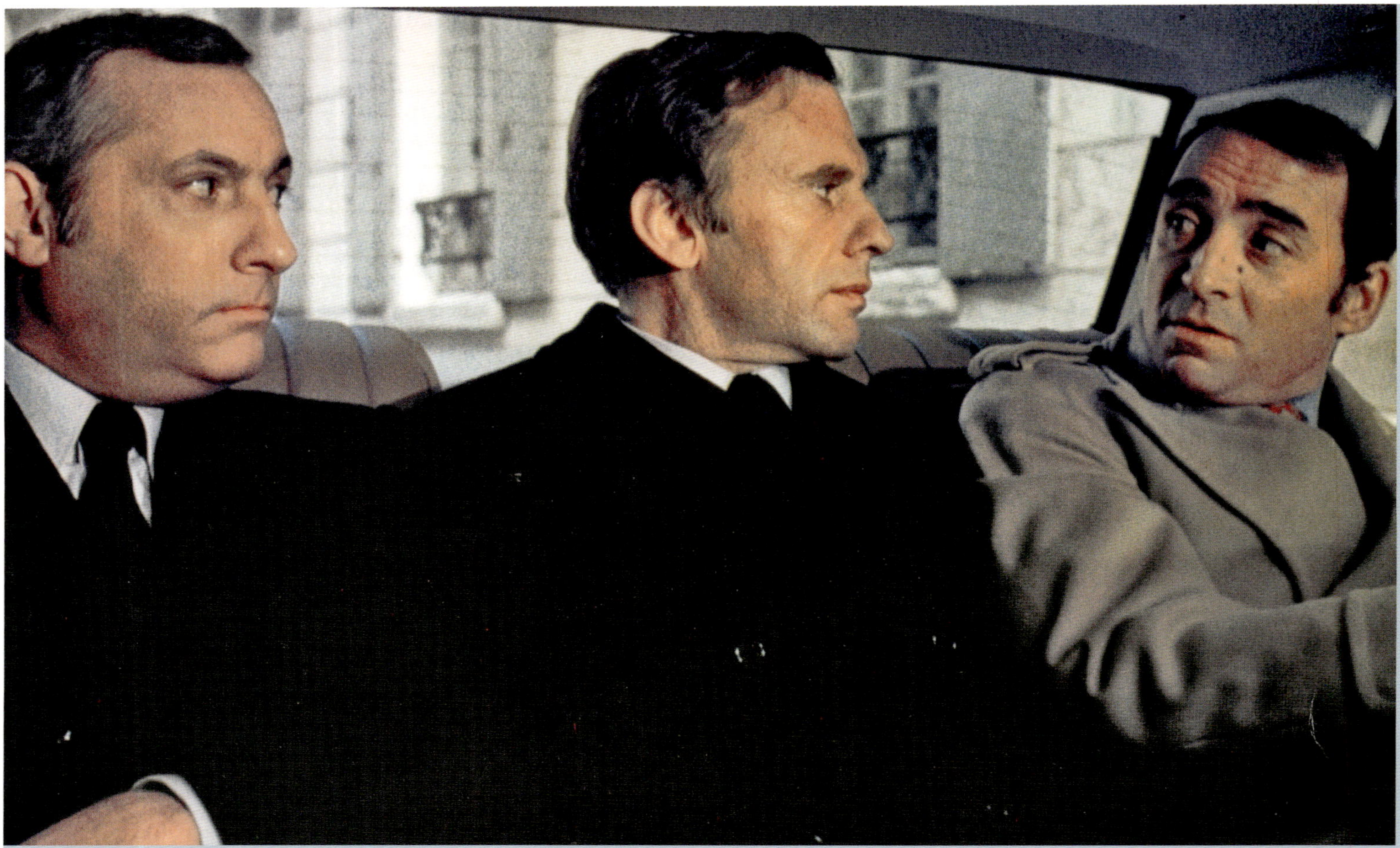

Oben: So etwas wie der Gute (Jean-Louis Trintignant, Mitte), der Brutale (Michel Serrault, links) und der Gauner (Claude Brasseur, rechts).

Rechts: Cécile Rainier ist die einzige Person, auf die sich ihr Mann stützen kann.

L'Argent des autres
(Das Geld der anderen)

Kinostart: 1978
Regisseur: Christian de Chalonge
Hauptdarsteller: Jean-Louis Trintignant, Catherine Deneuve, Claude Brasseur, Michel Serrault
Rolle: Cécile Rainier

Catherine Deneuve hat hier zwar eine bescheidene Rolle, aber immerhin die der Guten. Sie ist die Frau von Henri Rainier, dem leitenden Angestellten einer großen Bank, der zum Sündenbock in einer Betrugsangelegenheit um Finanzgeschäfte wird. Seine Frau steht ihm bis zum Ende bei, unterstützt ihn in der schwierigen Zeit, bestärkt ihn, gibt ihm gute Ratschläge und verteidigt ihren Mann.

Weniger vorteilhaft erscheint Rainier, den Jean-Louis Trintignant tadellos und wie immer sehr überzeugend spielt – ein Mann, der schlecht behandelt und erniedrigt wird, in den Schmutz gezogen von einem hierarchischen Überbau, der Tausende von Kunden um ihre kleinen Ersparnisse gebracht hat und nun ihm den Schwarzen Peter dafür zuschiebt. Die anderen sind fast alle Feiglinge oder Krämerseelen.

Der Film erinnert ein wenig an eine Affäre, die die Präsidentschaft von Georges Pompidou belastet hat, den Skandal um die »Garantie foncière« [dt.: Basisgarantie] von 1971

Der Film, der heute zu Unrecht vergessen ist, erfährt beträchtliche Aufmerksamkeit. Jenseits seiner anrüchigen politischen Thematik macht er auch durch formale Besonderheiten von sich reden. Schon die ersten Szenen spielen in einem ziemlich großen, hell erleuchteten Raum, der auf beunruhigende Weise an ein Behandlungszimmer in der Psychiatrie oder eine künftige Welt erinnert. Mit seiner Schilderung von modernem Management und unmenschlichen Praktiken in der Personalvermittlung hat der Film geradezu etwas Visionäres.

Er erhält den begehrten Louis-Delluc-Preis und einige Monate später zwei der wichtigsten Césars, nämlich für den besten Film und den besten Regisseur.

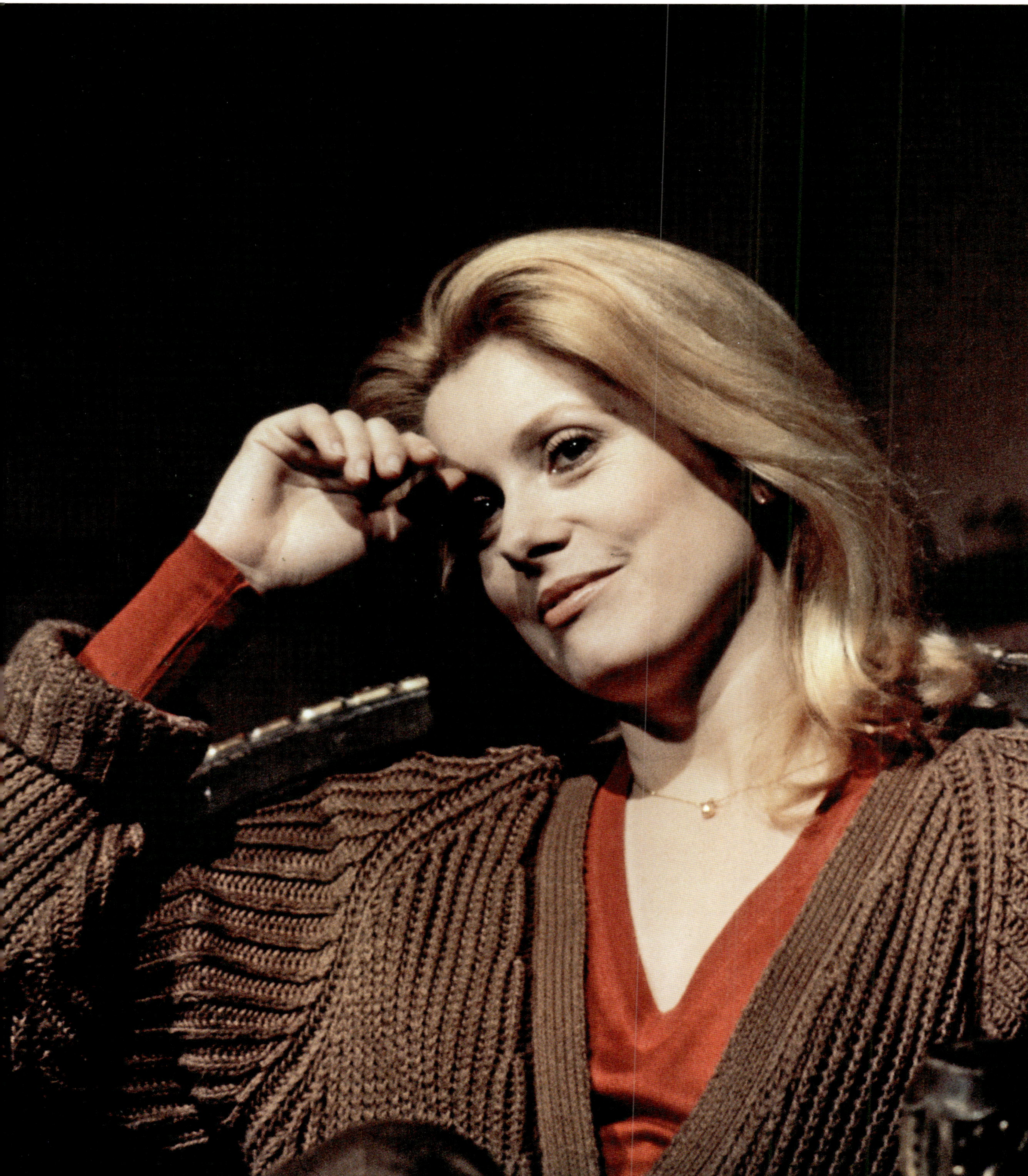

»Catherine Deneuve hat die Klasse von Moreau. Ihr Talent liegt in ihrem Anspruch, ihrer Wahrhaftigkeit, ihrem Einsatz, ihrer Kraft und ihrer Verrücktheit. [...] Es gibt kein Talent, in dem nicht auch ein Körnchen Wahnsinn schlummert. Catherine Deneuve hat eine gute Portion davon.«

Jean-Louis Trintignant

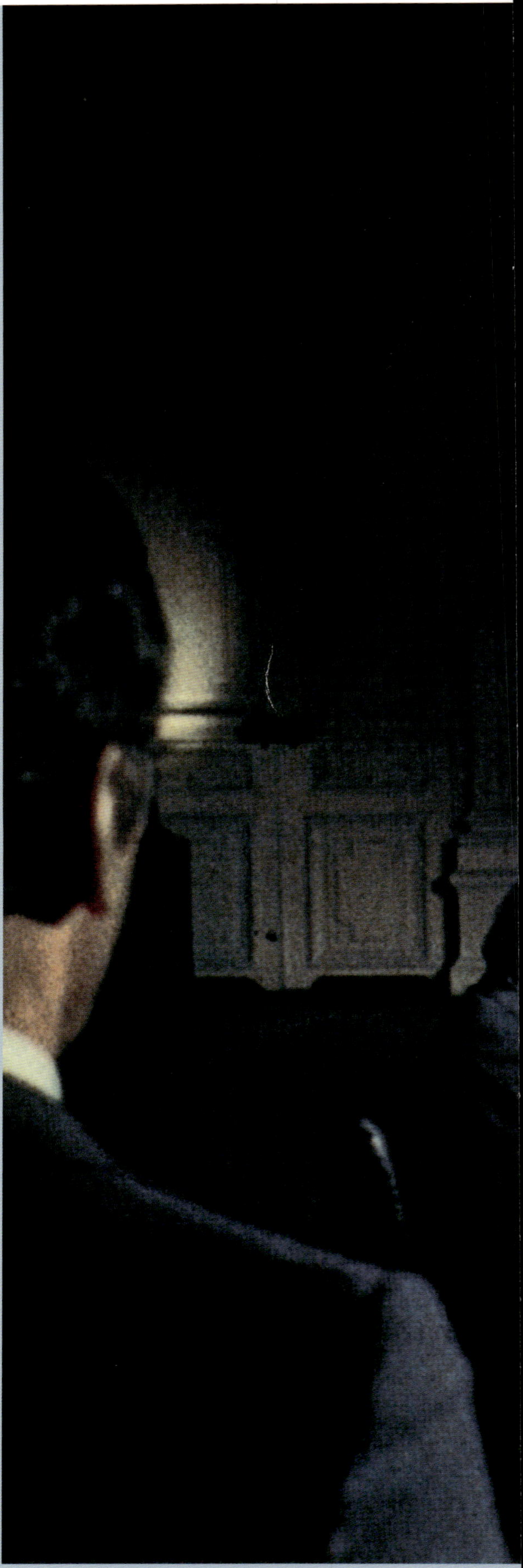

Christian de Chalonge nützt den Palais-Royal als Kulisse für die Szenen, die in der Bank spielen. Hier der Konferenzraum des Verwaltungsrats, der Henri Rainier zu Unrecht entlässt.

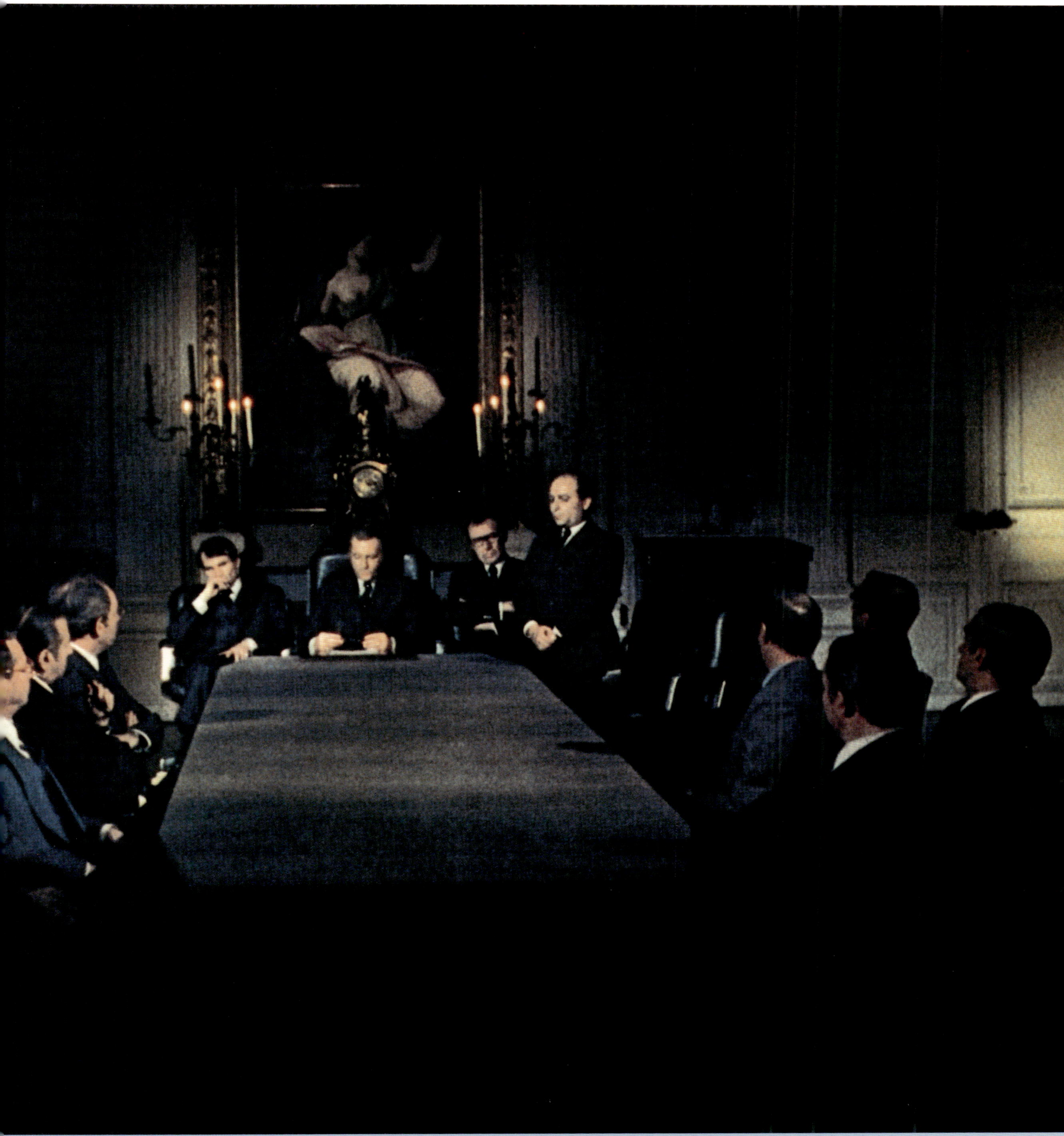

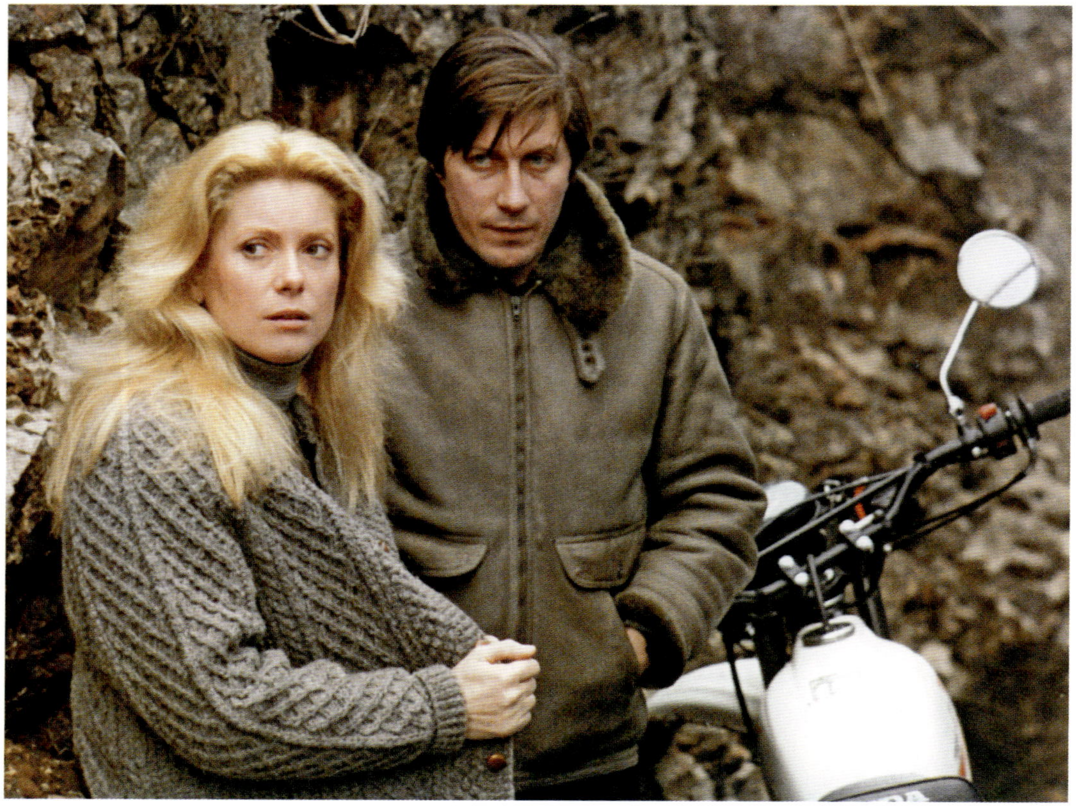

Links: Catherine Deneuve und Jacques Dutronc, von Claude Lelouch für eine lange Flucht vereint. *Allein zu zweit* läuft vor einem ausgewählten Publikum bei den Festspielen von Cannes 1979.

Rechts: Obwohl sie in Simon (Jacques Dutronc) verliebt ist, erträgt Françoise das Leben auf der Flucht nicht und kann sich auch nicht an den Adrenalinschüben erfreuen, die ihm Raubüberfälle bereiten.

À nous deux
(Allein zu zweit)

Kinostart: 1979
Regisseur: Claude Lelouch
Hauptdarsteller: Catherine Deneuve, Jacques Dutronc, Jacques Villeret, Paul Préboist
Rolle: Françoise

Nach der Erfahrung mit *Ein Hauch von Zärtlichkeit* zwei Jahre zuvor entschließt sich Catherine Deneuve, die Claude Lelouchs Regiearbeit sehr schätzt, erneut zu einem Abenteuer mit ihm. Das Projekt ist umso verführerischer, als sie einen der damals meistbeachteten Schauspieler als Partner haben wird. Die Idee, Catherine Deneuve und Jacques Dutronc ein Paar spielen zu lassen, bildet die Essenz des Filmes. Ihre Begegnung ist ausnehmend verführerisch, beide sind sehr schön, sehr leinwandaffin. Er, die leibhaftige Lässigkeit hinter seiner schwarzen Brille. Sie, umflort vor ihrer Aura als kühle Ikone, aber mit Witz zur rechten Zeit.

Um die Figur für Catherine Deneuve zu schaffen, ließ sich Lelouch von zwei mehr oder weniger ähnlichen Zeitungsmeldungen inspirieren; beide Male ging es um Frauen, die sich nach einer Vergewaltigung rächten. Françoise ist eine gut situierte Frau, Tochter eines Apothekers, die im väterlichen Geschäft arbeitet. Eines Abends wird sie von einer Bande junger Männer überfallen. Was ihr bleibt, ist ein tief sitzender Hass auf Männer, und sie wird zur gnadenlosen Erpresserin, eine Feministin, die reiche und berühmte Bürger ins Bett zieht, damit sie anschließend zahlen, um einen Skandal zu vermeiden. Als sie schließlich verfolgt wird, trifft sie auf der Flucht vor der Polizei auf Simon (Jacques Dutronc).

Simon und Françoise sind eine Art Bonnie und Clyde auf Französisch, sie begehen Diebstähle und Raubüberfälle, um auf der Flucht zu überleben, und kommen schließlich nach Québec in der Hoffnung, über die Grenze nach New York zu gelangen. Der einzige Unterschied zum berühmten amerikanischen Gangsterpaar liegt darin, dass Françoise Simon unbedingt auf den rechten Weg zurückführen will. Der Film, der 1979 das Festival in Cannes beschließt, endet für die beiden in einem New York, das die schlimmsten Vorahnungen für den amerikanischen Traum bereithält, mit folgendem Dialog: »Was studieren Sie?«, fragt der Lkw-Fahrer, der sie mitgenommen hat. »Ehrlichkeit«, antwortet Dutronc. »Ehrlichkeit?«, fragt der Fahrer verblüfft. »Ja, das ist ein sehr kompliziertes Fach.«

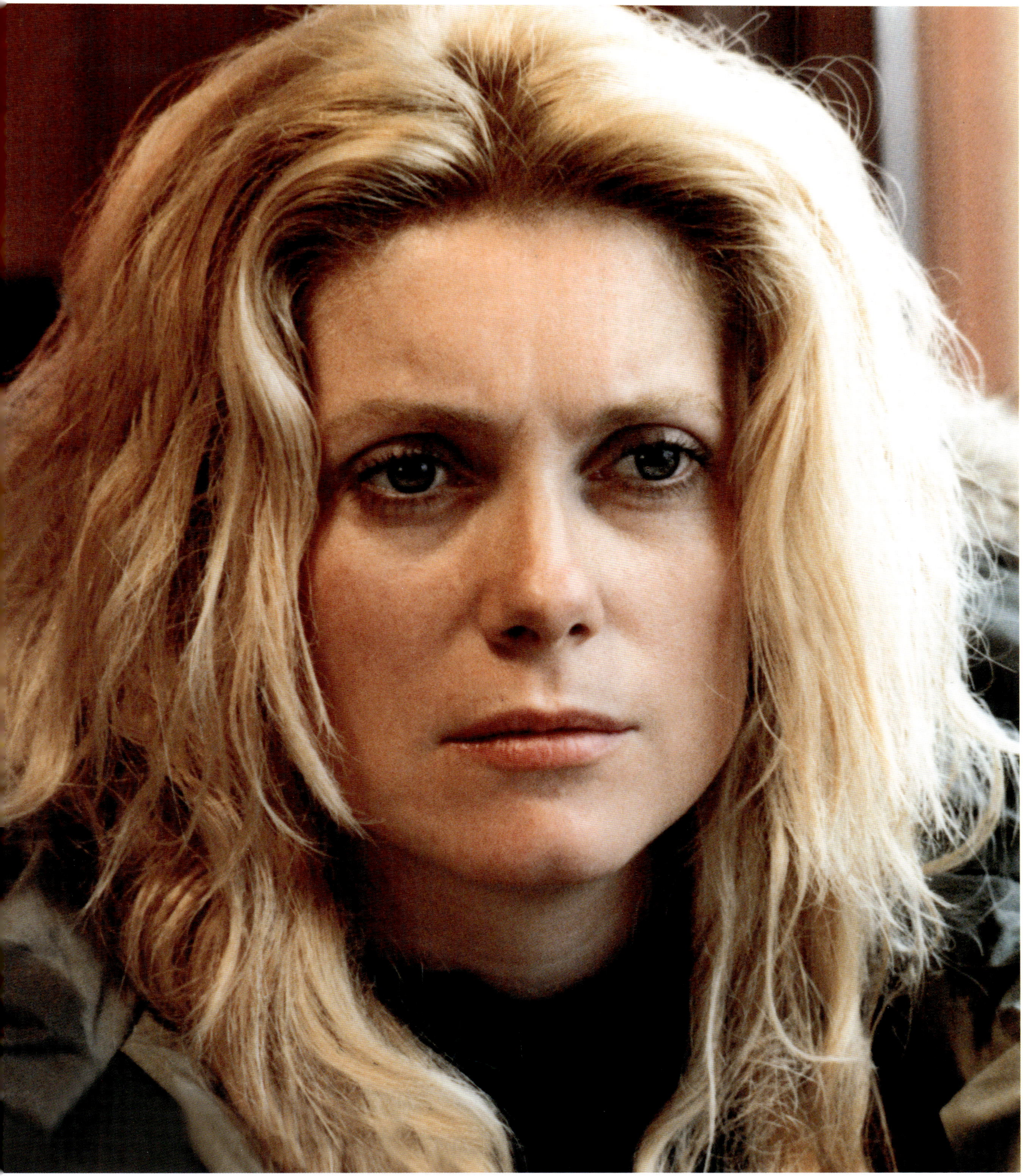

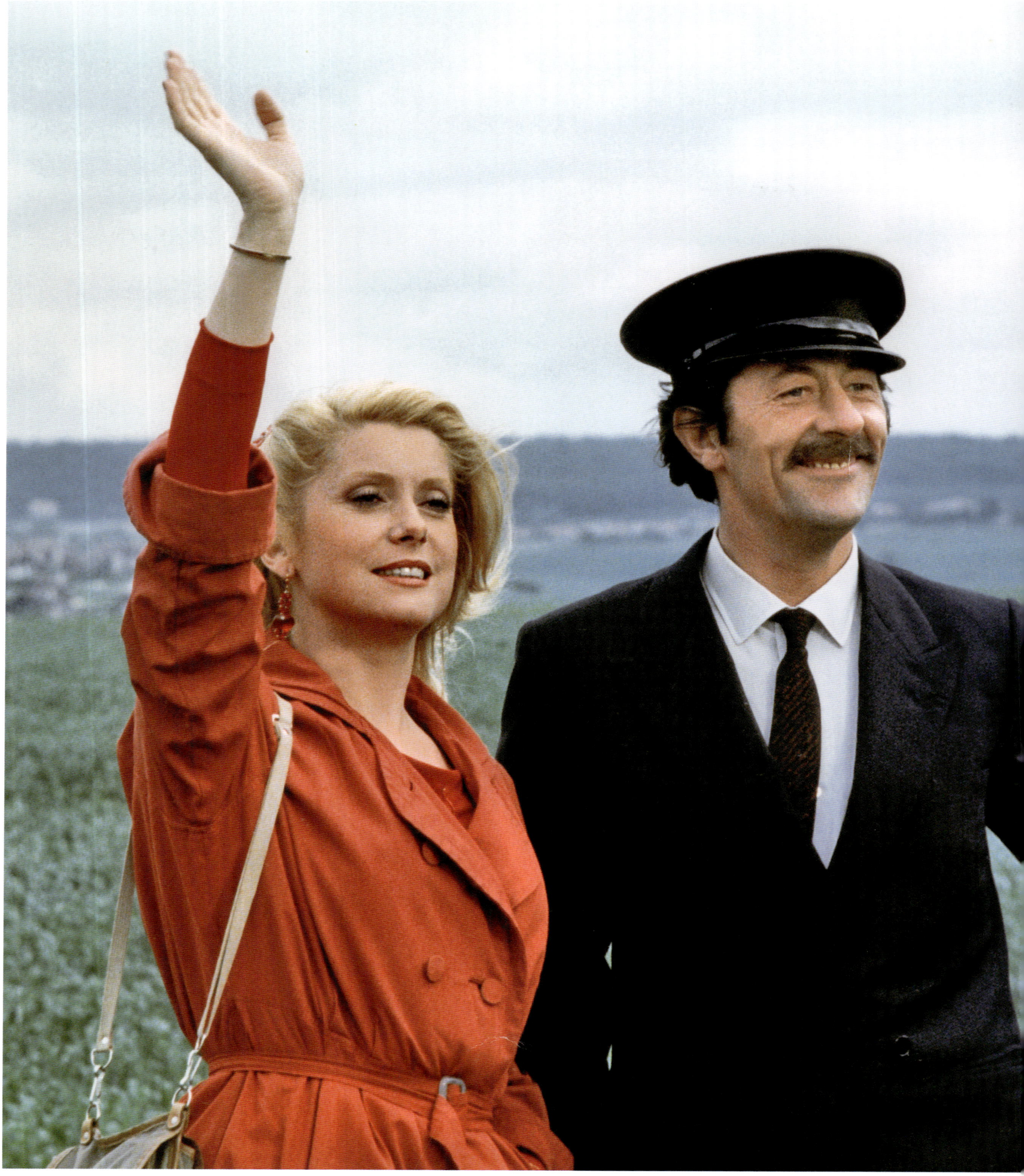

Eva verliebt sich in Martin Belhomme (Jean Rochefort), einen Duckmäuser und Hasenfuß.

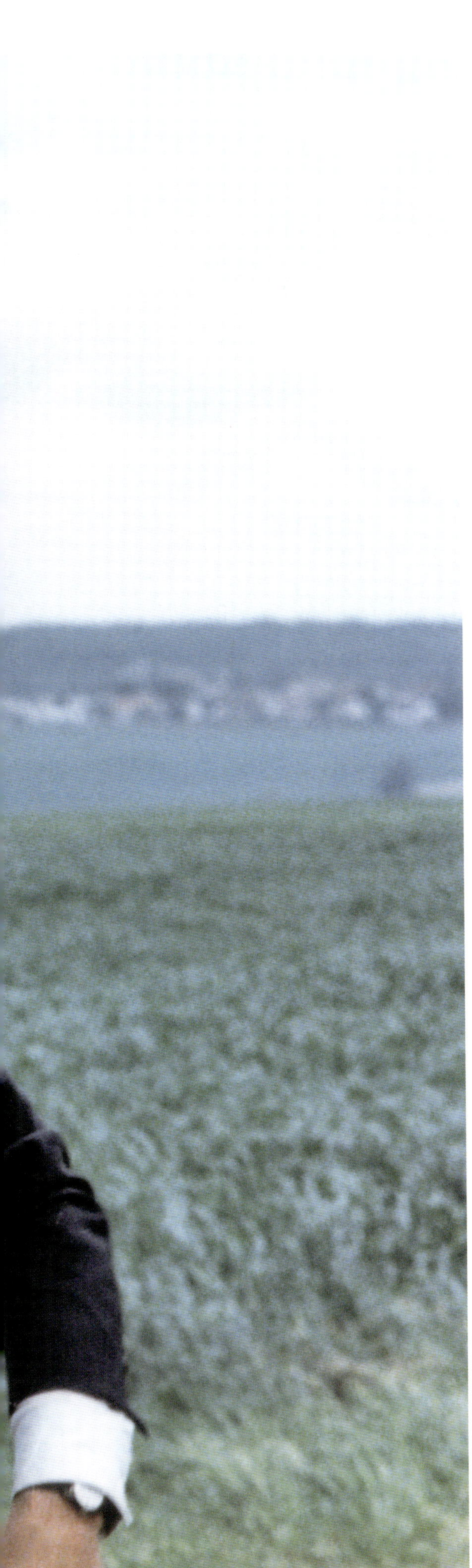

Courage fuyons
(Jetzt oder nie)

Kinostart: 1979
Regisseur: Yves Robert
Hauptdarsteller: Jean Rochefort, Catherine Deneuve, Philippe Leroy
Rolle: Eva

»Wenn mir jemand erzählt hätte, ich würde eines Tages einen Film drehen, in dem sich Catherine Deneuve in mich verliebt, hätte ich mich totgelacht!« Und genau das tut das Publikum. Die Komödie von Yves Robert, die im Oktober 1979 in die Kinos kommt, wird zum riesigen Erfolg. Über eine Million Besucher für den neuen Film eines erfolgreichen Trios: Jean-Loup Dabadie schreibt das Drehbuch, Yves Robert inszeniert und Jean Rochefort agiert vor der Kamera.

In diesem Film erzählt Yves Robert die Geschichte von Martin Belhomme, einem komischen Duckmäuser, einem echten Angsthasen. »Mir schwebte vor, einen Mann zu zeigen, der vor seinem eigenen Schatten Angst hat«, erzählt Yves Robert der Presse beim Kinostart. »Kann eine Frau so einen Mann lieben? Aber ja! Also machen wir diesem Feigling ein besonderes Geschenk, nämlich eine Traumfrau, und so stand die Besetzung ganz schnell fest: Jean und Catherine!«

Die erste Einstellung zeigt Jean Rochefort auf einer Harley Davidson, im Rocker-Look. Catherine Deneuve erscheint als blonde Femme fatale, sie sitzt im Damensitz hinter ihm. Sie fahren durch Amsterdam, und die Ampel schaltet auf Grün. Der Asphaltcowboy fährt ganz sachte an, so langsam, dass selbst Fahrräder ihn überholen. Sein ganzes Leben lang war Martin Belhomme ein Angsthase, er hat die Angst von seinem Vater geerbt, es handelt sich um ein familiäres Problem.

Yves Robert macht also einen Durchlauf durch die französische Geschichte, vom Ersten Weltkrieg bis zur Volksfront, dann bis zum Zweiten Weltkrieg und zur Befreiung, und die Familie Belhomme repräsentiert dabei durchgehend die konservative Bourgeoisie. Als der Mai 68 naht, gerät das Leben von Martin Belhomme, der als Apotheker und Familienvater mit zwei Kindern in einem gutbürgerlichen Viertel lebt, aus dem Gleichgewicht. Wiederum aus Angst lässt er sich in die Studentenbewegung hineinziehen und trifft Eva, eine großartige Cabaret-Sängerin. An dieser Stelle kommt Catherine Deneuve ins Spiel, die Verführerin mit dem Mikrophon in der Hand.

Von Rita Hayworth in *Gilda* inspiriert, bringt sie ihren blonden Glamour zum Glänzen und schwingt die Hüften in der Paillettenrobe. Sie streicht über ihre weiße Pelzstola, singt Jean Rochefort an: »Je ne serai jamais la dame d'Amsterdam ...« (dt.: Ich werde nie die Dame von Amsterdam sein). Und er verfällt ihrem Charme. Beschließt, für sie alles hinter sich zu lassen, ist zu allem bereit, um sie zu behalten. In einer denkwürdigen Szene sieht man den unbeholfenen Verführer, wie er so tut, als wolle er einen Passagier einschüchtern, der auf einer Bank im Flughafen sitzt. »Sagen Sie diesem Mann, er soll aufhören, mich anzustarren«, verlangt Catherine Deneuve und ist sich bewusst, welche Herausforderung das für den Angsthasen bedeutet. Subtile Komik, Zärtlichkeit, die von dem Paar Deneuve/Rochefort ausgeht, während es versucht, trotz dieses komischen Handicaps eine perfekte Liebe zu entwickeln – der Film ist ein typischer Yves Robert. Eine freimütige Komödie, die Jean Rochefort einen César als bester Schauspieler einbringt und eine Nominierung für die beste Nebenrolle für Deneuve.

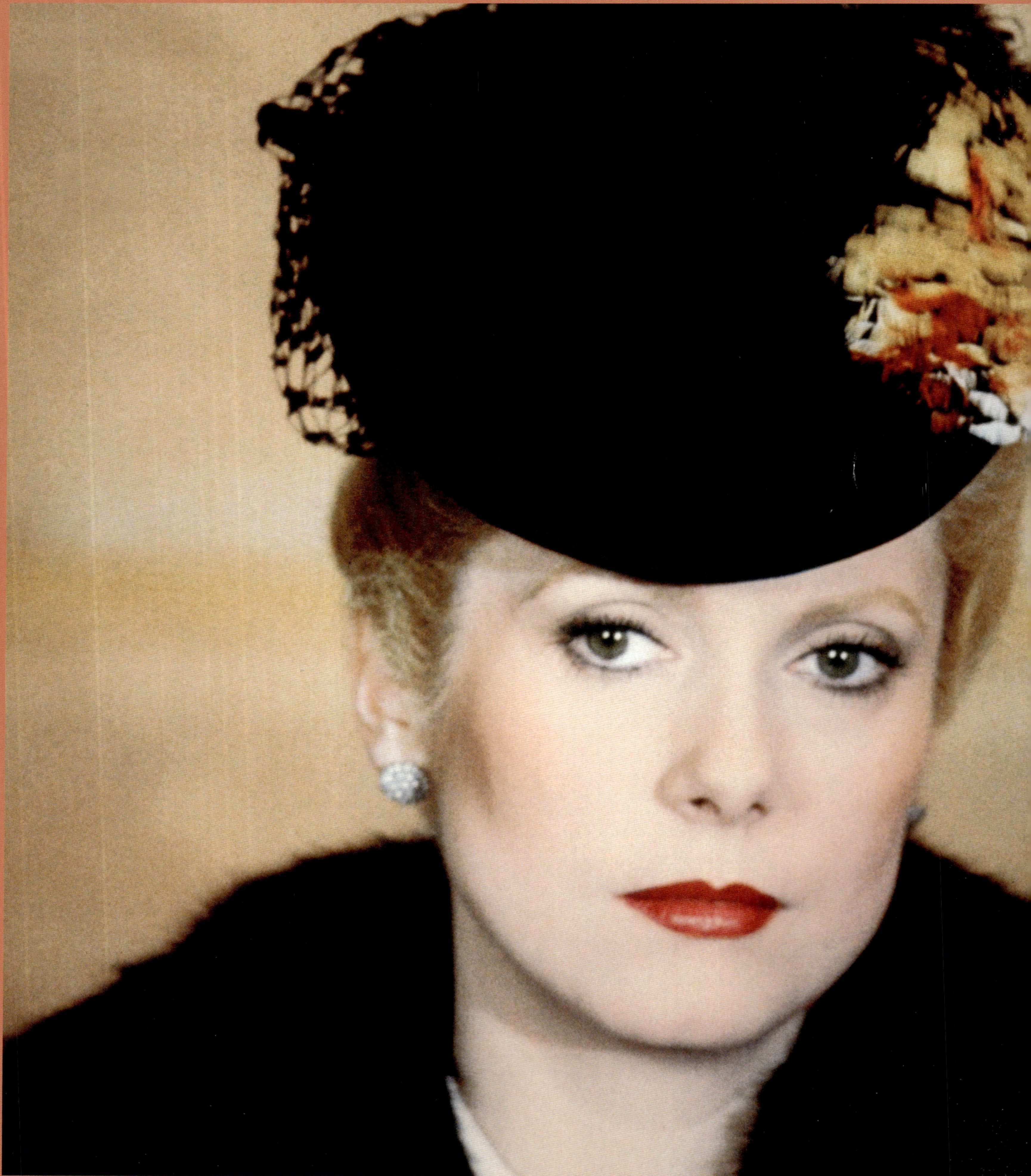

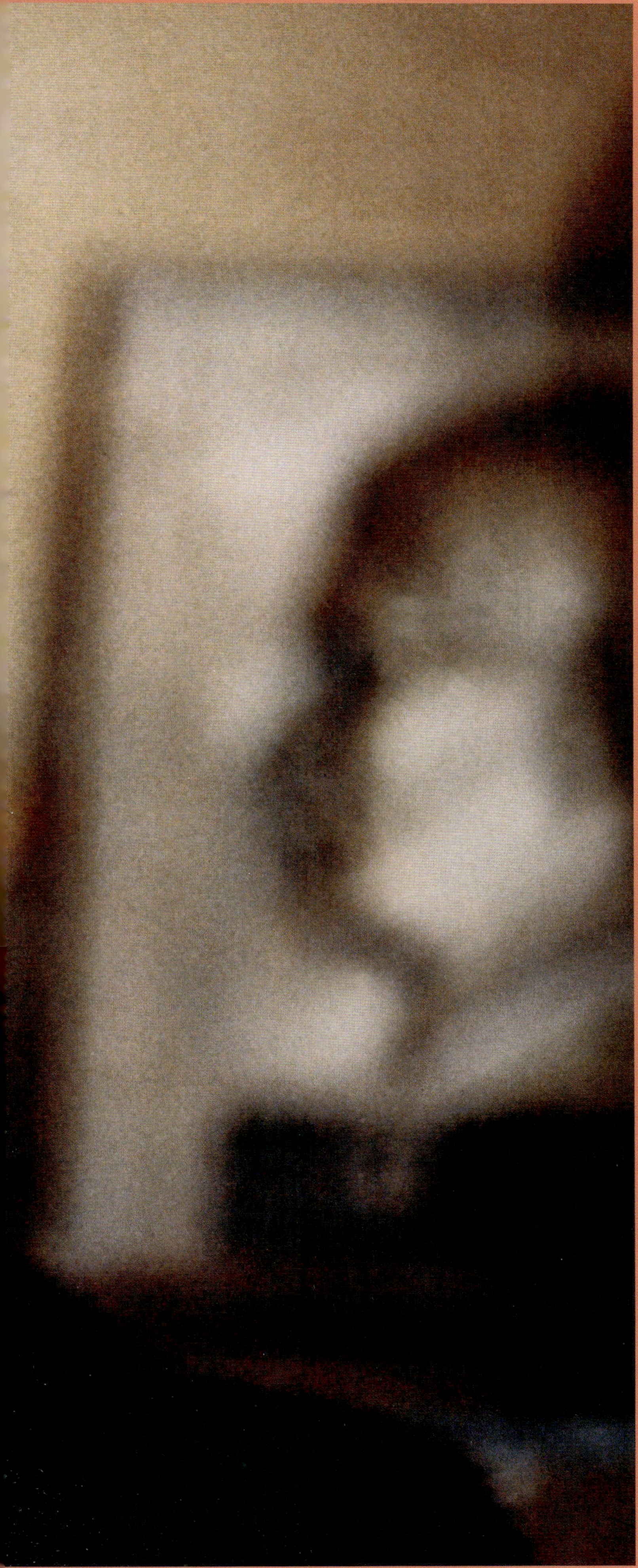

Die **80er** Jahre

Die letzte Metro ist der Erfolgsfilm dieser Jahre, und François Truffaut verdankt Catherine Deneuve ihren ersten César als beste Schauspielerin. Zehn Auszeichnungen erhält der Film insgesamt bei den Césars, ein ungeheurer Triumph. Der Erfolg des Films bestätigt das Zusammenwirken des Trios Truffaut /Deneuve/Depardieu und steht symbolhaft für ein Frankreich, das zerrissen ist zwischen dem Schweigen über die Vergangenheit und dem Wunsch, sich zu erneuern.

Catherine Deneuve wird zur nationalen Ikone und zum Aushängeschild ihres Landes. 1983 hat sie den Vorsitz der Akademie für die Vergabe der Césars, 1985 dient sie als Modell für die Büste der Marianne.

Doch nichts liebt sie mehr, als aus der Rolle zu fallen und die »atemberaubende Schönheit«, von der Claude Lelouch spricht, hinter sich zu lassen. So schnell wie möglich möchte sie das manchmal arg belastende Klischee über Bord werfen und das Image der makellosen Blondine abstreifen – und schon sieht man sie im einfachen Kleid neben Philippe Noiret in *Der Buschpilot*, im grauen Regenmantel und mit nassen Haaren in *Begegnung in Biarritz*, als sexy Lesbierin in *Begierde*, als schüchterne Ermittlerin in *Mord aus Versehen*.

Nach Truffaut ist es Téchiné, der Deneuve maßgeschneiderte Rollen für die voll erblühte Frau in ihren Vierzigern anbietet.

Von den Kriegsjahren in *Die letzte Metro* über die Peinlichkeiten der Fünften Republik (*Eine politische Liebesaffäre*) und die sexuelle Befreiung (*Die Männer, die ich liebte*) bis zum Kolonialabenteuer in *Fort Saganne* spiegelt Deneuve Frankreich in einem Bilderbogen seiner Geschichte wider.

»Catherine Deneuve bereichert jedwede Situation, jedwedes Drehbuch mit ihrer Vieldeutigkeit, denn sie vermittelt den Eindruck, als berge sie viele geheime Gedanken.« François Truffaut

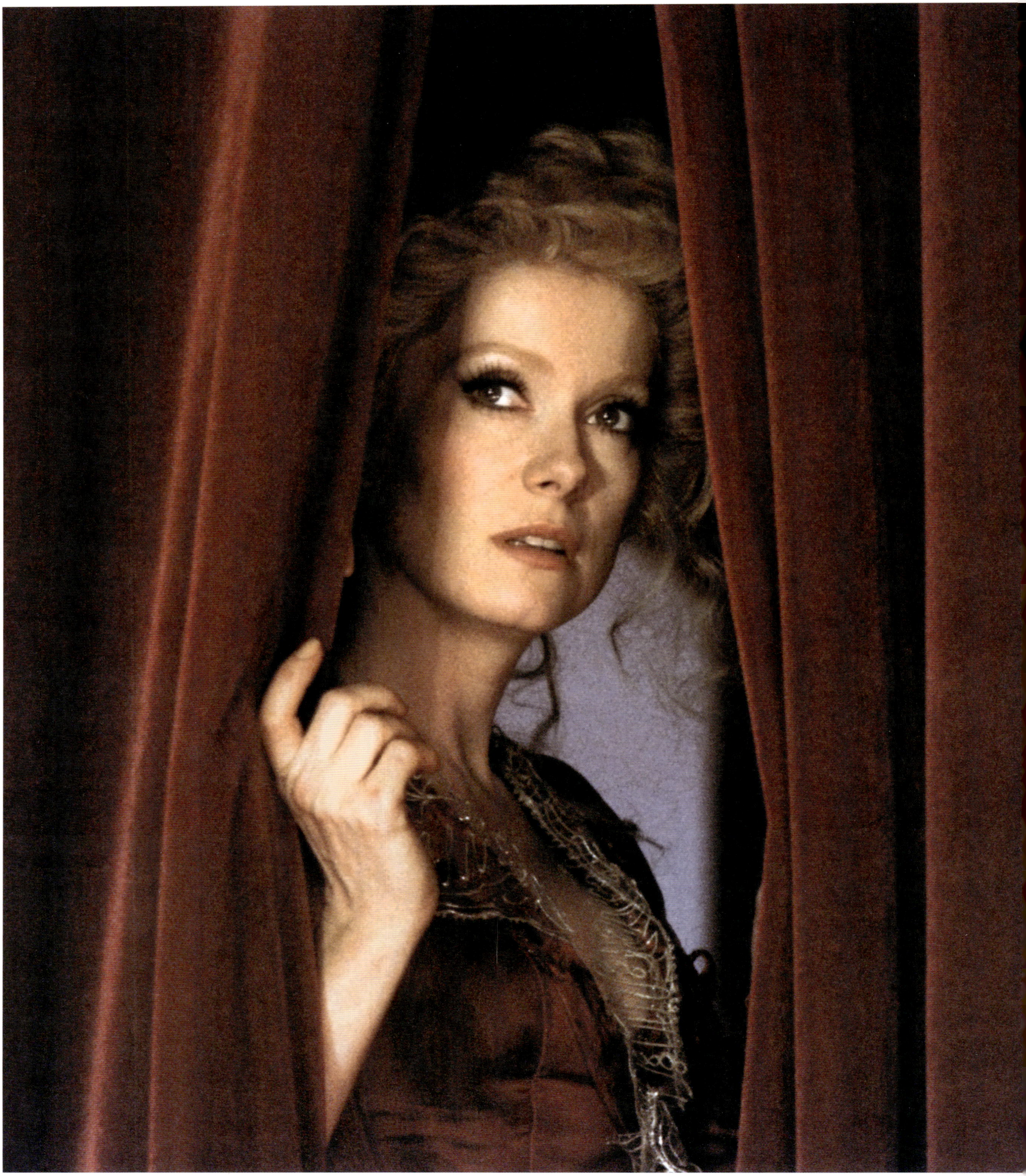

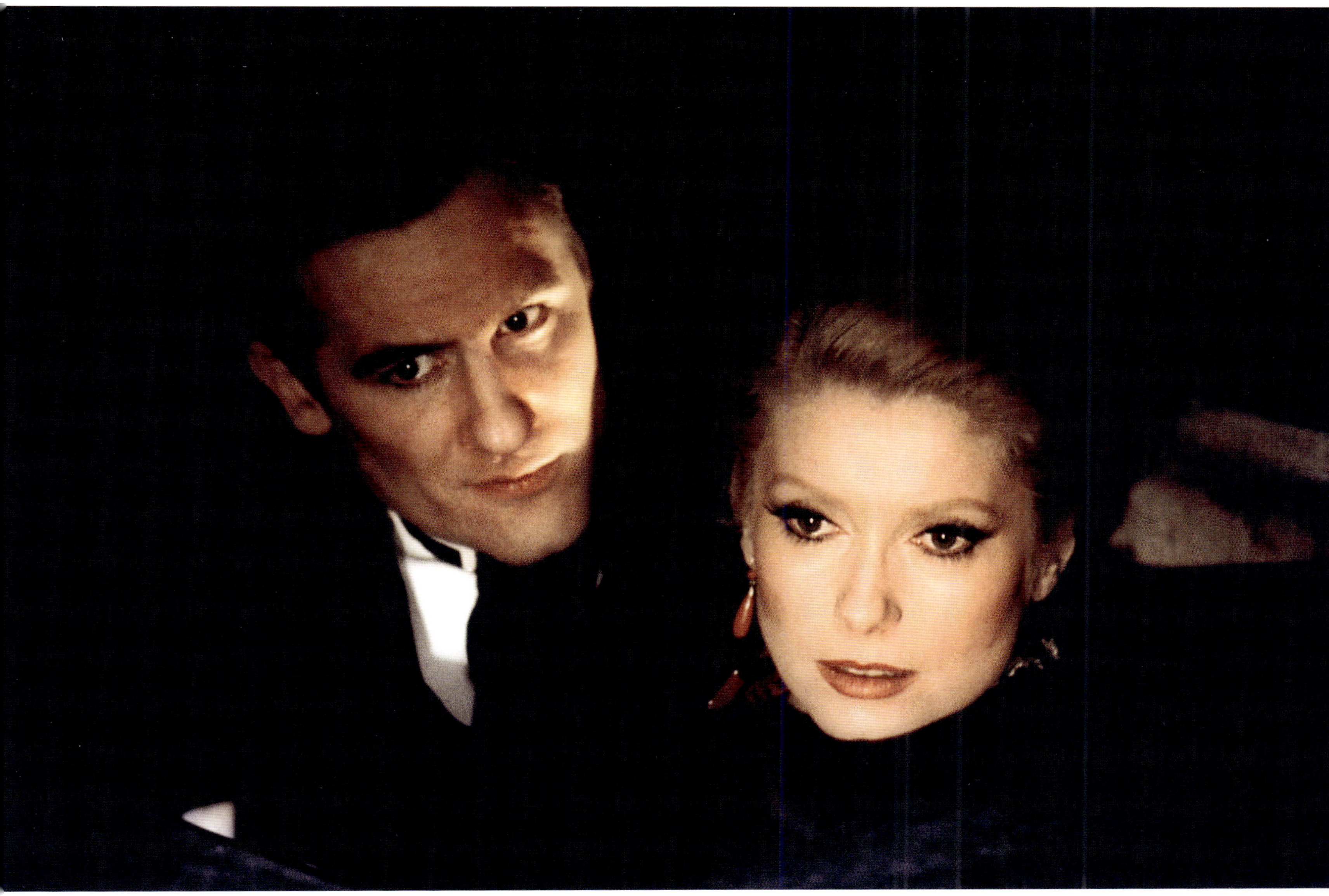

François Truffaut liebt das Spiel im Spiel und filmt den Schauspieler, der einen Schauspieler spielt, und das Theater im Kino.

Le Dernier Métro
(Die letzte Metro)

Kinostart: 1980
Regisseur: François Truffaut
Hauptdarsteller: Catherine Deneuve, Heinz Bennent, Gérard Depardieu, Jean Poiret, Andréa Ferréol, Paulette Dubost
Rolle: Marion Steiner

Marion Steiner ist eine der dichtesten Rollen, die Catherine Deneuve gespielt hat. Es ist das Portrait einer Kämpferin, die auf dünnem Eis agiert. Eine starke Frau, die gleichzeitig ein Theater leitet und das bedrückende Geheimnis mit sich trägt, dass ihr Mann sich verstecken muss. Eine Frau aus Fleisch und Blut, schwankend zwischen Vernunft und Leidenschaft, zwischen ehelicher Treue und plötzlichem sexuellen Verlangen. Als eine Art Tanz zwischen dem Leben auf der Bühne und dem Leben unter der Erde, zwischen großer und kleiner Geschichte, bietet *Die letzte Metro* ein Abbild Frankreichs unter deutscher Besatzung und seiner Arrangements mit dem täglichen Leben. Wir befinden uns im Jahr 1942, Paris ist von den Nazis besetzt. Und Marion Steiner mit ihrem freimütigen Blick, in dem sich Furcht und Mut mischen, ist Symbolfigur für ei-

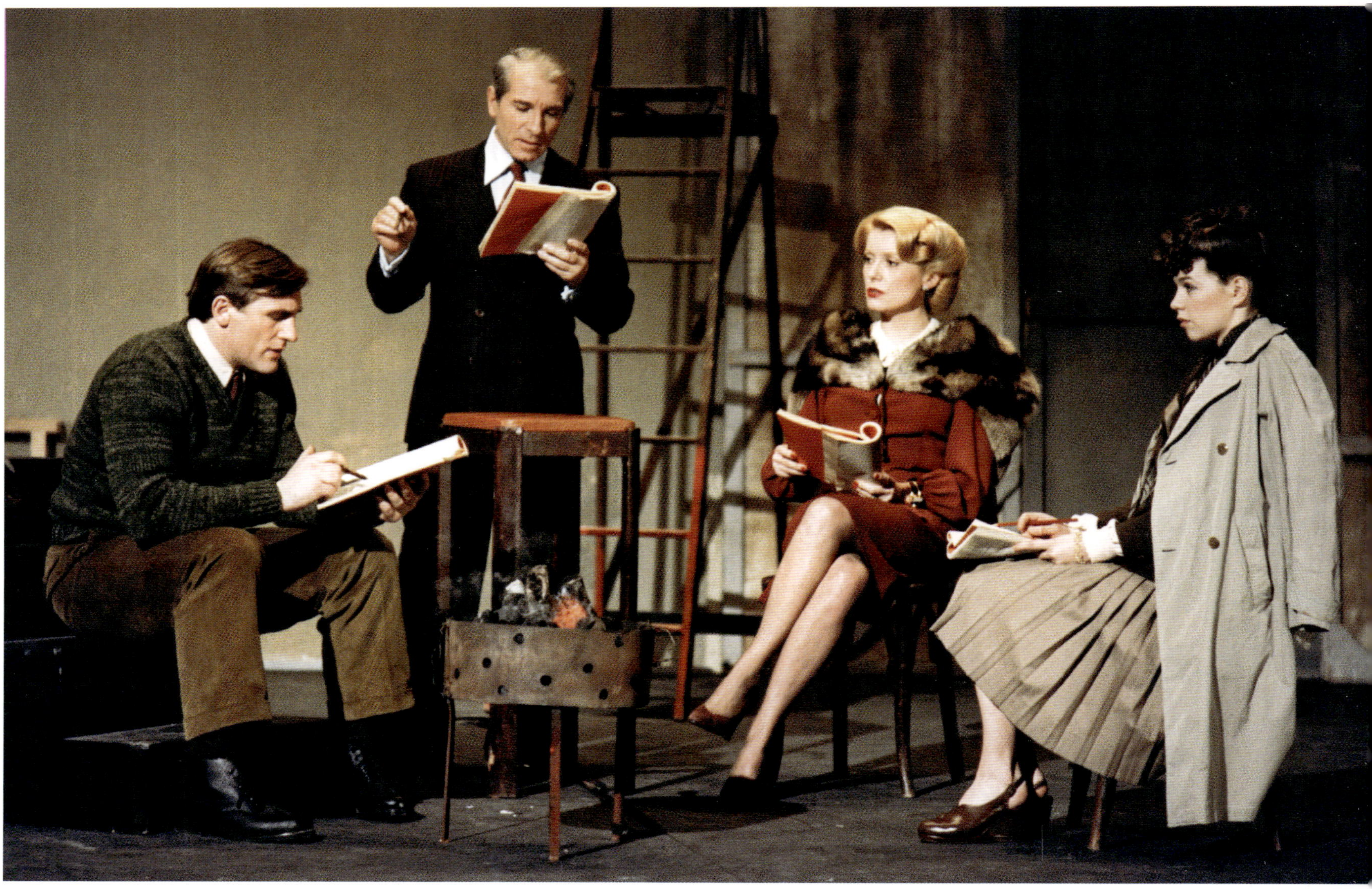

Bernard (Gérard Depardieu), Jean-Loup (Jean Poiret), Marion (Catherine Deneuve) und Nadine (Sabine Haudepin) treffen sich für eine letzte Probe. Das Stück ist zum Streitgegenstand geworden, es aufzuführen bedeutet Widerstand.

nen Teil der damaligen Bevölkerung des Landes.

Catherine Deneuve, die im Lauf der Jahre auch zur perfekten Verkörperung des Frankreichs der 80er Jahre wurde, fügt sich mühelos in Marion Steiners Figur ein. Sie ist eine Frau, die im und durch den Krieg entdeckt, dass sie autoritär sein kann. Aufgrund der Besatzung muss Marion Steiner von einem Tag auf den anderen anstelle ihres Mannes, eines deutschen Juden, der sich in den Katakomben des Hauses versteckt hält, das Théâtre Montmartre leiten. Lucas Steiner verfolgt das alltägliche Leben im Theater jedoch weiterhin sehr genau und beobachtet, wie seine Frau seine Regieanweisungen umsetzt. Ein subtiles Spiel von Theater im Theater, mit den Ebenen oben und unten, und vor allem ein Spiel um die nicht ausgesprochenen Dinge. Alle haben etwas zu verbergen. Marion zuallererst, denn sie fühlt sich von dem jungen Schauspieler angezogen, den sie engagiert hat, Bernard Granger, gespielt von Gérard Départdieu auf dem Höhepunkt seiner physischen Ausstrahlung. Deneuves Spiel besteht in einer Art expliziter Zurückhaltung; das Wenige, was sie dem Zuschauer an Informationen gibt, ist umso entlarvender hinsichtlich ihrer seelischen Verfassung: Ist sie dabei, sich zu verlieben? Wird sie es fertigbringen, ihren Mann zu belügen? Ein Blick, eine Geste, sparsamste Mittel, eher um Gefühle anzudeuten, als um zu überzeugen.

François Truffaut geht sein Thema, ganz nach seiner Gewohnheit, wie ein Dokumentarfilmer oder wie ein Forscher an. In seinen Büros bei Films du Carosse stapeln sich Zeitungsausschnitte und Textbeiträge zur Besatzungszeit. Er liebt es vor allem, die Details des alltäglichen Lebens für sich sprechen zu lassen (den Schwarzmarkt, die Nahtstrümpfe ...), wenn er das Leben der Pariser in jener Zeit schildert. Die Drehbuchautorin Suzanne Schiffman und der Dramaturg und Autor des Stücks *L'Ate-*

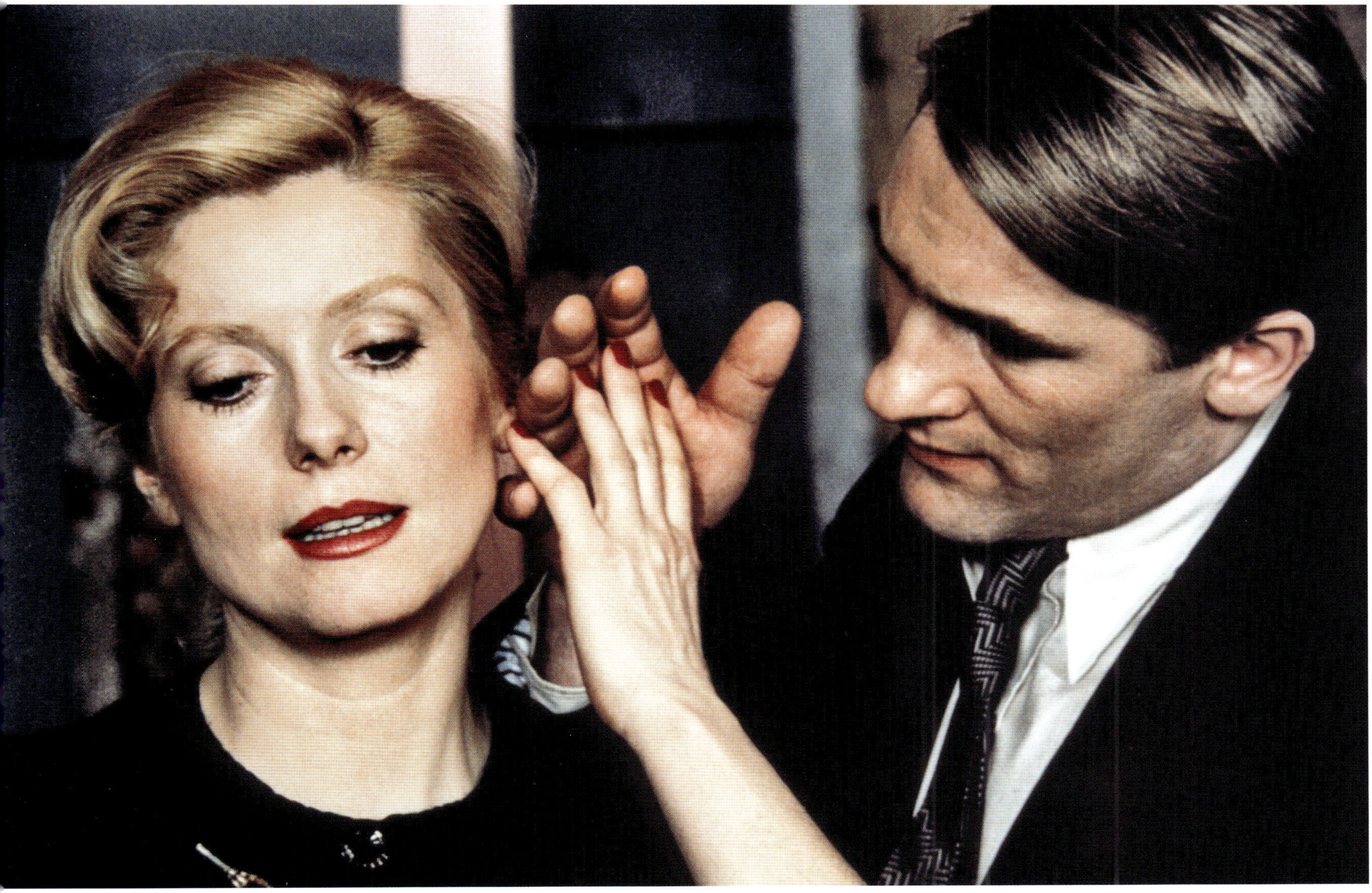

Marion Steiner und Bernard Granger: Leidenschaft oder Vernunft? Als Paar im Film werden die beiden zu Ikonen. Ein vertrautes, perfekt abgestimmtes Schauspieler-Duo, das sich bis heute immer wieder neu erfindet.

»Du bist schön, dich anzusehen bedeutet Leiden.«

Bernard Granger zu Marion Steiner

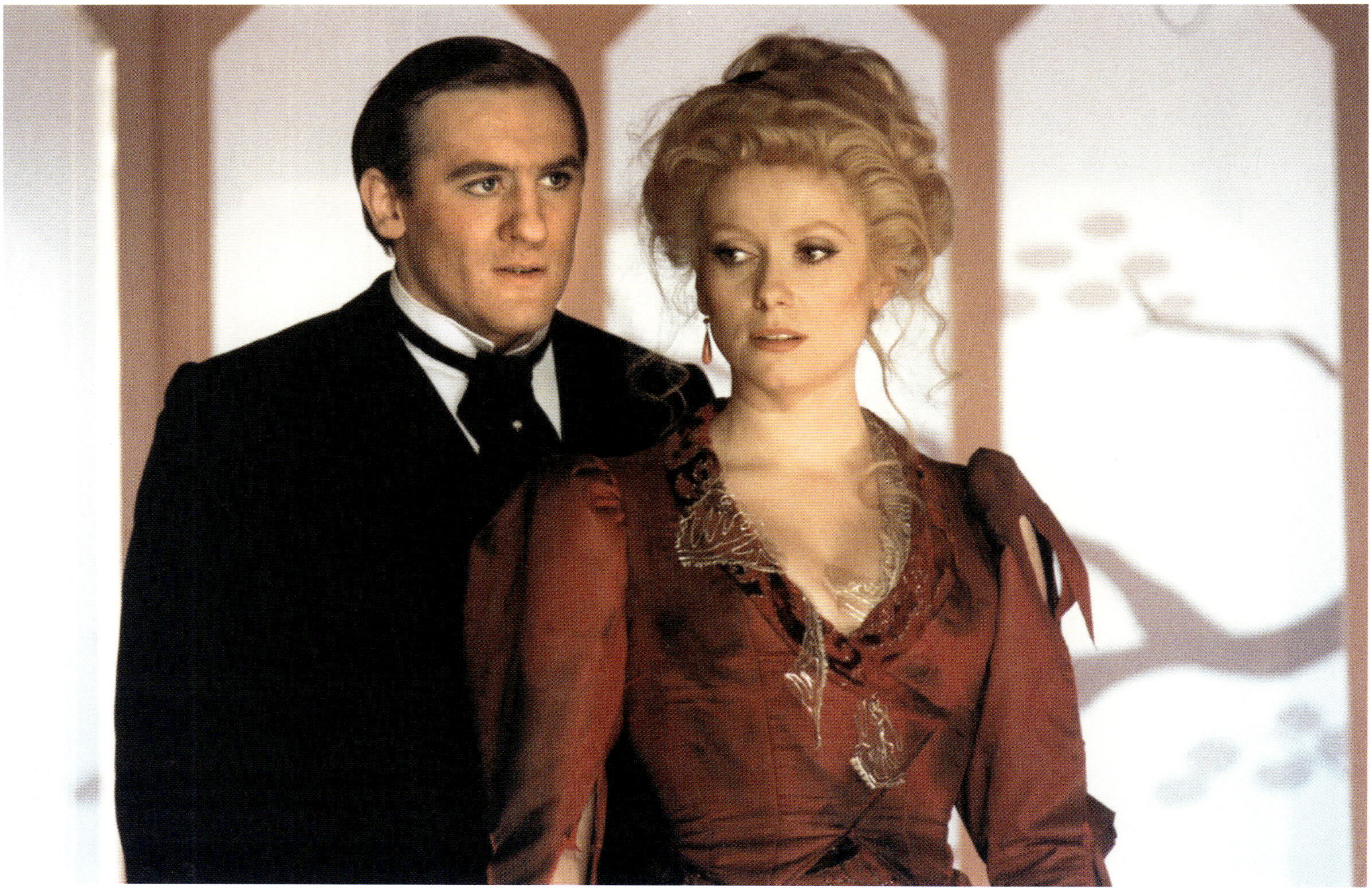

Es gibt die Theaterchefin, die aufmerksame Ehefrau, die Frau, die in der Liebe zu zwei Männern hin und her gerissen ist, und – hier – die Bühnenschauspielerin. Ein früher feministischer Film? Zu sagen, dass die Frauen während der Besatzung eine zentrale Rolle gespielt haben, ist noch untertrieben. Dasselbe gilt für die Resistance.

lier, Jean-Claude Grumberg, wirken an der Gestaltung eines Drehbuchs mit, das voller Fallen und Geheimnisse steckt.

Um die Figur von Granger zu besetzen, zögerte Truffaut zunächst. Seine Freundin Jeanne Moreau nahm ihn mit ins Theater, um Depardieu in *Ritt über den Bodensee* zu sehen, aber der Regisseur war sich nicht sicher: »Er ist nicht meine Art Schauspieler; er ist physisch zu überwältigend, ich habe Mühe, ›großformatigen‹ Schauspielern meine Inszenierungen zu vermitteln ...« Ihm schwebt Jean-Claude Brialy für die Rolle vor, doch dann ändert er seine Meinung. Und er tut gut daran. Schon bei den ersten Szenen spürt Truffaut, dass er es mit einer außergewöhnlichen Persönlichkeit zu tun hat. »Eine Szene hat mich besonders beeindruckt. Die, in der Gérard erzählt, wie sein Fahrrad gestohlen wird. In dem Moment wurde mir schlagartig klar, dass ich noch einen weiteren Film mit ihm als Starbesetzung machen würde.« Die Chemie stimmt sofort zwischen Deneuve und Dépardieu. Berühmt ist die Anekdote vom Premierenabend bei Fouquet's, als der immer gut aufgelegte Schauspieler über seine Kollegin sagt: »Sie ist der einzige Mann, der ich auch gern wäre!« Und damit gleichermaßen seine Empfindlichkeit wie ihre Stärke auf den Punkt bringt.

Deneuve verkörpert die starke Frau schlechthin in diesen dunklen Jahren. Als sie in einer Szene mit erhobenem Zeigefinger schreit: »Hört mal gut zu, wir sitzen alle im selben Boot!«, steht sie symbolisch für all die Frauen, die kämpfen müssen, um anerkannt zu werden. Im Lauf der Jahre 1975 bis 1980 gibt es immer mehr Frauenrollen, in denen es um Anerkennung, Freiheit und, eine neue Identität geht, während die feministischen Kämpfe in vollem Gange sind. Man denke nur an Annie Girardot in *Docteur Françoise Gailland* (*Dr. med Françoise Gailland*), an Romy Schneider in *Une histoire simple* (*Eine einfache Geschichte*) und *La banquière* (*Die Bankiersfrau*). Die Figur der Marion Steiner ist aus demselben Holz geschnitzt. Für Truffaut bietet der Stoff Gelegenheit, erneut das Thema der amourösen Dreiecksgeschichte zu bearbeiten, wie schon in *Jules et Jim*. Bernard Granger,

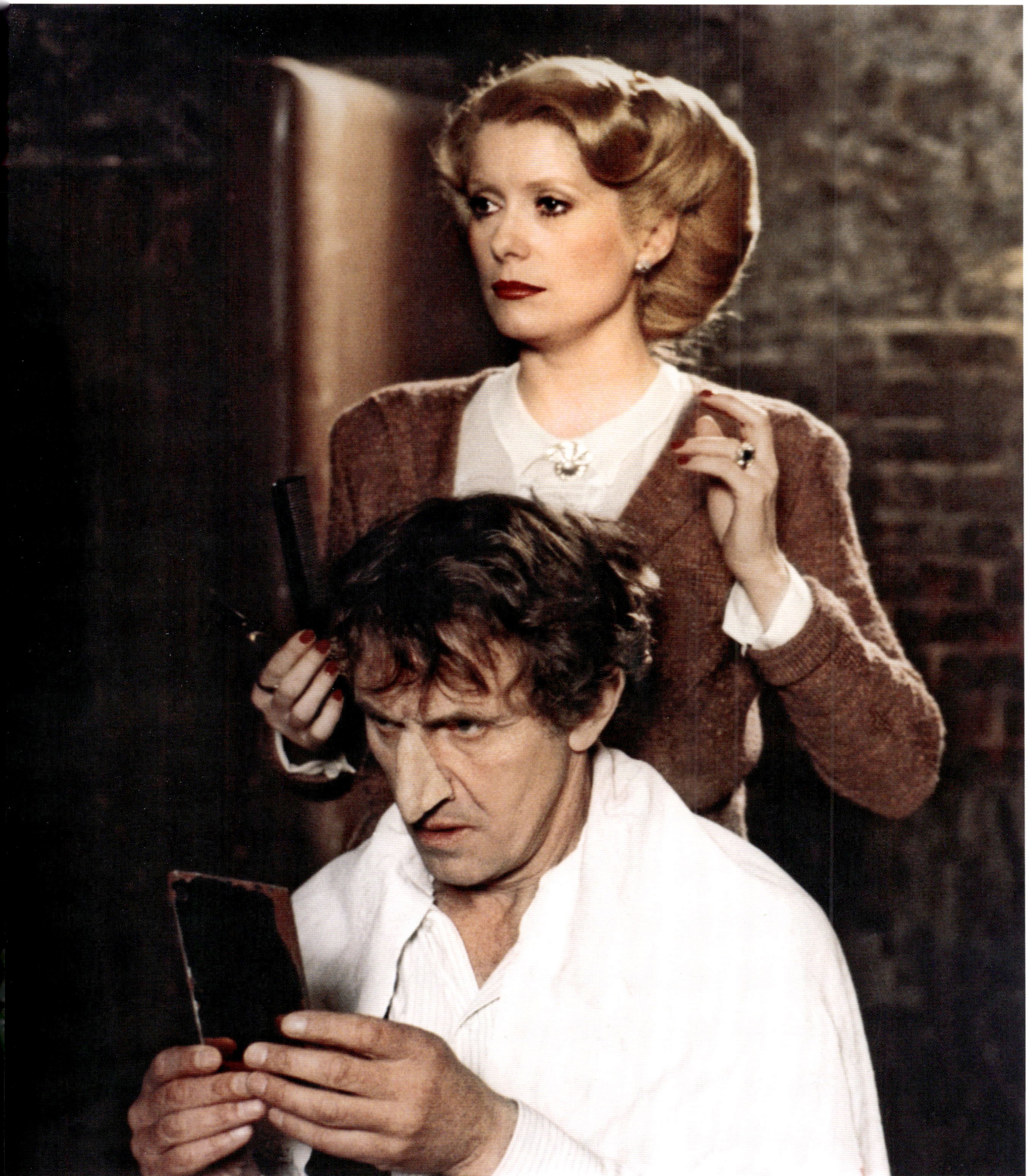

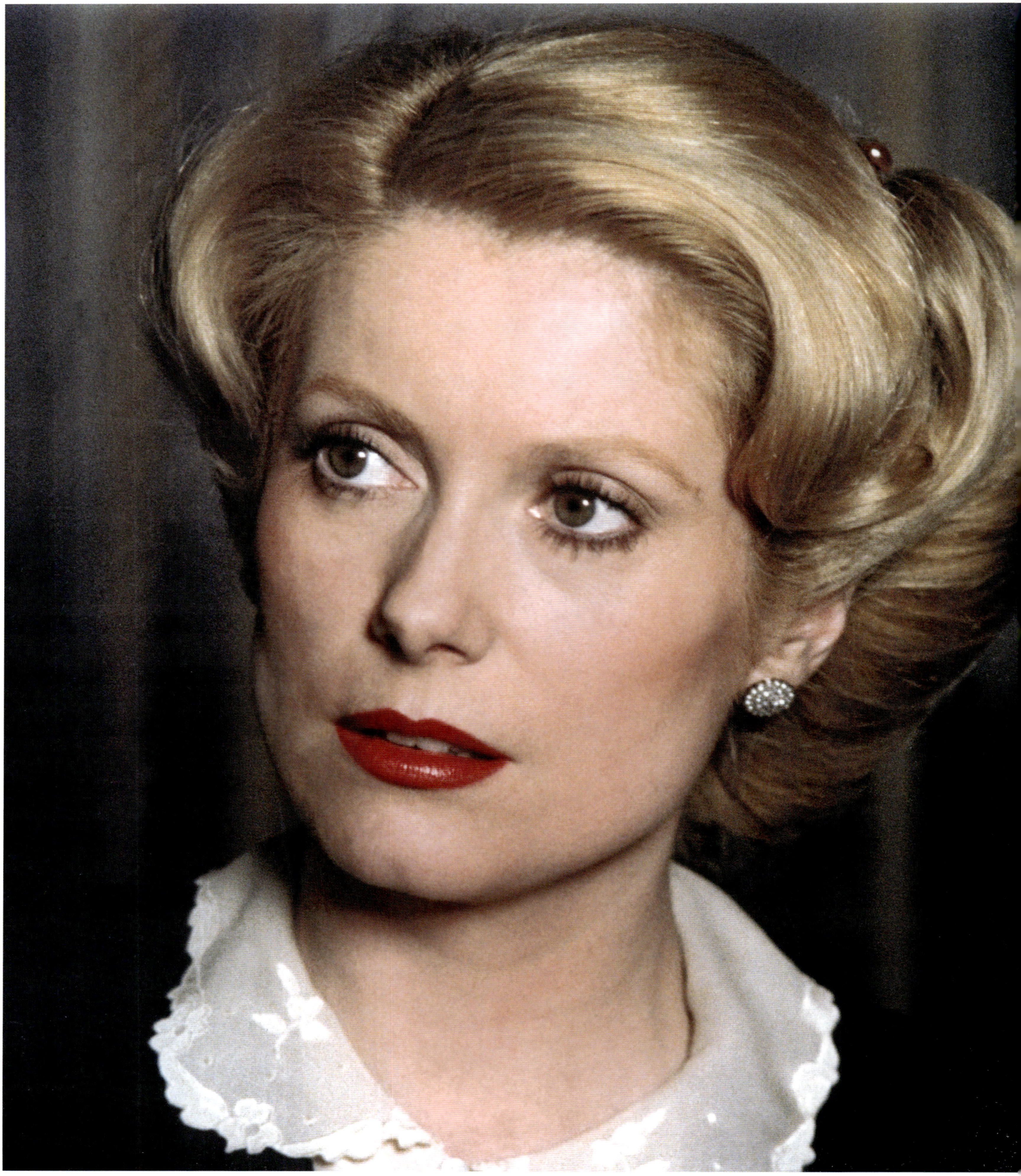

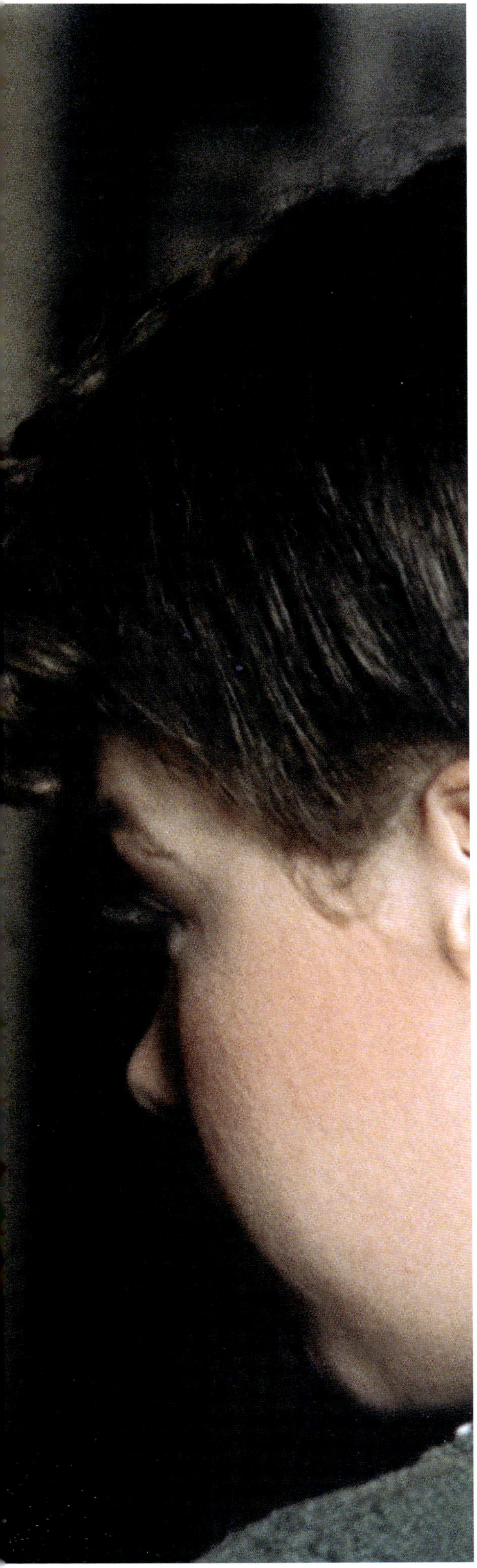

Für Truffaut ist Marion Steiner eine Frau, die ihrer Lust lange Zeit widerstehen kann, um sich einem Mann dann ganz plötzlich hinzugeben.

»Was ich an ihr mag, ist das Geheimnis, das sie umgibt. Sie bietet sich in wunderbarer Weise für Rollen an, die ein Geheimnis bergen, ein Doppelleben. [...] Ihr Verhalten, ihr Aussehen, ihre Zurückhaltung erlauben dem Zuschauer, jegliches Gefühl in ihr Gesicht zu projizieren, das er sich vorstellen mag. Sie fürchtet sich nicht davor, sich anschauen zu lassen, sondern sich enträtseln zu lassen.«

François Truffaut

Lucas Steiner ... wir haben diese Namen alle in unser kollektives Gedächtnis aufgenommen, sie erscheinen uns ganz vertraut. Und auch jede der Nebenrollen, die alle wichtig sind, ist in ihrer Art symbolträchtig für typische Handlungsmuster der Franzosen im Umgang mit der Collaboration: Verrat, Denunziation, Verkäufe unter der Hand ...

Um alle Facetten von Marion Steiner zwischen Stärke und Fragilität zu zeigen, hat sich Truffaut für den großen Kameramann Nestor Almendros entschieden, der soeben für *In der Glut des Südens* den Oscar für die beste Kamera erhalten hat. Er ist Chefphotograph von Rohmer und seit *L'enfant sauvage* (*Der Wolfsjunge*) auch ein treuer Gefolgsmann Truffauts. Er bringt Catherine Deneuves Gesicht im Theaterlicht wunderbar zur Geltung.

Der Film kommt am 17. September 1980 in die Kinos und wird von der Presse fast einstimmig gelobt, lediglich ein paar Journalisten empfinden ihn als zu nah am Klischee. Als die ersten Zuschauer das Kino auf den Champs-Elysées verlassen, ist Truffaut überzeugt, den Flop seines Lebens gedreht zu haben: »Es ist eine Beerdigung, eine Beerdigung, es sind Beileidbekundungen zu einer Beerdigung ...«, murmelt er. »Er hat mich so zermürbt«, erzählt Deneuve später, »und ich bin so niedergedrückt aus der Vorstellung rausgegangen, dass ich mich in den Gärten der Champs-Élysées übergeben musste.«

Für *Les Échos* ist es ein »prall gefülltes Werk«, »einer der meisterhaftesten Filme von François Truffaut« für *France-Soir*. Alle Schauspieler werden bejubelt und in *L'Humanité* steht, was alle denken: »Während Jean Poiret, Gérard Depardieu und Andréa Ferréol ihre gewohnt exzellenten Leistungen abliefern, hat Catherine Deneuve hier wohl ihre beste Rolle gefunden, noch nuancierter, expressiver, sensibler, als man sie sonst sieht ...« Und *Le Figaro Magazine* ergänzt: »Sie wandelt ihre naturgegebene Kühlheit in die Art von kaum erträglicher Verbrennung, die man manchmal beim Berühren von Eis zu spüren glaubt.«

Einige Monate später erhält der Film – was es noch nie gab – zehn Césars, darunter den für den besten Film, den besten Schauspieler und die beste Schauspielerin. Eine Weihe für Deneuve. Bei dieser sechsten César-Verleihung treten neben ihr Isabelle Huppert (*Loulou*), Nicole Garcia (*Mon oncle d'Amérique, Mein Onkel aus Amerika*) und eine weitere Vertraute aus Truffauts Filmen an: Nathalie Baye, die für *Une semaine de vacances* nominiert ist.

Der Film lockt mehr als drei Millionen Zuschauer in die Kinos, Truffauts zweitgrößter Erfolg nach *Sie küssten und sie schlugen ihn*.

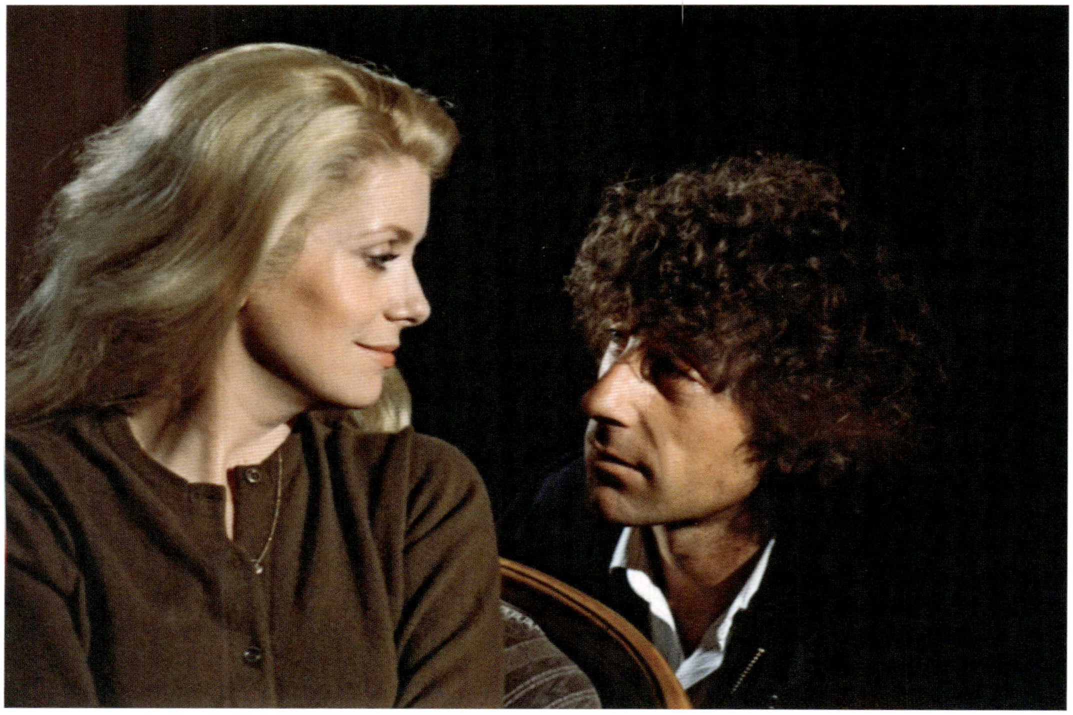

Alice erinnert sich an ihre Liebesgeschichten, die in der Regel schlecht ausgegangen sind. Selbst wenn die Begegnung romantisch war, wie hier mit Claude (Alain Souchon), ihrer letzten Liebe.

Je vous aime
(Die Männer, die ich liebte)

Kinostart: 1980
Regisseur: Claude Berri
Hauptdarsteller: Catherine Deneuve, Jean-Louis Trintignant, Gérard Depardieu, Alain Souchon, Serge Gainsbourg
Rolle: Alice

Claude Berri inszeniert hier einen Film, der Catherine Deneuve insofern auf den Leib geschrieben ist, als sie im Rahmen einer amourösen Tändelei eine Entwicklung durchlaufen kann. Alice, die bald 40 wird, steht im Zentrum dieses Reigens der Erinnerungen an verflossene und aktuelle Liebhaber. Als sie mit ihrem letzten Begleiter, Claude (Alain Souchon), Schluss gemacht hat, führt sie sich ihre unterschiedlichen Liebesgeschichten vor Augen, um sie besser zu verstehen und die Gründe für ihr Scheitern oder für ihr Gelingen zu analysieren. Nun, da ein paar Jahre ins Land gegangen sind, stellt sie sich Fragen und sieht vor ihrem geistigen Auge die Bilder von jenem Weihnachtsabend, als sie die drei Männer ihres Lebens um einen Tisch vereint hatte: Patrick (Gérard Dépardieu), den Rocksänger, Simon (Serge Gainsbourg), ebenfalls in der Musikbranche, und Julien (Jean-Louis Trintignant). Drei Männer, drei Lebensstile und drei Lebensphasen.
Ist Claude Berri die Idee zu dieser feministischen Komödie gekommen, als er die Frauen um sich herum beobachtete? Eher hat er wohl eigene Erfahrungen verarbeitet, vor allem die schmerzvolle Trennung von seiner Frau Anne-Marie. Der Film sei, schreibt Claude Berri in seiner berühmten *Autobiographie*, »indirekt eine Art Lebensanalyse«. Berri findet offenbar Gefallen daran, Deneuve dabei zuzusehen, wie sie seine eigenen Liebesängste verkörpert: »In der Szene, in der sie und Gainsbourg sich anschreien, hat sie alles gegeben!«, gesteht er dem *Studio Magazine*.
Eine Ode an die Freiheit der Liebe, fest verankert im Stil und der Kultur der 1980er Jahre – man muss diese Geschichte wohl am besten als eine Art Zeitdokument betrachten.
Eine gesungene Szene dieses Films wird in Erinnerung bleiben: Deneuve, wie sie zu Gainsbourg ans Mikrofon tritt, um im Duett zu singen: »Dieu est un fumeur de havanes« (dt.: Gott raucht Havannas).
Das Thema des Films ist eine Art Echo auf die Schlagzeilen der Magazine jener Zeit. Und Alice ist der Archetypus jener Frauen, die man als »Superwoman« bezeichnen wird. Jener Frauen, die alles gleichzeitig angehen: Mann oder Freund, Kinder (Alice hat eine kleine Tochter), Karriere (sie ist Musikjournalistin) und gegebenenfalls Liebhaber.
Für den Kritiker Samuel Douhaire »leidet der Film unter seinem Aufbau aus Rückblenden, und die Idee, Catherine Deneuve bei jedem Liebhaberwechsel eine neue Frisur zu verpassen, wirkt ein bisschen albern«.

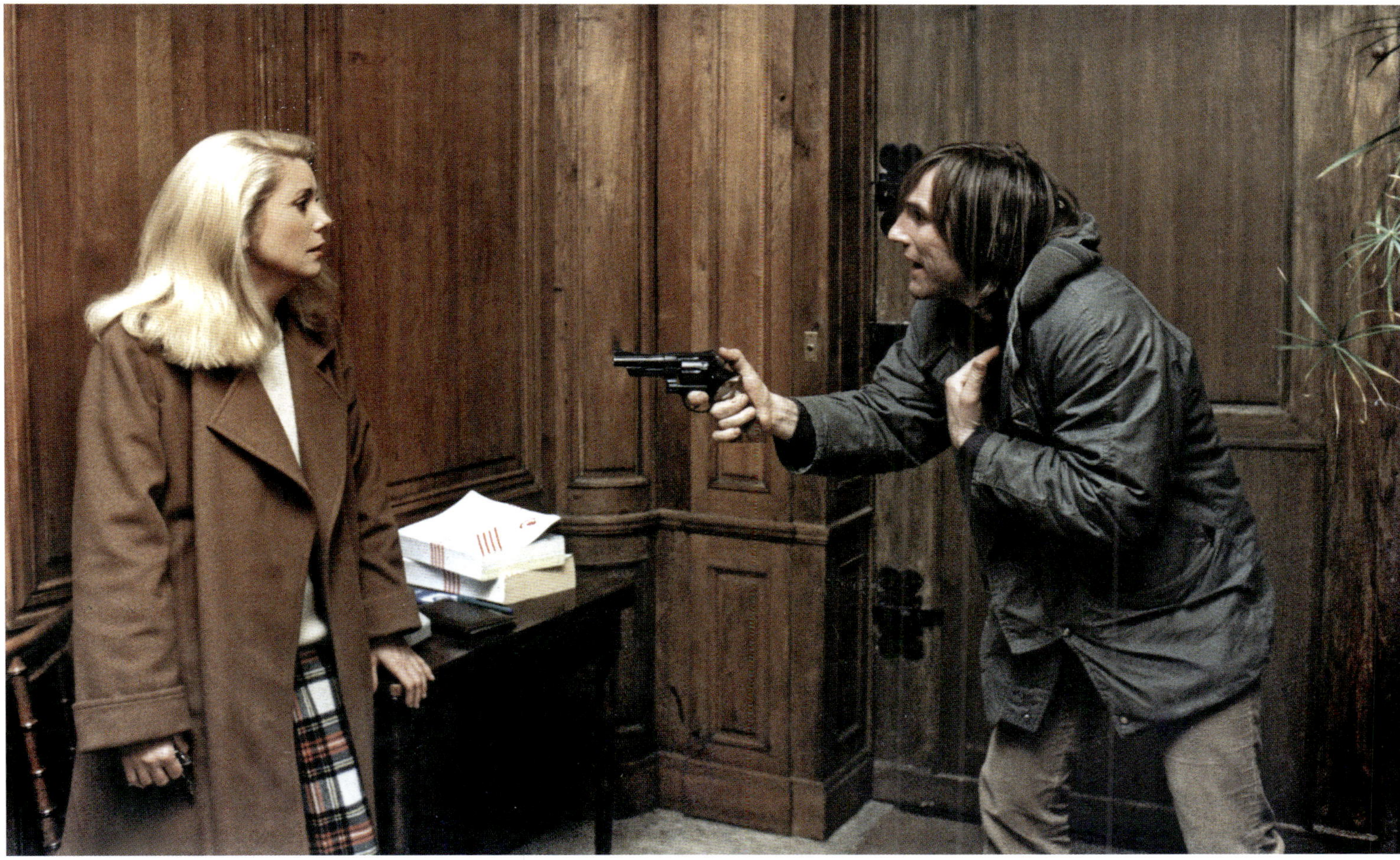

Mickey (Gérard Depardieu), ein Kleinganove auf der Flucht, richtet seine Waffe auf Nicole. Für Deneuve und Depardieu ist es ihr dritter gemeinsamer Film innerhalb von nur drei Jahren.

Le Choix des armes
(Wahl der Waffen)

Kinostart: 1981
Regisseur: Alain Corneau
Hauptdarsteller: Catherine Deneuve, Yves Montand, Gérard Depardieu, Gérard Lanvin
Rolle: Nicole Durieux

Wollte man die Kassenmagneten der 1980er Jahre auf einem einzigen Plakat vereint sehen, hier sind sie: Montand, Depardieu, Galabru, Lanvin, Anconina, Chicot und Deneuve als einzige weibliche Dreingabe in einem sehr düsteren und sehr männlichen Milieu. Alain Corneau, ehemaliger Assistent von Costa-Gavras, ist schon mit seinen vorherigen Filmen aufgefallen, und wie Claude Sautet liebt er Krimis im Stil der amerikanischen schwarzen Serie.

Das Drehbuch stellt, wie bei jedem guten Krimi, eine moralische Frage: Ist Erlösung möglich, auch für reuige Ganoven? Noël Durieux (Yves Montand), ein alter Mafioso, der beschlossen hat, ein geregeltes Leben zu führen, betreibt mit seiner Frau Nicole (Catherine Deneuve) eine Pferdezucht. Aber das »anständige« Leben ist nicht von Dauer, und Noëls Vergangenheit holt ihn in der Person von Mickey, einem aus dem Gefängnis ausgebrochenen Gauner ein, den Gérard Depardieu mit aller brutalen Präsenz verkörpert. So treffen zwei alte Bekannte aufeinander, nach *Die letzte Métro* (1980) und *Die Männer, die ich liebte* (1981) ist es ihr dritter gemeinsamer Film innerhalb von drei Jahren. Drohszenarien und rohe Gewalt – Cornau filmt, wie amerikanische Krimiautoren schreiben. Der Film lässt das Ende einer Epoche spüren, derjenigen von Giscard d'Estaing, aber auch den Generationenkonflikt zwischen Montand und seiner Treue zum Ehrenkodex der Gauner auf der einen Seite und Depardieu, dem jungen Rabauken mit den zerstörerischen Impulsen auf der anderen. Auch wenn man bedauern mag, dass Catherine Deneuve nur am Rande vorkommt, ist *Wahl der Waffen* einer der schönsten Filme von Corneau.

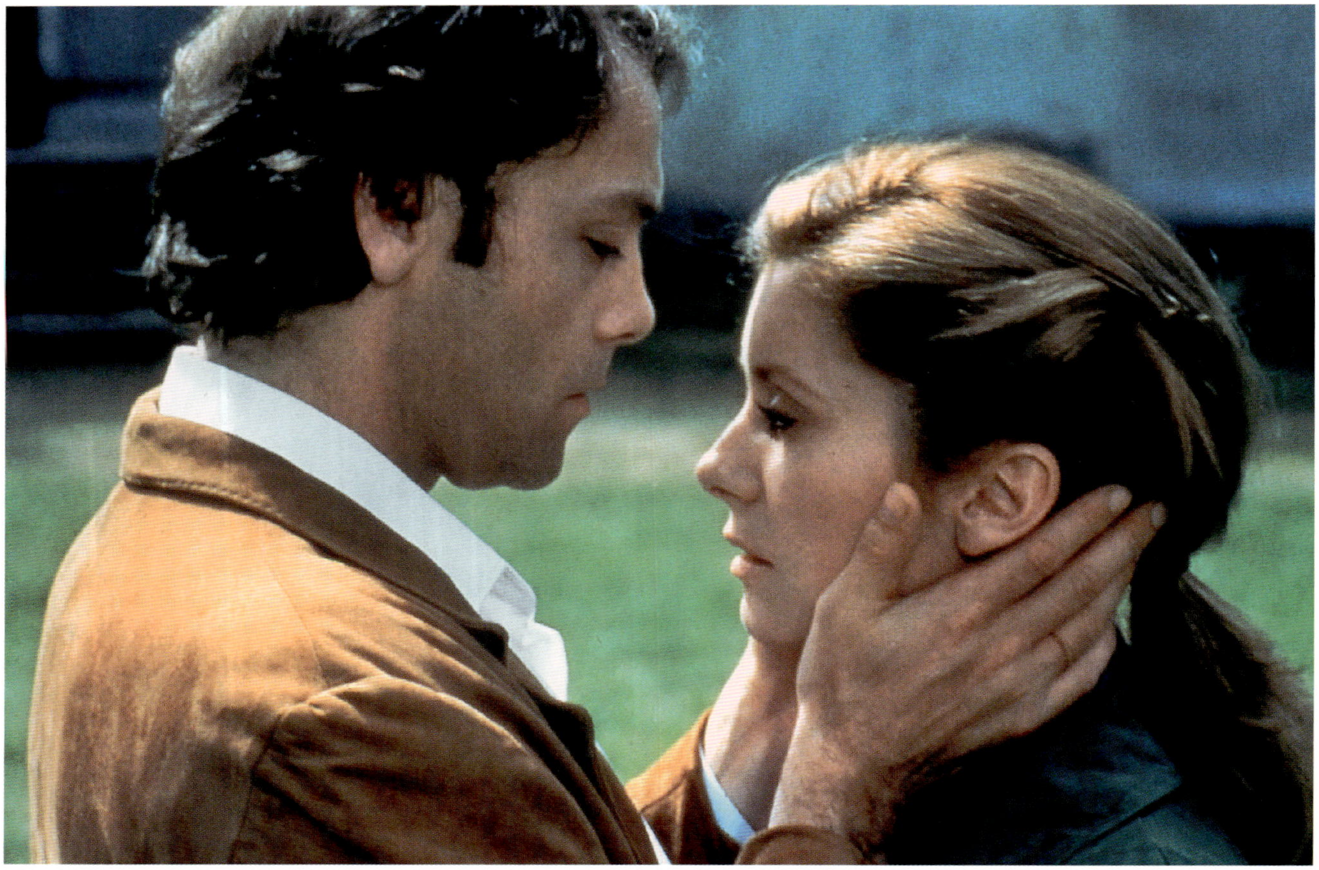

Deneuve/Dewaere – eine fesselnde Begegnung zweier verletzter Seelen. Mit der Figur der Anästhesistin Hélène aus Biarritz beginnt die Zeit der Rollen für eine gereifte Frau.

Hôtel des Amériques
(Begegnung in Biarritz)

Kinostart: 1981
Regisseur: André Téchiné
Hauptdarsteller: Catherine Deneuve, Patrick Dewaere, Étienne Chicot
Rolle: Hélène

Begegnung in Biarritz ist der Ausgangspunkt einer großen geistigen Komplizenschaft zwischen Catherine Deneuve und André Téchiné. Eine Beziehung, die von künstlerischem Austausch und emotionaler Symbiose lebt.

Das Zusammentreffen kam durch ihren gemeinsamen Agenten, Gérard Lébovici, zustande; und die beiden verstanden sich auf Anhieb. »Wir sehen uns auch außerhalb von Dreharbeiten, wir gehen gemeinsam ins Kino«, erzählt Deneuve einige Jahre später in einem Interview. »Er war es, der mir geholfen hat zu sehen, wo ich hinwollte, die Richtung einzuschlagen, die zu mir passte, meine Wahrheit im Vertrauen zu finden.«

Mit *Begegnung in Biarritz* beginnt für Deneuve ein neuer Abschnitt. Die Schauspielerin ist jetzt 38 Jahre alt, und mit der Figur der Hélène spielt sie erstmals die Rolle einer reifen Frau.

Hélène birgt ein Geheimnis, wird aber von ihrer Arbeit als Anästhesieärztin vollkommen in Anspruch genommen. Die Trauer um ihren Mann bestimmt ihren Alltag. Eines Nachts bei strömendem Regen überfährt Hélène um ein Haar einen jungen Mann, der als Tourist in der Gegend ist. Gilles, ein etwas chaotischer Typ, wohnt im Hotel, das Hélènes Mutter betreibt. Er versucht, die rätselhafte Hélène zu entschlüsseln, doch sie weicht aus, bleibt distanziert, wie eingeschlossen in ihre Erinnerungen. Zwischen dem Schweigen Hélènes und Gilles Phantasie entwickelt sich ein Einverständnis, und es entsteht ein Raum für Leidenschaft. Aber die beiden Liebenden beharren so eigensinnig auf ihrem gegenseitigen Nicht-Verstehen, dass sie sich aus den Augen verlieren. Letztlich filmt Téchiné in *Begegnung in Biarritz* zwei Formen von Einsamkeit.

Die unmögliche Liebe zwischen den beiden, die sich aneinander aufreiben, wird perfekt illustriert durch das Dämmerlicht und die bläulich eingefärbte Atmosphäre, für die Bruno Nuytten verantwortlich zeichnet.

Als ehemaliger Kritiker der *Cahiers du Cinéma* hat Téchiné nie einen Hehl daraus

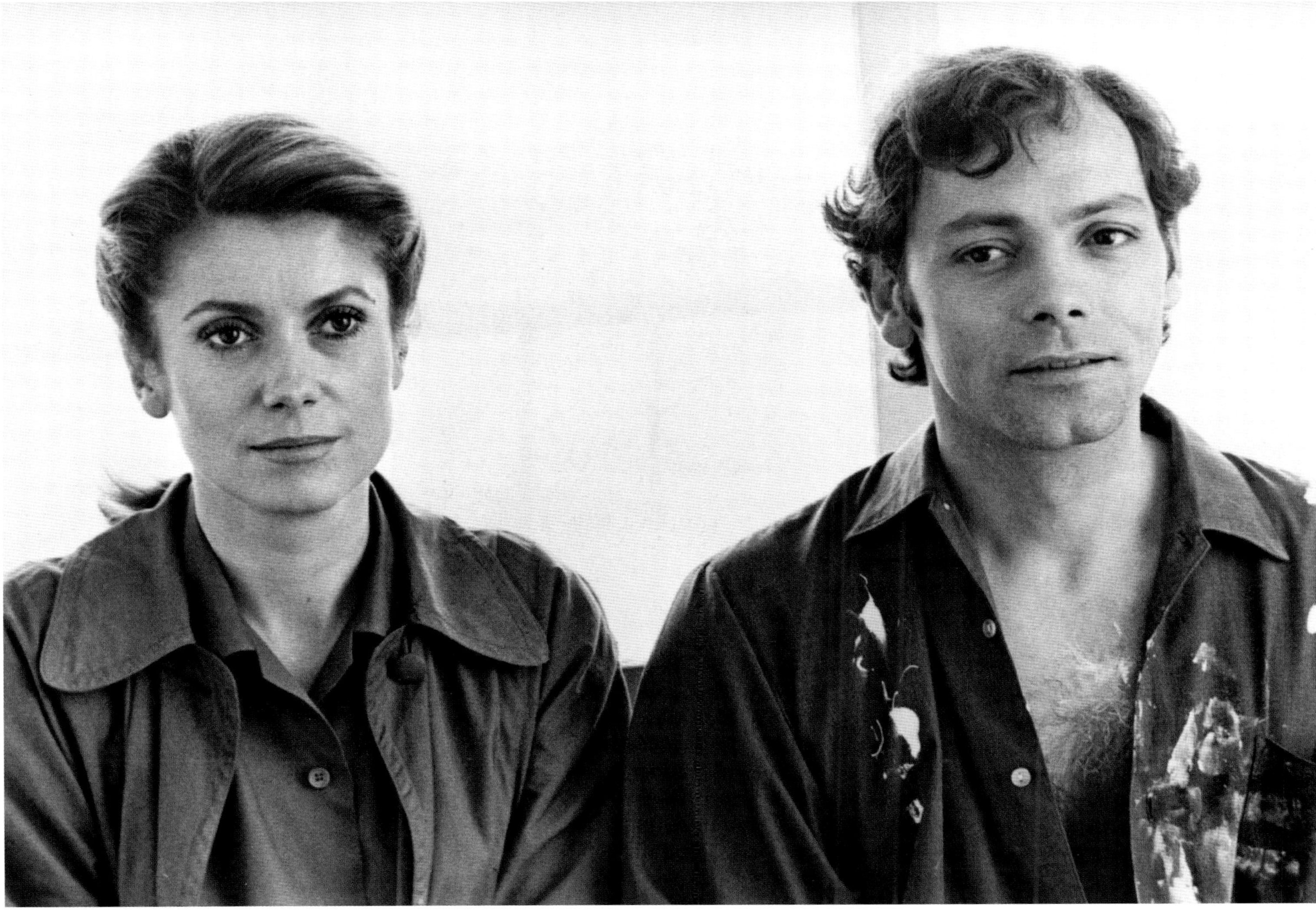

Verzehrende Leidenschaft und Unverständnis: dem Kameramann Bruno Nuytten gelingt es, diese von Traurigkeit durchtränkte Liebesgeschichte perfekt auszuleuchten.

gemacht, wie sehr er große Darstellerinnen verehrt. Er liebte es, mit Jeanne Moreau in *Souvenirs d'en France* (*Erinnerungen aus Frankreich*) und Isabelle Huppert in *Die Schwestern Brontë* zu arbeiten. Schon in *Die Regenschirme von Cherbourg* hat er sein Herz für Catherine Deneuve entdeckt. »Mein erstes Bild von Catherine stammt aus den Filmen von Demy und Buñuel«, sagt er. »Ich träumte davon, sie eines Tages vor meiner Kamera zu haben.« Téchiné und Deneuve stellen fest, dass sie die exakt selbe Vision vom Kino haben. Ob sie in ihrem weißen Arztkittel umherläuft oder mit triefenden Haaren im Regen, das Gesicht von unendlichem Schmerz erfüllt – der Regisseur filmt seine Darstellerin mit Feingefühl ganz nah an ihren Emotionen. »Das Wunder unseres Zusammentreffens ist etwas, das im Leben von Filmschaffenden nicht alle Tage vorkommt«, sagt Catherine Deneuve später.

Begegnung in Biarritz steht auch für die Begegnung zweier Stars des französischen Kinos der 80er Jahre. Das Tandem Deneuve/Dewaere wechselt zwischen kalt und warm. Es stand zu befürchten, dass es zu keiner Verständigung käme zwischen dem stürmischen Dewaere und der ruhigen Deneuve. Er ist labil und ein verrückter Hund, sie ganz zurückhaltend, geheimnisvoll. Téchiné spielt mit diesem Gegensatz. Beide sind verletzte Seelen. Abseits vom Set nimmt Deneuve, ihrer Art entsprechend, wohlgelaunt an gemeinschaftlichen Abendessen der Filmequipe teil, während Patrick Dewaere seiner Traurigkeit nie entfliehen kann. Ein Jahr nach Ende der Dreharbeiten begeht er Selbstmord.

Auf der Leinwand funktioniert das Duo, und trotzdem bleibt das Publikum fern; der Film startet als Flop. Dennoch betrachtet Deneuve die Erfahrung dieser Dreharbeiten als eine weitere Etappe ihrer Entwicklung. »André hat mir sehr geholfen, einen Weg weiterzugehen, den ich in mir spürte, den ich aber ohne ihn nicht so schnell beschritten hätte. Durch ihn habe ich Zeit gewonnen. Er hat mich restlos aus der Deckung geholt, in Richtung einer bestimmten Form von Wahrheit; da ist etwas in meinem Spiel, was zugleich einfacher und komplexer ist ...«

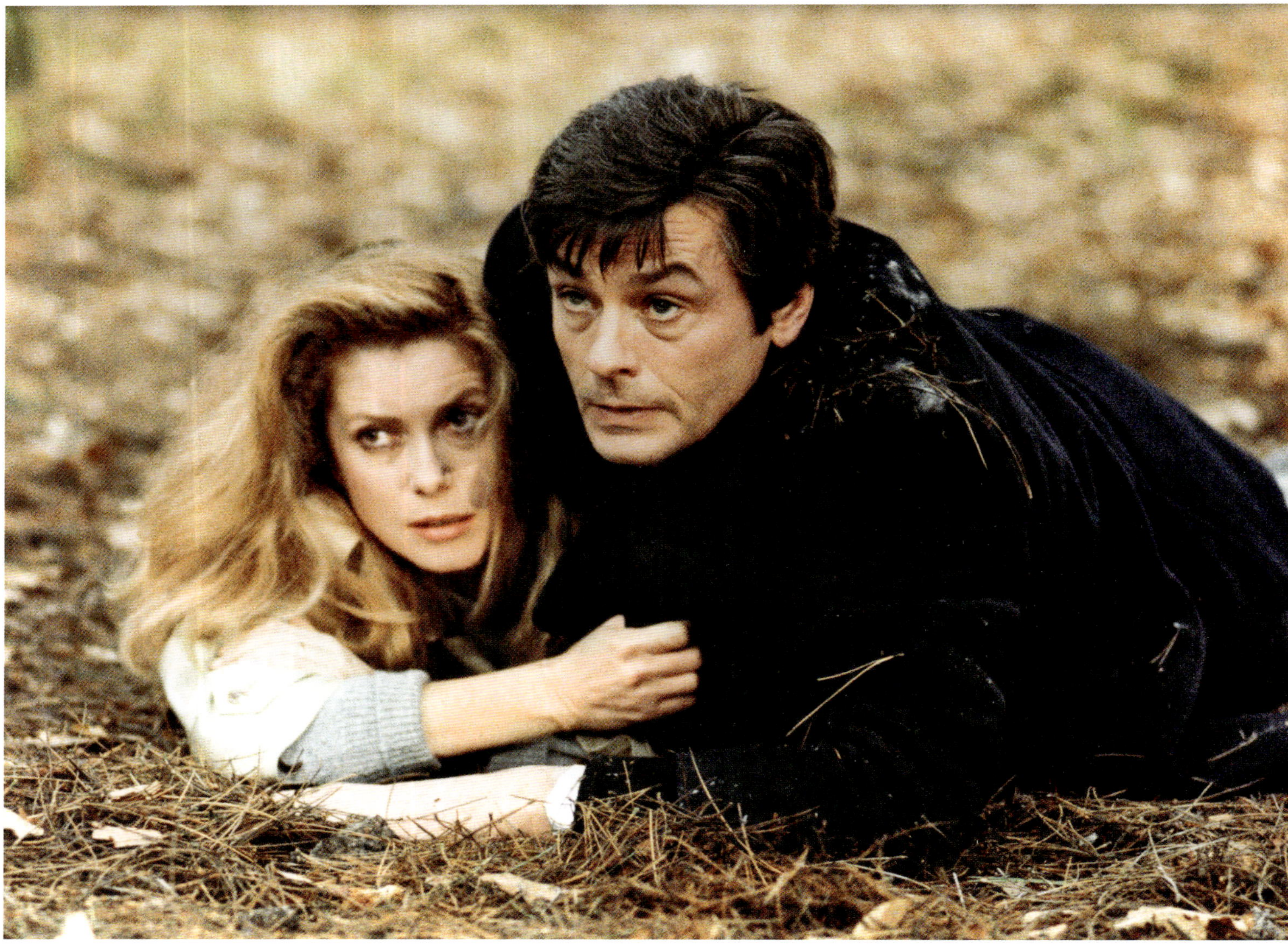

Deneuve/Delon – ein vielleicht zu sehr herbeigesehntes Zusammentreffen? Wenn zwei Titanen aufeinanderprallen, lässt das nicht immer Funken sprühen.

Le Choc
(Der Schock)

Kinostart: 1982
Regisseur: Robin Davis
Hauptdarsteller: Catherine Deneuve, Alain Delon, Philippe Léotard, Stéphane Audran
Rolle: Claire

So etwas nennt man im Allgemeinen einen Produzenten-Coup: den Krimi des berühmten Autors Jean-Patrick Manchette (*La position du tireur couché*; dt.: *Die Position des schlafenden Killers*) zu verfilmen und vor allem die beiden größten Publikumslieblinge ihrer Zeit dafür zu verpflichten.

Delon-Deneuve: mit diesen Namen auf den Plakaten wird der Film in ganz Paris angekündigt, das ultra-glamouröse Paar bewerbend, mit der Waffe in der Hand. Tatsächlich ist es ja eine Wiedervereinigung, zehn Jahre nach *Un flic* (*Der Chef*). Ein Magazin bewertet es in seiner Schlagzeile als »das Kinoereignis« des Frühjahrs 1982.

Die Geschichte geht gut los, den Konventionen eines Krimis entsprechend, voller Gewaltszenen mit dem Profikiller, der seine Karriere beenden will. Alain Delon fühlt sich sichtlich wohl in der Rolle des Martin Terrier, des Gauners, der ein geregeltes Leben führen und mit den Feuerwaffen endlich Schluss machen will. Als ihn jedoch eine rachsüchtige Gang verfolgt, flieht er in die Bretagne zu einer Frau, die in besten Verhältnissen lebt

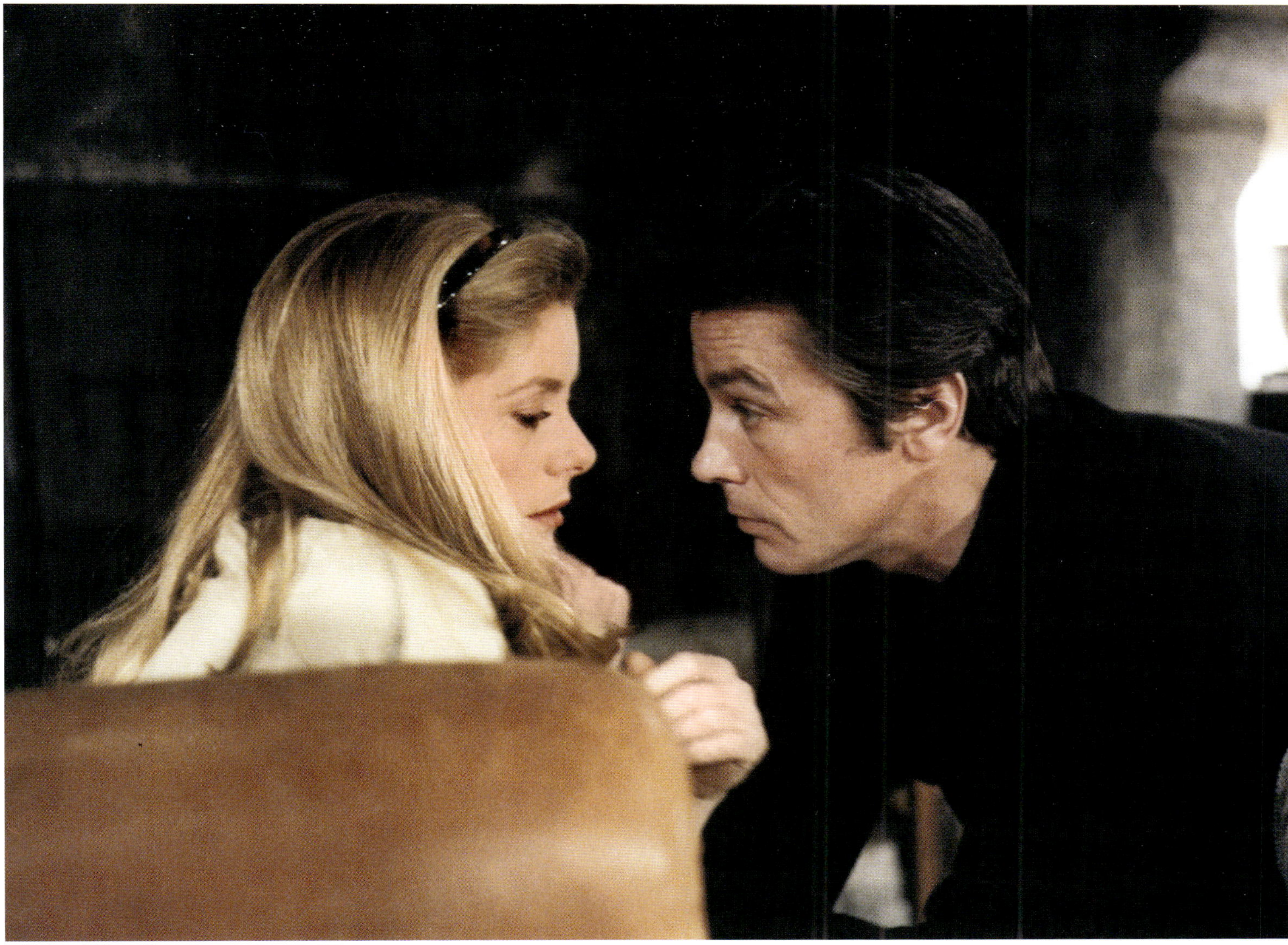

Wie im Roman von Jean Patrick Manchette verbünden sich Martin und Claire, um koste es, was es wolle, zu entkommen, während ihnen Kugeln um die Ohren fliegen und sich das Netz um sie herum zusammenzieht.

(Stéphane Audran) und verliebt sich dort in die Frau des Pächters, Claire, gespielt von Catherine Deneuve. An dieser Stelle verliert der Film etwas an Glaubwürdigkeit. Trotz der Bemühungen des jungen Regisseurs Robin Davis (es ist sein dritter Film nach *Cher Victor* und *La Guerre des polices*; *Der Polizeikrieg*), die Flucht des Paars in Form eines atemlosen Ausbruchs in Szene zu setzen, wirkt das Duo Deneuve/Delon immer leicht unterkühlt. »Bei diesem Film sind wir nicht zusammengekommen«, bekennt Deneuve zwei Jahre später. Sogar die Idee, auszusteigen, habe sie eine Zeit lang während der Dreharbeiten beschäftigt. »Ich glaube, es handelt sich um ein Paar, das hätte funktionieren können, aber seine Geschichte hätte man nicht verfilmen sollen«, fügt sie hinzu und betont ihren Dissens mit dem Regisseur.

Der Film dreht sich hauptsächlich um Delon (der auch Koproduzent ist), und Catherine Deneuve als Bäuerin inmitten ihrer Truthähne weckt doch einige Zweifel bei den Zuschauern. So kommen sie auch in geringerer Zahl als erhofft.

In *Libération* spricht Serge Daney von einem kommerziellen Flop und sieht »das Ende des Star-Systems« heraufziehen. Der Film scheint an der Jugend und der Auswahl der Produzenten zu kranken. Delon selbst hat auch am Drehbuch und den Dialogen mitgearbeitet.

Dennoch schaden die Kritiken beim Filmstart Deneuves Popularität keineswegs, denn im selben Jahr erkennt ihr ein Magazin anlässlich einer Umfrage zur »idealen Frau« den Spitzenplatz zu, vor Isabelle Adjani, Brigitte Bardot, Raquel Welsh und Claudia Cardinale. »Das ist besser als ein paar Ohrfeigen ... Nett ...«, kommentiert Deneuve amüsiert. Und fügt wie ein Bekenntnis von Ohnmacht oder Resignation hinzu: »Ich bin ein wenig die Gefangene meines Image.« Eines Image, das sie mit Vergnügen schon im folgenden Jahr ändern wird, als sie sich mit *L'Africain* (*Der Buschpilot*) für eine pfiffige Komödie entscheidet oder für den geheimnisvollen Film *Prédateurs* (Begierde).

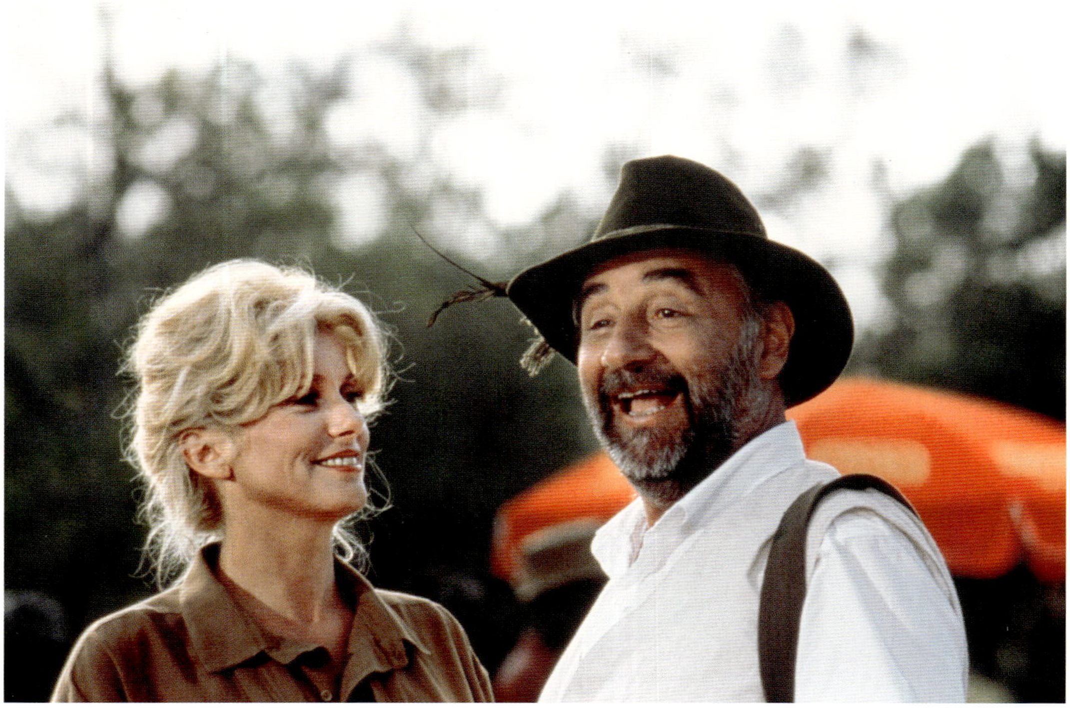

Links: Nach *Leben im Schloss* wieder gemeinsam vor der Kamera, spielt das Duo Deneuve/Noiret erneut ein Katz-und-Maus-Spiel. Auf der einen Seite ungebremste Energie, auf der anderen das Phlegma. Eine perfekte Verbindung von Gegensätzen.

Rechts: Schluss mit strengen Haarknoten und spießigen Kostümchen: hier kommt Charlotte, ganz natürlich und nie zurechtgemacht, ein Luder und eine Nervensäge.

L'Africain
(Der Buschpilot)

Kinostart: 1983
Regisseur: Philippe de Broca
Hauptdarsteller: Catherine Deneuve, Philippe Noiret, Jean-François Balmer, Jean Benguigui
Rolle: Charlotte

Catherine Deneuve liebt Komödien. Und noch viel lieber kratzt sie an ihrem Image der kühlen Blonden. Und so stimmt sie einem Drehbuch zu, das Philippe de Broca und Gérard Brach geschrieben haben, ihr Freund aus alten Tagen (*Ekel*), und Produzent Claude Berri drängt seinerseits, da er ein großer Fan von de Brocas beliebten Komödien ist.

Und wie sollte man bei der Lektüre des Drehbuchs der Figur der Charlotte auch nicht verfallen? Eine hinreißende Nervensäge, die sich darauf kapriziert, mitten im Busch ein Hotel eröffnen zu wollen, umgeben von Pygmäen. Wortgewaltig, immer in Eile und manchmal schlicht zum Dahinschmelzen gibt sie eine Chefin, die befiehlt, kommandiert und jeden um den Finger wickelt, ihren Kompagnon (Jean-François Balmer) ebenso wie ihren Exmann (Philippe Noiret). Dieser ist gar nicht begeistert von den Hotelplänen, schwebte ihm doch ein friedliches Leben in Afrika anstelle des Pariser Dauertumults vor.

Die Schauspielerin stürzt sich voll und ganz in diese Komödie. Drei Monate Dreharbeiten in Kenia und im Kongo, Füße im Matsch, von Mücken umschwirrt, mit Elefanten am Set, und all das unter der sengenden Sonne von Mombasa. Deneuve liebt es, abends mit ihren Kollegen »Karten zu klopfen«, es finden lustige Tarotrunden am Lagerfeuer statt. Während Philippe Noiret mit dem Sumpffieber kämpft, genießt Deneuve die exotische Umgebung und träumt sich an stille Strände, indem sie zwischen zwei Takes die Romane von Doris Lessing liest.

Die Haare im Wind, in Kleidern im Safaristil oder Hemden, die ihr auf der Haut kleben, bringt Deneuve mit dem feurigen Temperament ihrer Figur die Gutmütigkeit und junggesellige Sperrigkeit von Victor/Philippe Noiret erst recht zum Vorschein. Wie in *Leben im Schloss* lebt dieser Film von der Chemie zwischen diesen beiden Akteuren, die auf der Leinwand förmlich zur Explosion kommt. Es ist ein Duo, das sich die Bonmots nur so zuwirft, gegenseitiges Wohlwollen und Eleganz ausstrahlt. Eine Symbiose, wie der Kritiker Ronny Chester feststellt, indem er das »vulkanartige Temperament der Schauspielerin« hervorhebt, »ihre Energie und Raffinesse«, die damit einem Philippe Noiret gegenübersteht, der »in seiner Rolle als mürrischer und durchtriebener Abenteurer eine Glanzleistung abliefert«.

Der Buschpilot kommt im Frühjahr 1983 in die Kinos, und das Publikum ist begeistert von dem »mit Sicherheit amüsantesten und brillantesten Paar, das Philippe de Broca auf die Leinwand gebracht hat … Und Deneuve«, schließt Guillemette Odicino in *Télérama*, » ist unwiderstehlich, wenn sie unter erhöhter Spannung steht.«

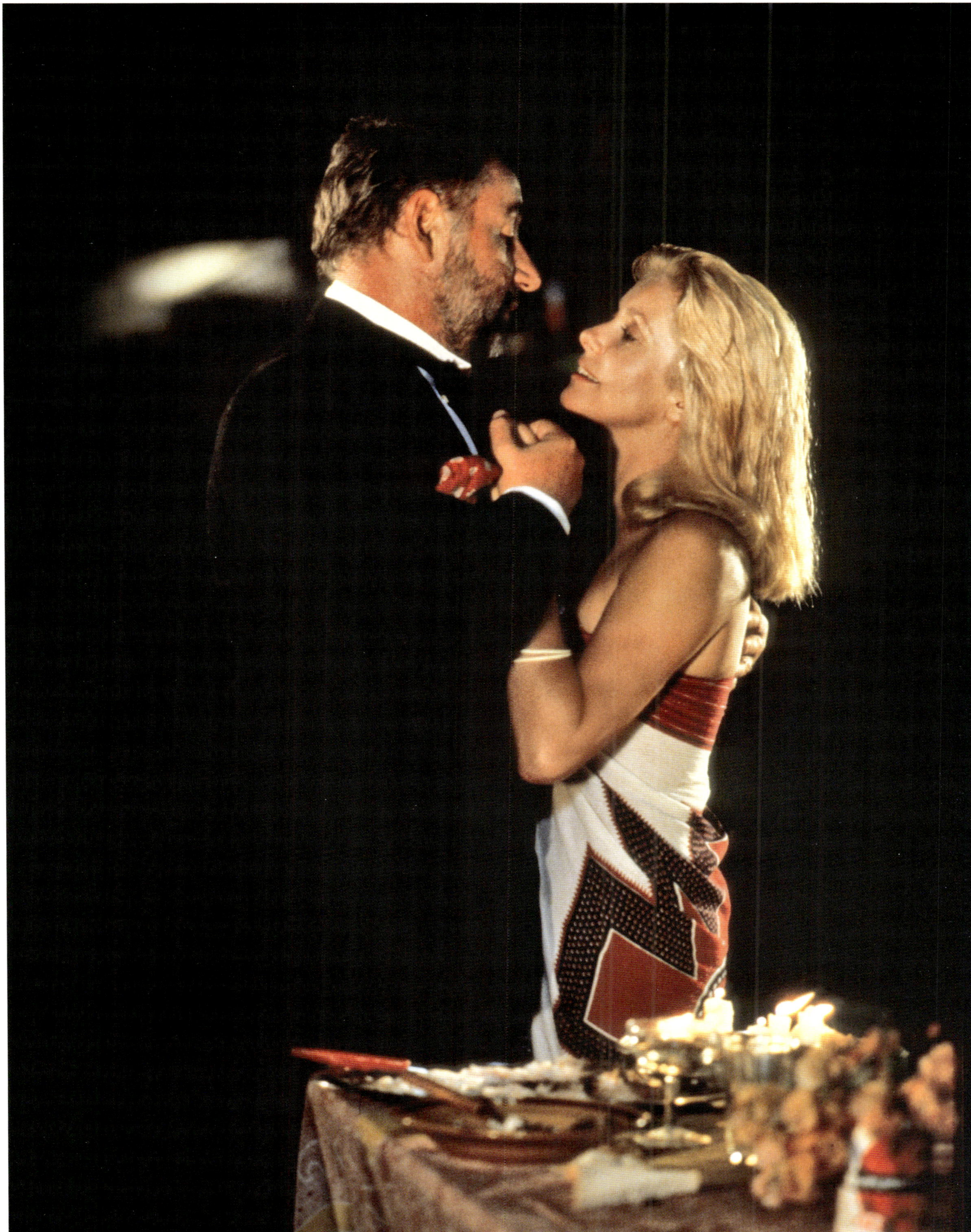

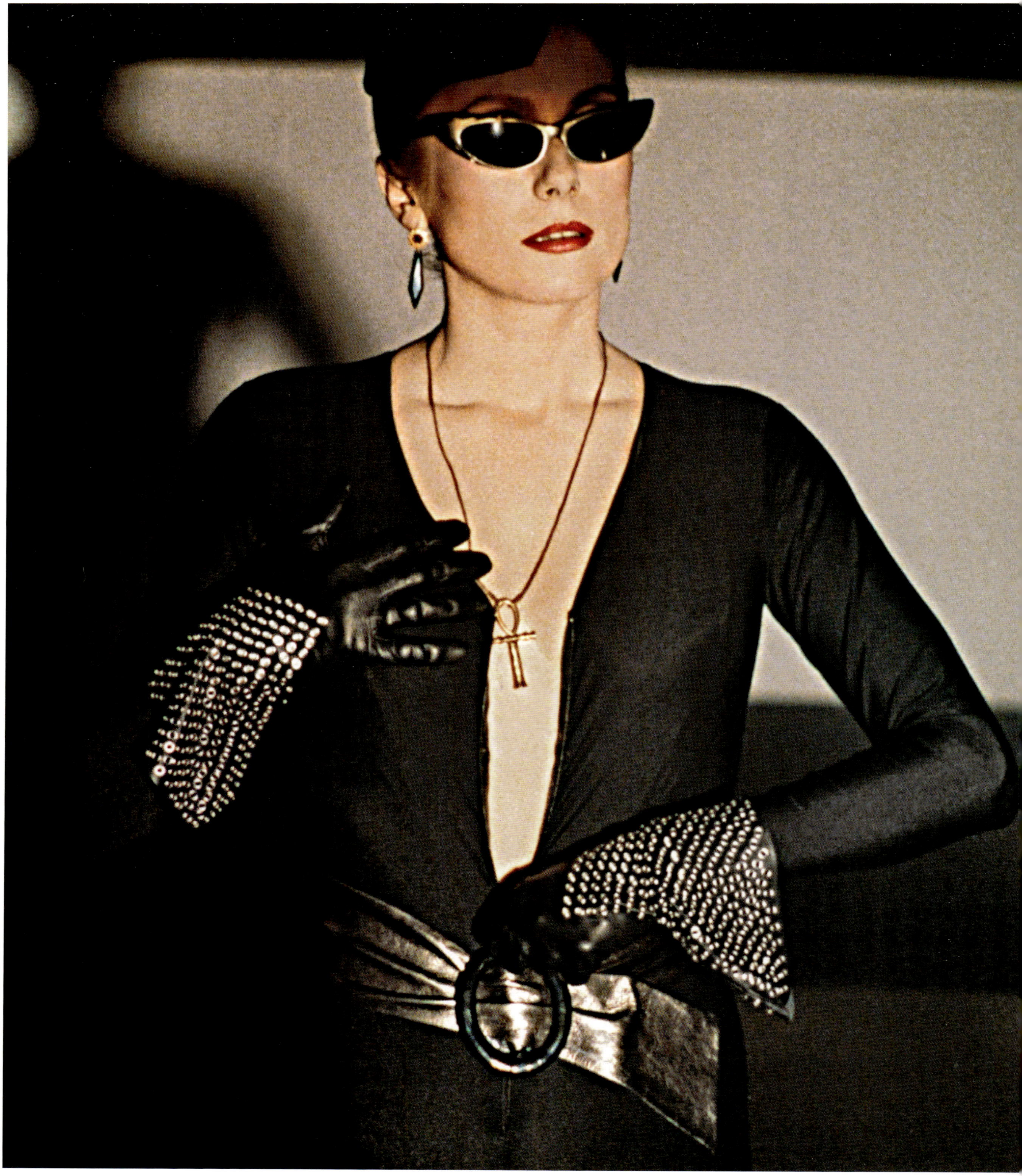

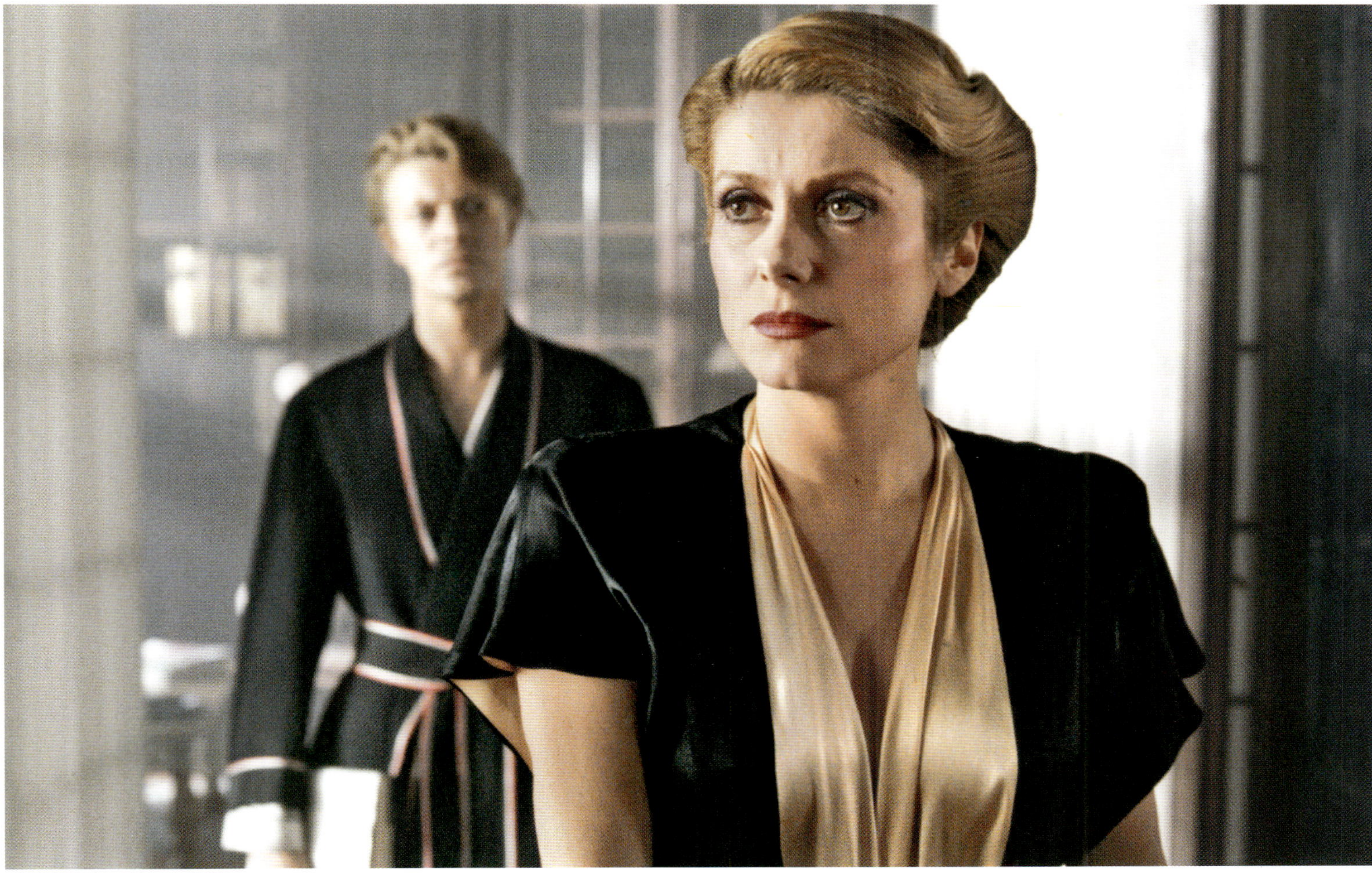

Mit auf der Besetzungsliste steht einer der größten Stars dieser Jahre, David Bowie.

Les Prédateurs
(Begierde)

Kinostart: 1983
Regisseur: Tony Scott
Hauptdarsteller: Catherine Deneuve, David Bowie, Susan Sarandon, Cliff De Young
Rolle: Miriam Blaylock

Ehe sie zu einigen der bedeutenden Regisseure der 1980er Jahre zurückkehrt (Francis Girod, Alain Corneau, André Téchiné), verordnet sich Catherine Deneuve eine angelsächsische Phase; eine von mehreren, denn es ist nicht ihre erste. Da gab es etwa *Straßen der Nacht* von Robert Aldrich mit Burt Reynolds zehn Jahre zuvor, außerdem einen eigenwilligen englischen Film über die Fremdenlegion (*Il était une fois la Légion*; *Marschier oder stirb*), in dem sie mit Gene Hackman spielte, und vor allem *Ein Frosch in Manhattan* aus dem Jahr 1970 mit Jack Lemmon und dem mythischen Charles Boyer. Aber in Hollywood Karriere zu machen war ganz offenkundig nie ein Wunschtraum für Deneuve. Weit entfernt von Paris zu sein und sich den Anforderungen des amerikanischen Star-Wesens anzupassen schien sie nie über die Maßen zu reizen.
Außerdem fehlten die wirklich guten Gelegenheiten, auf Englisch zu drehen; dabei wäre sie eine perfekte Hitchcock- oder Orson-Welles-Heldin gewesen (wie Jeanne Moreau oder Romy Schneider).
Als das Drehbuch von *Begierde* bei Deneuve eintrifft, reizt es sie mehr als andere. Dafür gibt es gute Gründe, zunächst den Regisseur: es ist sein erster Film, aber er hat sich seine Sporen bei Stanley Kubrick verdient. Man schreibt ihm einige Szenen von *Barry Lyndon* zu, die er in Vertretung des Meisters gedreht habe.
Dann die Geschichte: sie entsteht nach einem Roman von Whitley Strieber und ist

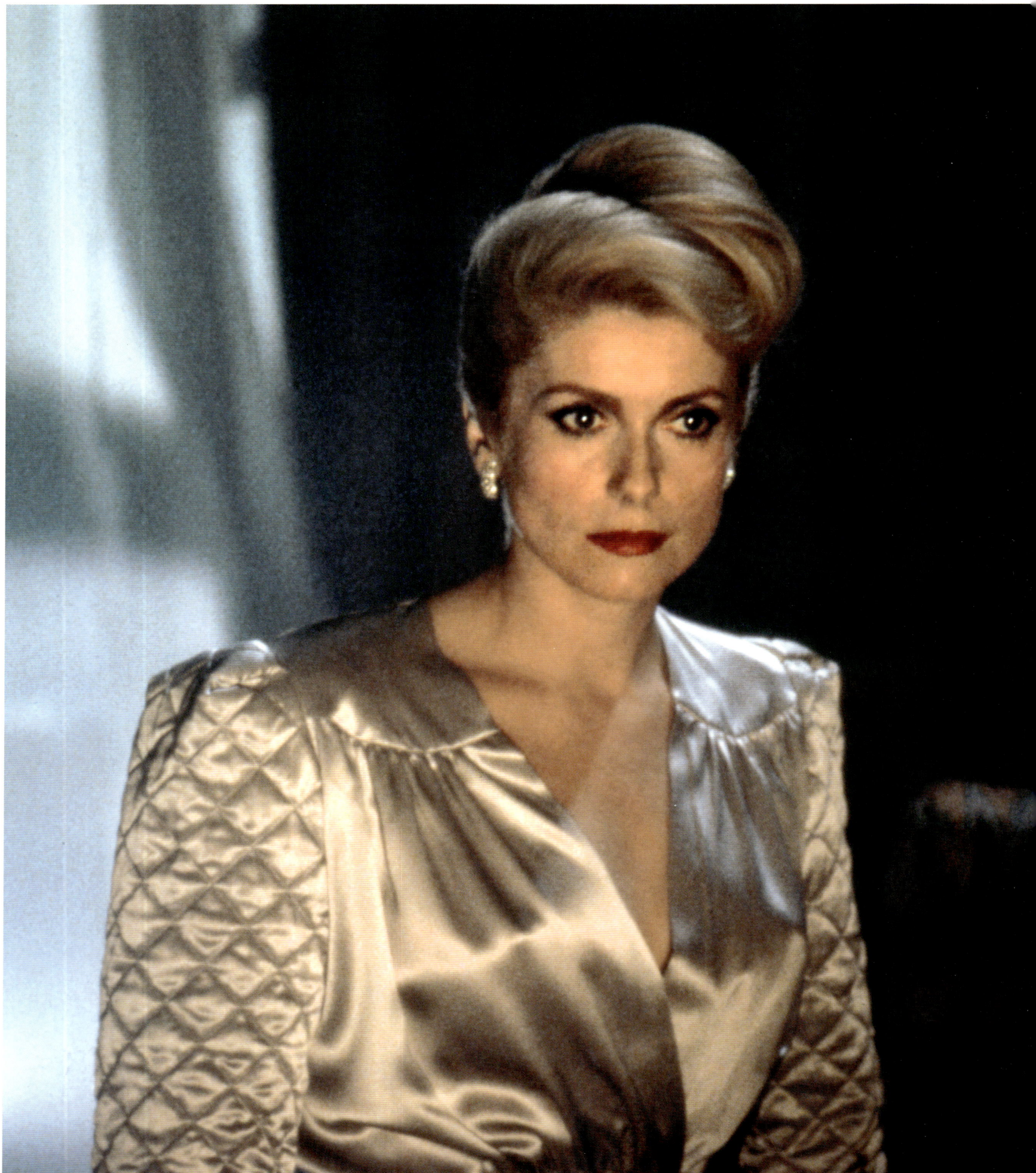

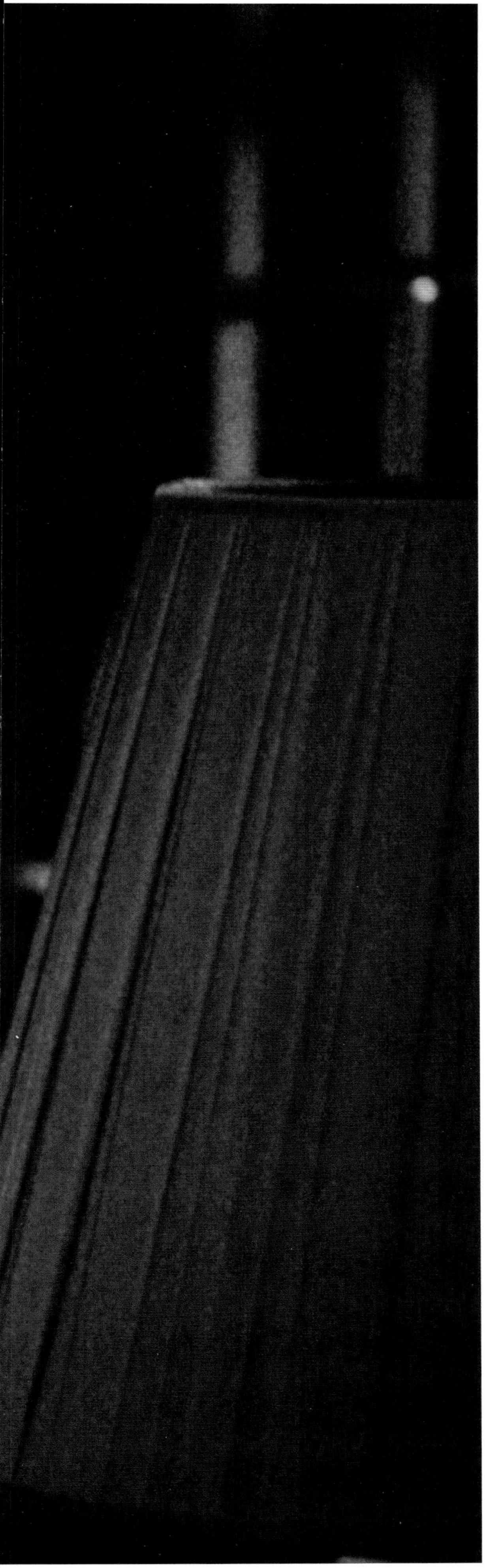

Trotz ihres glamourösen und eleganten Aussehens ist die superreiche Miriam Blaylock nur eine nach Menschenblut gierende Vampirin, die zum ewigen Leben verdammt ist.
Um zur schockierenden Vampirin zu werden, die mit ihrem Chic überzeugt, vertraut sich Deneuve wieder einmal dem Couturier Yves Saint Laurent an. Er hilft ihr dabei, diese Heldin, die außerhalb der Zeit lebt, auf die Leinwand zu transportieren.

eine geschickte Mischung aus Fantasy und Thriller. Ihre Rolle zeichnet sich durch eine gewisse Doppeldeutigkeit aus, und so kann Deneuve Liebesszenen, aber auch Momente von blankem Zynismus und Grausamkeit mit jeweils entsprechender Intensität spielen.

Die Partner geben schließlich den Ausschlag: David Bowie und Susan Sarandon, beide am Zenit ihres Ruhms. Der faszinierende Sänger ist seit Kurzem als *Thin white Duke* einem ausgewählten Kinopublikum bekannt. Sarandon ist europäischen Filmliebhabern vertraut, hat sie doch schon zweimal mit Louis Malle gedreht, einmal als Brooke Shields' Mutter in dem giftigen Streifen *La petite* (*Pretty Baby*), und in *Atlantic City*. Ihren internationalen Durchbruch hatte sie mit dem enormen Erfolg von *Rocky Horror Picture Show*. Und dann ist noch William Dafoe mit von der Partie, den man in Michael Ciminos *Heaven's Gate* schätzen gelernt hat. Auf dem Papier scheint ein ordentlicher Produzenten-Coup garantiert.

Das Werk wird dem Genre Vampirfilm zugeordnet und bei seinem Start von der Kritik schlecht behandelt, bleibt aber als einzigartiges Abenteuer manchem Filmliebhaber dennoch auch Jahre später im Gedächtnis.

Die Geschichte zeigt ein *beautiful couple*, wie aus einem Roman von Tom Wolfe: David Bowie und Catherine Deneuve als superreiches, müßiggängerisches Paar, das vor 3000 Jahren in Ägypten zur Welt kam. Allwöchentlich müssen die beiden Menschenblut trinken, um dem Altern entgegenzuwirken, und sie müssen zu diesem Zweck eine Spezialistin heranziehen, Doktor Sarah Roberto (Susan Sarandon), in die sich Catherine Deneuve verliebt. Das trägt dem Film eine lesbische Liebesszene ein, die mit den Jahren Kult geworden ist. In den Nacktszenen lassen sich Sarandon und Deneuve teilweise doubeln, der Status anerkannter und verehrter Ikonen der lesbischen Liebe bleibt ihnen dennoch über Jahre hinweg erhalten.

Die Dreharbeiten finden zwischen London und New York statt, in einem bläulichen, kalt wirkenden Ambiente. Der Film wird in einer Mitternachtsaufführung in Cannes gezeigt, wie im selben Jahr auch *Furyo*, den Bowie sogar selbst promotet. Bei seinem Kinostart im April 1983 ist das Echo beiderseits des Ärmelkanals eher unterkühlt. Ein aus dem Rahmen fallender Film, der auf die üblichen Codes und das Beiwerk von Vampirfilmen verzichtet.

Wie der Journalist Thomas Baurez zu Recht anmerkt, sind die wiederkehrenden Bilder voller Blut nicht ohne düstere Vorahnung, wenn auch unbewusst, denn im selben Jahr identifizieren Professor Montagnier und seine Mitarbeiter im Institut Pasteur Zellen, die den im Film in Großaufnahme gezeigten ähneln und das neue Virus namens AIDS in sich bergen.

Tony Scott, der ursprünglich aus der Werbung kommt, dreht drei Jahre später das berühmte Werk *Top Gun*. Als jüngerer Bruder von Ridley Scott initiiert er den Trend, dass Werbeleute zu Autoren werden, wie etwa David Fincher und Michel Gondry. *Begierde* repräsentiert mithin einen Wendepunkt, steht der Film doch für einen neuen Typus von Regisseuren in der Welt des Spielfilms: in ihrem Gepäck haben sie Techniken und Spezialeffekte, die manche als »falsch und unecht« belächeln, die aber nicht unerhebliche visuelle Effekte entfalten. Waren die Mitwirkenden dieses Films vorausschauender als andere? Tony Scott jedenfalls wird kommerziell sehr erfolgreich und kann sich rühmen, einige Kultfilme hervorgebracht zu haben, wie den verkannten *True Romance*, an dem Quentin Tarantino als Co-Autor mitwirkte und der ihn zu *Reservoir Dogs* (*Wilde Hunde*) inspirierte.

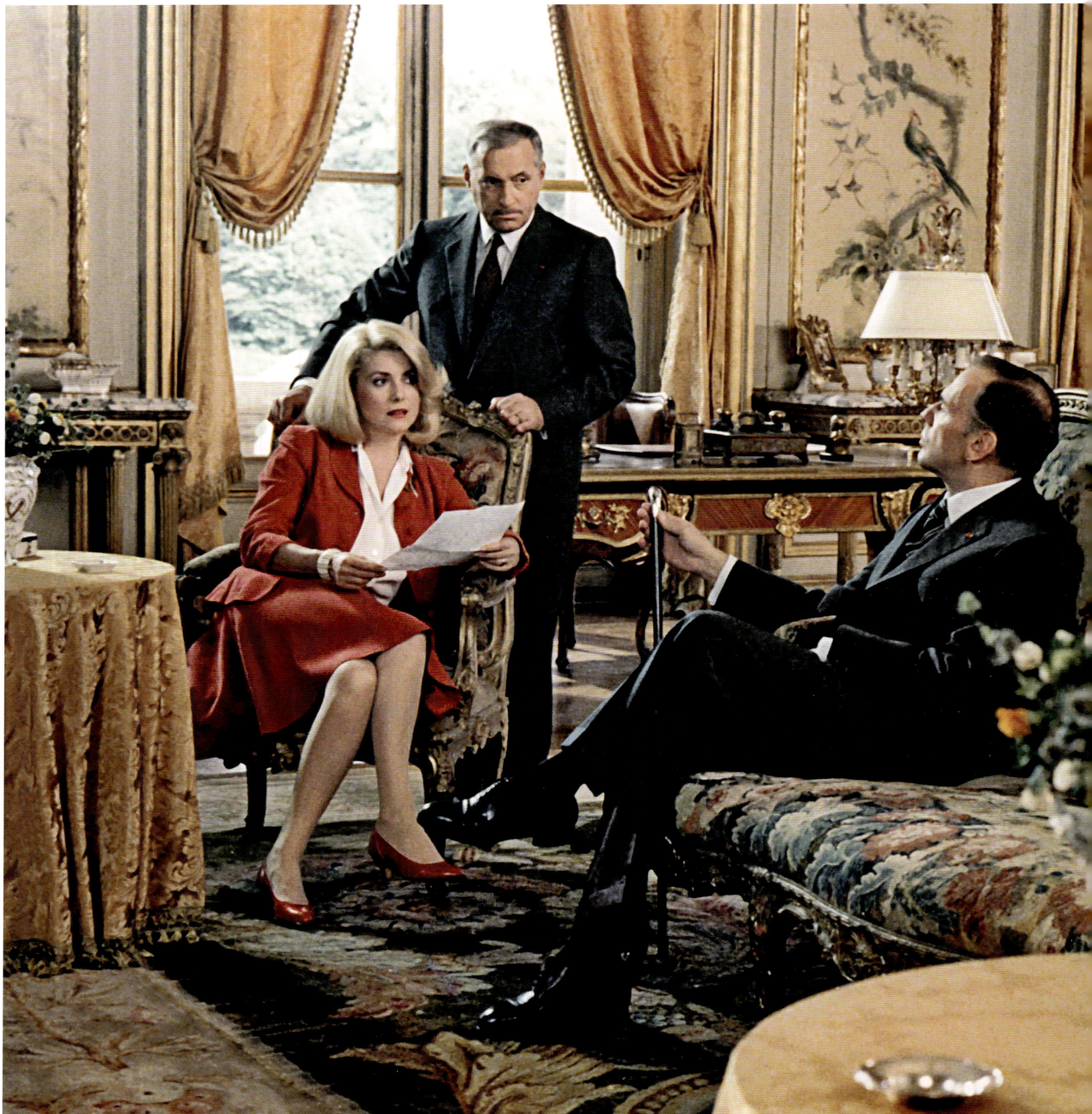

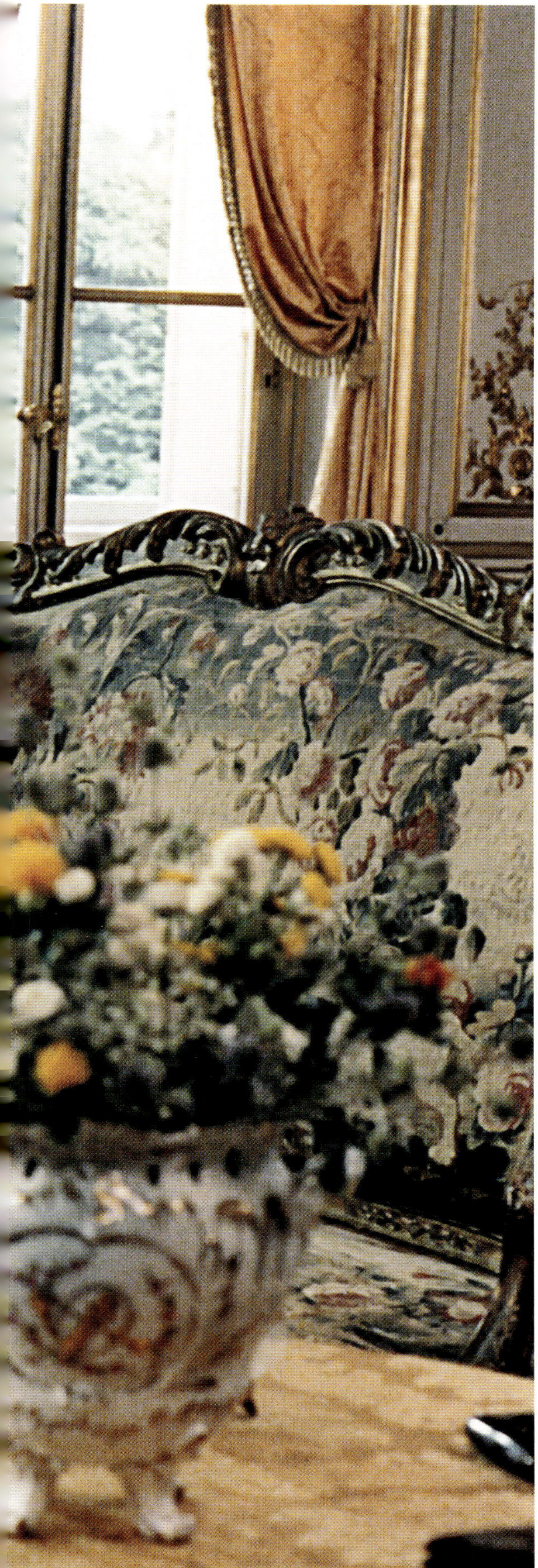

Ein anderes »Trio infernal«, hier von Francis Giroud gefilmt: der Präsident, sein ergebener Minister und die Frau, die alles ins Rollen bringt. Ein einfacher Brief als Ausgangspunkt einer politischen Krise.

Le Bon Plaisir
(Eine politische Liebesaffäre)

Kinostart: 1984
Regisseur: Francis Girod
Hauptdarsteller: Catherine Deneuve, Jean-Louis Trintignant, Michel Serrault, Michel Auclair, Hippolyte Girardot
Rolle: Claire Després

»Du bist immer noch dieselbe! Immer noch stur und unbelehrbar«, schleudert Jean-Louis Trintignant Catherine Deneuve ins unbewegte Gesicht. »Und du hast immer nur an dich gedacht«, hält sie ihm entgegen. Was eine kleine Reiberei unter Eheleuten sein könnte, wächst sich schnell zur Staatsaffäre aus.

Mit einer Handtasche wird ein Brief gestohlen, er ist kompromittierend für den Staatspräsidenten, der Gefahr läuft, angeklagt zu werden, weil er eine Frau zur Abtreibung drängen wollte. Erpressung, Einschüchterungen, abgehörte Telefonate – ein Zwischending zwischen Politthriller und Krimi.

Kaum zehn Jahre nach der Neuregelung des Gesetzes zum Schwangerschaftsabbruch sind die Debatten noch unvermindert heftig. Sie bilden das Grundthema des Films, schlagen sich etwa in anonymen Drohbotschaften nieder, die von einem Präsidenten handeln, »der keine Kinder mag«. Die Schonfrist für »Tonton« (dt.: Onkel [Spitzname für den damaligen Präsidenten Mitterand, A.d.Ü.]) neigt sich nach dem Höhenflug im Anschluss an den Sieg vom 10. Mai 1981 ihrem Ende entgegen. Deneuve ist populär wie nie. Sie regiert buchstäblich das französische Kino und hat sich auch ins Produktionsgeschäft gewagt. Im vorangegangenen Jahr war sie Vorsitzende der Akademie der Césars.

Die erste Szene des Films zeigt sie in einem hellbeigen Kleid als elegante, selbstsichere Frau. Eine Frau, die bereit ist zu manipulieren, wenn es gilt, die eigenen Interessen zu verteidigen, die im Grunde aber gutmütig ist und sich vom Charme eines jungen Gauners rühren lässt, der ihr allerdings die Handtasche gestohlen hat. Eine Powerfrau mit großem Herzen. Es ist auch deshalb eine schöne Rolle, weil sie eine politische Wirklichkeit spiegelt, die alles andere als aus der Mode gekommen ist. Der Film gewinnt, wenn man ihn heute sieht, und hat – trotz der zahllosen Telefone mit Wählscheibe – nicht an Aktualität verloren.

Catherine Deneuve ist in Höchstform, schwankend zwischen Zweifeln, weil sie zu Beginn zögert, ob sie das Kind behalten soll oder nicht, und Szenen, in denen sie Trintignant die Stirn bietet und sich von seinem präsidialen Gehabe kein bisschen beeindrucken lässt. Ihr rotes Kostüm wirkt wie ein Symbol für die geballte Faust, die auch selbstverliebte und machtgestählte Staatsmänner nicht öffnen können.

Der Abspann schließt raffiniert mit dem Satz: »Die Handlung dieses Films ist frei erfunden. Alle Ähnlichkeiten ... etc., etc.« und bemüht absichtlich eine abgedroschene Phrase, die niemanden täuscht.

Françoise Giroud schrieb das Drehbuch auf der Basis ihres eigenen Buchs – und ihrer Erfahrung als Journalistin und Politikerin. Im Jahr zuvor erschienen, spielt der Roman diskret auf geheime Liebschaften von Präsident Mitterrand an.

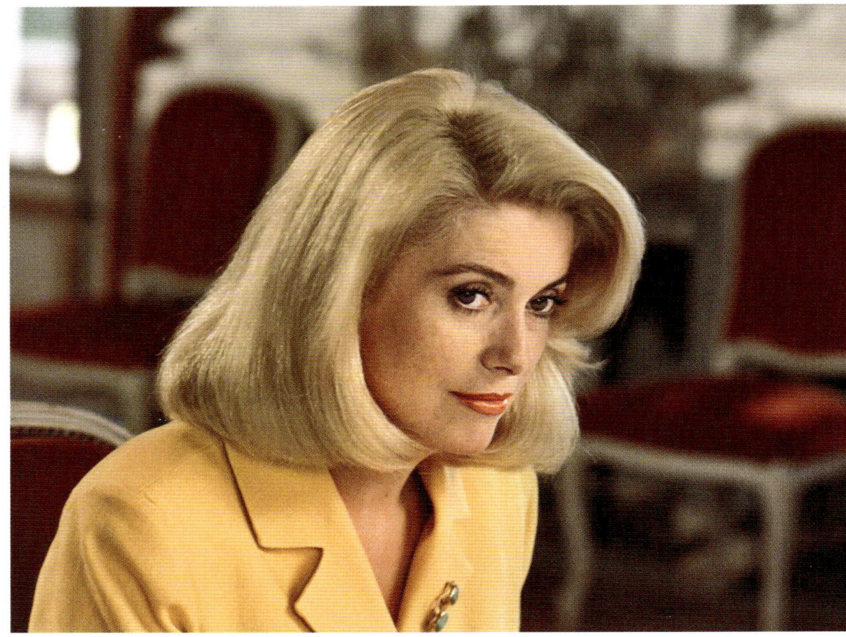

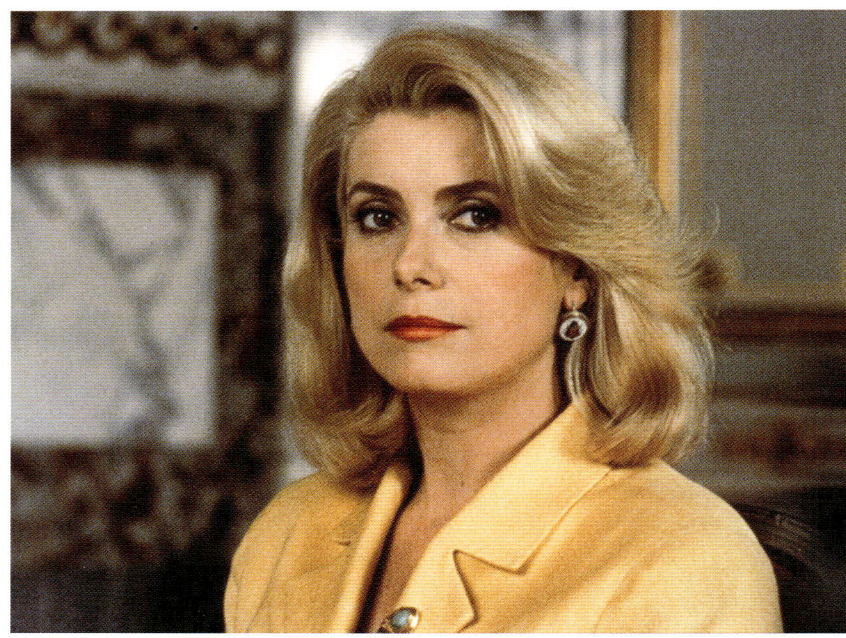

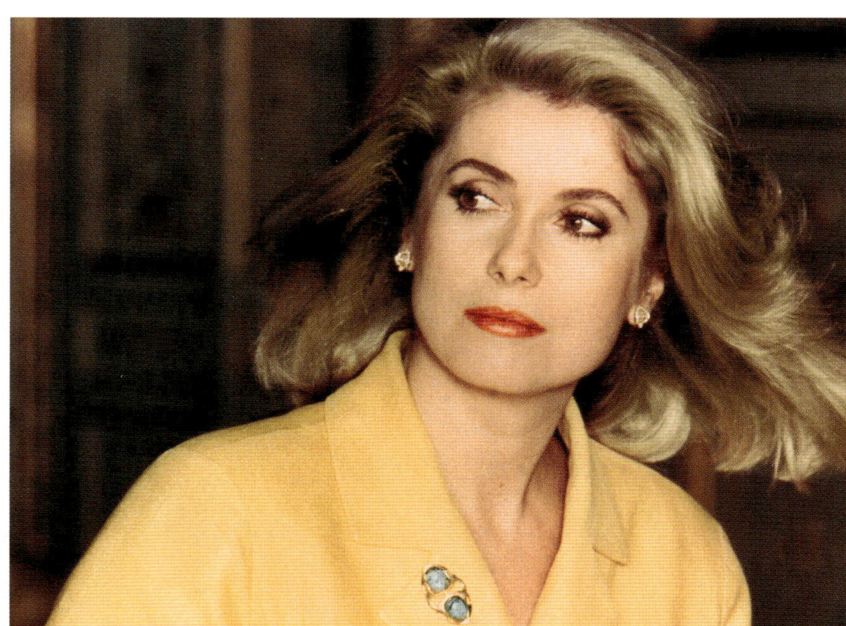

Mit der Figur der Claire Després verkörpert Deneuve eine Frau, die zweifelt, doch dann ihr Leben selbst in die Hand nimmt und beschließt, ihr Kind zu behalten.

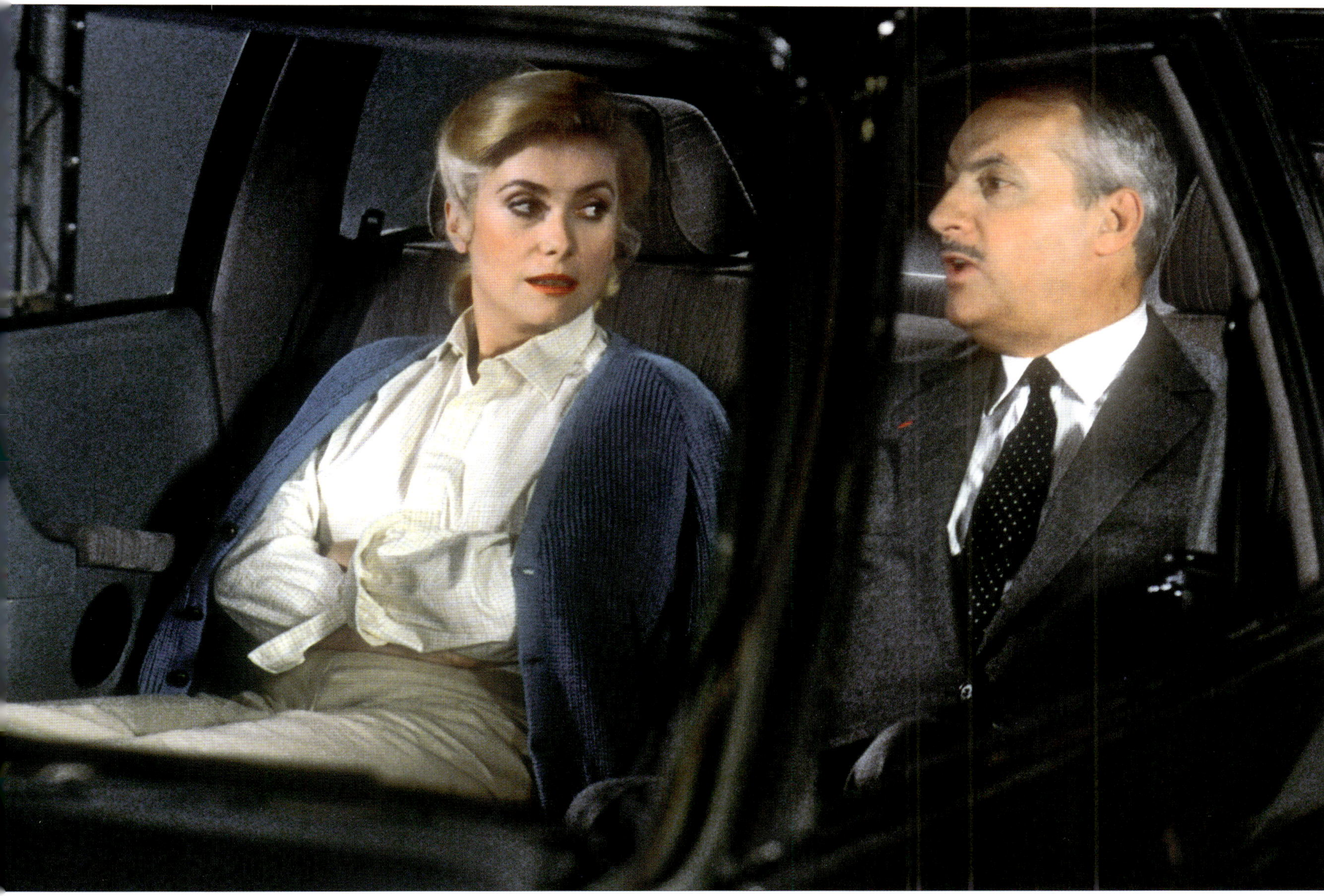

Unter dem Decknamen »Pollux« wacht der Minister (Michel Serrault) ganz diskret darüber, dass Claire kein Aufsehen erregt.

Michel Serrault als Innenminister hat alle Hände voll zu tun, Tiefschläge abzufangen und den schwelenden Skandal abzuwenden. Jean-Louis Trintignant ist als Präsident echter als der wirkliche, zwischen Autoritätsgehabe und zärtlicher Liebe für ein uneheliches Kind. Mit seinem Stock in der Hand wirkt er makellos in seiner Gemütsarmut, »abstoßend und paranoid«, wie *Télérama* schreibt.
Francis Girod beschreibt eine Welt der Kompromisse und kleinen Verrätereien, in der die Politiker »Castor und Pollux« genannt werden, ein bisschen wie in einem Roman von Simone de Beauvoir. Die Polizisten übernehmen die niederen Dienste. Während die gewöhnlichen Sterblichen, allzu menschliche Menschen, Opfer ihres sozialen Umfelds oder ihres Freiheitsdrangs, wie Catherine Deneuve und Hippolyte Girardot (eine junge Entdeckung im Film) die Zwänge erdulden müssen, die ihnen von den Mächtigen auferlegt werden.
Mit melancholischen Flötentönen bringt die Musik des großen George Delerue (*Le Mépris – Die Verachtung*; *Jules und Jim*) die Gefühle dieser Frau auf den Punkt, die sich betrogen weiß. Viel Authentisches prägt den Film. So hatte Francis Girod Dreherlaubnis im Präsidentenpalast, das Herzstück der Republik gewinnt so fast den Rang einer handelnden Person in dieser auf Augenhöhe gedrehten politischen Geschichte. Der Autor von *Trio infernal*, von *L'État sauvage* (*Lautlose Angst*) und *La Banquière* (*Die Bankiersfrau*) kennt sich aus in der Satire zum Thema Macht.
Und Regieassistent ist kein Geringerer als der damals 35-jährige Regis Wargnier, der Catherine Deneuve Jahre später eine ihrer schönsten Rollen anbieten wird.

Eine kleine Rolle als echte Verführerin, der der Soldat Saganne (Gérard Depardieu) eine Zeit lang erliegt.

Fort Saganne

Kinostart: 1984
Regisseur: Alain Corneau
Hauptdarsteller: Gérard Depardieu, Philippe Noiret, Catherine Deneuve, Sophie Marceau, Michel Duchaussoy, Robin Renucci
Rolle: Louise Tissot

Es ist die zweite Zusammenarbeit zwischen Deneuve und dem Regisseur von *Wahl der Waffen*. Drei Jahre nach den Dreharbeiten zu diesem Krimi denkt sich der Filmemacher ein Epos aus, das eines *Lawrence von Arabien* auf Französisch würdig ist. Er tauscht Handfeuerwaffen und Lederjacken gegen einen Kostümfilm, eine veritable Saga von drei Stunden Länge, die sich mitten in der Sahara am Vorabend des Ersten Weltkriegs abspielt.

Sein Traum: noch einmal mit den beiden Schauspielern arbeiten, die er so gern gefilmt und aus seiner Warte hinter der Kamera bei ihrer Arbeit beobachtet hat: Depardieu und Deneuve. Ihnen zur Seite nimmt er weitere klangvolle Namen auf die Besetzungsliste: Sophie Marceau in ihrer ersten »Erwachsenenrolle« (sie ist gerade mal 17), Philippe Noiret, Robin Renucci, Michel Duchaussoy, Hippolyte Girardot ... *Fort Saganne* ist in erster Linie ein Film, der von Männern und Militärs handelt, die den kolonialen Traum träumen, aber mit dem Heraufziehen des Krieges ihre Ideale dahinschwinden sehen.

Es handelt sich um den teuersten französischen Film des Jahres 1984. Die Produzentin, Albina du Boisrouvray, eine leidenschaftliche Cineastin, die Corneau *Saganne* lang vor *Wahl der Waffen* vorgeschlagen hatte, stellt nahezu 50 Millionen Francs bereit. Sie hat sich sehr dafür eingesetzt, diese weitgehend autobiographische Geschichte des Großvaters von Louis Gardel auf die Leinwand zu bringen. Der Schriftsteller hat sich in seinem dem Film zugrunde liegenden Roman vom ruhmreichen und romantischen Lebensweg eines Bauernjungen, der Soldat wird, inspirieren lassen. Ein Idealist, der stolz die Uniform trägt, ganz im Dienst der kolonialen Sache und zudem zerrissen von der Liebe zu zwei Frauen.

In dieser Megaproduktion hat Catherine Deneuve nur eine kurze, aber entscheidende Rolle. Kaum fünfzehn Minuten auf der Leinwand zu sehen, aber von einem leuchtenden Charisma umstrahlt. Sie ist Louise Tissot, eine unabhängige Frau, Schriftstellerin und Journalistin. Mit ihr erlebt Saganne eine kurze, intensive Romanze.

In einem »Gastauftritt«, wie der Abspann es bezeichnet, spielt Catherine Deneuve mit sichtlichem Vergnügen eine mehrdeutige Figur zwischen verschämter Zurückhaltung und Gewalt, je nach Wunsch des Regisseurs. Mit ihrer langen blonden Mähne einer Verführerin, die aber keine Femme fatale ist, strahlt sie die Autorität einer engagierten Frau aus, die sich im Schatten der Hinterzimmer in eine leidenschaftliche Geliebte verwandelt. »Ihr Auftritt sollte fulminant sein«, erklärt Corneau. »Die ganze Geschichte muss erzittern bei ihrem Erscheinen. Catherine besitzt diese Kraft. Und dann hat sie noch einen Trumpf: ihre Starqualität, mit der ich spielen konnte. Und der letzte Grund, sie zu engagieren, war schließlich, dass Gérard Depardieu ihr Partner wäre. Überwältigend, explosiv. Sie lieben sich innerhalb von nur dreißig Sekunden und können ganze Tage wildester Leidenschaft miteinander verbringen.«

In dieser Liebesbeziehung, deren Stunden gezählt sind, gewinnt der Held dank der Begegnung mit Catherine Deneuve an Reife. Tatsächlich sind die Begegnungen mit Depardieu immer noch elektrisierend, ob in der Intimität der Liebesszenen oder wenn sie sich ihm buchstäblich zu Füßen wirft, um ihn zu halten.

Einige Jahre später erzählt die Schauspielerin: »Zunächst war ich von der Modernität der Figur angetan, vom Gedanken, dass diese Journalistin sich engagiert und Entscheidungen trifft, was in der Zeit, in der die Geschichte spielt, nicht selbstverständlich ist. Louise ist alles andere als eine konventionelle Frau. Sie ist sehr neugierig auf Saganne, einen Mann, mit dem sie eigentlich nichts verbindet, dessen große Kraft und Unverstelltheit sie aber anziehen. Die Figur der Louise ist wunderbar, und obwohl sie letztlich nur kurz auf der Leinwand zu sehen ist, ist sie für die Geschichte doch sehr wichtig.«

Alain Corneau ist sich durchaus bewusst, dass die Produktion Risiken birgt, einige schätzen sie als zu gewagt ein. Er muss komplizierte Dreharbeiten im Griff behalten, die über lange Monate in der Sahara stattfinden. Da erscheinen ihm die wenigen Tage mit Deneuve in den Studios von Boulogne-Billancourt wie eine Erholungspause. Er weiß, dass er auf die Intelligenz seiner Darstellerin zählen kann, ihr »Markenzeichen« überhaupt, wie er meint. »Am Set bekommt sie alles mit, was um sie herum los ist. Ihr entgeht kaum etwas. [...] Ihr ist ein Vertrauensverhältnis zum Regisseur wichtig, dass es keine Hintergedanken gibt. Das Licht, der Ton, die Kulissen – für alles ist sie empfänglich. Sie ist eine Schauspielerin, mit der es ein Geschenk ist zu arbeiten. Will heißen, am Set geht sie über das hinaus, was in ihrem Skript steht. Eine unkonventionelle Schauspielerin, das ist wohl eines ihrer Geheimnisse.«

Für diese Saga muss entsprechend dem Anspruch des Films Werbung gemacht

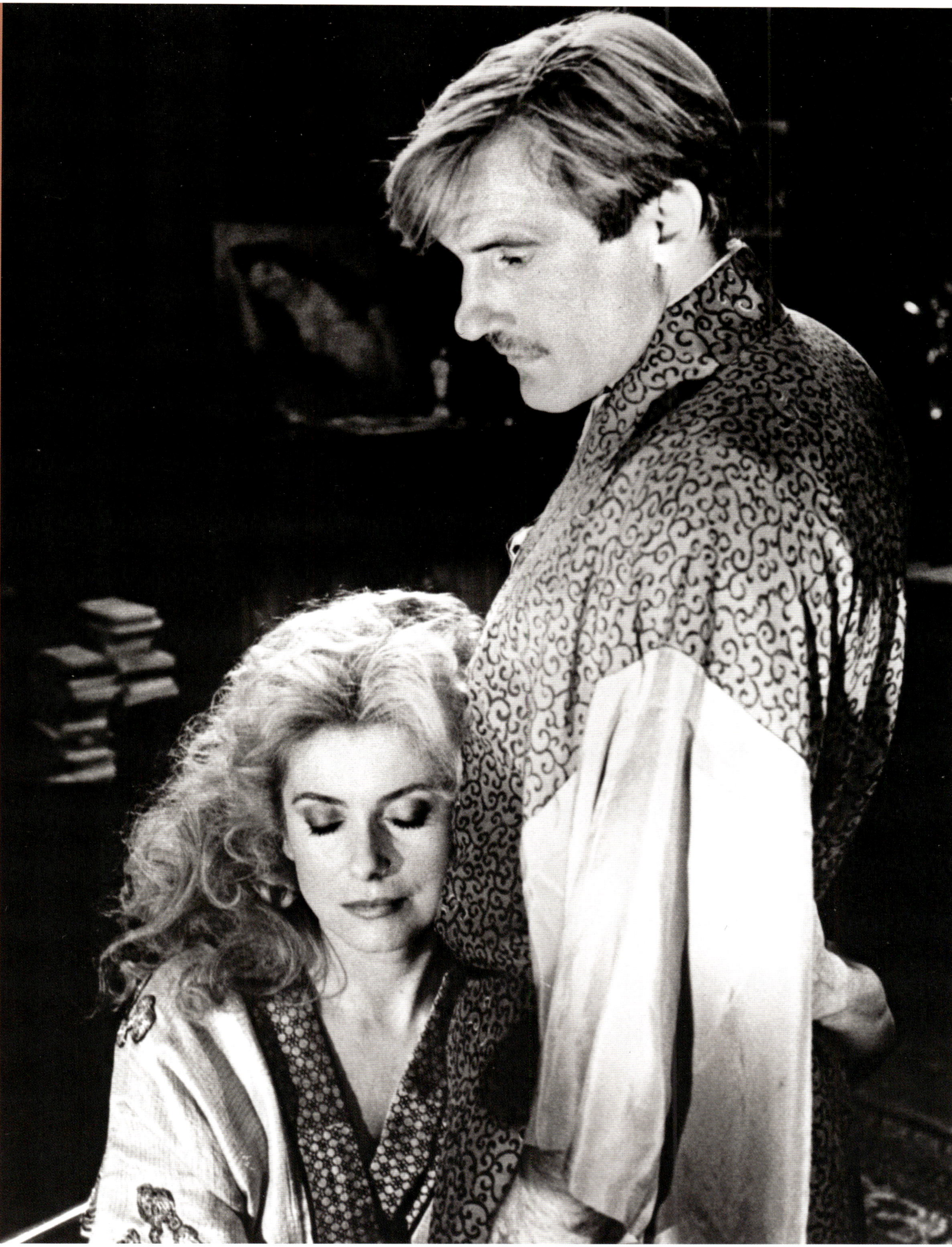

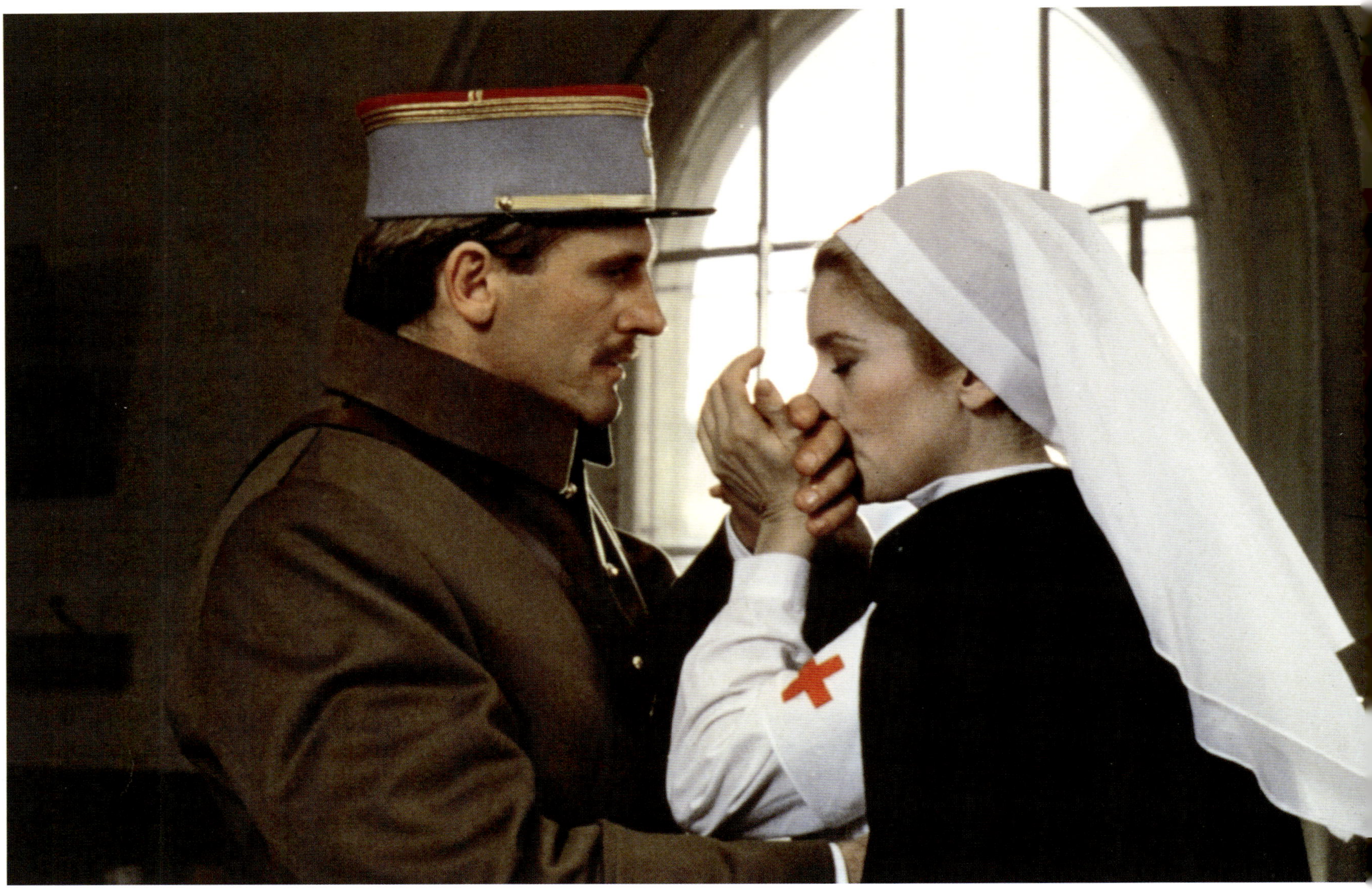

Nach *Série Noire* und *Wahl der Waffen* wollte Alain Corneau die Welt der Kriminalgeschichten verlassen und ein großes, romantisches Epos drehen.

werden. Er läuft also außer Konkurrenz als Eröffnungsfilm beim Festival von Cannes. An diesem Abend im Mai des Jahres 1984 ist auf den Stufen des Festivalpalastes der Teufel los. In ihrem granatroten Kleid wirkt Sophie Marceau, der noch die Weichheit der Jugend ins Gesicht geschrieben ist, verängstigt und verschüchtert, doch auf ihr ruht der wohlwollende Blick einer majestätischen Catherine Deneuve in blauseidener Robe und mit ins Auge fallenden Ohrringen.

Als der Film in die Kinos kommt, mokiert sich Serge Daney in *Libération* über die Bauherren des Kolonialreichs im Film: »Ein großes Budget, das einem großen Sujet hinterherläuft.« Die Presse hingegen lobt den Auftritt und die Leistung von Depardieu als eines Helden, der auch in *Désert des Tartares* (*Die Tartarenwüste*) hätte mitwirken können, eines Mannes »auf der Suche nach dem Absoluten«, wie es Charles de Foucauld im Film formuliert.

Und der Schriftsteller Louis Gardel erhält darüber hinaus im Leben und in der Karriere von Catherine Deneuve einen besonderen Platz. Während *Fort Saganne* noch im Entstehen ist, erzählt er ihr bereits vom aufregenden Leben der Marie Bonaparte, der Urgroßnichte Napoleons und Schülerin von Sigmund Freud. Sie behält es im Gedächtnis, und das Projekt wird fast zwanzig Jahre später unter der Regie von Benoît Jacquot umgesetzt. Als Coautor wirkt Gardel auch bei *Indochine* mit und wird damit sozusagen zum Schutzengel einiger markanter Rollen der Schauspielerin.

Fort Saganne ist Catherine Deneuves 56. Film. Sie hat in den vergangenen beiden Jahren mehr denn je gearbeitet und das mit so unterschiedlichen Filmemachern wie Berri, Téchiné, Girod, de Broca und Scott. Diesem Willen zur Vielfalt treu bleibend, verabschiedet sie sich aus der spitzenbesetzten Welt von *Fort Saganne*, um einige Monate später eine Komödie von Élie Chouraqui zu drehen und vor allem ihren »Kinobruder« André Téchiné wiederzutreffen.

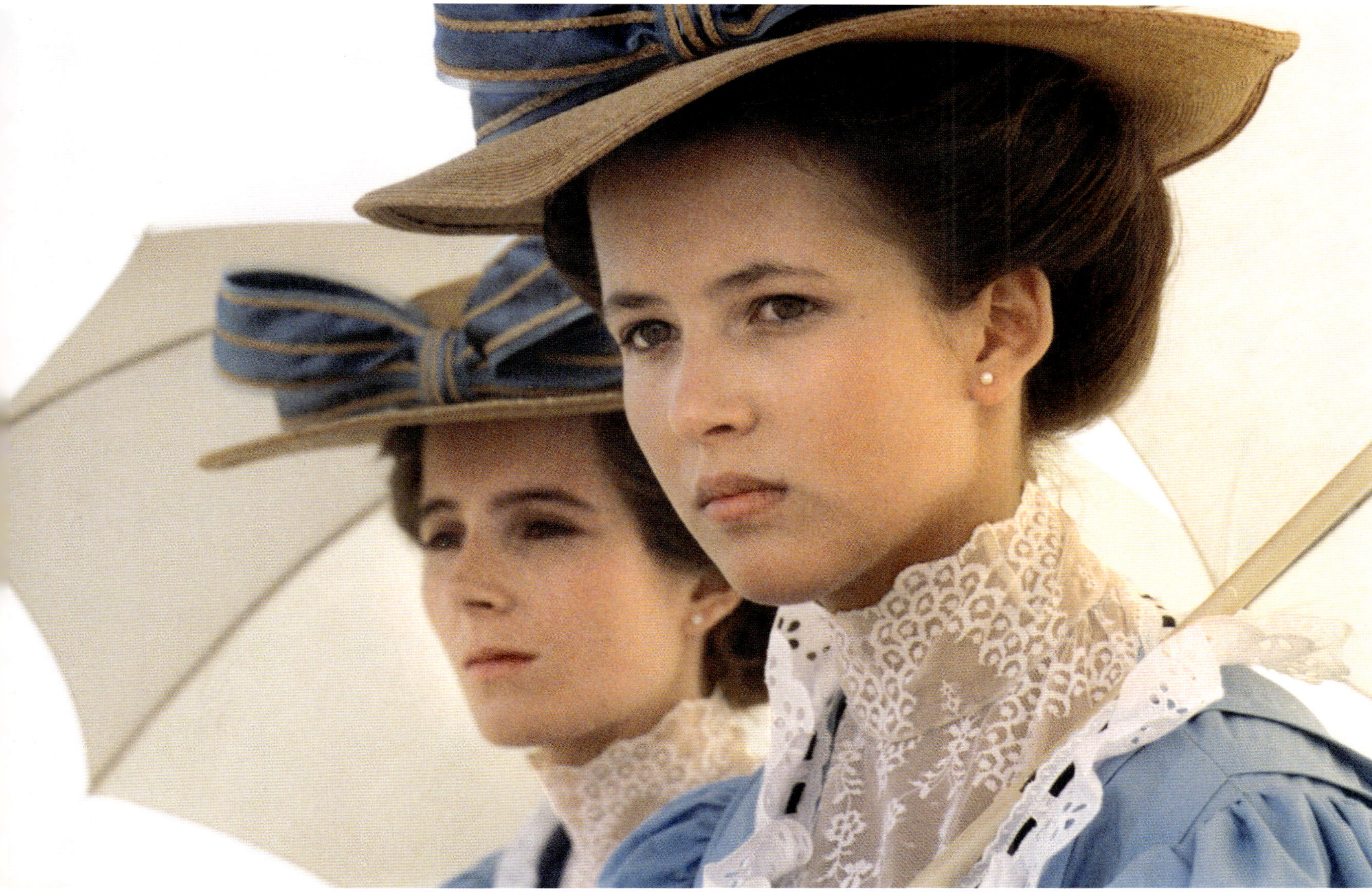

Sophie Marceau, noch umstrahlt vom Erfolg von *La Boum – Die Fete*, ist zum Zeitpunkt der Dreharbeiten erst siebzehn Jahre alt. Ihre Mitwirkung bringt sie auf den roten Teppich von Cannes, wo der Film im Wettbewerb gezeigt wird.

»Sie war die ideale Verkörperung der Figur. Da es ein romantischer Film ist, ist es auch ein Film für Schauspieler und Schauspielerinnen. Das Zusammentreffen von Leutnant Saganne mit Louise Tissot ist von größter Wichtigkeit. Diese Frau öffnet ihm die Augen und bringt die Handlung voran.«

Alain Corneau

»Catherine Deneuve ist tatsächlich so schön, dass ein Film, in dem sie die Heldin ist, fast ohne Handlung auskommen könnte. Ich bin überzeugt, dass der Zuschauer einfach glücklich ist, sie anzusehen, und dass dieser Anblick den Eintrittspreis schon wert ist.«

François Truffaut

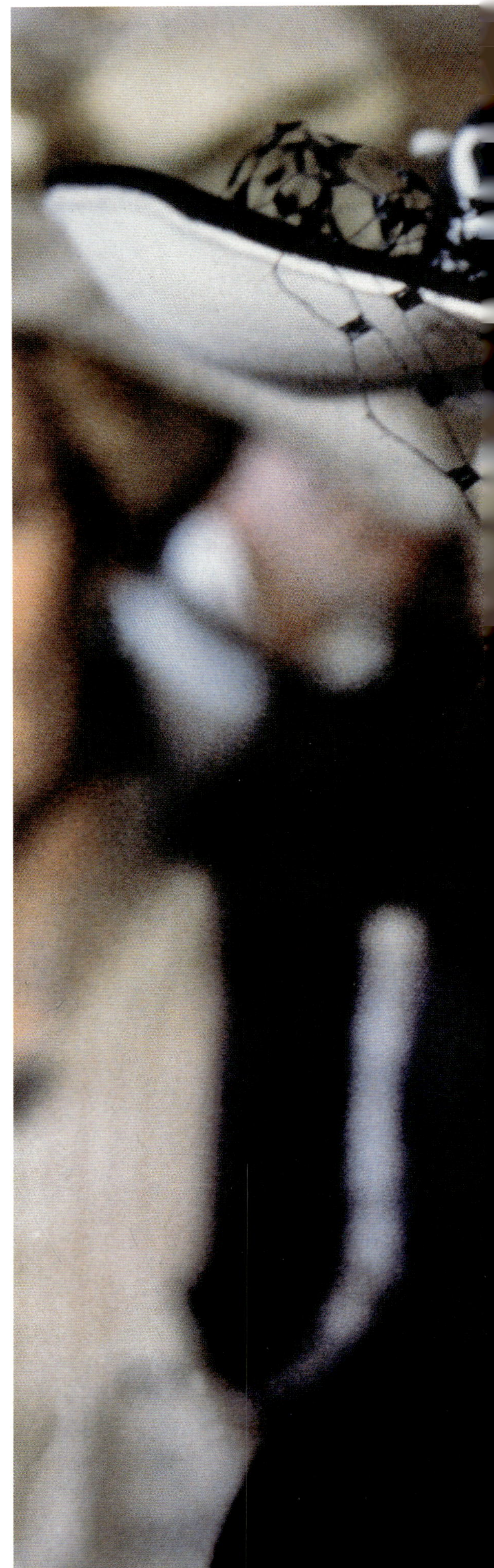

Mit Hütchen, Schleier und langem Kleid: nach einigen Filmen, die in der Gegenwart angesiedelt waren, beschwört diese Figur, acht Jahre vor *Indochine*, eine weitere Kostümrolle für die Zukunft herauf.

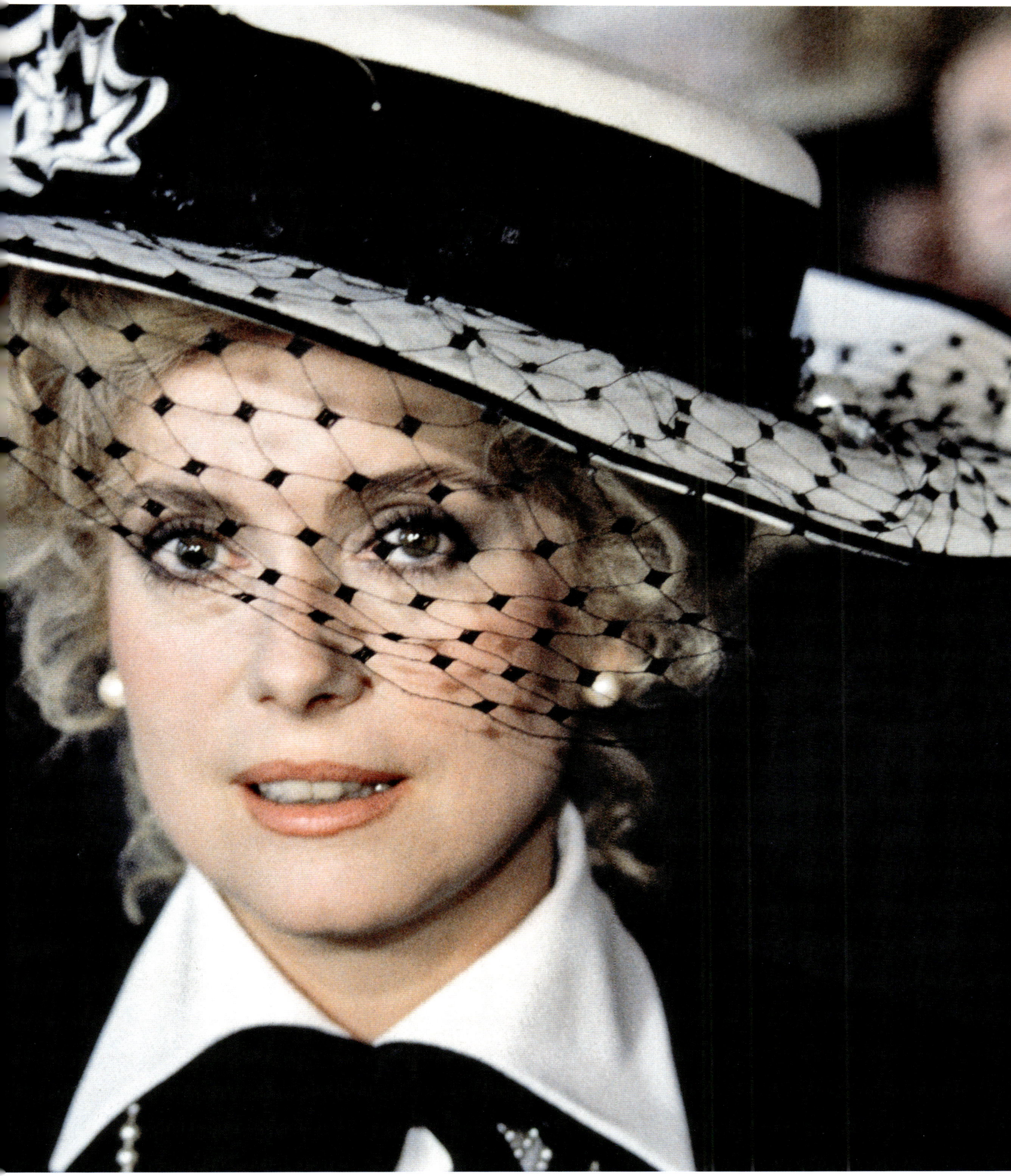

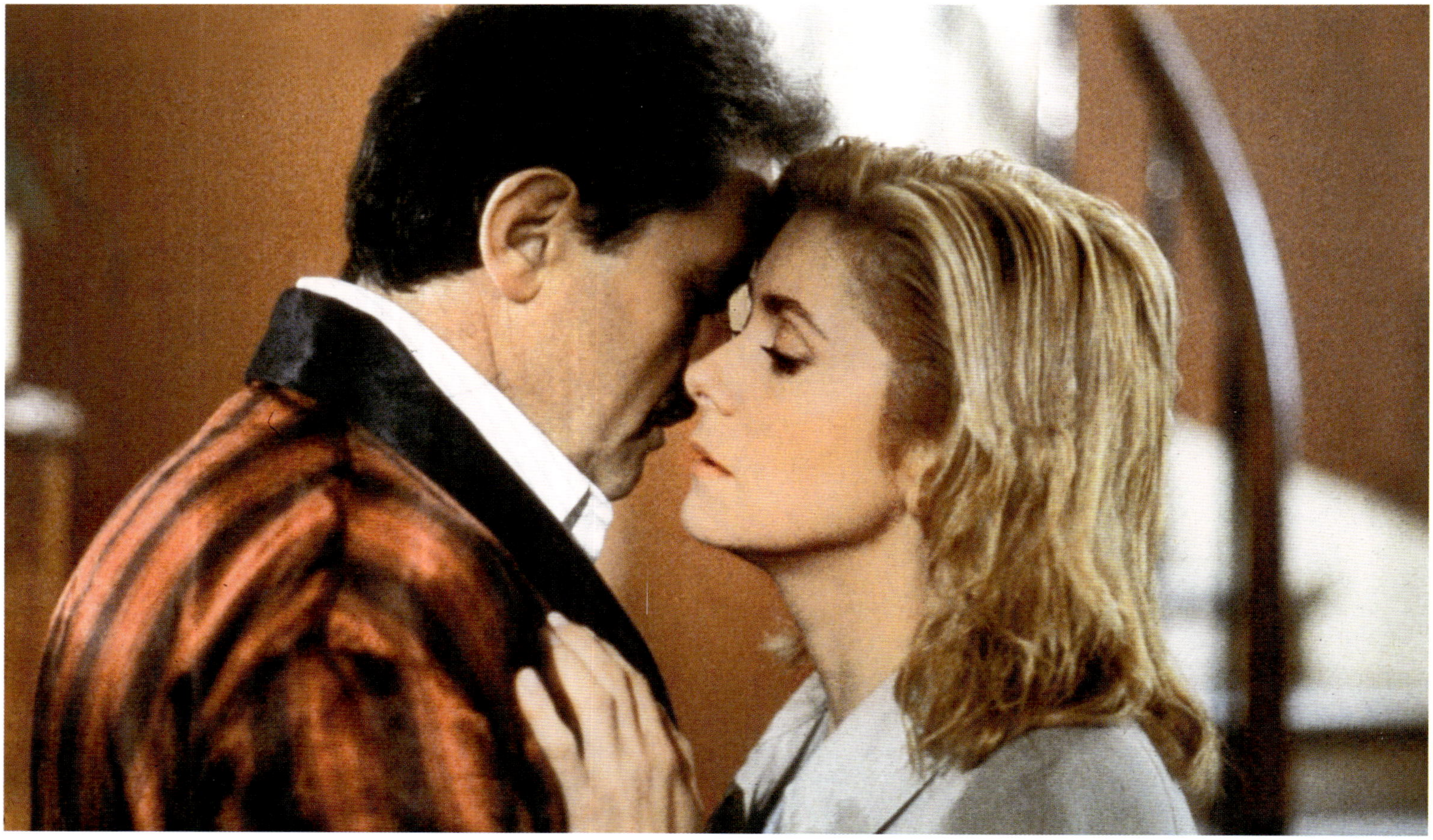

Die Liebe zu Maurice (Victor Lanoux), ihrem Ex-Mann, gibt es nicht mehr. Was bleibt, ist eine nostalgiebehaftete Beziehung, aber bald ist es mit der Routine schlagartig vorbei. Kann man kriminell werden, ohne es zu wollen?

Le Lieu du crime
(Schauplatz des Verbrechens)

Kinostart: 1986
Regisseur: André Téchiné
Hauptdarsteller: Catherine Deneuve, Danielle Darrieux, Wadeck Stanczak, Victor Lanoux
Rolle: Lili

Mit der Figur der Lili betritt Catherine Deneuve Neuland. In dieser Geschichte, die André Téchiné mit Olivier Assayas und Pascal Bonitzer geschrieben hat, sind Menschen und ihre Schicksale wie in der griechischen Tragödie der Macht der Leidenschaft und der Ungerechtigkeit des Lebens mit voller Wucht ausgesetzt.

Selten hat man die Schauspielerin so »entblößt« gesehen. Schluss mit den stilechten Kostümen aus *Fort Saganne* oder *Die letzte Metro*. Deneuve tritt in einem ganz aus der Form geratenen Kleid auf, mit nassen, unfrisierten Haaren. Nicht mehr so blond, sondern etwas dunkler und zurückhaltender, ihre Gesten sind die einer Frau, die gelebt hat und umzugehen weiß mit der Melancholie, die ihr das Verhältnis zu ihrem Exmann (Victor Lanoux) beschert. Eine alleinerziehende Mutter, die sich nicht dazu durchringen kann, ihre Sehnsüchte und ihr Leben als Frau zu vergessen. Lili ist eine Frau, deren Blick Bände spricht, von der ersten Nahaufnahme an sind jede Menge Brüche und unterdrückte Leidenschaften erkennbar.

Die Geschichte zeigt eine – fast – gewöhnliche Familie: einen 14-jährigen Jugendlichen, seine Großmutter (eine Paraderolle für Danielle Darrieux) und seine Mutter, Lili. Alle drei müssen sich einer Tragödie stellen, die ihren Alltag umkrempelt: einem Mord, von Martin, einem jungen Straftäter, auf der Flucht begangen. Ihr ruhiges Leben in einem Dorf im Südwesten Frankreichs kippt von einem Tag zum anderen. Catherine Deneuve ist die Wirtin einer kleinen Tanzbar, die sich darum bemüht, ihr Leben auf die Reihe zu bekommen. Sie verliebt sich über beide Ohren in Martin, dargestellt von einem Schauspieler, dem alles gelingt: Wadeck Stanczak, ein junger Neuling, den die Zuschauer in *Les cavaliers de l'orage* erstmals gesehen haben und der vor allem

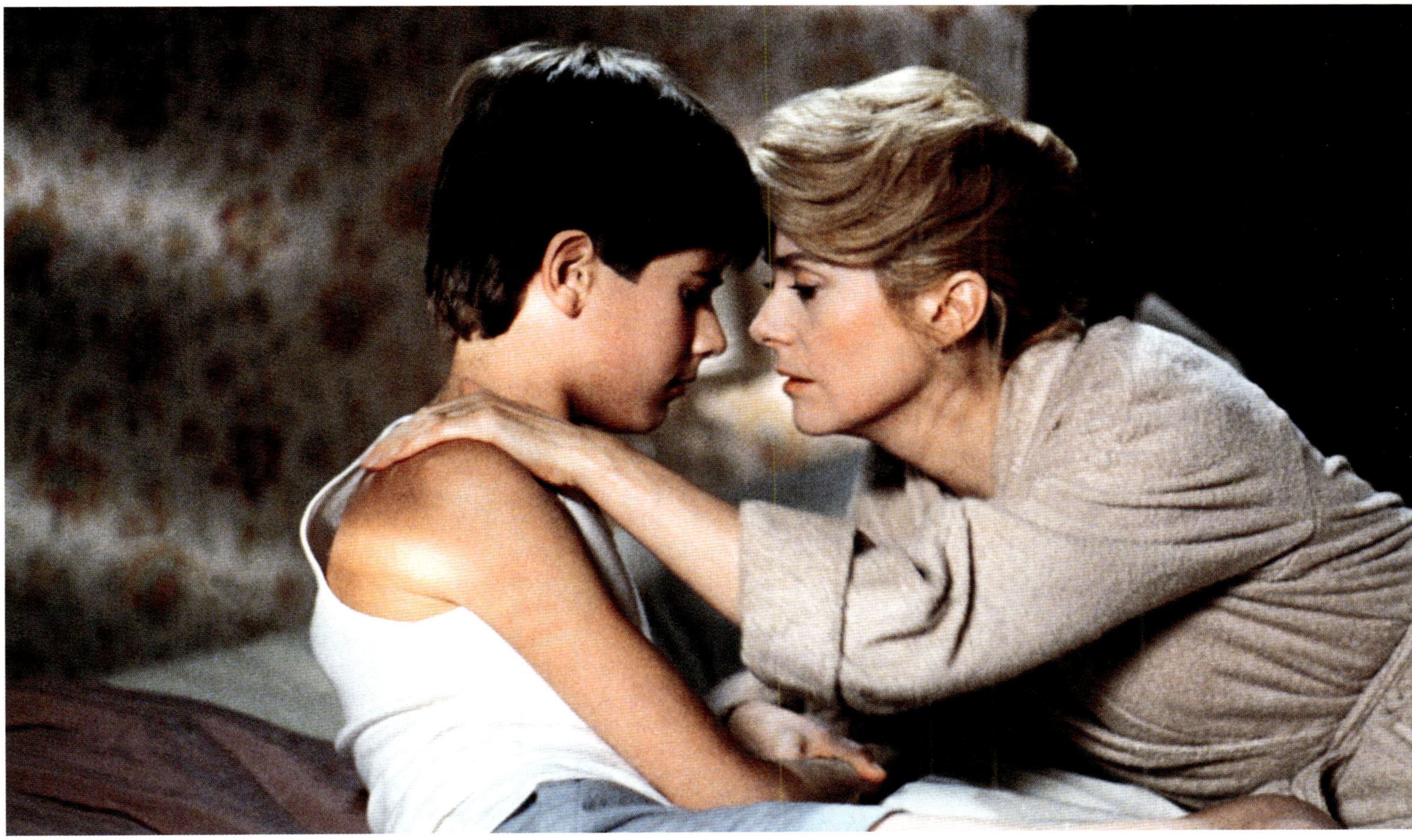

Lili ist eine aufmerksame Mutter, die ihren Sohn Thomas (Nicolas Giraudi) verhätschelt und vielleicht nicht wahrhaben will, dass er älter geworden ist. Téchiné portraitiert hier erneut beengende familiäre Strukturen.

auch im Jahr zuvor, ebenfalls mit Téchiné, in *Rendez-vous* überzeugt hat.

Deneuve ist begeistert von seinem körperbetonten Spiel, »einer Mischung aus Härte und Reinheit, von einer gewissen Aufsässigkeit durchsetzt, die ihm Stärke verleiht«. Jede ihrer gemeinsamen Szenen verströmt Sinnlichkeit, ist voller ungeschickter und unkontrollierbarer Gesten.

Schauplatz des Verbrechens gilt als einer von Téchinés persönlichsten Filmen. Er dreht an den Orten seiner Kindheit, da, wo er aufgewachsen ist, im Gymnasium, wo er zur Schule gegangen ist, in Auvillars bei Agen. Das Dorf, die Beziehung zwischen Mutter und Sohn, die Konfrontationen zwischen Deneuve und Darrieux, alles wirkt echt und richtig. Der Erfolg des Films beruht auch darauf, wie Téchiné seine Schauspieler führt. Einige Szenen bleiben im Gedächtnis haften, etwa die mit Danielle Darrieux (die so häufig Deneuves Mutter auf der Leinwand darstellt), oder die, in denen Mutter und Sohn sich in einem Streit gegenüberstehen, der sich fast wie zwischen Liebenden anfühlt. »Und nenn mich nicht mehr Lili!«, schreit Deneuve ihren Sohn an.

Lili ist wieder einmal eine Figur auf der Suche nach der absoluten Leidenschaft. »Mir gefallen Menschen«, sagt sie, »die sich wie Lili entschließen, eine Sache bis zum Ende durchzuziehen, auch wenn das total verrückt erscheint. Jedenfalls sind Konventionen, der Gedanke, dass man etwas tun darf oder eben nicht, lächerlich.«

Mord, leidenschaftliche Liebe, eine Familie, die erdrückt – schon sind alle Ingredienzien für eine Tragödie versammelt. »Dieses Drehbuch zu lesen und den Film zu machen war für mich ähnlich beglückend wie der Dreh von *Die letzte Metro*«, sagt Deneuve.

Téchiné schätzt es, dass sich seine Darstellerin während der Dreharbeiten eher wie eine Anfängerin verhält als wie ein Star. Ständig hat sie Sorge, etwas schlecht zu machen, eine Szene nicht gut zu spielen. »Wir hatten uns bei *Begegnung in Biarritz* sehr gut verstanden«, erzählt sie, »und ich fürchtete, ihn entweder zu enttäuschen oder aber, dass diese zweite Zusammenarbeit nicht genauso verlaufen würde, wie er und ich sie uns vorgestellt hatten.«

Als der Film in die Kinos kommt, ist der Journalist Pierre Murat begeistert, Deneuve – endlich – wieder in einer starken Rolle anzutreffen, weist aber auch auf die Gefahr für sie hin, in der Falle eines Hochglanz-Images zu landen. Ein anderer Kritiker vergleicht sie mit nicht Geringeren als Anna Magnani und Ingrid Bergman. Eine gerechte Belohnung für den Film, der in Cannes leer ausgegangen ist. Lili ist also eine der intensivsten und körperbetontesten Rollen, in denen Deneuve gleichermaßen Stärke und Verletzlichkeit ausspielt. Philippe Sardes Musik untermalt die Gewalt mancher Szenen mit lyrischen Klängen, das perfekte Echo auf Catherine Deneuves tränenüberströmtes Gesicht.

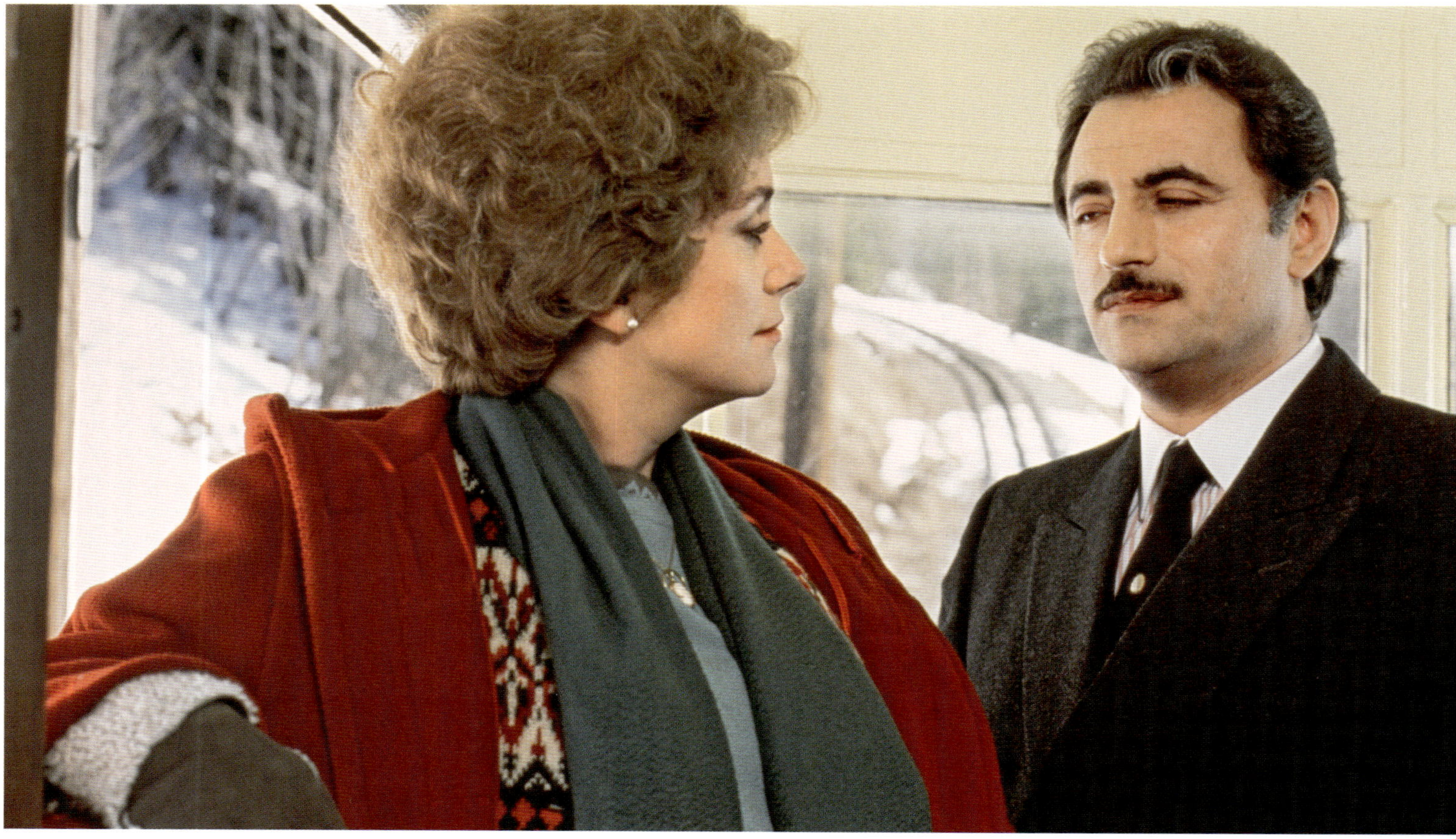

Oben: Mit Alex (Richard Bohringer), dem Spielverderber, werden die Ermittlungen komplizierter.

Rechts: Deneuve begibt sich mit Haut und Haaren in Jean-Pierre Mockys Welt und nimmt das Aussehen eines ältlichen Fräuleins an, mit Brille und gelockter Perücke, die eigens für die Rolle der künftigen Ermittlerin geschaffen wurde.

Agent trouble
(Mord aus Versehen)

Kinostart: 1987
Regisseur: Jean-Pierre Mocky
Hauptdarsteller: Catherine Deneuve, Richard Bohringer, Tom Novembre, Dominique Lavanant, Kristin Scott Thomas, Sylvie Joly, Pierre Arditi
Rolle: Amanda Weber

Amanda Weber hatte erst mal nichts von einer professionellen Ermittlerin. Doch sie übernimmt die Rolle, nachdem ihr Neffe Victorien (Tom Novembre) sich ihr anvertraut hat – er hatte nichts Besseres zu tun, als Leichen auszurauben, die er zufällig in einem Auto auf einer abgelegenen Bergstraße entdeckt hatte. Die Polizei mischt sich ein und der Ärger beginnt. Das Auto wird schließlich am Grund eines Sees gefunden, und Victoriens Adressbuch befindet sich darin. Amanda, die besonnene Sekretärin des Musée de l'Homme, streift ihren abgenutzten Dufflecoat über und fährt ins Elsaß, um Licht ins Dunkel zu bringen.

Das Gespann Deneuve/Mocky macht das Projekt attraktiv – ein Zusammenprall zweier Welten. Die, die Deneuve kennen, wissen, dass sie jenseits ihres makellosen Image nichts so sehr liebt wie Komödien und Übertreibungen.

Diejenigen, die Mocky mögen, kennen seinen Hang zur Grenzüberschreitung und Provokation. Deneuve eine schreckliche rot ondulierte Perücke, eine Alte-Damen-Brille und Gummistiefel tragen zu lassen, bereitet ihm keinerlei Probleme. Und ihr auch nicht. Wo manche eine unmögliche Mesalliance erwartet hatten, entsteht wahre Übereinstimmung. »Ich fühlte mich ganz und gar befreit. Diese aufgesetzte Rolle hat mich amüsiert. Und es war dadurch auch einfacher; das Physische hilft, die Figur zu finden, die man darstellt.«

Der chaotischen und verrückten Welt des Regisseurs entsprechend beginnt der Film wie ein Krimi und endet als Komödie an der Grenze zum Fantasyfilm. Alle scheinen sich bestens zu amüsieren in dieser kleinen Welt, die Schauspieler der unterschiedlichsten Provenienz vereint. Am Set herrscht »Ferienatmosphäre«, wie ein Journalist bezeugt. Die Geschichte gefällt den Zuschauern und der Film läuft in Paris länger als drei Monate.

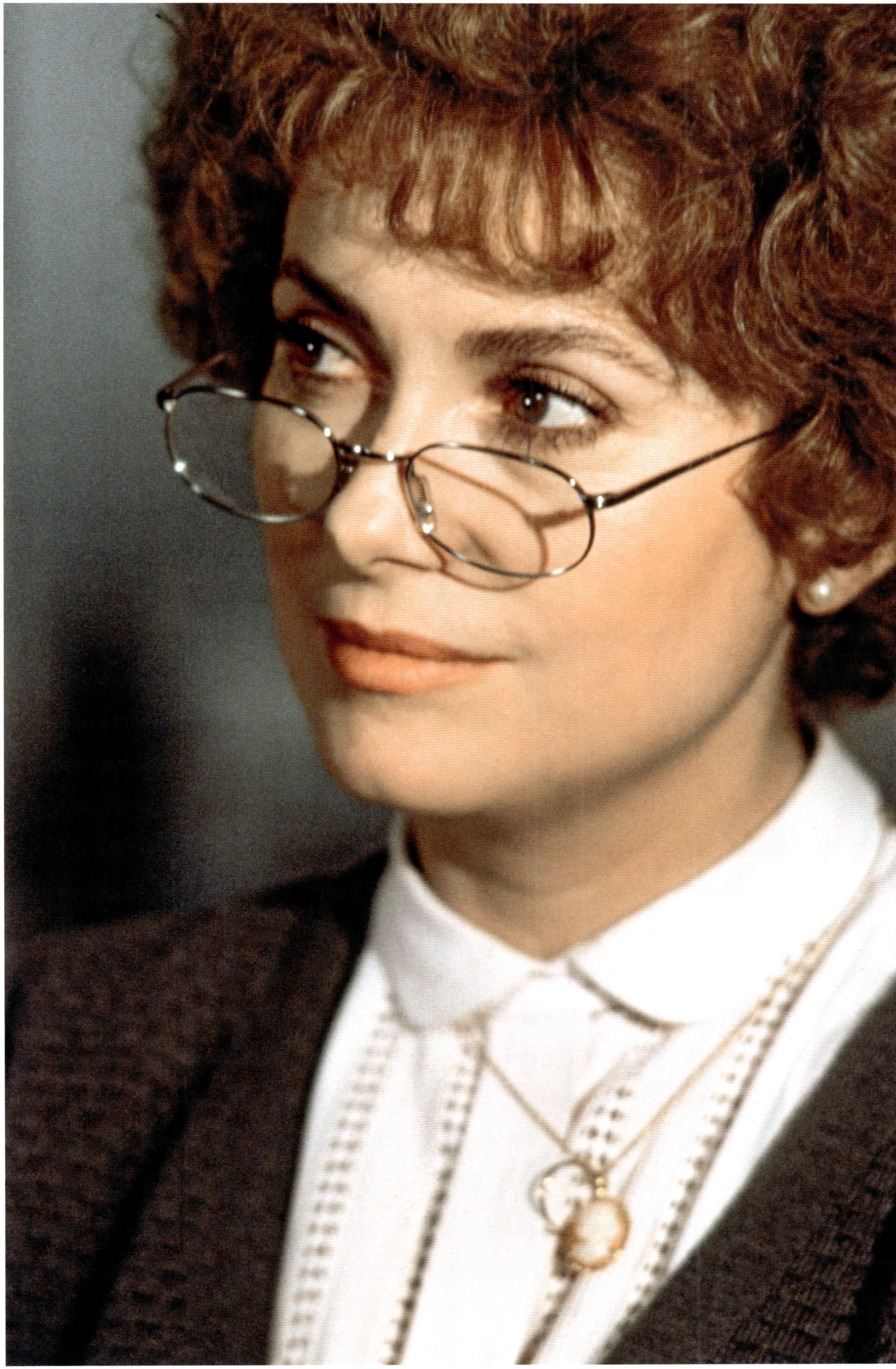

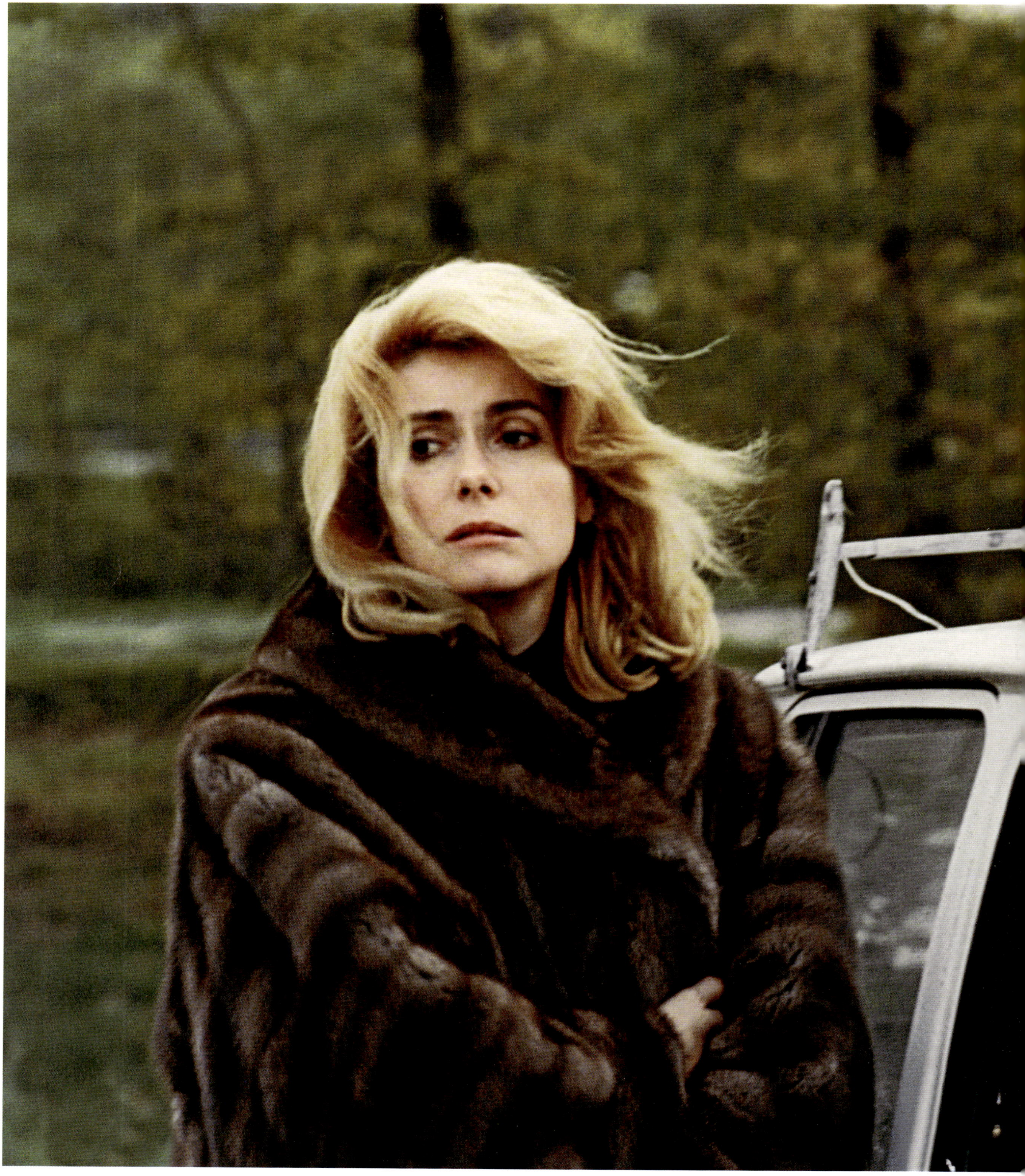

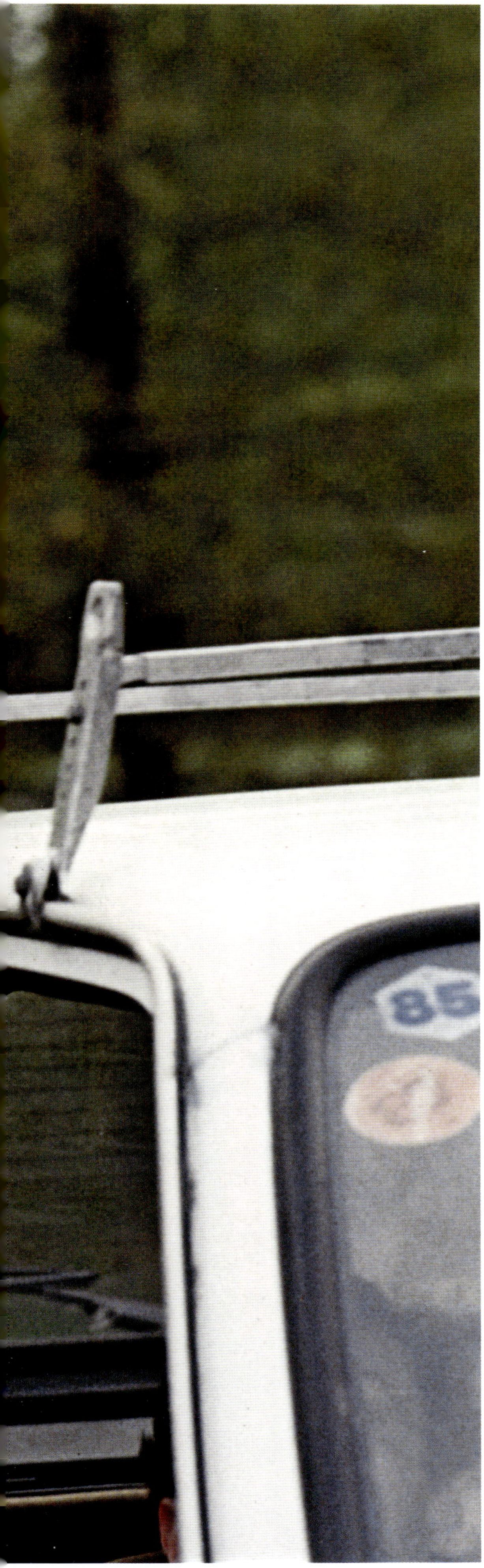

Ein Vorname, der der abgehobenen Eleganz ihrer Figur entspricht: das ist France, reich, aber sehr einsam.

Drôle d'endroit pour une rencontre
(Nächtliche Sehnsucht)

Kinostart: 1987
Regisseur: François Dupeyron
Hauptdarsteller: Catherine Deneuve, Gérard Depardieu
Rolle: France

Seit Jahren arbeitet François Dupeyron am Drehbuch seines ersten abendfüllenden Spielfilms. Nach Monaten des Schreibens gibt es Schwierigkeiten, das nötige Geld dafür im Vorfeld aufzutreiben. Der 38-Jährige, der für seine Kurzfilme bereits zwei Césars erhalten hat, glaubt felsenfest an seine Geschichte, die von der Begegnung eines Mannes und einer Frau an einer Autobahnraststätte erzählt.

Der Ausgangspunkt ist ziemlich einfach: zwei Menschen, die an einem Wendepunkt angekommen sind, spielen das Spiel von gegenseitiger Anziehung und Abstoßung. Der Erste, der an diese scheinbar einfache Geschichte glaubt, ist der Produzent René Cleitman, Chef von Hachette Première. Von der Begeisterung eines seiner Redakteure angesteckt, denkt er bereits über die männliche Besetzung nach – er wird Gérard Depardieu fragen. Der ist Feuer und Flamme. Schon beim Lesen des Drehbuchs ist er derart begeistert, dass er den Film mitproduzieren will, aber »im ersten Anlauf«, so erzählt Dupeyron, »wollte er die Rolle nicht übernehmen. Es war gegen Ende von *Sous le soleil de Satan* (*Unter der Sonne Satans*) von Pialat, und er hatte beschlossen, ein Jahr lang nichts zu machen. Dann brachte Depardieu Deneuve an, und sie überzeugte ihn, mitzuspielen.« »Sie hat mir vermittelt, dass sie Lust hatte, diese Begegnung zu spielen«, erzählt er der Presse. »Und dann spürten wir beide, Deneuve auch: Sie war auf der Suche nach etwas.«

Nächtliche Sehnsucht eröffnet tatsächlich einen Zyklus von Filmen, in denen die Schauspielerin alternative Wege erforscht, um sich selbst zu überraschen und so lange mit ihrem Star-Image zu spielen, bis die Ikone vom Podest stürzt. Wie man wenig später in *Indochine* sehen wird, der ihre Karriere ganz neu anstößt, versucht sie, wie viele Schauspielerinnen, das berühmte »Kap der 40-Jährigen« zu umschiffen und den Karriereknick zu vermeiden. Mit dieser Figur einer Frau, die die Orientierung verliert, setzt Catherine Deneuve ihren Fuß auf Neuland; man kann sich gut vorstellen, dass sie sich freut, unter all den sehr klassischen und konventionellen Angeboten auf dieses Drehbuch mit seinen »unpassenden« Szenen und den teilweise vulgären Dialogen gestoßen zu sein.

Mit dieser Geschichte kann sie ihre Lust auf Neues und Einzigartiges stillen. Da reicht schon die Plattitüde »Hier riecht's nach Hühnern«, die Depardieu von sich gibt, als er sie zu Beginn des Films erstmals sieht. Er erschnüffelt sie wie ein Wilder, als sie wie ein ausgesetztes Tier an einer Raststätte aus einem Auto gestoßen wird.

Die Einheit des Ortes, der Zeit und der Handlung lässt den Film wie eine Fabel wirken. Die zwei Superstars des französischen Kinos, die sich seit nunmehr zehn Jahren kennen, verkörpern zwei Aspekte von Frankreich, die einander zu verführen versuchen, ohne dass es ihnen gelingt, sich zu lieben, zumindest nicht zur selben

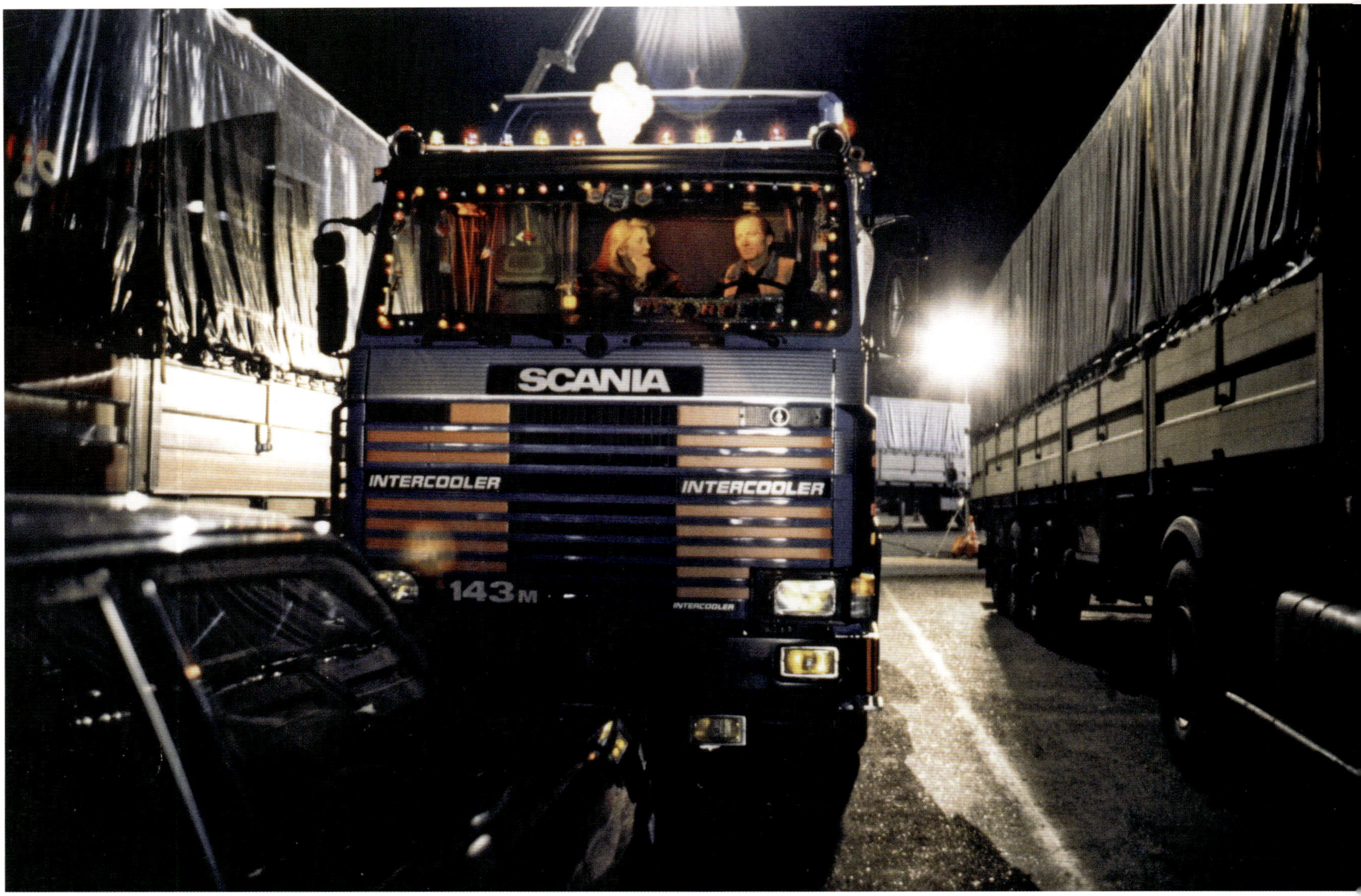

Oben: Zwischen Neonbeleuchtung und Lastwagen spiegelt das gräuliche Licht von Dupeyron das Unbehagen der Figuren wider.

Rechts: France und Charles stellen sich einem Duell, das ihre Gefühle nach und nach bloßlegt. Ein Funken sprühendes erneutes Zusammenspiel von Deneuve und Depardieu.

Zeit. Er ist roh, einfach, ein Prolet. Wie der Motor seines Wagens ist er ausgehöhlt, kaputt, und er sehnt sich nach Rückzug. Sie ist komplex, verängstigt, eine vereinsamte Tochter aus gutem Haus. Er duzt die Menschen, und sein Blick ist bohrend und lebhaft. Sie siezt ihn und schafft es nie, ihm direkt ins Gesicht zu sehen, ist ständig auf der Flucht, schaut nervös nach links und rechts und senkt oft den Blick.
Um Catherine Deneuve zu filmen, geht Dupeyron mit seiner Kamera so nah wie möglich an sie heran. »So habe ich ihr dabei geholfen, Gefühle rüberzubringen. Normalerweise spielt sie eher die Geheimnisvolle als die Gefühlsbetonte. Aber natürlich hat das nur geklappt, weil sie es auch wollte. Sie hatte diesen sehr starken und sehr gescheiten Wunsch, Gefühle zu wecken, und gleichzeitig empfand sie einen extremen Widerstand dagegen. Ich glaube, sie ist deswegen so großartig in dem Film, weil das auf der Leinwand spürbar wird; dieses permanente zähe Ringen mit sich selbst, sie ist eine aufgewühlte Frau.«
Dieser »seltsame Ort« [so der Originaltitel, A.d.Ü.] wird somit auch zum »seltsamen Film«, der nicht unterschätzt werden sollte in einer im Umbruch befindlichen Filmographie. Dem Autor ist es gelungen, eine bisher unentdeckte Facette der Schauspielerin zum Vorschein zu bringen, und zudem ist der Film ein neuerliches Beispiel für die subtile und geheimnisvolle Harmonie zwischen Depardieu und Deneuve.

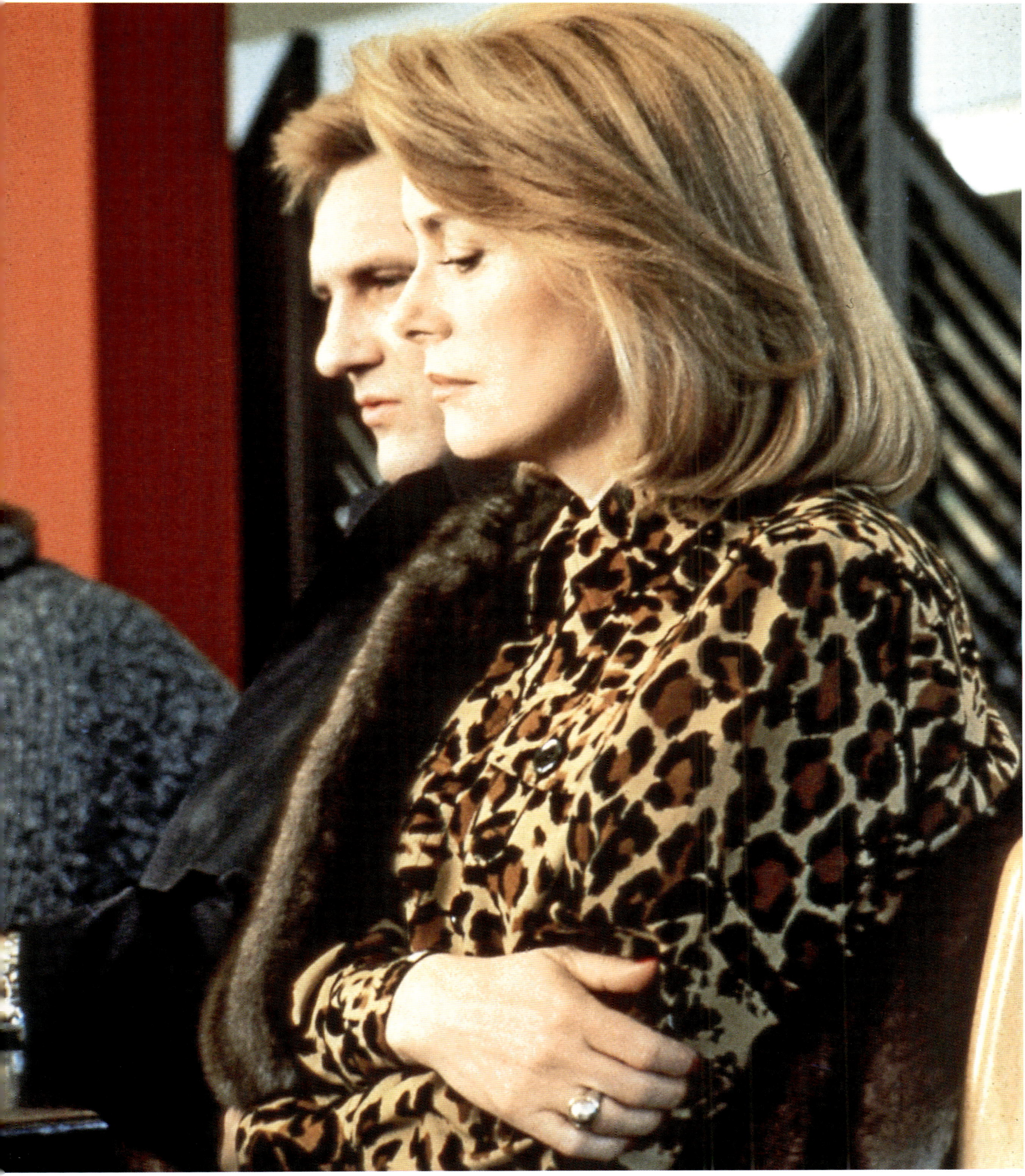

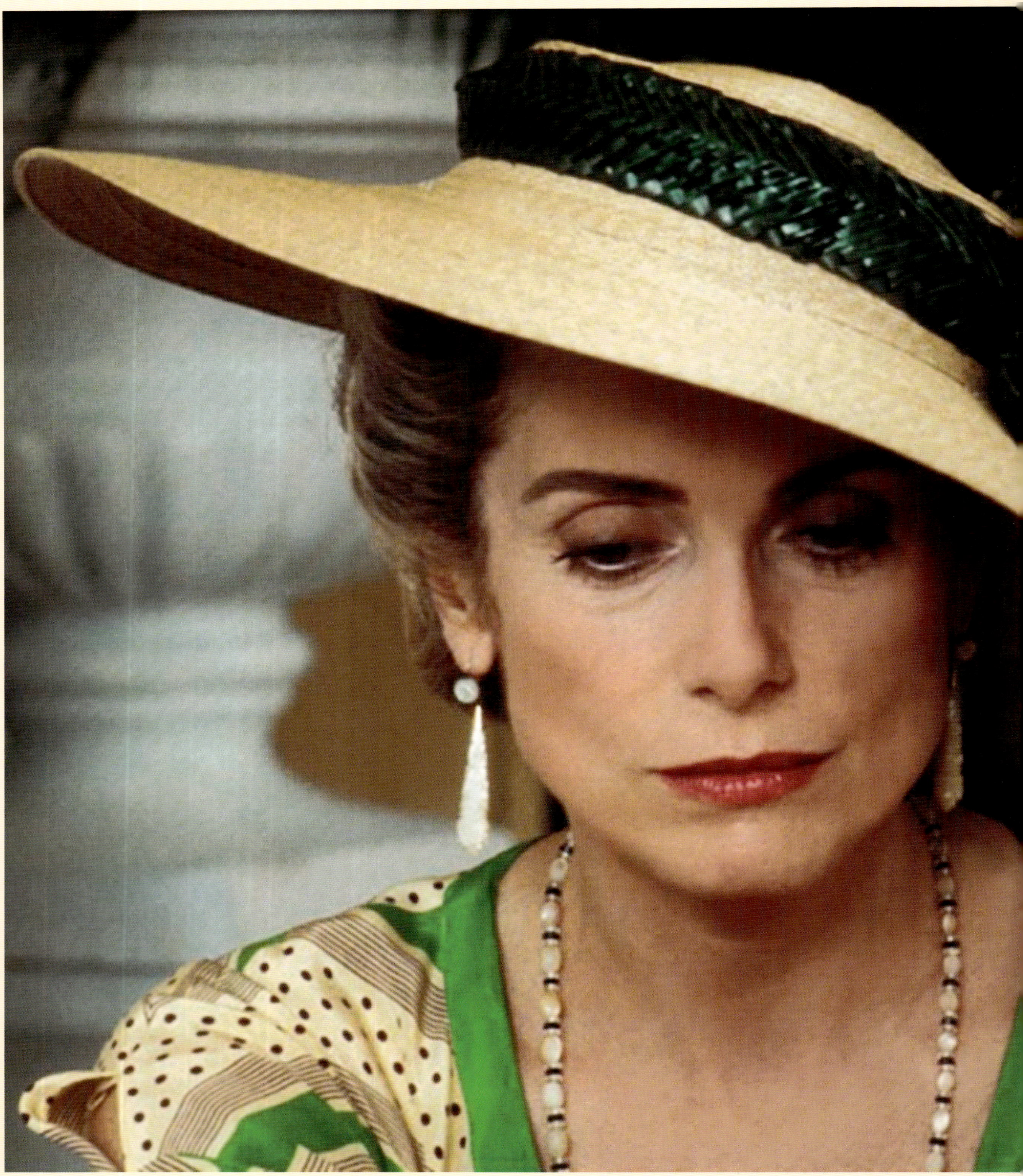

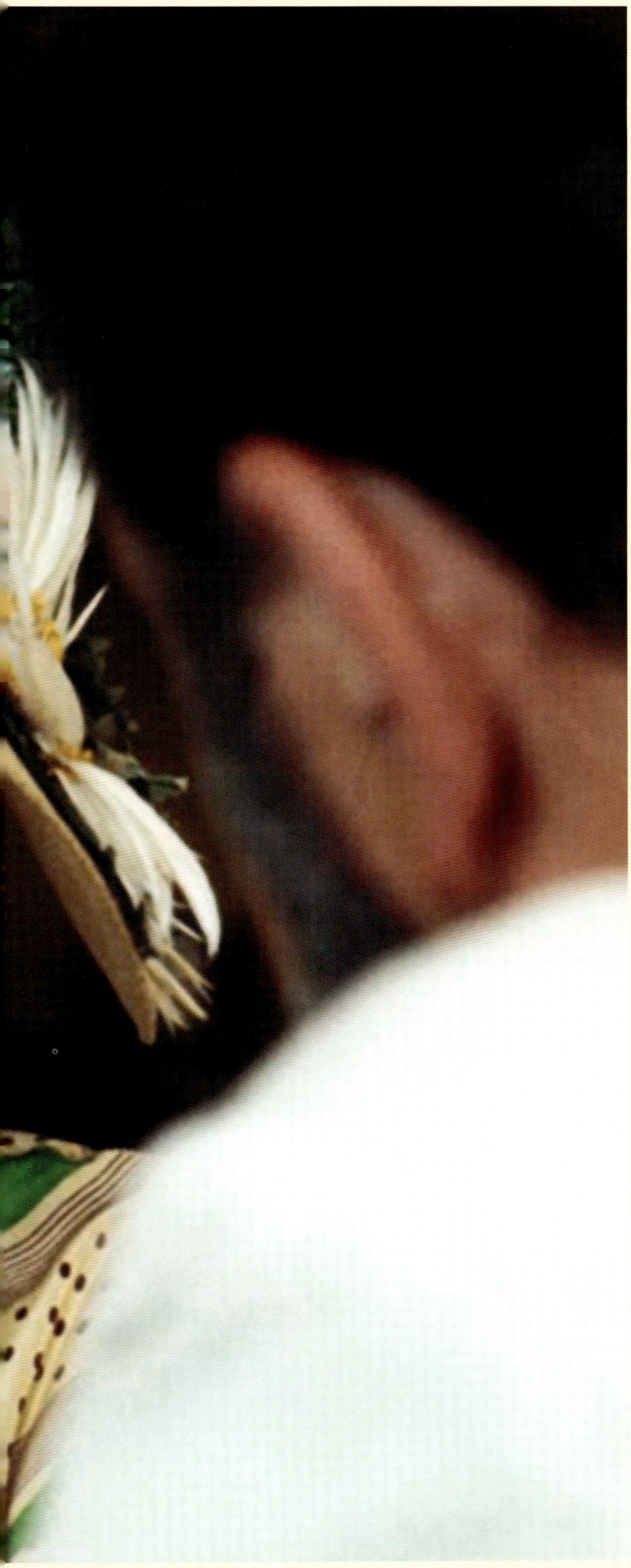

Die 1990er Jahre

Wargnier und Téchiné – mit diesen beiden Namen ließe sich Deneuves Filmographie der 1990er Jahre kurz zusammenfassen. Unter ihrer Regie dreht Catherine Deneuve nicht weniger als vier Filme im Lauf dieses einen Jahrzehnts: *Indochine*, *Eine Liebe in Russland*, *Meine liebste Jahreszeit* und *Diebe der Nacht*.

1992 ereignet sich etwas, das sie mit Freude und Stolz erfüllt: nach dem Erfolg bei der César-Verleihung erhält *Indochine* die lang ersehnte Auszeichnung in Hollywood, den Oscar als bester ausländischer Film.

Für *Place Vendôme* wird Catherine Deneuve mit einem Preis bei den Filmfestspielen von Venedig bedacht.

1995 kommt *Belle de jour* dank Martin Scorsese in den USA wieder ins Kino und feiert neue Erfolge. 1998 erhält Deneuve einen Goldenen Bären für ihr Lebenswerk.

Mobiltelefone haben inzwischen alle, nun ist die Ära der sozialen Netzwerke angebrochen, was dazu führt, dass jeder sich nach Hause zurückzieht und nur noch um sich selbst kreist. Um sich von der »großen Angst« vor dem Jahr 2000 und dem befürchteten weltweiten Zusammenbruch der Computersysteme abzulenken, stürzen sich die Franzosen auf Filmkomödien. Claude Zidi gelingt es, fast neun Millionen Zuschauer für *Asterix und Obelix gegen Caesar* in die Kinos zu locken, *Schöne Venus* macht Spaß, weil er so frisch ist, und *Meine schöne Schwiegermutter* wird auch ein Publikumserfolg.

Mit *Indochine* reisen Catherine Deneuve und Régis Wargnier um die Welt, in Hollywood nehmen sie den Oscar für den besten ausländischen Film mit.

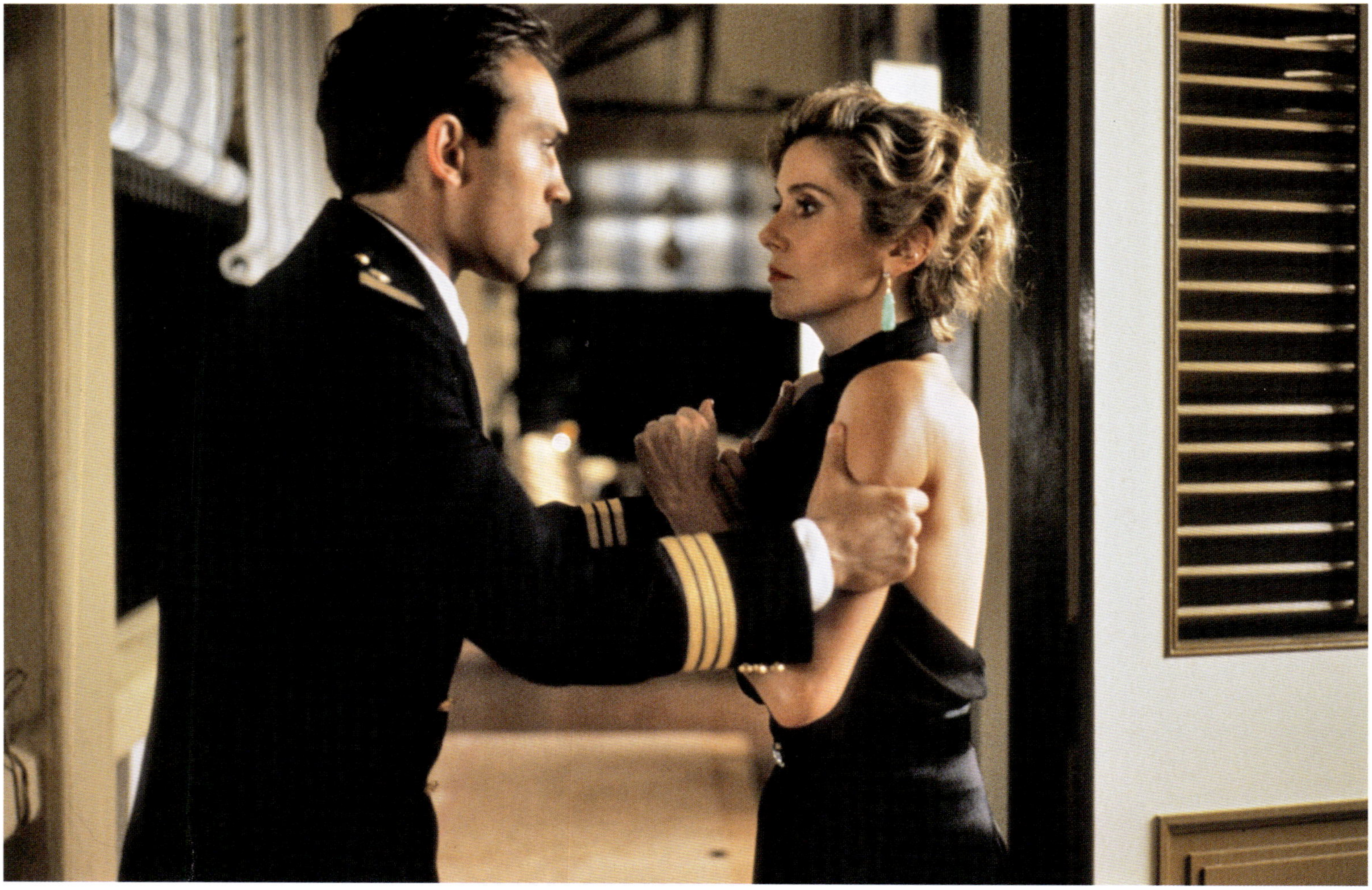

Oben: Jean-Baptiste Le Guen (Vincent Perez), ein junger französischer Marineleutnant, ist in leidenschaftlicher Liebe zu Éliane Devries entbrannt, der Erbin einer Plantage in den Kolonien.

Rechts: Camille (Linh Dan Pham) ist eine vietnamesische Prinzessin und Adoptivtochter von Éliane.

Indochine

Kinostart: 1992
Regisseur: Régis Wargnier
Hauptdarsteller: Catherine Deneuve, Vincent Pérez, Linh Dan Pham, Jean Yanne, Dominique Blanc
Rolle: Éliane Devries

Als Catherine Deneuve Régis Wargnier begegnet, ahnt sie nicht, wie sehr er ihr Image als Frau und als Schauspielerin verändern wird aufgrund eines vermeintlichen Details, das aber in Wahrheit sehr viel mehr ist: ihre Frisur. In *Indochine* tritt sie mit kurzen Haaren auf. Dieser Haarschnitt, der Berühmtheit erlangt, wirkt wie das Symbol einer Erneuerung, die schon seit mehreren Jahren im Gange ist. Mit 49 Jahren präsentiert Catherine Deneuve den Photographen der großen Modemagazine ihren freigelegten Nacken. Dass sie ihre berühmte blonde Mähne aufgegeben hat, bedeutet mehr als einen bloßen Wechsel der Mode. Sie zeichnet auf diese Weise auch die Silhouette ihrer neuen Persönlichkeit: autoritär und dabei dennoch verletzlich, ein wenig jungenhaft. Das ist Éliane. Direkt hervorgegangen aus der Phantasie eines Mannes, der zwar noch kein erfolgsverwöhnter Regisseur ist, aber immerhin Regieassistent.

Régis Wargnier wurde als Sohn eines Infanterieoffiziers in Metz geboren. Er besucht die Gymnasien des wohlhabenden Pariser Westens, ehe er an der Universität von Nanterre klassische Geisteswissenschaften studiert. Als Assistent von Chabrol in den 1970er Jahren macht er sich einen Namen als unübertroffener Organisator, und dank seiner Durchsetzungskraft erhält er verschiedene Posten, vom Kameraassistenten über den Hilfsregisseur bis zum Aufnahmeleiter, einer Schlüsselposition, ohne die keine effektive Arbeit am Set denkbar ist. Catherine Deneuve begegnet er bei den Dreharbeiten zu *Le Bon Plaisir* von Francis Girod; er ist als Regieassistent dabei, und während er die Schauspielerin beim Dreh beobachtet, wächst in ihm der Wunsch, ihr eine Rolle auf den Leib zu schreiben. Er entwickelt also seinen ersten Film, *La Femme de ma vie* (*Die Frau meines Lebens*) und hat da-

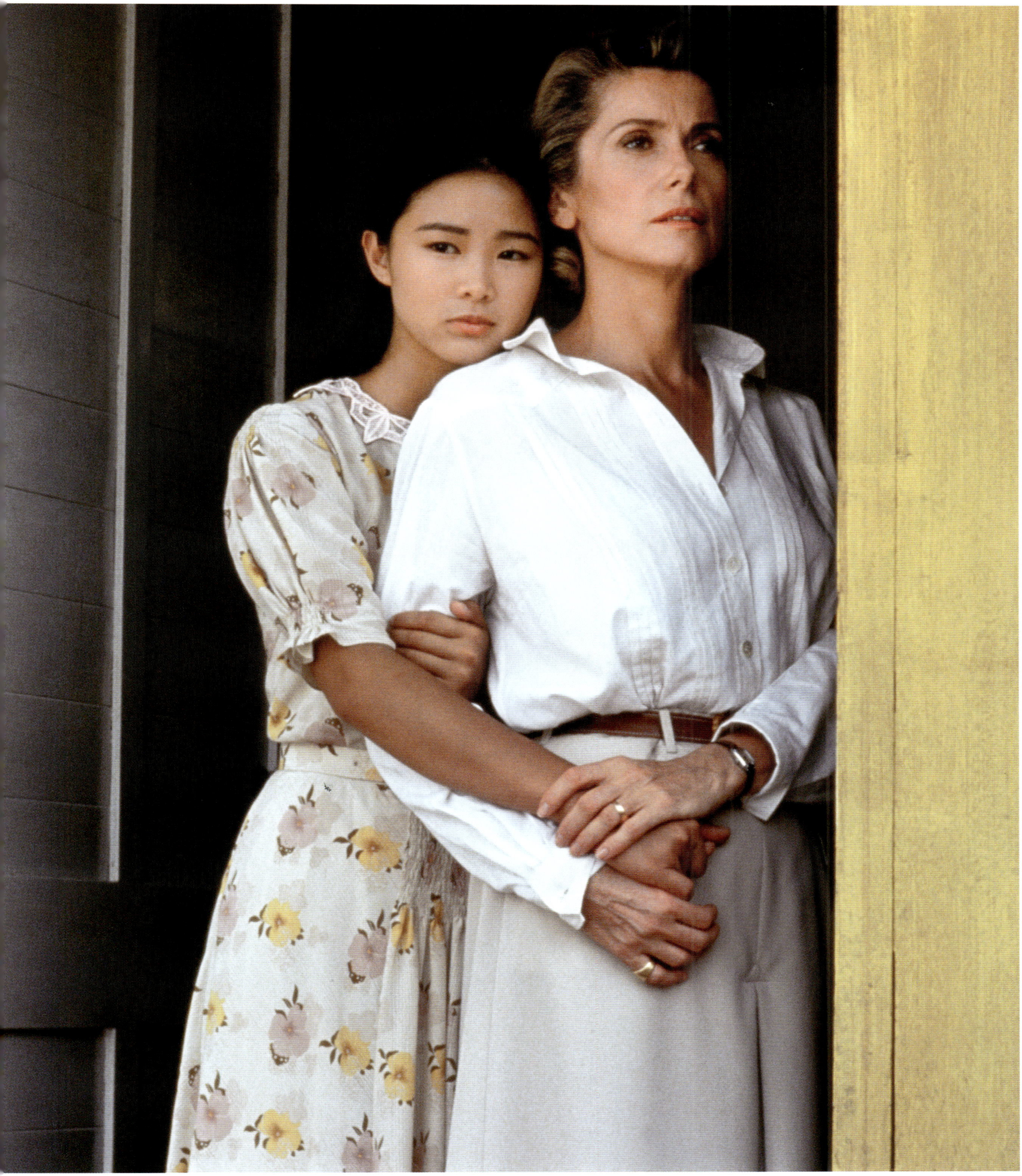

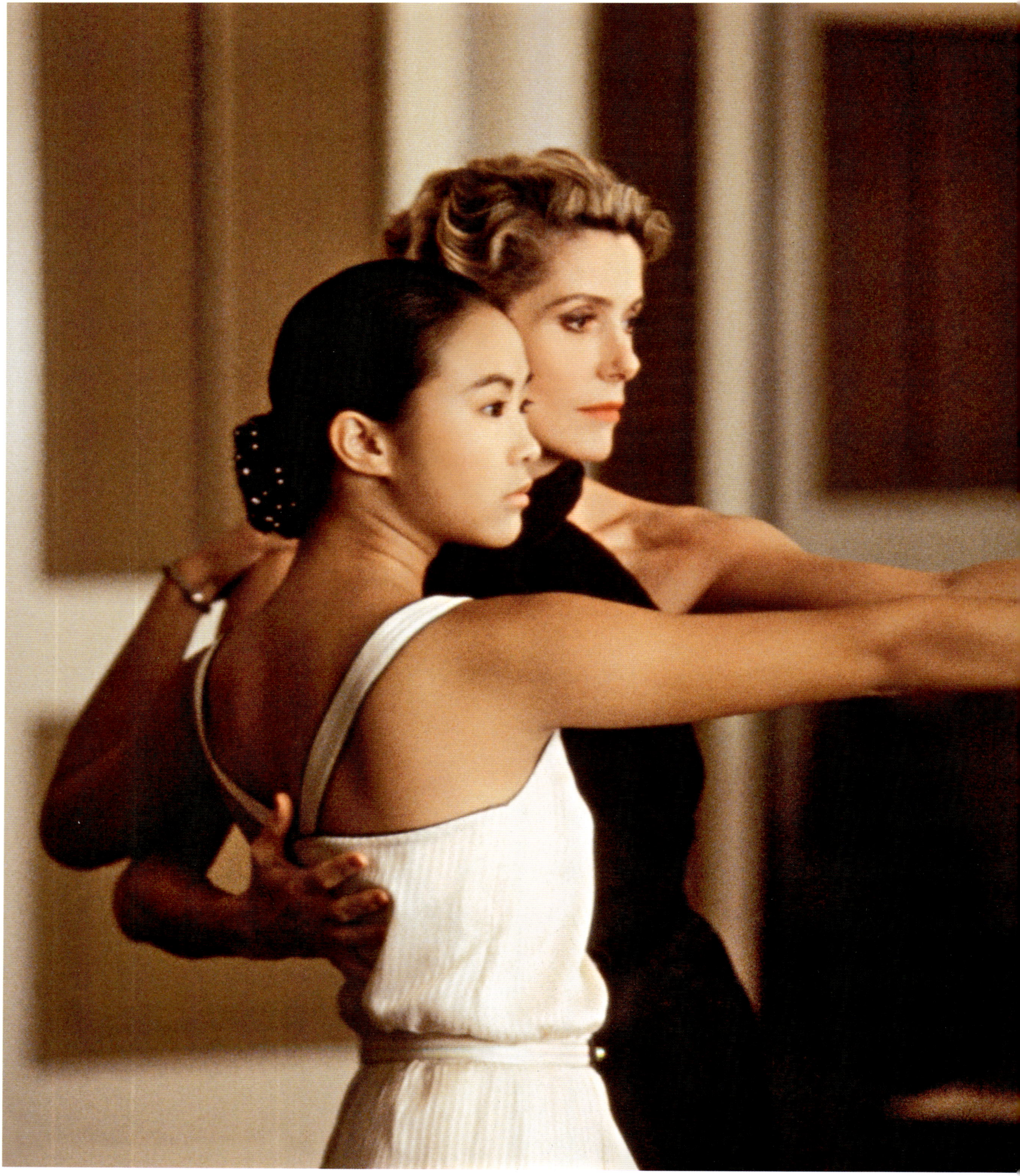

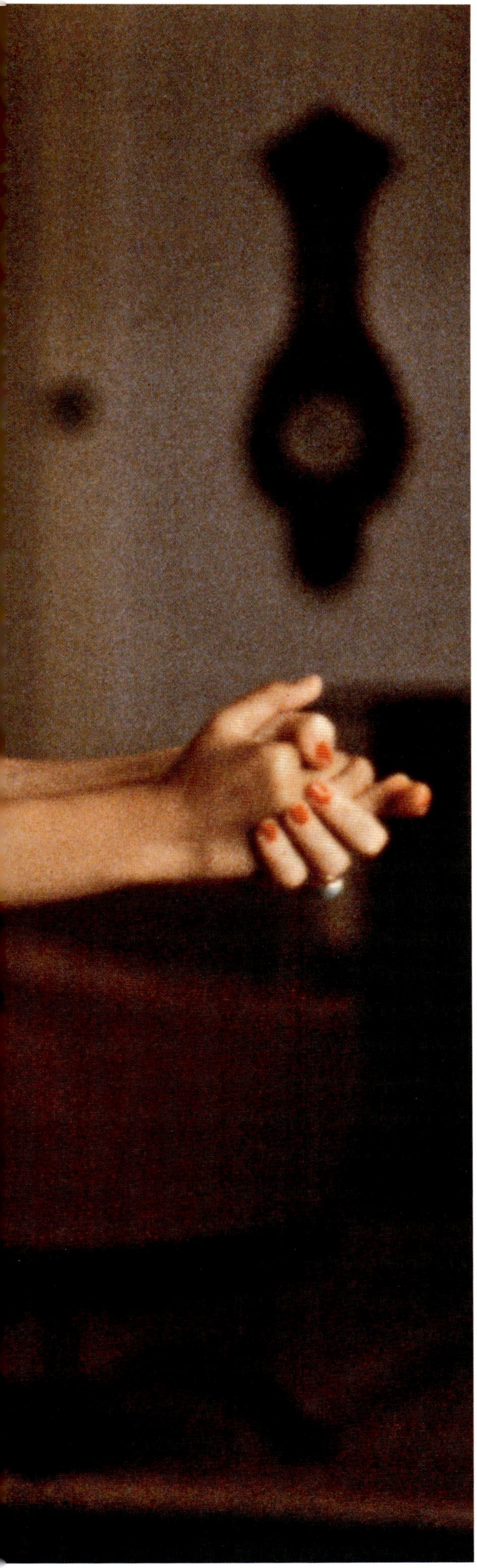

Für Régis Wargnier ist die Beziehung zwischen Mutter und Adoptivtochter eine Metapher für den Kolonialismus.

bei sie im Sinn, doch sie lehnt ab. Aber die beiden verlieren sich nicht aus den Augen. »Wie waren einander sympathisch«, vertraut die Schauspielerin 1997 *Studio Magazine* an, »und ich erinnere mich, dass er mich fragte, ob ich einen Film mit ihm machen würde. In seiner Frage war ein echtes Anliegen zu spüren, aber auch so etwas wie eine Herausforderung ... Ich habe Ja gesagt. Er hat mir das Script von *La Femme de ma vie* zu lesen gegeben, es war interessant und originell. Wir haben uns regelmäßig wiedergesehen, und daraus ist dann *Indochine* geboren ...« *Die Frau meines Lebens* erhält einen César für das beste Erstlingswerk; Deneuve und Wargnier sehen sich wieder. Sie sprechen regelmäßig miteinander und tauschen sich über ein Projekt aus, ohne zu ahnen, dass es ein riesiger, vielfach preisgekrönter Publikumserfolg werden wird. Die Geschichte beginnt Formen anzunehmen, ihr Rahmen ist Indochina, und der wird mit einem großen romantischen Gemälde über die koloniale Vergangenheit Frankreichs im asiatischen Raum ausgefüllt.

Eine dritte Person tritt auf den Plan, die entscheidend an der Entstehung des Films beteiligt ist: der Produzent Éric Heumann, der eine Schlüsselrolle für das Ergebnis und den Erfolg des Films spielen wird. Er hat bei Marin Karmitz angefangen und 1984 seine eigene Produktionsfirma gegründet, Paradis Film. Er ist der Produzent von Bellocchio, Granier-Deferre, Angelopoulos und Deray. Als er erfährt, dass Vietnam seine Grenzen wieder öffnet, schlägt er Régis Wargnier vor, dorthin zu reisen und einen Film auf die Beine zu stellen, der zur Kolonialzeit spielt. Wie Jean-Jacques Annaud oder Pierre Schoendoerffer mit *L'amant* (*Der Liebhaber*) und *Dien Bien Phu* taucht Régis Wargnier mit seiner Kamera mitten hinein in den traumatischen Moment der französischen Geschichte. *L'Événement du jeudi* widmet diesem Phänomen des französischen Kinos im April 1992 einen ganzen Artikel. Unter dem Titel: »Französisches Kino: die Wiedereroberung Indochinas« erzählt Wargnier, dass »die Ausgangsmotivation das Wort Indochina war. Es hat meine Kindheit geprägt, weil mein Vater, der beim Militär war, dort Krieg führte und ich wie ein Leitmotiv immer wieder hörte: ›Wir müssen Indochina behalten, wir dürfen Indochina auf keinen Fall verlieren!‹ Als mir ein Produzent dann vorschlug, dort hinzufahren, hatte ich sofort Lust, diesen Schatz zu sehen, den es auf keinen Fall zu verlieren galt.«

Catherine Cohen, die Drehbuchautorin seines ersten Films, schreibt die Geschichte gemeinsam mit zwei talentierten Romanautoren, Louis Gardel (mit dem Romanpreis der Académie française ausgezeichnet) und Erik Orsenna (Träger des Prix Goncourt). Indem man sich der Mitarbeit versierter Romanautoren versichert, wird klar, dass der Film kein simples historisches Melodram werden wird, das die Geschichte einer Liebe zwischen einem französischen Offizier und einer Prinzessin aus Indochina erzählt.

Catherine Deneuve wird also zu Éliane Devries, der Eigentümerin einer 6000 Hektar großen Kautschukplantage. Die Figur, die sie spielt, lässt den Film zu einem epischen Tableau werden, sie macht aus der Erzählung einen Mythos. »Die Figur ist mir in mancherlei Hinsicht sehr nahe«, bekennt sie während der Dreharbeiten gegenüber der Presse. »... Scheinbar distanziert, aber leidenschaftlich und sehr impulsiv. Verschwiegen, aber gleichzeitig heftig ... Ich kenne die Seelenzustände von diesem Typ Mensch. Ich denke, dass sich viele Frauen darin wiedererkennen werden.« Stark und unabhängig lebt sie mit ihrem Vater und ihrer Adoptivtochter Camille, gespielt von Linh Dan Pham, unter einem Dach. Die intensiven Gefühle zwischen Éliane und Camille werden insbesondere durch ihre beiderseitige Verbundenheit mit ihrem Land definiert. Éliane fühlt sich ganz und gar Indochina zugehörig: »Wer sein ganzes Leben lang Äpfel gegessen hat, bewahrt den Geschmack in Erinnerung. Bei mir gilt das für die Mango, ich bin eine Asiatin.«

Tatsächlich verkörpert das Gespann von Mutter und Adoptivtochter die Beziehung, die sich aus der französischen Präsenz in Vietnam ergibt: »Die Idee der Adoption«, erklärt Régis Wargnier, »ist wie eine Metapher für die Kolonialisierung.« Die Figuren funktionieren im Prinzip wie Archetypen in einer Erzählung, in der sich das

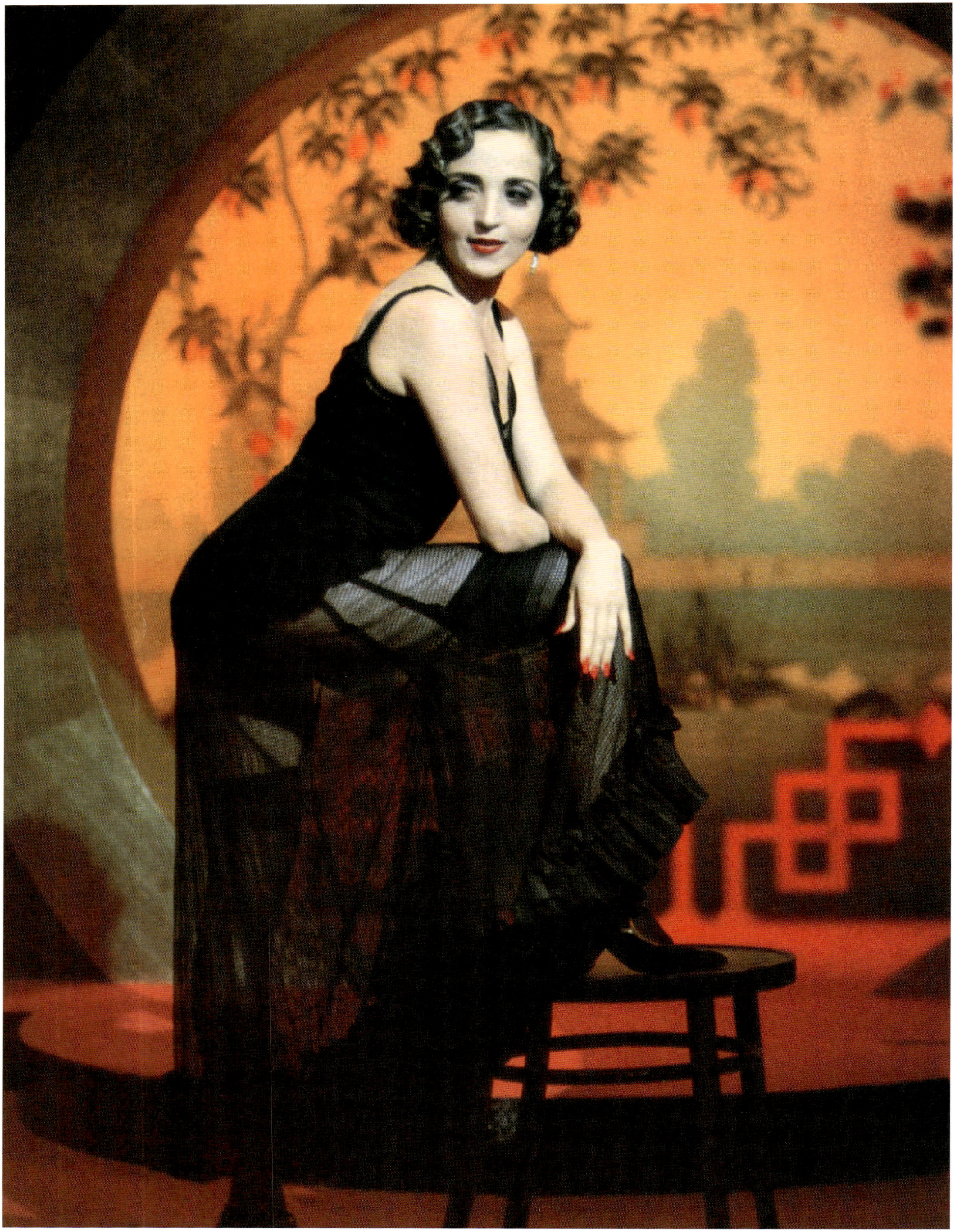

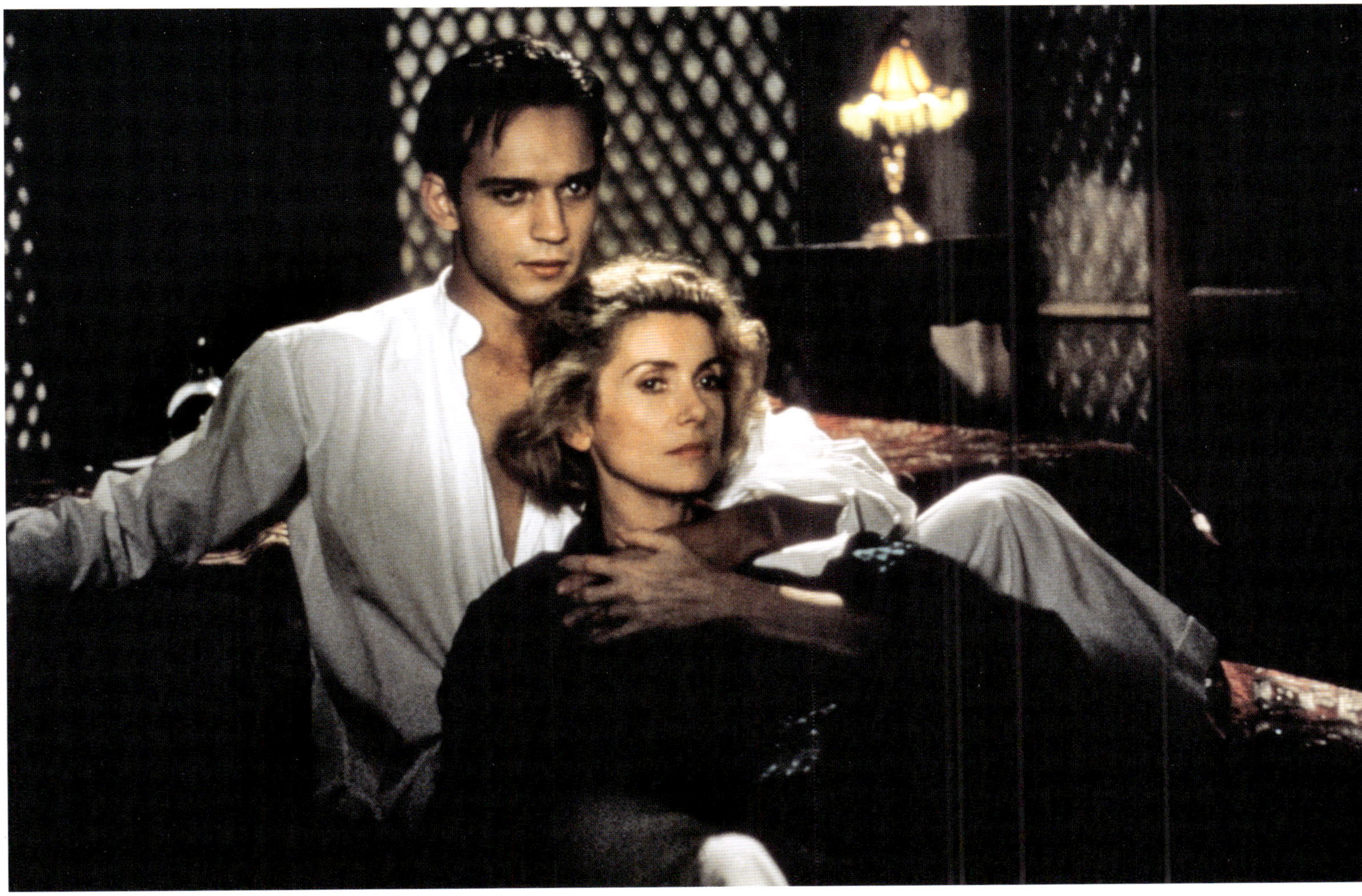

Oben: Französische Liebesromantik, vom Leutnant verkörpert, und die Sehnsucht nach der kolonialen Vergangenheit waren die Themen, die dem Publikum international gefielen.

Links: Für ihre subtile Darstellung von Yvette erhält Dominique Blanc den César für die beste weibliche Nebenrolle.

romanhafte Geschehen erfüllt. Die gelungenen Kostüme stammen von der Italienerin Gabriella Pescucci. Die Studiokulissen sind so großartig, dass Catherine Deneuve nur noch von »Cinecittà« spricht. Die Bilder von François Catonné, die Musik von Patrick Doyle und das gesamte Casting (Vincent Pérez, Dominique Blanc, Jean Yanne) – Régis Wargnier bietet alles auf, um die echte und berührende Sehnsucht nach dem Kolonialreich und der Größe Frankreichs wiederauferstehen zu lassen.

Der Film erhält einen Oscar als bester ausländischer Film, nachdem er schon mit fünf Césars (beste Schauspielerin, beste Nebendarstellerin für Dominique Blanc, beste Kamera, bester Ton und beste Ausstattung) ausgezeichnet worden war. Catherine Deneuve verfehlt nur knapp den Oscar als beste Darstellerin, sie ist mit Emma Thompson, Susan Sarandon und Mary McDonnell nominiert. *Indochine* zieht in Frankreich mehr als drei Millionen Zuschauer an und bleibt ein besonderes Ereignis in Deneuves Karriere – ein Riesenerfolg für die Schauspielerin und ein unvergessliches Abenteuer für die Frau. Davon zeugen zahlreiche Anekdoten, die sie während der Dreharbeiten in ihren Notizen festgehalten hat und die einige Jahre später unter dem Titel *À l'ombre de moi-même* (*In meinem Schatten*) veröffentlicht werden. In epischer Breite schildert sie den sintflutartigen Regen am Set, in gewagten Worten die Ankunft der Versicherungsinhaber, die für den guten Ausgang des Unternehmens garantieren, in Hanoi. Und dann wird die Erzählung ganz intim, wenn sie berichtet, wie sich das Filmteam unter dem Eindruck der gemeinsam im Exil verbrachten Zeit wie in einem Kokon zusammenschließt. Eine echte Familie, mit Catherine Deneuve als Mutter. »Wenn sie nicht drehte«, erzählt Régis Wargnier, »kam sie mit ihrem kleinen Photoapparat, und es machte Klick. Am nächsten Tag hatte jeder einen Abzug.« Das menschliche Abenteuer, zu dem diese Dreharbeiten wurden, war so groß wie der Film selbst.

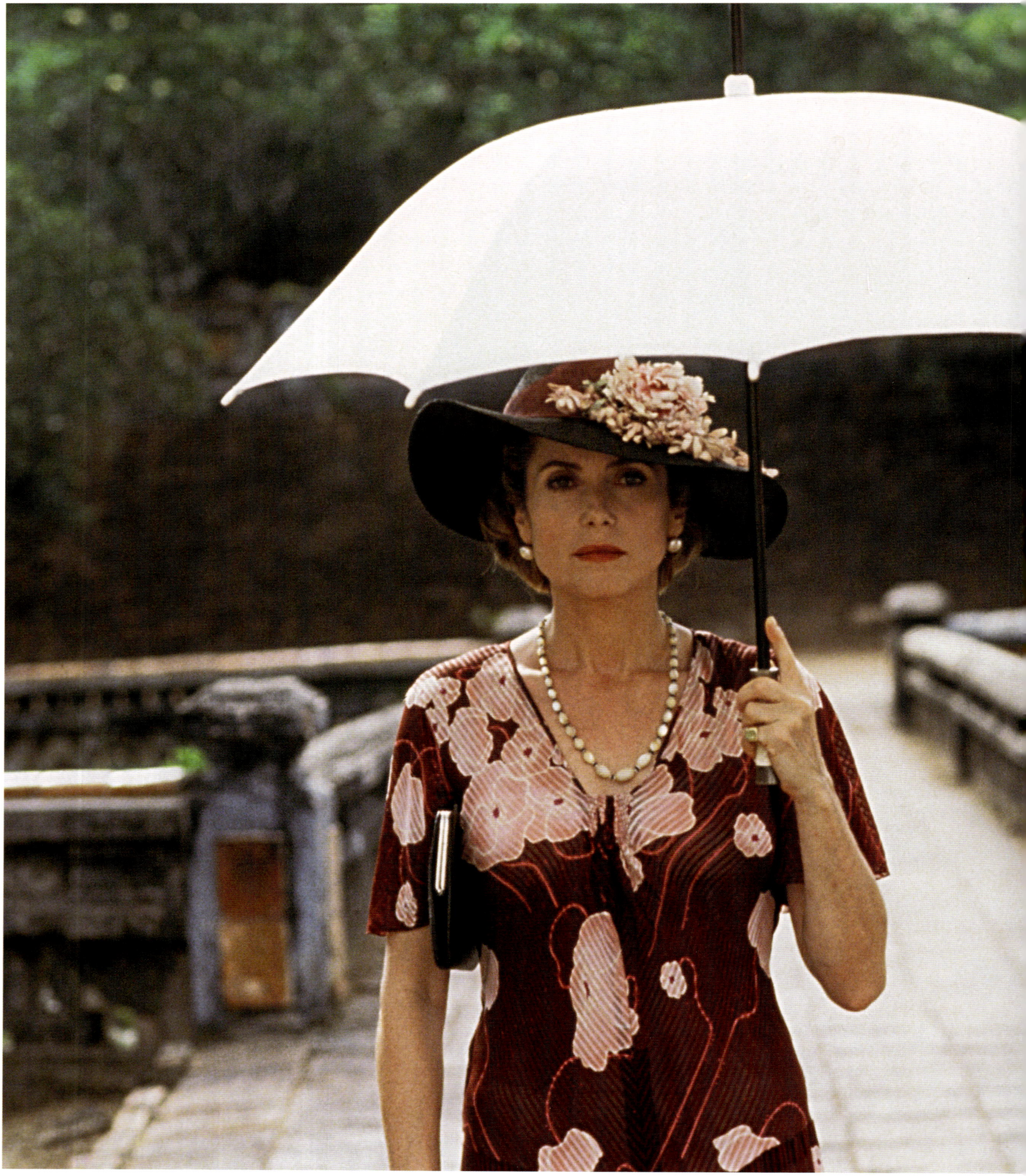

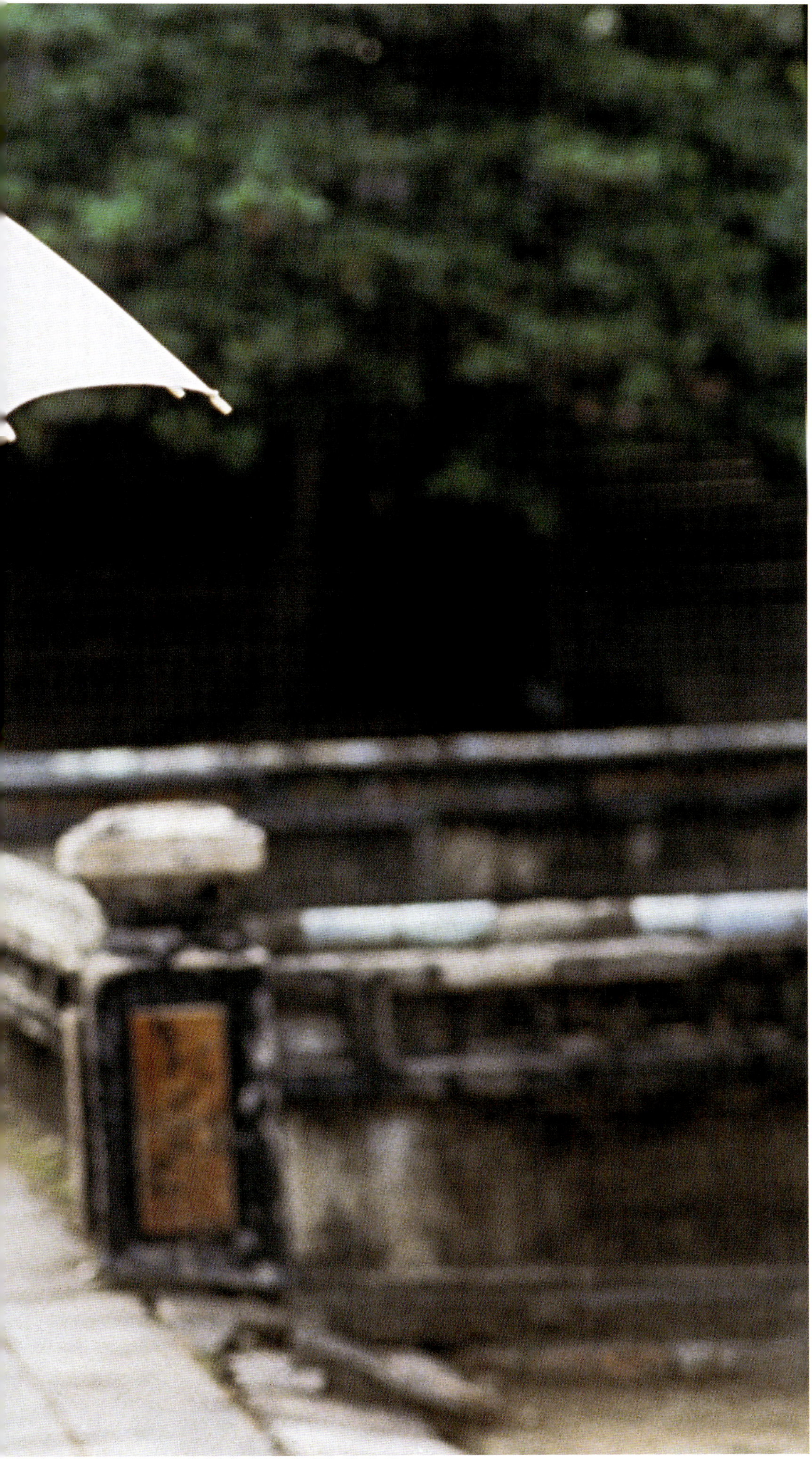

»Es ist das erste Mal«, schreibt Catherine Deneuve in ihr Drehtagebuch, »dass ich mich so nah dran und auch so verantwortlich fühle für einen Film, der für mich geschrieben wurde und der auch ein so großes Budget beinhaltet; das ist eine große Challenge, ein unerhörtes Geschenk, das ich jeden Tag genieße, ohne etwas dafür tun zu müssen.«

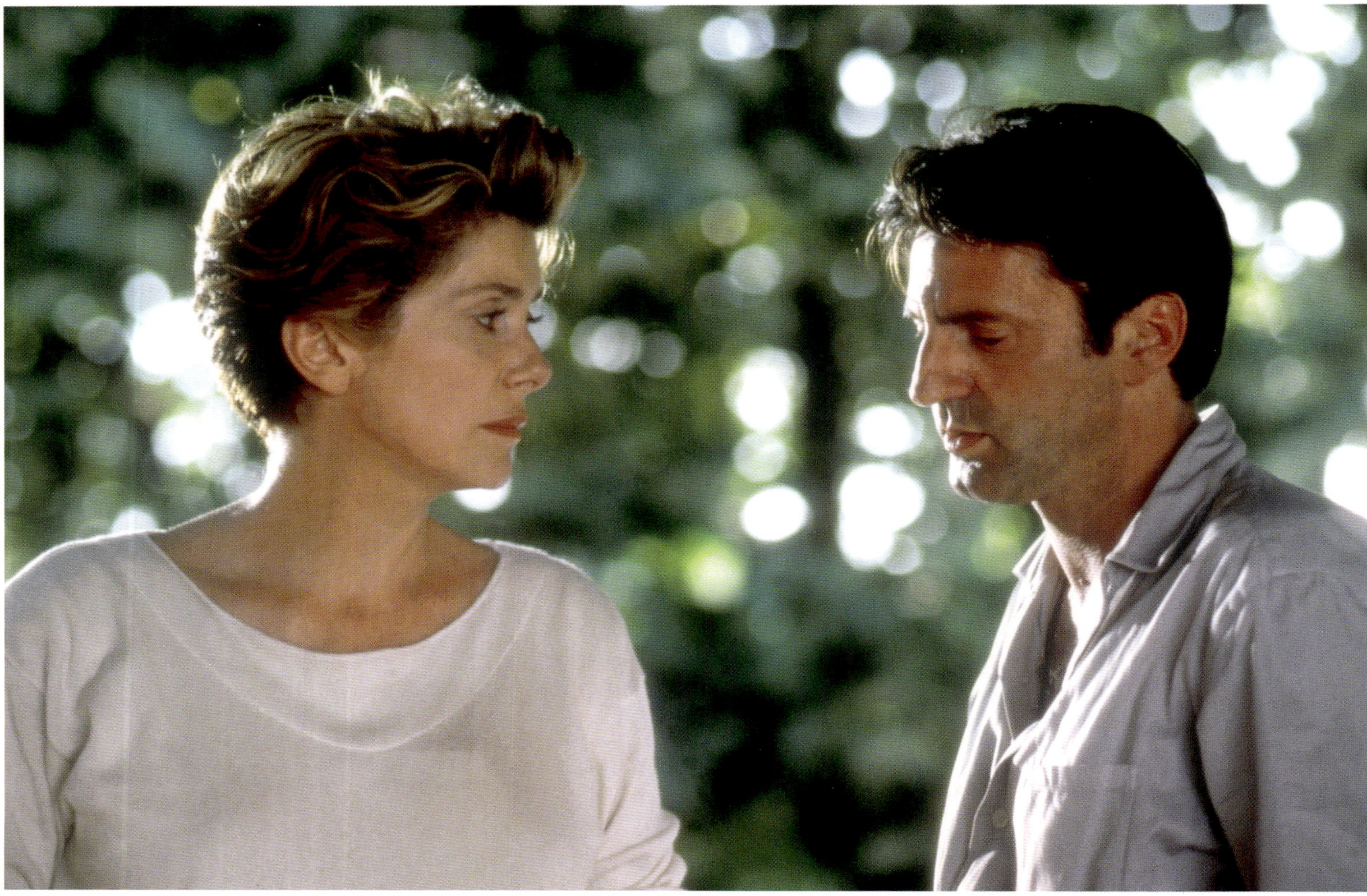

Daniel Auteuil und Catherine Deneuve lernen, vor Téchinés Kamera als Bruder und Schwester aufzutreten; einmal mehr legt der Regisseur familiäre Störungen offen.

Ma saison préférée
(Meine liebste Jahreszeit)

Erscheinungsdatum: 1993
Regisseur: André Téchiné
Hauptdarsteller: Marthe Villalonga, Daniel Auteuil, Catherine Deneuve, Chiara Mastroianni, Jean-Pierre Bouvier
Rolle: Émilie

Meine liebste Jahreszeit, der 1993 als Eröffnungsfilm in Cannes lief, entstand aus dem Wunsch, Daniel Auteuil und Catherine Deneuve gemeinsam vor die Kamera zu holen. So werden sie unter den Augen von André Téchiné Bruder und Schwester. Sie heißt Émilie, ist Anwältin und arbeitet für ihren Mann, der Notar in Toulouse ist. Antoine ist Arzt und Gehirnspezialist in einer Klinik.
Beide sind Beispiele für den geglückten sozialen Aufstieg, »zwei Hirne, die demselben Bauch entstammen«, wie Antoine gegen Ende des Films formuliert. Ihr Studium hat sie nicht nur zu glänzenden Vertretern ihres jeweiligen Fachs gemacht, darüber hinaus bilden sie auch ein schier unzertrennliches Geschwisterpaar. Ihre Mutter Berthe, Bauersfrau und Witwe, erleidet am Anfang der Geschichte einen Schwächeanfall, und weil sie es satt hat, allein und abgeschieden auf dem Land zu wohnen, zieht sie zu ihrer Tochter. Émilie muss also wieder Kontakt zu ihrem Bruder Antoine aufnehmen, mit dem sie vor drei Jahren alle Verbindungen abgebrochen hat. Der Mutter kommt in dieser Geschwistergeschichte eine zentrale Rolle zu. »Zu Beginn«, erzählt André Téchiné in einem Interview, »hatte ich an Danielle Darrieux gedacht, die in *Le Lieu du crime* (*Schauplatz des Verbrechens*) und natürlich in *Die Regenschirme von Cherbourg* Catherines Mutter gespielt hatte. Aber ich brauchte eine unintellektuelle Frau, die im tiefsten Frankreich verankert wäre; Danielle Darrieux passte also nicht.

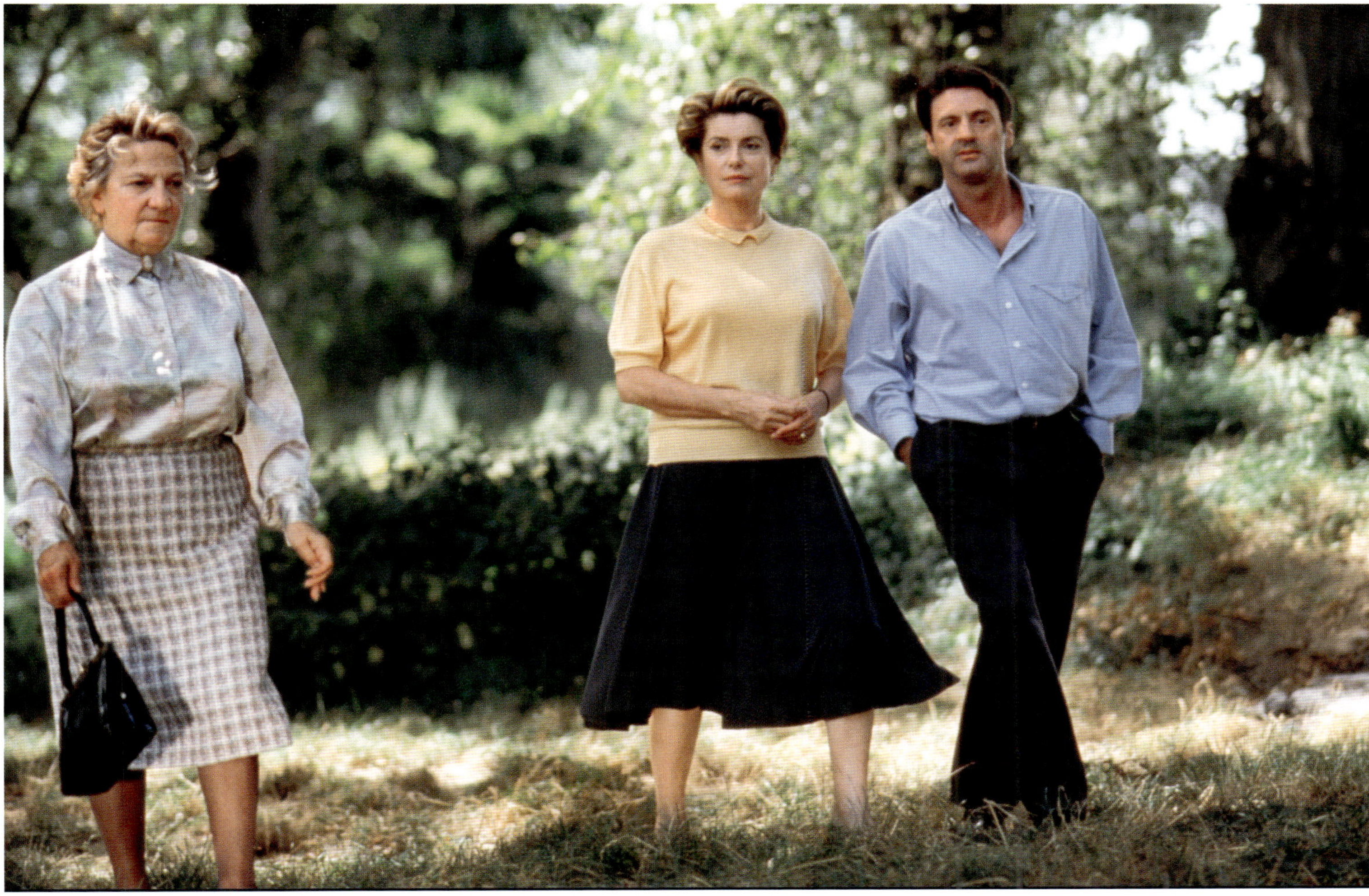

Indem er seine drei Darsteller nebeneinander hergehend für eine Probeaufnahme filmt, gelingt es Téchiné, seine zweifelnden Produzenten zu überzeugen, dass Marthe Villalonga, die für ihre Komödien und TV-Serien berühmt wurde, die richtige Wahl ist, um die Mutter zu spielen. Die Presse feiert sie einige Monate später einhellig in Cannes.

Der soziale Graben zwischen der Mutter und ihren beiden Kindern, die es so weit gebracht haben, musste offensichtlich werden. Was mich an der Provinz heutzutage fasziniert, sind die zwei Geschwindigkeiten, in der die Gesellschaft lebt. Mutter und Tochter sollten diese einander überlagernden Geschwindigkeiten zum Ausdruck bringen.« Téchiné denkt also an Marthe Villalonga, mit der er schon bei den Dreharbeiten zu *Les Innocents* (*Die Unschuldigen*) zusammengearbeitet hat. Aber die Produzenten zeigen sich mäßig begeistert, glauben sie doch, die populäre Serienschauspielerin würde zu sehr mit dem Genre Komödie in Verbindung gebracht werden. Daraufhin macht Téchiné die Probe aufs Exempel und filmt die drei beim Spazierengehen im Wald von Saint-Cloud. Und mit diesem Zelluloidschnipsel gelingt es ihm, die Produzenten sowohl von Marthe Villalongas dramatischem Potential als auch vom Gleichgewicht unter den drei Akteuren zu überzeugen.

Der Film zeichnet das Portrait einer Familie, festgehalten in einem dramatischen Augenblick, als sich die Mutter dem Tod nahe fühlt. Immer wieder tauchen im Film Familienphotos auf, als würden sie den Rhythmus bei einem an sich banalen Thema vorgeben, das jedem vertraut ist, das aber zugleich eine Art Zauberkasten ist, der alte Kindheitsgeheimnisse birgt.

Meine liebste Jahreszeit bietet Deneuve eine neue Option, Ideen zu verkörpern, die der Regisseur zum Ausdruck bringen möchte. Jenseits des grundlegenden Geschwisterthemas ist die Geschichte auch ein schönes Beispiel für die Gegensätzlichkeit zwischen einer alten und einer neuen Welt, dargestellt anhand zweier Generationen. Gewohnheiten, soziale Milieus, Altersgruppen, die auseinanderliegen und -driften. Das Thema der innerhalb der Familie nicht zu bewerkstelligenden Kommunikation ist omnipräsent. Die dritte Generation (Carmen Chaplin und Chiara Mastroianni, die Catherine Deneuves Tochter spielt) wirkt vollkommen sich selbst überlassen. Berthe und ihr Sohn Antoine haben im Übrigen denselben Tick, sie halten sich abseits, um Gefühlsbekundungen aus dem Weg zu gehen, und führen stattdessen Selbstgespräche. Um Empfindlichkeiten und Dramen zu vermeiden, bleibt der Mund verschlossen wie die Fensterläden eines Hauses, das man verlassen hat.

André Téchiné betont, wie viele Details Catherine Deneuve selbst zum Film beigetragen habe und wie sensibel ihr Spiel sei: »Im Gegensatz zu sonst spielt sie nicht das, was sie verbirgt, sondern das, was sie zeigt.«

In dieser surrealen Komödie mit faustischen Anklängen spielt Catherine Deneuve die Frau von Professor Michael Pavovic (John Malkovich), der in Portugal nach den Ursprüngen William Shakespeares forscht.

Le Couvent
(Das Kloster)

Kinostart: 1995
Regisseur: Manoel de Oliveira
Hauptdarsteller: John Malkovich, Catherine Deneuve, Luís Miguel Cintra, Leonor Silveira
Rolle: Hélène

Das Gittertor am Eingang ist verschlossen, als sich ein Wagen nähert. Ein Mann steigt aus und betätigt den Klingelknopf an der Gegensprechanlage. Wir befinden uns mitten auf dem Land und der Mann wird offenkundig erwartet. Er ist Universitätsprofessor und gekommen, um einige Zeit in dem alten Kloster zu verbringen, dessen Wahlspruch dem Film als Motto vorangestellt ist: »Wenn Sie hier eintreten, seien Sie taub, blind und stumm.«
Als Zuschauer wird man von der befremdlichen Atmosphäre, die an das Kino des Surrealismus erinnert, unmittelbar in eine leidenschaftliche Erzählung hineingezogen, die den Faust-Mythos wiederbelebt. Der Portugiese Manoel de Oliveira bietet Catherine Deneuve die Rolle der Hélène an, der Frau des Forschers. Professor Michael Padovic (John Malkovich), ein Shakespeare-Spezialist, sucht in dem Kloster nach Dokumenten, die seine These belegen könnten, wonach der große englische Dramatiker in Wahrheit ein spanischer Jude war. Mit seiner Frau Hélène wird der Professor von einer seltsamen Figur namens Baltar (Luis Miguel Cintra) empfangen. Humor und Phantastisches gehen in diesem poetischen und philosophischen Werk eine liebenswerte Allianz ein.
»Die Begierde ist die größte Tugend«: dieser Satz fasst den Film als Ganzen und seine hedonistische Atmosphäre gut zusammen – ein satanistisches Pärchen, das die ganze Nacht durch Tarotkarten legt, spricht ihn aus. Parallel dazu kommt es zu einigen amourösen Verwicklungen zwischen Baltar, Hélène, Michael und Piedade, eine Figur von engelsgleicher Reinheit. Just nach dieser Begierde scheint Catherine Deneuve aktiv zu suchen, um ihr Schauspielerdasein intensiver zu gestalten. Die wilde Begierde nämlich, zu spielen, auch nach 35 Jahren Karriere, wie sie es den Journalisten von *Libération* gegenüber im September 1995 formuliert. In diesem langen Interview erfährt der Leser auch, dass es ihr Traum war, mit Meister Oliveira zu arbeiten, und dass sie ihn das wissen ließ. Sie bat eine portugiesische Journalistin um Vermittlung, und in Rekordzeit rief Produzent Paolo Branco sie an und organisierte ein Treffen mit dem Regisseur.
Sehr schnell fühlt sich Catherine Deneuve mit dem portugiesischen Filmemacher auf vertrautem Terrain: er erinnert sie ganz einfach an Buñuel. »Oliveira gibt keinerlei Erklärung zur die Motivation der Figuren ab«, sagt sie der Presse beim Filmstart. »Dafür legt er genauesten Wert auf die Positionen und die Fortbewegung, es soll gern unnatürlich aussehen.. Er fordert auch eine sehr stilisierte Sprechweise, die dann manchmal dem Gesang näher ist als einem gesprochenen Dialog.«
Als hübsches Zusammentreffen ergibt sich, dass just an dem Tag im Mai 1995, an dem Catherine Deneuve die Stufen des Festivalpalasts von Cannes hinaufsteigt, um dieses anspruchsvolle Werk, das offiziell im Wettbewerb läuft, mit Ihrer Anwesenheit zu unterstützen, auch ihre Tochter Chiara Mastroianni denselben Weg nimmt – für Xavier Beauvois' *N'oublie pas que tu vas mourir* (*Vergiss nicht, dass du sterben musst*).

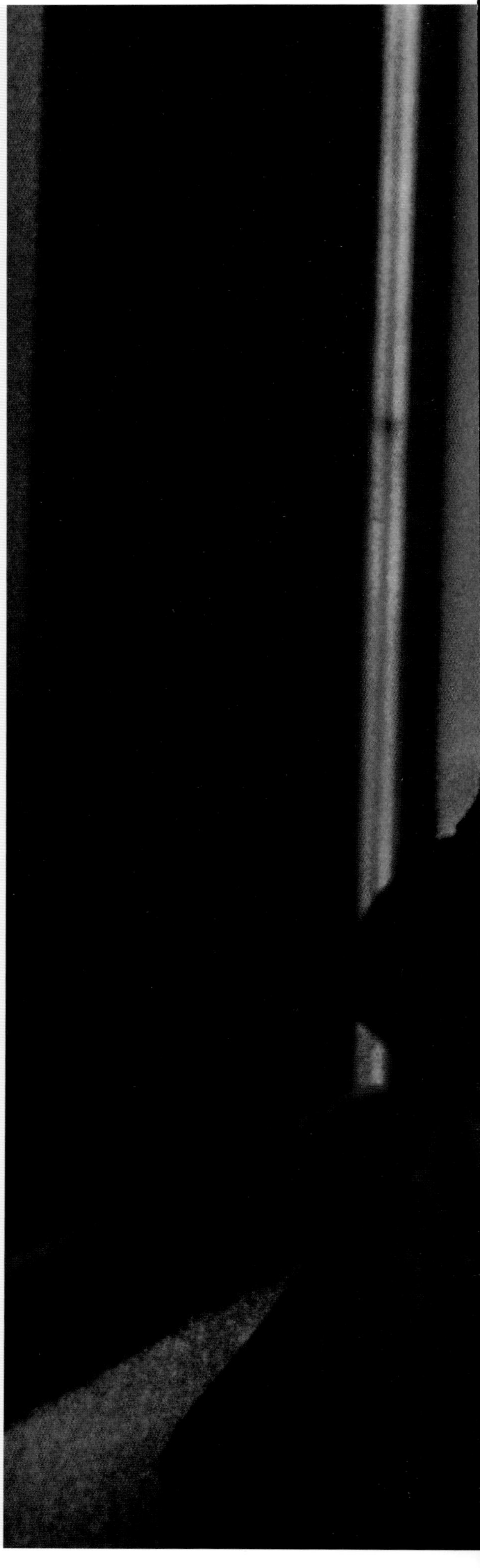

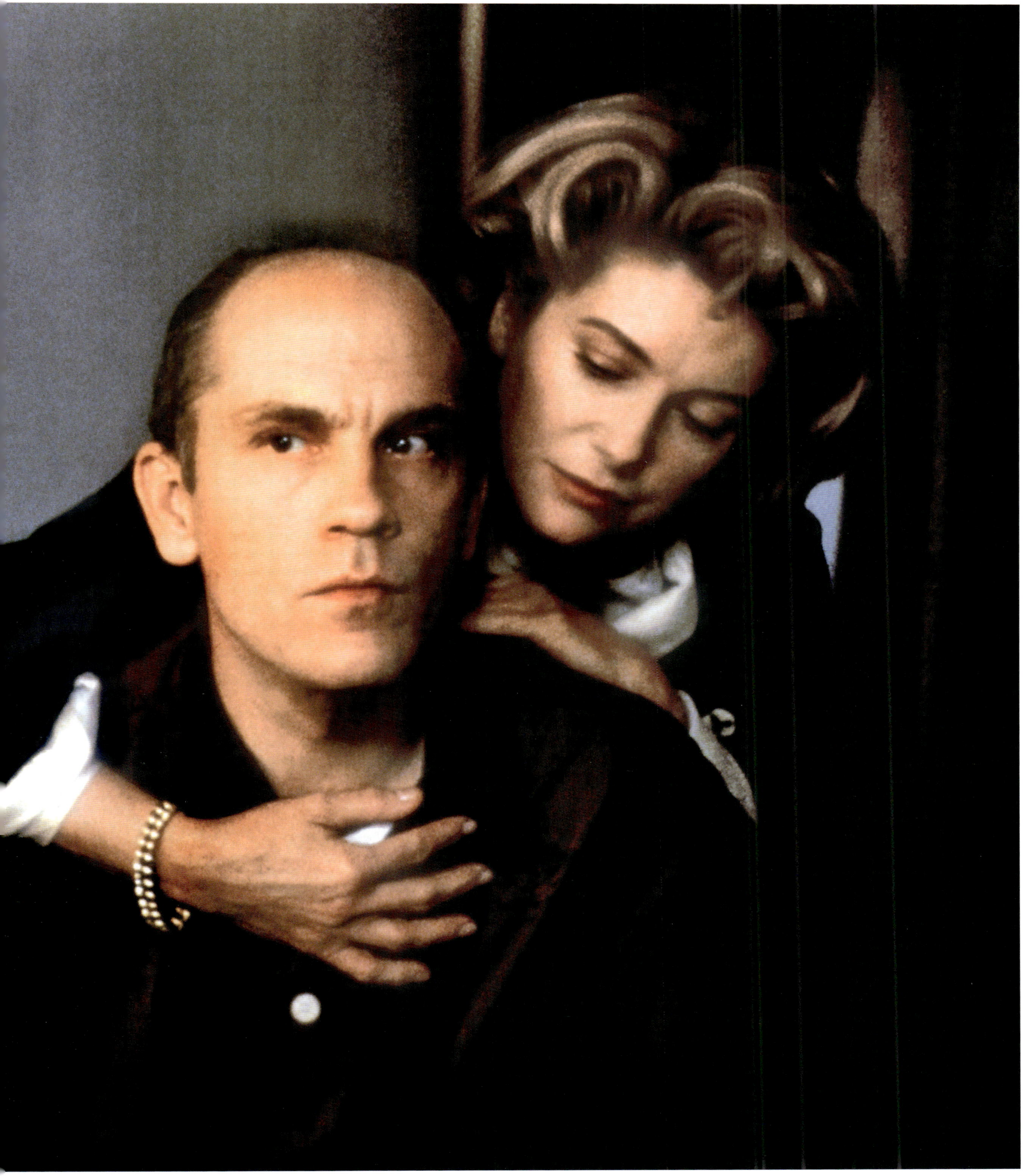

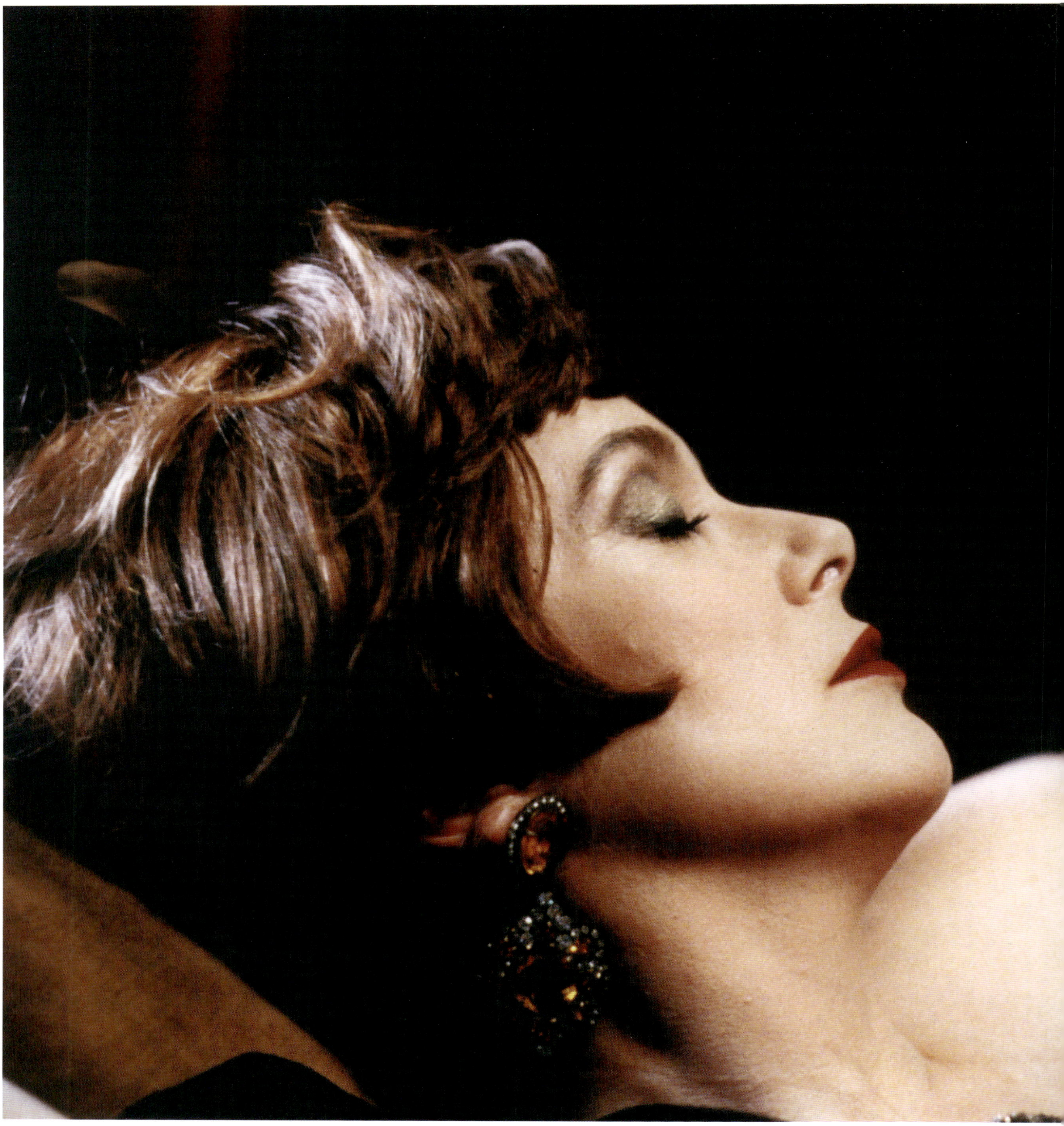

»Ruiz und Bonitzer haben bis in die ersten Drehtage hinein [das Drehbuch] korrigiert und ihm einen Feinschliff verpasst, damit der Handlungsablauf inmitten der ganzen Diabolik logisch wurde.« Catherine Deneuve

Généalogie d'un crime
(Genealogie eines Verbrechens)

Kinostart: 1996
Regisseur: Raoul Ruiz
Hauptdarsteller: Catherine Deneuve, Melvil Poupaud, Michel Piccoli, Andrzej Seweryn, Bernadette Lafont
Rolle: Solange/Jeanne

Das Drehbuch, an dem Pascal Bonitzer mitwirkte, ist nach einer berühmten Zeitungsmeldung entstanden: sie berichtet von der Ermordung von Hermine Hug von Hugenstein durch ihren Neffen und Patienten Rolf am 9. September 1924. »Ich habe einen Artikel über diese Affäre in *Le Monde* gelesen«, erzählt Regisseur Raoul Ruiz in *Cahiers du cinéma*, »und war sofort Feuer und Flamme, das Dossier zu lesen, das die Psychoanalytikerin über diesen Mann angefertigt hat, der sie schließlich umbrachte. Die Geschichte einer Frau, die einen Mann retten will, der zum Töten prädestiniert ist, und die dann zu seinem Opfer wird, hat mich fasziniert.« Die Affäre wurde berühmt, weil sich der junge Mann, der zu zehn Jahren Haft verurteilt wurde, als Opfer der Psychoanalyse betrachtete. Seine Geschichte löste polemische Diskussionen über die Anwendung der Therapie bei Kindern aus.

Für Catherine Deneuve ist das Drehbuch in zweierlei Hinsicht von Interesse, denn sie soll zwei recht unterschiedliche Rollen spielen. Solange, die Tante und Analytikerin des künftigen Mörders, sowie die Anwältin Jeanne. Einmal rothaarig, einmal blond, wechselt sie von einer Figur zur anderen und kreist dabei um René (Melvil Poupaud), den künftigen Mörder, dessen Motivation man zu begreifen versucht. Es macht ihr Spaß, auf der einen Seite die Mitfühlende zu sein, die zu helfen versucht, und dann diejenige, die den Verbrecher verteidigen will. Ruiz ist daran gelegen, die zwei Seiten auf den Punkt zu bringen, die er an der Schauspielerin wahrnimmt und die er als weiblichen Januskopf bezeichnet. »Es gibt zwei Deneuves«, erzählt er in einem Interview, »die von Buñuel – stark, kalt und rätselhaft – und die von Téchiné – verletzlicher, zerbrechlicher, vielschichtiger und zugänglicher. Ich wollte sie beide in *Genealogie eines Verbrechens* haben und gab ihr diese Rolle, in der sie sowohl die Ärztin als auch die Rechtsanwältin spielt. Ich hätte jede Figur für einen besonderen Aspekt von Deneuve schreiben können, aber es erschien mir interessanter, im Inneren jeder dieser beiden Frauen die Gesamtheit ihrer Fähigkeiten zu nutzen und sie innerhalb einer Szene von Buñuel zu Téchiné übergehen zu lassen.«

Der Filmemacher vermischt die beiden Handlungsstränge, indem er immer wieder zwischen der Praxis der Therapeutin und dem Büro der Anwältin hin und her wechselt. Der Film ist wie die Ermittlung in einem Kriminalfall aufgebaut und spart auch nicht mit komischen Situationen und verrückten Figuren. So gibt es etwa eine köstliche Rolle für Michel Piccoli als Vertreter der kleinen Zirkel der aufkommenden Psychoanalyse (die Société psychoanalytique d'Ile-de-France) und Adrzej Seweryn von

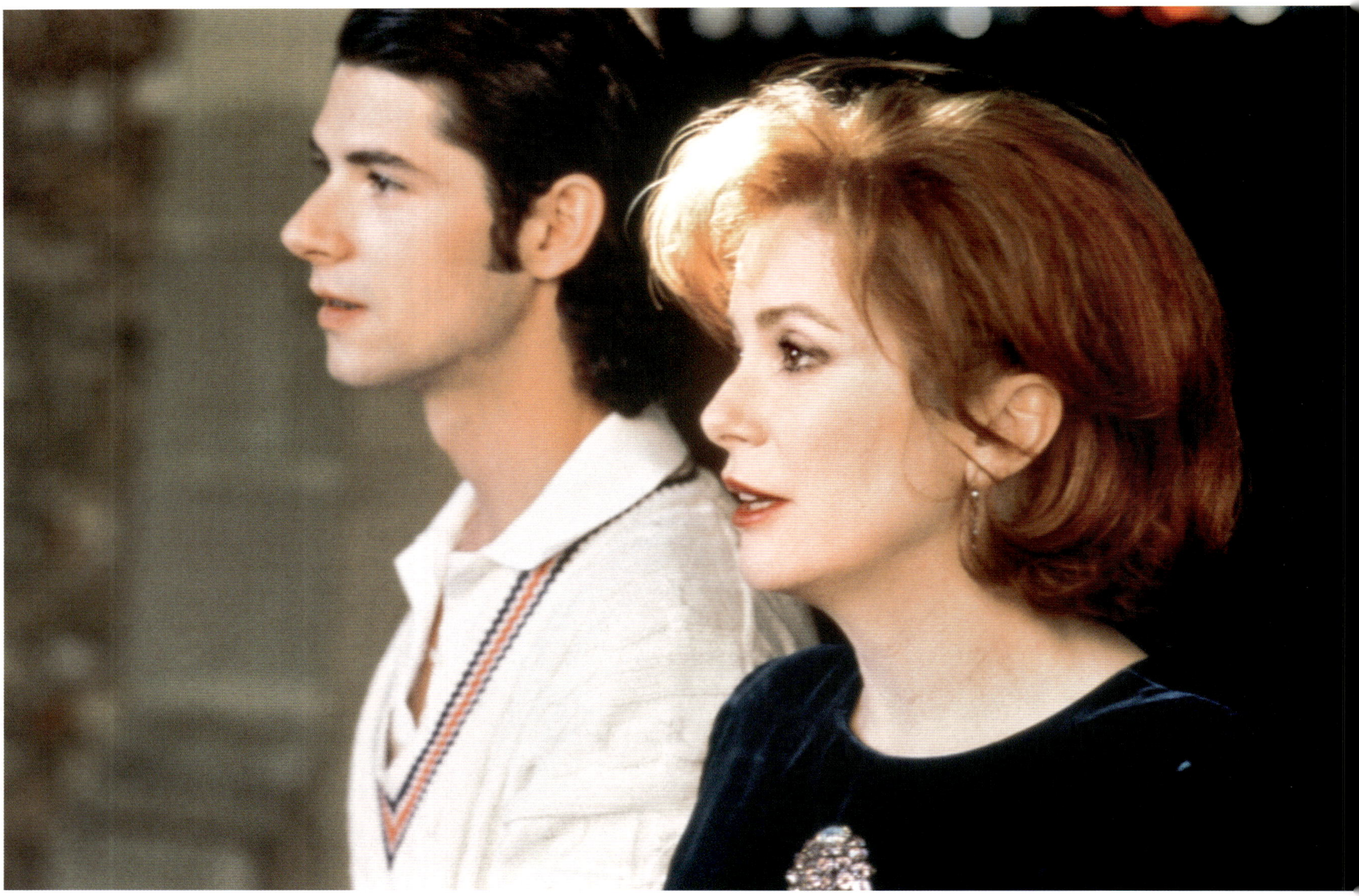

Mit Melvil Poupaud, einem der Lieblingsschauspieler von Ruiz.

der Französisch-belgischen Gesellschaft für Psychoanalyse. Sie provozieren sich gegenseitig ohne Unterlass, können aber ohne einander nicht existieren.
Der Film oszilliert zwischen Thriller und schwarzer Komödie. »Nichts ähnelt so sehr der Tugend wie ein großes Verbrechen«, warnt er uns schon im Vorspann, wie um im Vorfeld die Themen der Verdoppelung und der Doppelbödigkeit anzukündigen.
Weil sie einmal als Solange und einmal als Jeanne auftritt, provoziert Deneuve beim Zuschauer Fragen wie: Könnten sich Tugend und Verbrechen manchmal vermischen? Wie soll man das Gute vom Bösen trennen, und können sie sich ähneln? Ist das Opfer die eigentliche Mörderin und der Mörder das Opfer? Die Frage stellt sich zu Recht, als Jeanne die Analysemethoden entdeckt, die Solange angewendet hat: wie in einem Spiel werden die Rollen getauscht. In den Sitzungen ist René Solange und umgekehrt. Alles im Film kehrt sich permanent um, einschließlich der Namen der Figuren.
Raoul Ruiz wird auf der Berlinale mit dem Silbernen Bären ausgezeichnet. Der barocke Filmemacher versteht es, seinem tragischen Thema einen amüsanten Ton abzugewinnen. Und es gelang ihm, um die zentrale Figur von Catherine Deneuve eine beeindruckende Besetzung zu versammeln, in der nicht nur Michel Piccoli eine Nebenrolle übernimmt, sondern auch Bernadette Laffont, über deren Mitwirken sich Deneuve viele Jahre nach den Dreharbeiten zu *Vacances portugaises* besonders freut. Auch Mathieu Amalric, James Thierrée, Brigitte Sy, Patrick Modiano und Pascal Bonitzer als Schulleiter spielen mit.

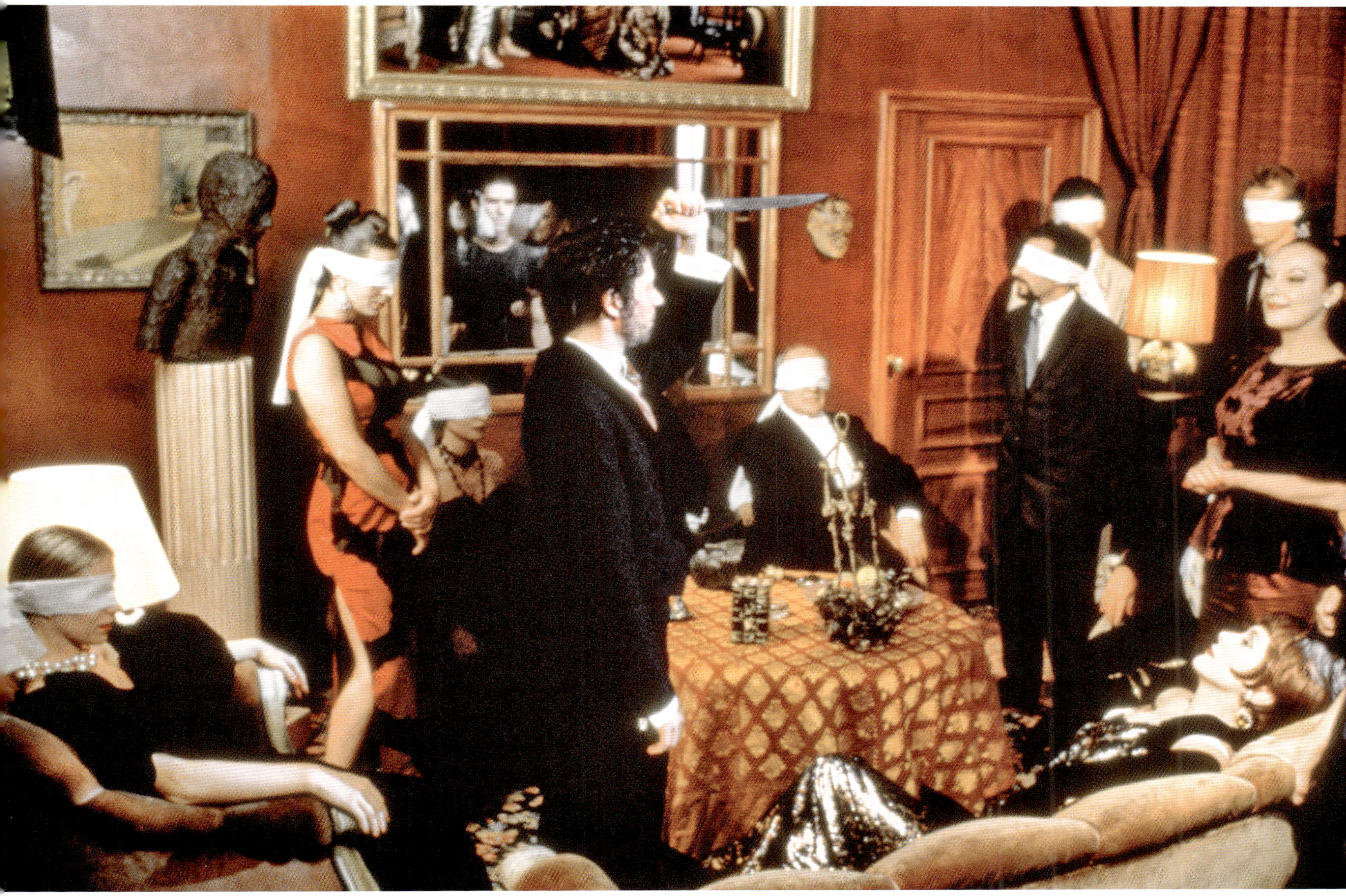

Von einer Zeitungsmeldung vom Beginn des 20. Jahrhunderts inspiriert, die von der aufsehenerregenden Affäre Hermine Hug von Hugenstein handelt, parodiert Raoul Ruiz in dieser kollektiven Therapieszene die Psychoanalyse.

»Ich war keine Spezialistin für Ruiz' Filme, aber seine Welt machte mich neugierig. Ich wusste, dass er ein echter Cineast war.«

Catherine Deneuve

Les Voleurs
(Diebe der Nacht)

Kinostart: 1996
Regisseur: André Téchiné
Hauptdarsteller: Catherine Deneuve, Daniel Auteuil, Laurence Côte, Benoît Magimel, Didier Bezace
Rolle: Marie Leblanc

André Téchiné hat gerade *Les Roseaux sauvages* (*Wilde Herzen*) abgedreht, als das Projekt startet, dem er den Arbeitstitel *L'Enfant de la nuit* gibt. *Wilde Herzen* war zunächst nur als Fernsehproduktion geplant, wird dann allerdings mit dem Louis-Delluc-Preis und fünf Césars ausgezeichnet, darunter als bester Film, für die beste Regie und für das beste Drehbuch. *Diebe der Nacht* entsteht also unter dem Eindruck dieses Preisregens.

Für seine vierte Zusammenarbeit mit Catherine Deneuve beschließt Téchiné, einen Ensemblefilm zu drehen, in dem jede Figur nach und nach die Rolle des Erzählers einnimmt. »Ich wollte einen Film ohne Zentrum und Peripherie«, erzählt Téchiné in *Le Monde*, »in dem keiner das letzte Wort hat. Es ist genau dieses Fehlen der einen Erzählperspektive, durch das sich die Geschichte definiert.« Jeder erzählt hier also eine Version eines Krimiplots, und alle sind damit Teil einer Studie über menschliche Leidenschaften. Das Auge des Regisseurs horcht jeden Einzelnen mit seiner Kamera ab. Oder vielmehr mit seinen beiden Kameras, denn damit experimentiert Téchiné bei diesen Dreharbeiten.

Sie sind zu viert. Vier Personen, die in diesem Film aufeinanderprallen. Zunächst ein Kind, das mitten in der Nacht in einem Bergchalet von einem ungewohnten Geräusch geweckt wird. Es stellt fest, dass sein Vater soeben unter obskuren Umständen gestorben ist. Ivan (Didier Bezace), der Vater, ist ein Gauner aus dem Milieu von Lyon. Dann ist da noch Alex, der Bruder des Ganoven, ein Polizist, der mit seinem Beruf hadert und sein Leiden durch Überrationalisierung in den Griff zu bekommen versucht; Daniel Auteuil spielt ihn. Und schließlich eine unerschrockene Kleingangsterin, Laurence Côte, die beide Brüder verführt, den Gauner und den Polizisten.

Wie ein großer Hollywood-Star erscheint Catherine Deneuve, erst in der dreißigsten Minute dieses Krimis, der die menschliche Seele zu ergründen sucht. Sie spielt Marie, eine anerkannte Professorin, die an der Fakultät von Lyon Philosophie lehrt; sie verliebt sich in die kleine Delinquentin. »Ich wollte sie mit einer neuen Situation konfrontieren«, erzählt Téchiné über seine Darstellerin. »Eine vernunftorientierte Frau, Mutter und Großmutter, entdeckt die Liebe zu einer jungen Frau, die gegensätzlicher nicht sein könnte.«

André Téchiné bietet Deneuve also eine anspruchsvolle Rolle an, die einer Frau, deren Leben aus den Fugen gerät. Sie fühlte sich ganz geerdet und erlebt nun, wie sie sich auf einen Drahtseilakt begibt, um sich schließlich fallen zu lassen. »Wenn ich beide zugleich vom Podest hole, Deneuve, den Kinostar, und im Film Marie, den Star der Universität«, erzählt der Regisseur, »mache ich sie menschlicher, ich erniedrige sie nicht, sondern erhöhe sie.«

Deneuve fügt sich perfekt ein in diese Rolle einer reifen Frau, die in ihrem Innersten von einer unerwarteten Liebe erschüttert wird. Mütterlich, umsorgend, verliebt, lässt sie sich von der stürmischen jungen Frau verführen, von der sie weiß, dass sie eine Grenzgängerin ist, die immer wieder in die Fänge ihres Bruders gerät. Den spielt Benoît Magimel exzellent als echten Widerling. In der denkwürdigen Badewannenszene finden Catherine Deneuve und Laurence Côte zu jenen einfachen Gesten und alltäglichen Zärtlichkeiten, die die Intensität und Wahrhaftigkeit dieser ungewöhnlichen Beziehung authentisch erscheinen lassen.

Laurence Côte erhält für diese vielschichtige Rolle einen César als beste weibliche Nachwuchsdarstellerin und ihr Filmbruder Benoît Magimel den Michel-Simon-Preis.

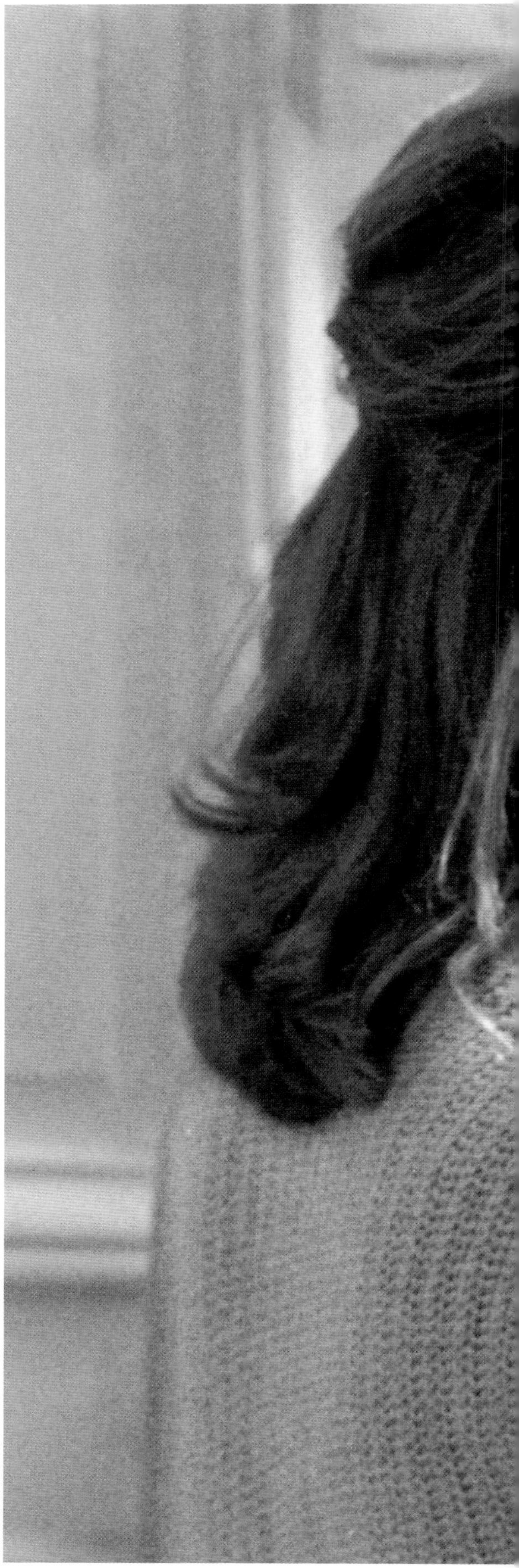

Eine zärtliche Geste für ihren jungen Schützling, gespielt von Laurence Côte, der Entdeckung des Films.

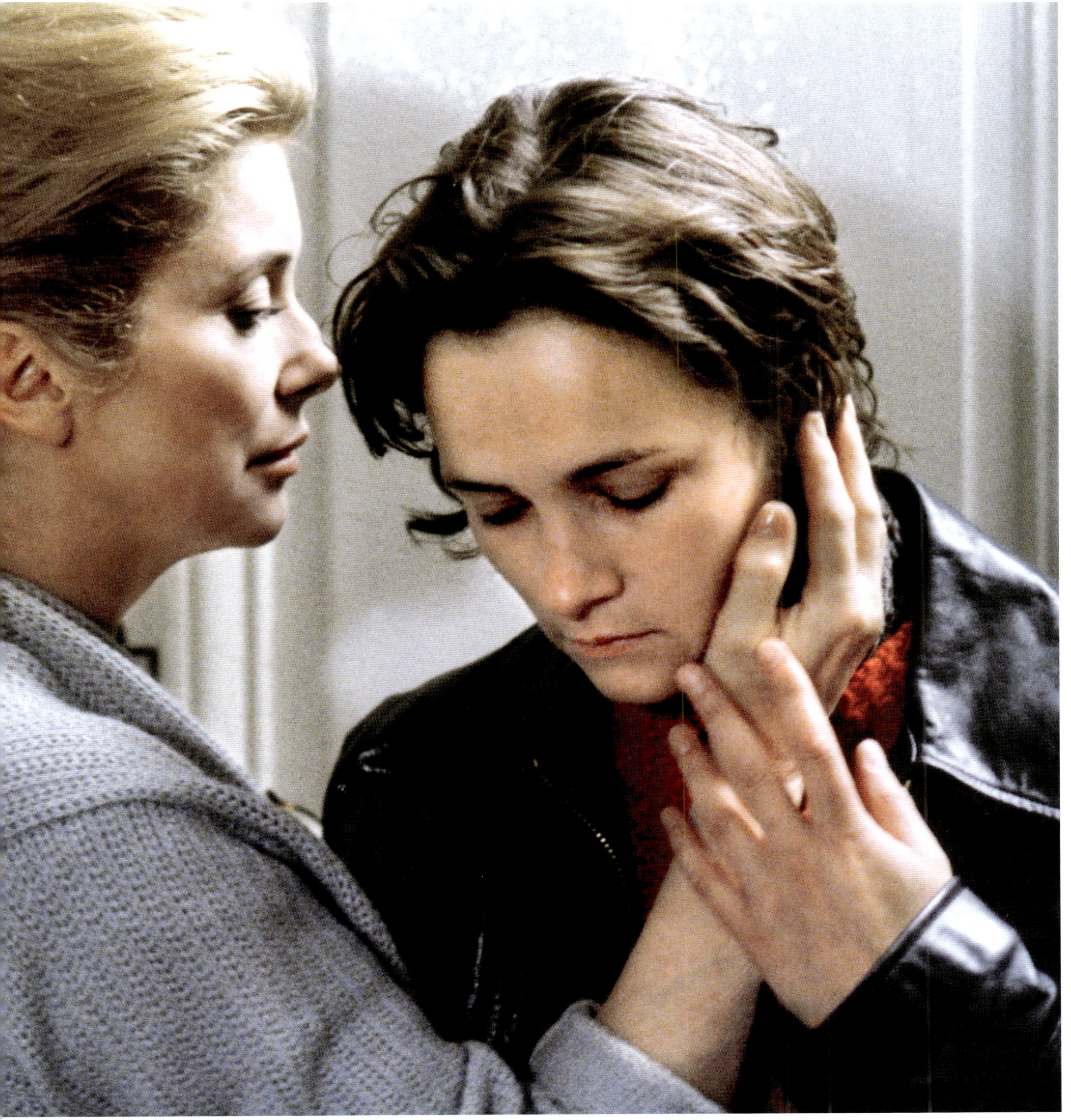

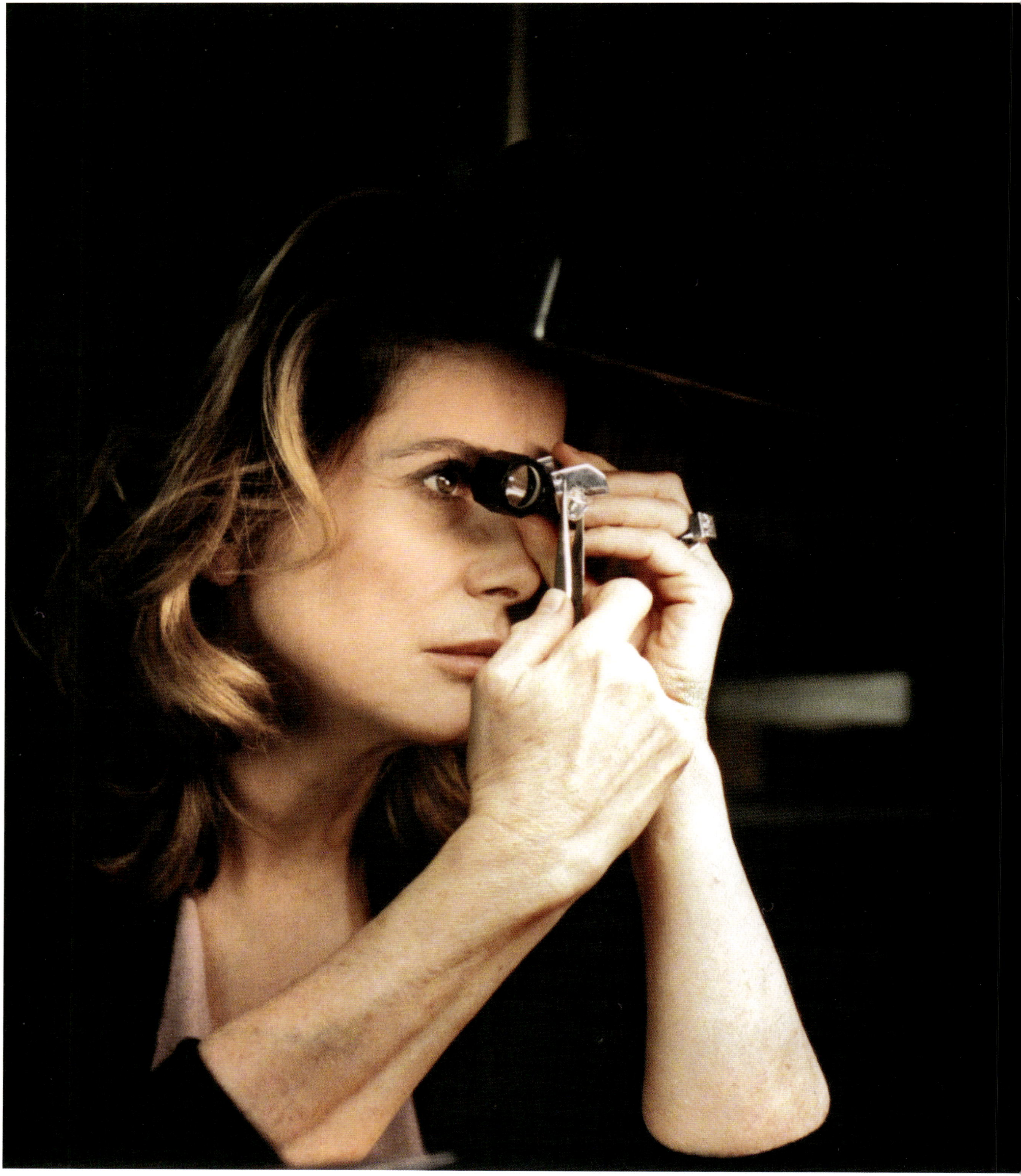

Venn ich den fertigen Film sehe«, zählt Nicole Garcia, »sage ich mir, ss sie mir ein gewaltiges Vertrauen tgegengebracht haben muss, um h der Rolle so sehr auszuliefern. elleicht hat sie es unbewusst tan, aber sie muss das Gefühl habt haben, dass ihr am Ende des egs jemand etwas zurückgibt für ese Hingabe.«

Place Vendôme

Kinostart: 1998
Regisseurin: Nicole Garcia
Hauptdarsteller: Catherine Deneuve, Jean-Pierre Bacri, Emmanuelle Seigner, Jacques Dutronc, Bernard Fresson, François Berléand
Rolle: Marianne

»Nach fünfunddreißig Jahren Karriere muss man es erst mal schaffen, die Lust wieder zu entfachen«: Dieser einfache Satz fast alles zusammen: den Einsatz, das Risiko, zu ermüden, die Furcht vor unbedeutenden Rollen oder Fehlgriffen. In einem endlos langen Interview mit der Tageszeitung *Libération* im Jahr 1995 legt Catherine Deneuve den Schwerpunkt auf die entscheidenden Momente ihrer Karriere. Mit diesem Satz scheint sie auch ein starkes Signal an ihren gesamten Berufsstand aussenden zu wollen. Und die Antworten lassen nicht auf sich warten. Auf dieselbe Art, wie sie Manoel de Riveira und Raoul Ruiz wissen ließ, dass sie gern mit ihnen arbeiten wollte, schickt sie Nicole Garcia eine Nachricht. Einer Frau, Schauspielerin wie sie, die innerhalb von zehn Jahren ihre schauspielerischen Erfolge in eine Karriere als Regisseurin umzumünzen wusste.

Catherine Deneuve war von ihrem vorhergehenden Film, *Le Fils préféré* (*Der Lieblingssohn*), beeindruckt, und so wird ein Treffen zwischen den beiden Frauen organisiert. »Als ich mich mit Catherine Deneuve traf, wusste ich fast nichts über sie, außer, dass sie Marianne war«, erzählt Nicole Garcia. »Ich hatte Lust, mit Catherines Image zu spielen, sie in Richtung einer anderen Form von Schönheit abstürzen zu lassen. Ihr Strahlen auszublendens und mich mehr mit ihren dunklen Aspekten zu befassen. Und sie hat ihr Image sofort drangegeben für mich, mit einer unglaublichen Spontaneität.«

Und was hat sie nicht alles aufgegeben! Deneuve erklärt sich bereit, sich ungeschminkt als Frau filmen zu lassen, die gegen ihre Alkoholsucht ankämpft. Marianne ist die Gattin eines berühmten Schmuckhändlers an der Place Vendôme. Sie hat selbst einmal mit Diamanten gehandelt, ihren Beruf aber wegen der Krankheit an den Nagel gehängt. Sie verbringt mehr Zeit in Entzugskliniken als zu Hause; so entgeht ihr, dass ihr Mann (Bernard Fresson) ebenfalls abstürzt und sich schließlich umbringt, weil er in eine Affäre um gestohlene Rohdiamanten verstrickt ist. Als ihr Mann tot ist, hört Marianne nicht auf den Rat ihres Bruders (François Berléand) und träumt sich zurück in ein Leben als Händlerin, ohne recht zu wissen, worauf sie sich einlässt. Sie beschließt, die gestohlenen Steine auf den Markt zu bringen, und findet sich schnell zwischen zwei gefährlichen Fronten wieder: den alten und den neuen Besitzern der Diamanten. Alle wollen die wertvollen Stücke zurückhaben, und Marianne trifft auf eine junge Schmuckhändlerin, die Favoritin ihres verstorbenen Mannes (Emmanuelle Seigner), den Liebhaber der jungen Frau (Jean-Pierre Bacri) und einen schönen Gauner, einen wegelagernden Dandy, gespielt von Jacques Dutronc.

Deneuve greift ohne Zögern zu bei diesem Film, an dem Jacques Fieschi mitwirkt, ein auf brutale Themen abonnierter Drehbuchautor. Allerdings fürchtet sie sich etwas vor der Rolle, die sie als kompliziert empfindet: Eine Alkoholikerin zu spielen bedeutet Neuland für sie. Und ist immer ein gefährliches Terrain. In erster Linie gefällt ihr, dass eine Frau gezeigt wird, die versucht, sich aus ihrer Lage zu befreien. Bei einem Pressetermin sagt sie über die Rolle. »So ein Film – das ist fast zu schön. Was für Rollen kann sich eine Schauspie-

»Was mich verblüfft, ist, dass manche verblüfft sind, wenn ich eine Rolle als Alkoholikerin annehme, oder wenn ich mit Leos Carax oder Philippe Garrel drehe. Dabei ist es doch gar nicht schwer zu verstehen: wenn ein Schauspieler keine Risiken eingeht, ist er verloren.«

Catherine Deneuve

Catherine Deneuve liefert als alkoholabhängige Witwe eines erfolgreichen Diamantenhändlers eine umwerfende Leistung ab, die ihr bei den Festspielen von Venedig 1998 einen Darstellerpreis einträgt.

lerin wünschen, wenn sie ans Limit gehen will? Doch nur Wahnsinn und Alkoholsucht. Der Unterschied zu dem, was man im Kino bereits gesehen hat – und das hat mir wohl Angst gemacht –, ist, dass es sich hier nicht um eine Frau handelt, die sich zu Tode trinkt, sondern um eine, die sich zurückkämpft. Es ist keine Frau, die trinkt, sondern eine, die getrunken hat.«

Wenn man Deneuve in *Place Vendôme* sieht, bemerkt man die zahllosen kleinen Gesten und Haltungen, die sie für diese Figur einer dem Alkohol verfallenen Frau entwickelt. Ihr Spiel besteht nicht in dem, was sie macht, sondern ganz im Gegenteil in dem, was sie nicht macht. Nie würde sie ihre Sucht offen zur Schau stellen, schon gar nicht Trunkenheit oder Entzugserscheinungen. Der ergreifendste Moment ist wohl der, als sie bei einem noblen Diner eine alte Geschichte aufwärmt und es ihr nicht gelingt, zum Ende zu kommen. »Was großartig ist an Catherine Deneuve«, fügt Nicole Garcia hinzu, »ist, dass sie, selbst wenn man sie einen Zustand tiefster Verwirrung spielen oder sie total abdriften lässt, immer eine Art Grandezza bewahrt, die nur sie hat. Sie verfällt nie in Pathos.« Alles ist verinnerlicht, spielt sich im Innersten einer gefangenen Frau ab, denn der Alkohol hat sie zu einer Gefangenen ihrer selbst gemacht. Ihre Gesten sind langsam, der Blick gesenkt. Ihr Selbsthass wird greifbar, als sie sich mit einem verächtlichen Blick im Spiegel betrachtet.

Die Beziehung zwischen Deneuve und Nicole Garcia während der Dreharbeiten war nicht immer einfach. »Wir hatten wirklich schwierige Momente«, räumt Deneuve ein, »aber das ist nur normal, weil sie allzu genaue Vorstellungen über die Art hatte, wie die Rolle zu spielen sei.«

Der Film entsteht 1997, in einem der Jahre also, in denen alles auf einmal passiert: Deneuve erhält den Darstellerpreis der Filmfestspiele von Venedig, dann im selben Jahr beim 25. Filmfest von Brüssel einen Ehrenpreis für ihr Lebenswerk und einen Goldenen Bären ehrenhalber in Berlin.

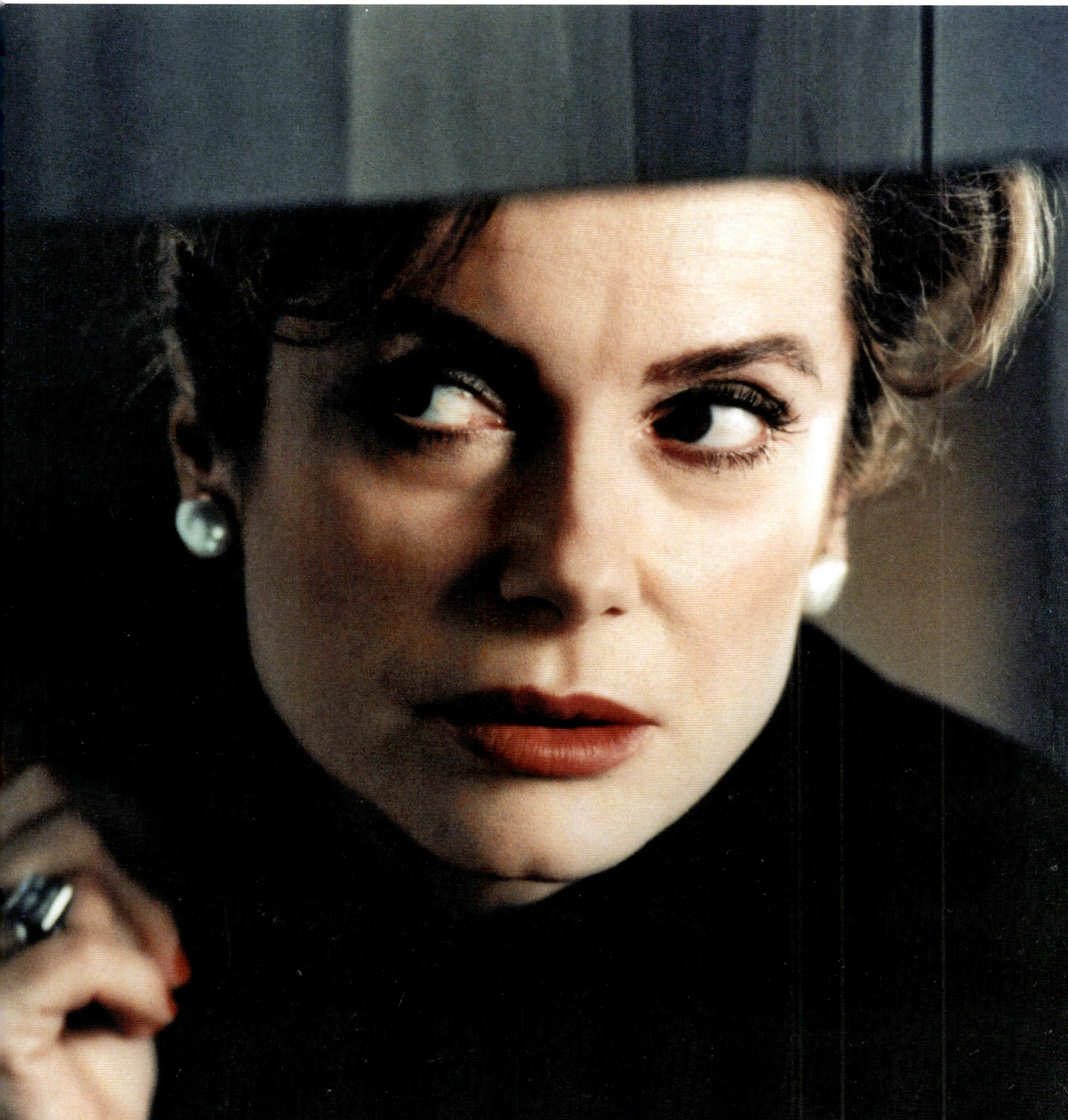

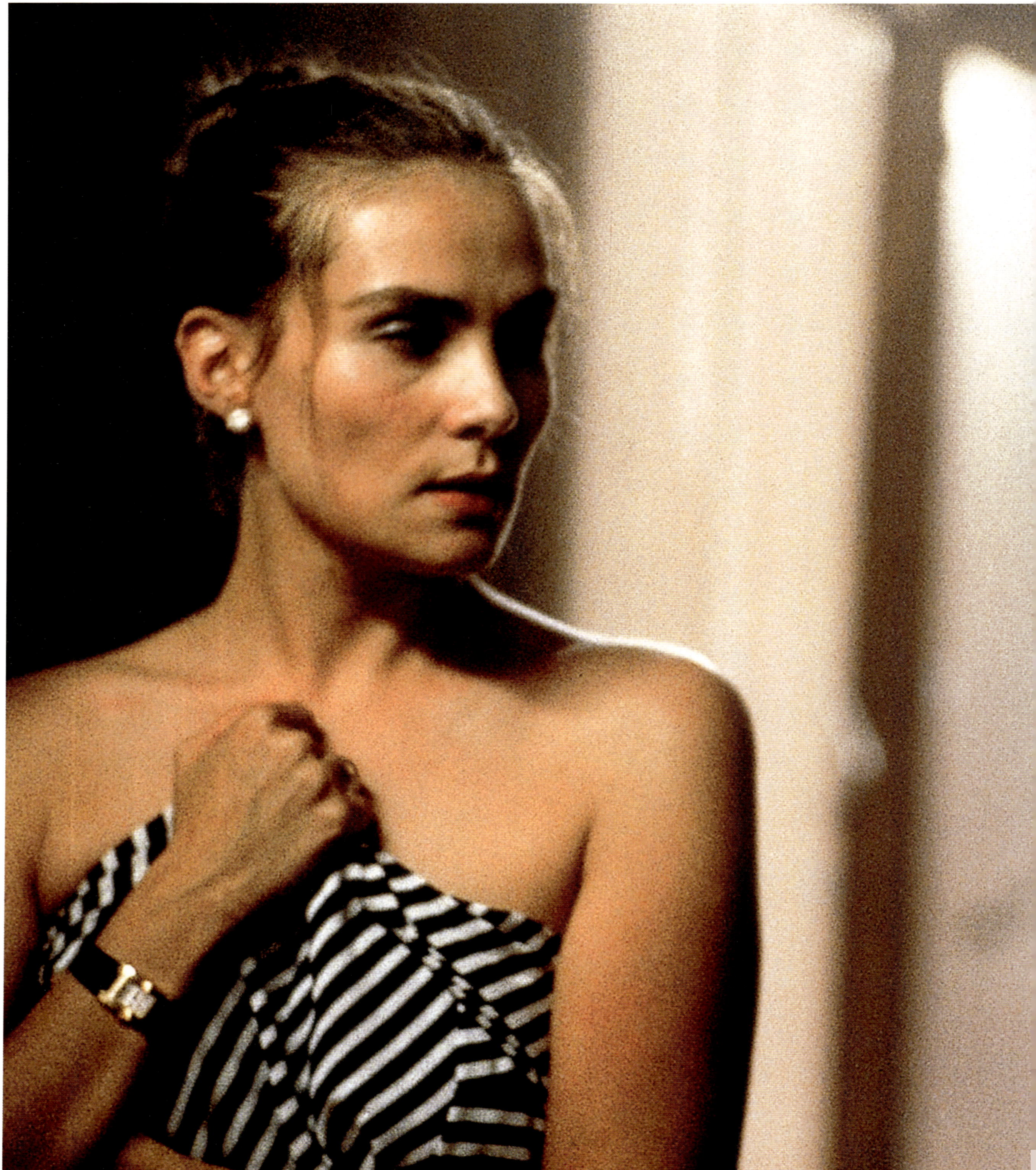

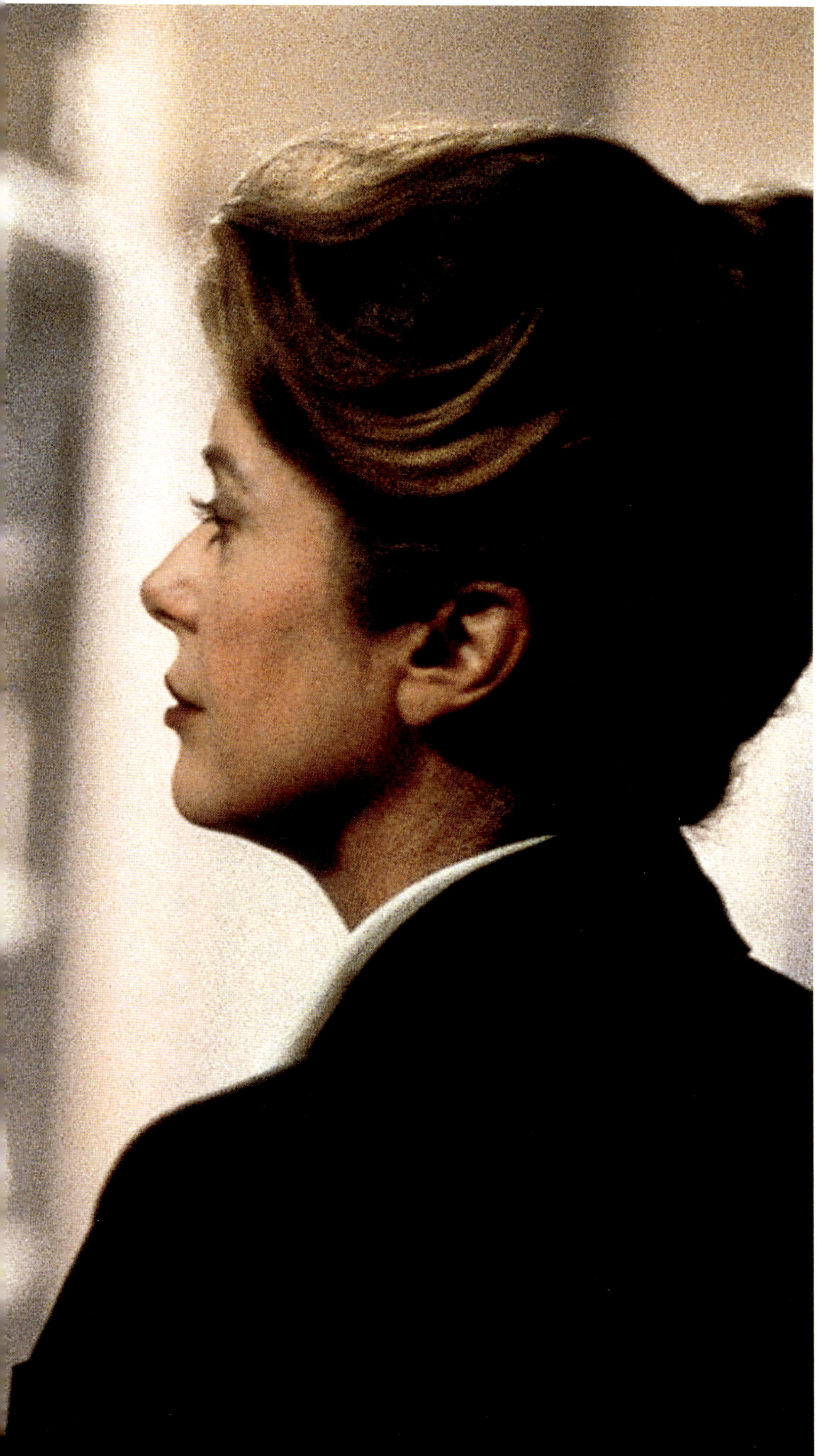

In der Begegnung mit der jungen Diamantenmaklerin Nathalie (Emmanuelle Seigner) erkennt sich Marianne (Catherine Deneuve) in ihren eigenen jungen Jahren wieder, ehrgeizig und zu allem bereit.

In *Pola X*, dem Film, den das Enfant terrible des französischen Kinos, Leos Carax, 1999 in Cannes zeigt, hat Catherine Deneuve nicht die Titelrolle inne.

»Was mich bei Leos am meisten überrascht hat, ist seine Schüchternheit, seine große Empfindlichkeit und seine Entschlossenheit, den Film durchzuziehen, koste es, was es wolle. Ich habe zugesagt, eher, weil ich wusste, dass es interessant wäre, mit ihm zu drehen, als wegen des Films selbst.«

Catherine Deneuve

Pola X

Kinostart: 1999
Regisseur: Leos Carax
Hauptdarsteller: Guillaume Depardieu, Catherine Deneuve, Katerina Golubeva, Laurent Lucas
Rolle: Marie

Der Titel enthält die römische Ziffer Zehn, das X, weil es die zehnte Version des Drehbuchs ist, die gedreht wird. Pola ist das Akronym des (französischen) Titels von Herman Melvilles Buch *Pierre, or: The ambiguities* (*Pierre ou les ambiguités*, dt.: *Pierre oder die Doppeldeutigkeiten*), das Leos Carax frei adaptiert. Und auch Leos Carax' Name basiert auf einer Spielerei: Es ist das Anagramm seines echten Vornamens Alex in Kombination mit der höchsten Kinoauszeichnung, dem Oscar.

Catherine Deneuve hat nicht die Titelrolle inne in diesem Film, in dem Pierre, gespielt von Guillaume Depardieu, sein ruhiges Leben von einem auf den anderen Tag hinter sich lässt und sich in eine rasende Flucht nach vorn stürzt. Deneuve spielt Marie, Pierres Mutter, und sie verhätschelt ihn wie eine Wölfin ihr Junges. »Meine Figur«, erzählt sie im Interview »spielt in der Geschichte nur eine kleine Rolle, allerdings versteht man durch sie, welche Art von Beziehungen Pierre kennengelernt hat und was ihn in die Flucht schlägt bzw. nach etwas suchen lässt, das wahrer, ehrlicher ist, als die Beziehung, die seine Mutter ihm aufdrängt.«

In der gesamten ersten Phase des Films scheint es nichts zu geben, das die Sorglosigkeit der beiden stört. Sie sind reich, schön und leben in einem Schloss in der Normandie. Ihre Beziehung ist symbiotisch. »Eine Mutter ist nie gut oder schlecht«, fährt Catherine Deneuve fort, »sie begeht immer in irgendeiner Form Missbrauch. Man liebt immer zu sehr oder schlecht oder nicht genug. Marie ist eine Mutter, die eine platonische, aber dennoch inzestuöse Beziehung zu ihrem einzigen Sohn pflegt. Bildlich gesprochen erdrückt sie ihn.« Sogar seine Hochzeit organisiert die Mutter, und sie weiß alles über sein Leben. Pierre hat im Übrigen ohnehin keine Geheimnisse, niemandem gegenüber. Unter Pseudonym schreibt er erfolgreich Bücher, in denen er sich preisgibt und jedes Detail seines Lebens als reicher Erbe schildert. Wäre da nicht ein Ereignis, das die von Carax als idyllisch geschilderte Beziehung zwischen Mutter und Sohn stören wird. Im Nachthemd liegt Marie, wunderbar anzusehen und lasziv, auf ihrem riesigen Bett und geht Akten durch. Pierre kommt dazu, um ihr Gute Nacht zu sagen, und legt sich neben sie. Die Spannung zwischen den beiden ist mit bloßen Händen greifbar. Pierres Kopf liegt auf ihrem Bauch und sie streicht ihm mit einer zärtlichen, aber auch sinnlichen Geste übers Haar. Ist er ihr kleiner Junge? Ist er ihr Liebhaber? Deneuve könnte genauso gut Guillaume Depardieus Geliebte sein, so wenig hat ihr das Älterwerden geschadet. Sie weiß diese Doppeldeutigkeit auszuspielen und ist in ihrer Rolle als Mutter ebenso glaubwürdig. »Carax hat mich zunächst ausgewählt, weil ich blond bin«, sagt sie in Hinblick auf ihre Ähnlichkeit mit dem jungen Depardieu. Er suchte eine Frau, die eine glaubwürdige Mutter für Guillaume abgab, und auch wenn zwischen uns keine wirkliche Ähnlichkeit besteht, so ist es doch nicht unmöglich, sich vorzustellen, dass diese Ähnlichkeit existieren könnte. Die Szene, in der das am augenfälligsten wird, ist die, als Marie und

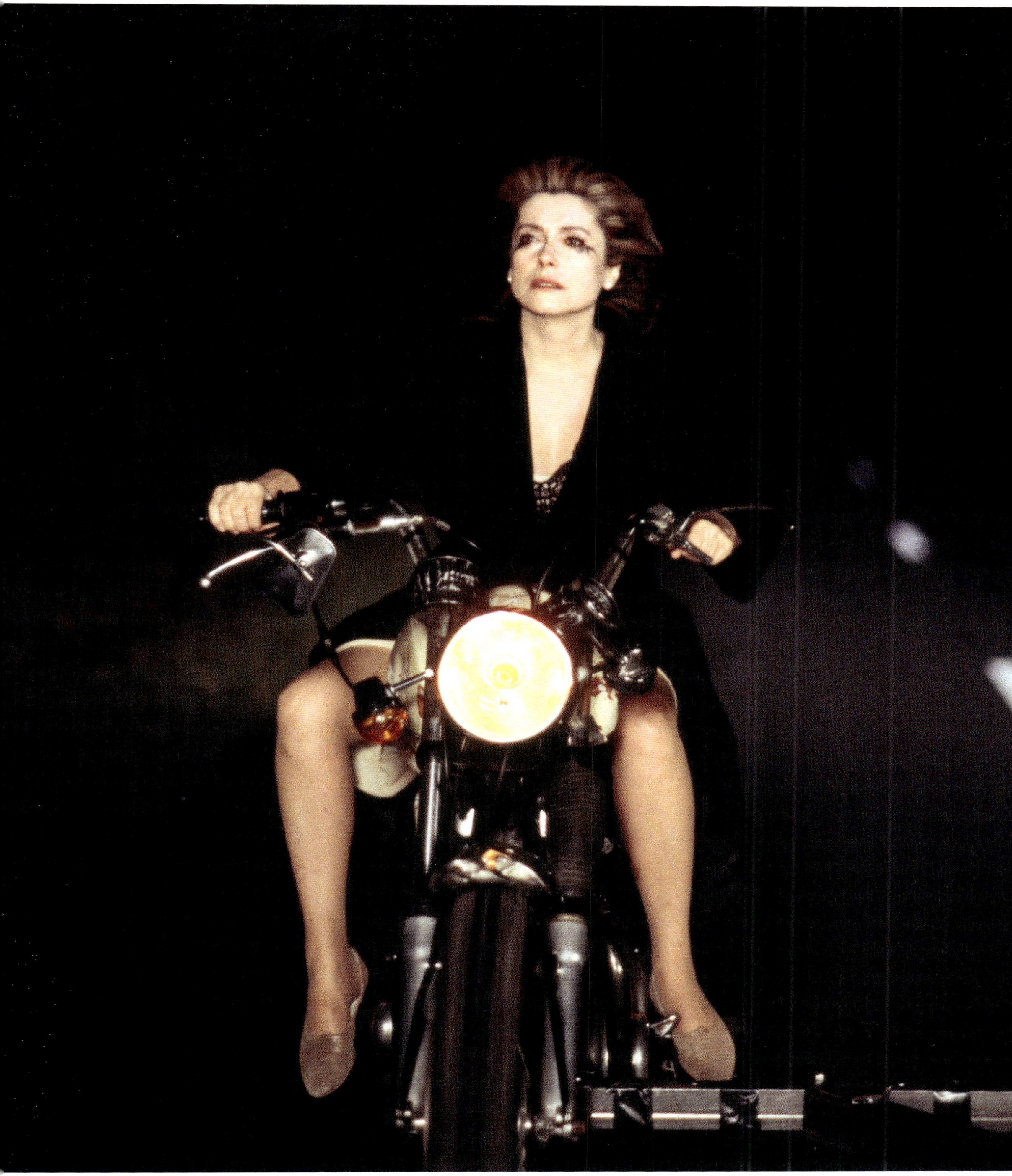

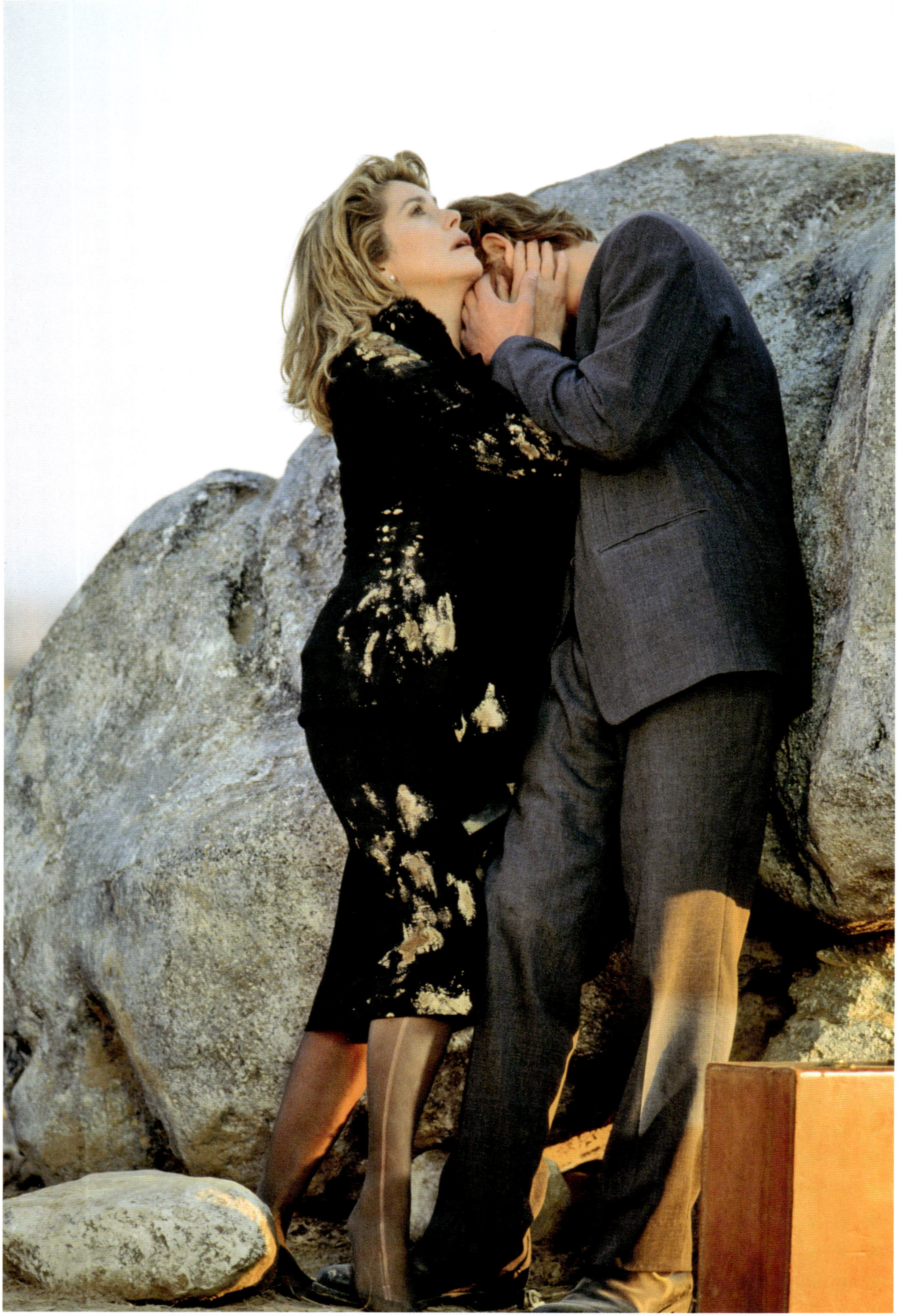

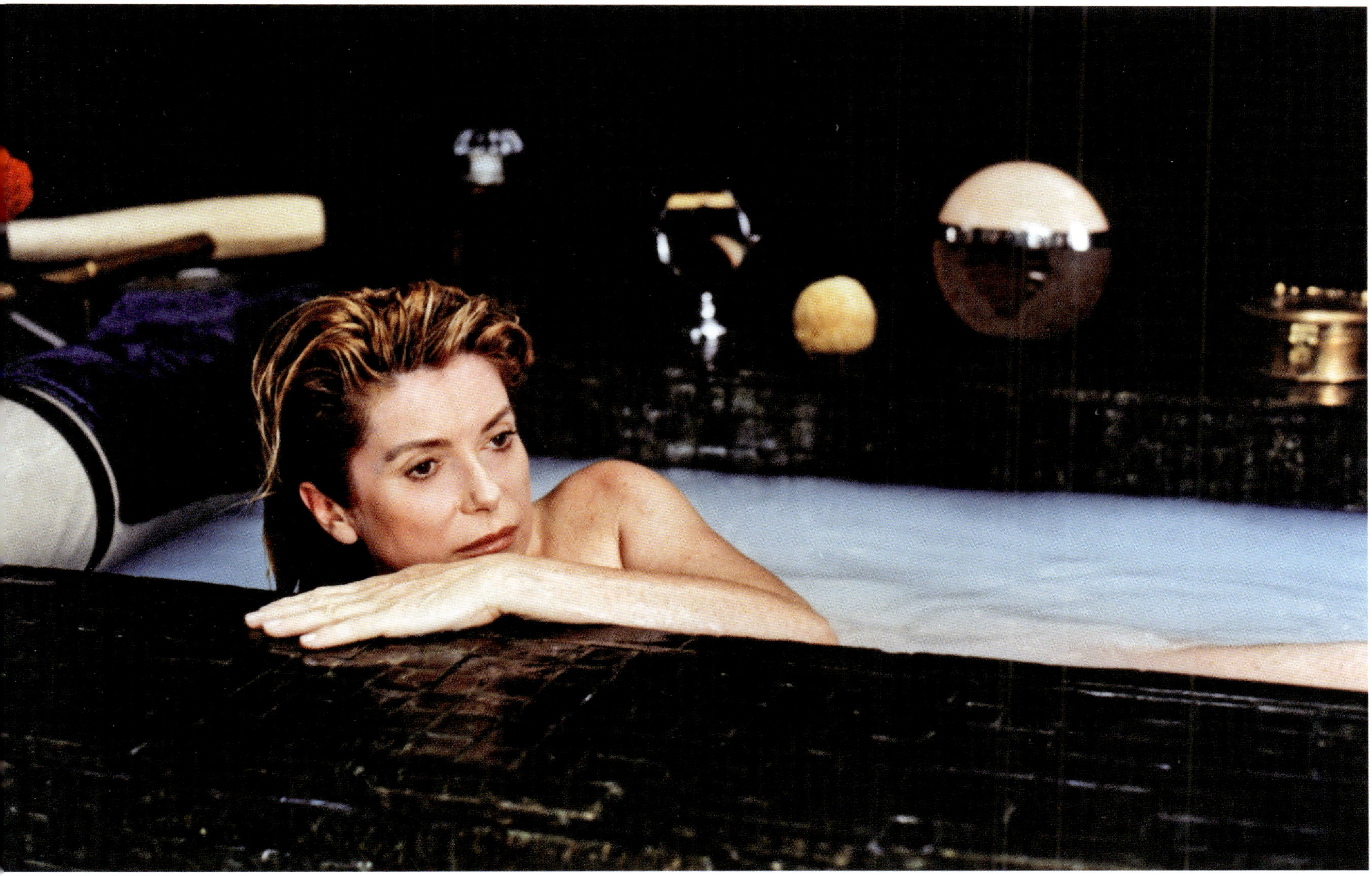

Oben: Marie (Catherine Deneuve) erkennt, dass es ihr nicht gelingen wird, ihren Sohn (Guillaume Depardieu) zurückzuhalten, der entschlossen ist, sich abzunabeln.

Links: Marie pflegt ein ausbeuterisches und quasi inzestuöses Verhältnis mit Pierre.

Pierre gemeinsam im Bett im Schlafzimmer rauchen. Man spürt, dass sie ihn gern genau so behalten würde.«
Sie wird ihn aber nicht mehr lange behalten, denn Pierre erfährt, dass er eine Halbschwester hat, Isabelle, die in einem Zustand der Verwahrlosung lebt; er beschließt, alles für sie aufzugeben. Sie wird von der schönen, jungen Russin Katerina Golubeva gespielt, die 2011 viel zu früh starb; die junge Frau mit den strahlend blauen Augen und der androgynen Figur war die Ehefrau und Vertraute des litauischen Filmemachers Sharunas Bartas (der in *Pola X* den Orchesterchef spielt), wurde dann zu Leos Carax' Gefährtin, eine Erscheinung wie eine Ikone.
Im Lauf der zweiten Hälfte des Films gewinnt die Beziehung zwischen Pierre und Isabelle die Oberhand über die zwischen Marie und ihrem Sohn. Deneuve hat das Drehbuch sehr genau studiert und weiß, dass sie nicht im Zentrum der Geschichte steht. Der Film, der beinahe nicht zustande gekommen wäre, kann schließlich doch gedreht werden, weil Catherine Deneuves Name auf der Liste steht. Immer auf der Suche nach Abenteuern in ihrer Arbeit, war sie auf der Suche nach einem Filmemacher, der für Überraschungen gut ist, einem großen Poeten unserer Zeit. Auch wenn das Ergebnis, wie sie später einräumen wird, nicht ihren Hoffnungen oder Vorstellungen entsprach. »Ich hatte Carax' bisherige Filme gesehen, ich bewundere ihn. Dieser Film bot die Gelegenheit, ihn besser kennenzulernen. Ich habe ein bisschen mehr von ihm gesehen und ich kenne ihn jetzt ein bisschen besser, weil die Dreharbeiten kompliziert waren und es für ihn ein schwieriger Film war.«

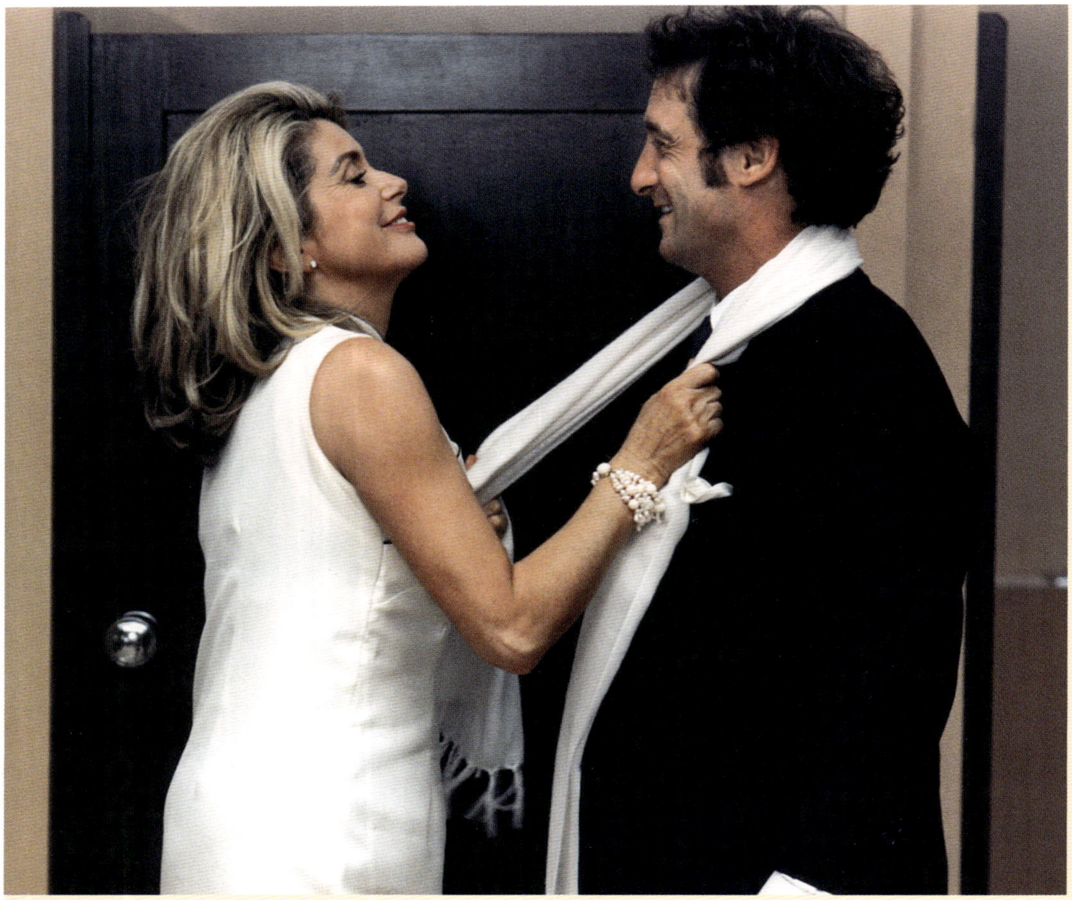

Links: Vincent Lindon spielt einen Mann, der verrückt ist nach seiner Schwiegermutter, Catherine Deneuve. Nach dem Erfolg von *Auch Männer mögen's heiß!* dreht Gabriel Aghion wieder eine Gesellschaftskomödie.

Rechts: Die Schwiegermutter verwandelt anlässlich der Hochzeit ihrer Tochter die Toiletten in einen Ort der Gegenveranstaltung. Lachsalven garantiert! Line Renaud und Stéphane Audran tanzen in der zweiten Reihe.

Belle-maman
(Meine schöne Schwiegermutter)

Kinostart: 1999
Regisseur: Gabriel Aghion
Hauptdarsteller: Catherine Deneuve, Mathilde Seigner, Vincent Lindon
Rolle: Léa

»Jugend hat etwas Beruhigendes, aber man muss ihr nicht nachlaufen«, betonte Catherine Deneuve gegenüber *Journal de Dimanche*, als die neue Komödie von Gabriel Aghion startet. Allerdings ist es die Jugend, die Deneuve in *Meine schöne Schwiegermutter* nachläuft. Vincent Lindon spielt den Schwiegersohn, der sich am Tag seiner Hochzeit über beide Ohren in seine Schwiegermutter verliebt. Alles an dieser Geschichte ist auf nette Weise unmoralisch. »Die Stärke des Drehbuchs«, so Deneuve gegenüber der Presse, »ist es, plausibel zu bleiben, obwohl es von einer grotesken Hypothese ausgeht. Viele Menschen erkennen sich in Antoine und Léa wieder, vor allem, wenn sie zögern, eine Entscheidung zu treffen, die ihr Leben auf den Kopf stellen könnte.«
Deneuve ist hier nicht nur eine unwiderstehliche Mittfünfzigerin, sie verkörpert auf überzeugendste Art und Weise Léa, eine freie und vollkommen ausgeflippte Frau, ein echter blonder Tornado, der sich auf der bürgerlichen Hochzeit der Tochter, einer angesehenen Anwältin, entlädt.
Antoines Leidenschaft für Léa erwacht ebenso plötzlich, wie sie unaufhaltsam ist. Die Folge ist eine Reihe von verrückten Situationen, die Catherine Deneuve nach eigenem Bekunden riesigen Spaß gemacht haben. Und Deneuve spielt hier nicht nur Komödie, sie tanzt, singt und rappt sogar zu den Texten von Stomy Bugsy. Sodass man meinen könnte, Gabriel Aghion und seine Co-Autorin Danièle Thompson hätten den Bogen weit überspannt. Doch Deneuve scheint hier ihre Jugend wiederzuentdecken, und es fehlt eigentlich nur ein Regenschirm, wenn in einer total verrückten Szene die Wirkung des Haschisch eine Herrentoilette zur Alternativ-Location werden lässt und die Toilettenspülung zum Springbrunnen.

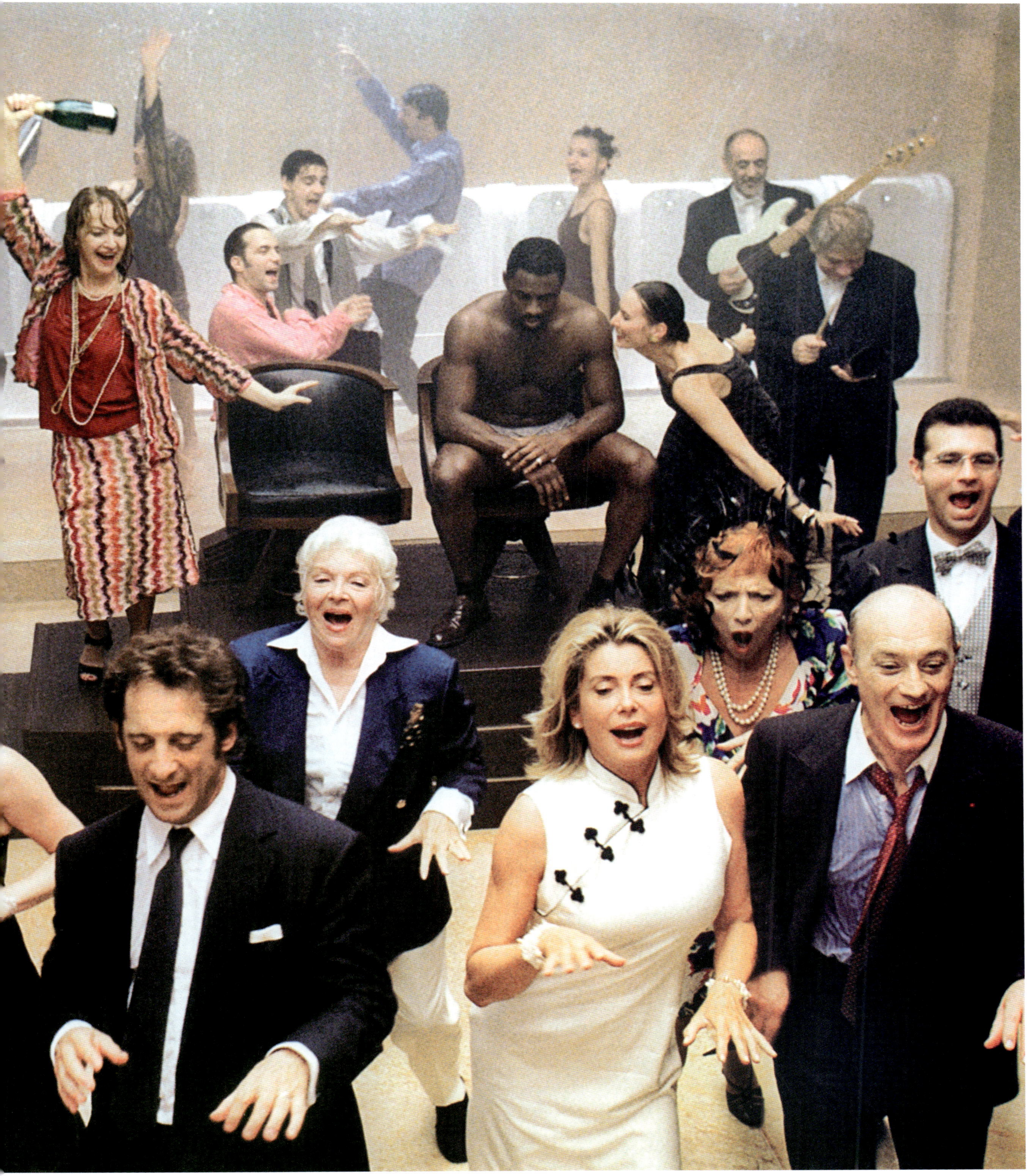

Le Vent de la nuit

Erscheinungsdatum: 1999
Regisseur: Philippe Garrel
Hauptdarsteller: Catherine Deneuve, Xavier Beauvois, Daniel Duval
Rolle: Hélène

Mit Philipp Garrel fuhr sicherlich einer der erfrischendsten Windstöße durch die Karriere von Catherine Deneuve und brachte Freiheit und Einfachheit mit sich. Und das war durchaus willkommen zu einem Zeitpunkt, als erfolgreiche und gute Filme seltener wurden. Dass die beiden sich trafen, war im Unterschied zur Begegnung mit Oliveira oder Ruiz nicht auf Deneuves Initiative zurückzuführen. Zwar interessierte sie sich für den Regisseur, einen Erben der Nouvelle Vague und Anhänger der 68er-Revolte. Sie spricht davon, dass sie »seine Sensibilität schätzt«, die sie mit der eines Poeten gleichsetzt. Aber sie hatte nie daran gedacht mit ihm zu drehen, da sie »den Eindruck hatte, nicht zur Familie seiner Schauspieler zu gehören«, wie sie Olivier Assayas in *Cahiers du cinéma* gegenüber bekennt.

Filme werden manchmal aus Zufällen heraus geboren. In diesem Fall wohnen beide Akteure im selben Viertel. Und so entstand die Idee, gemeinsam einen Film zu machen, unter Nachbarn. »Er schlug mir vor, beim Schreiben mitzumachen. Ich hatte aber keine Lust, einen Film zu machen, der von mir käme. Also habe ich ihm gesagt, dass ich schon Lust hätte, aber nicht so.« Ein Jahr später kommt er wieder auf sie zu und hat ein Drehbuch dabei, das er mit dem Schriftsteller Marc Cholodenko geschrieben hat, mit dem er seit zehn Jahren befreundet ist; Arlette Langmann hat zudem geholfen, die weibliche Figur der Hélène zu erschaffen.

Hélène ist eine typische Vertreterin der intellektuellen Bourgeoisie. Sie ist verheiratet, jenseits der Fünfzig, und hat einen ungefähr dreißigjährigen Liebhaber, Paul. Xavier Beauvois, der auf Garrels Spiel eingestiegen ist und seine Rolle selbst geschrieben hat, zeichnet das Portrait eines Kinds seiner Zeit: einen Bildhauer, der ein bisschen von der Rolle und drogenaffin ist, vor allem aber unentschlossen und lax. In der ersten Szene steigt Hélène die Treppe zu Pauls Zimmerchen hinauf. Er ist nicht da, aber sie weiß, wo der Schlüssel versteckt ist. Sie macht sein Bett in einer eher mütterlichen als verliebten Geste. Dann schreibt sie ihm eine Nachricht: »Als wir uns trafen und Du mich angesprochen hast, habe ich mir gesagt: ›Der Typ ist verrückt.‹ Ich habe nicht dran geglaubt und mich gefragt: Was will er? ... Und dann habe ich gemerkt, dass ich Lust drauf hatte, und habe mir gesagt: ›Auch wenn's nur um deine Kohle geht, mein armes Mädchen, was schert's dich, du kannst es sowieso nicht mitnehmen!‹«

Paul hat versäumt, erwachsen zu werden, er nimmt die Annehmlichkeiten, die sich ihm bieten, mit, ohne Hélènes Leidenschaft zu sehen oder auch nur sehen zu wollen. Ihm zuliebe ist sie zu allem bereit, an diesem Abend sogar, länger zu bleiben. Ihr Mann ist nicht misstrauisch. Als sie den Bürgersteig entlanggehen, fährt Paul der Wind, der noch kein Nachtwind (*Vent de la nuit*) ist, durchs Haar wie eine Metapher für den Graben, der sich zwischen Hélène und Paul auftut. Er entschließt sich letztlich zur Flucht und trifft einen düsteren Architekten, einen Alt-68er; zwischen den beiden entsteht eine seltsame Freundschaft, die aus Fragen und Diskussionen um drei wichtige Themen besteht – Sex, Drogen und Revolution.

Es wird chronologisch gedreht, aber vor allem ist Philippe Garrel ein Anhänger des einmaligen Takes pro Szene. Um Deneuve zu beruhigen, die mit dieser Schule nicht vertraut ist, rät er ihr, »nicht daran zu denken, dass Sie spielen«. »Begeben Sie sich in die Gedankenwelt der Figur«, fährt er fort. »Seien Sie einfach. Wenn Sie denken, liegen Sie richtig.« Es war eine schwindelerregende Erfahrung für Deneuve, und sie findet zu einem delikaten Gleichgewicht in diesem sehr schönen Film.

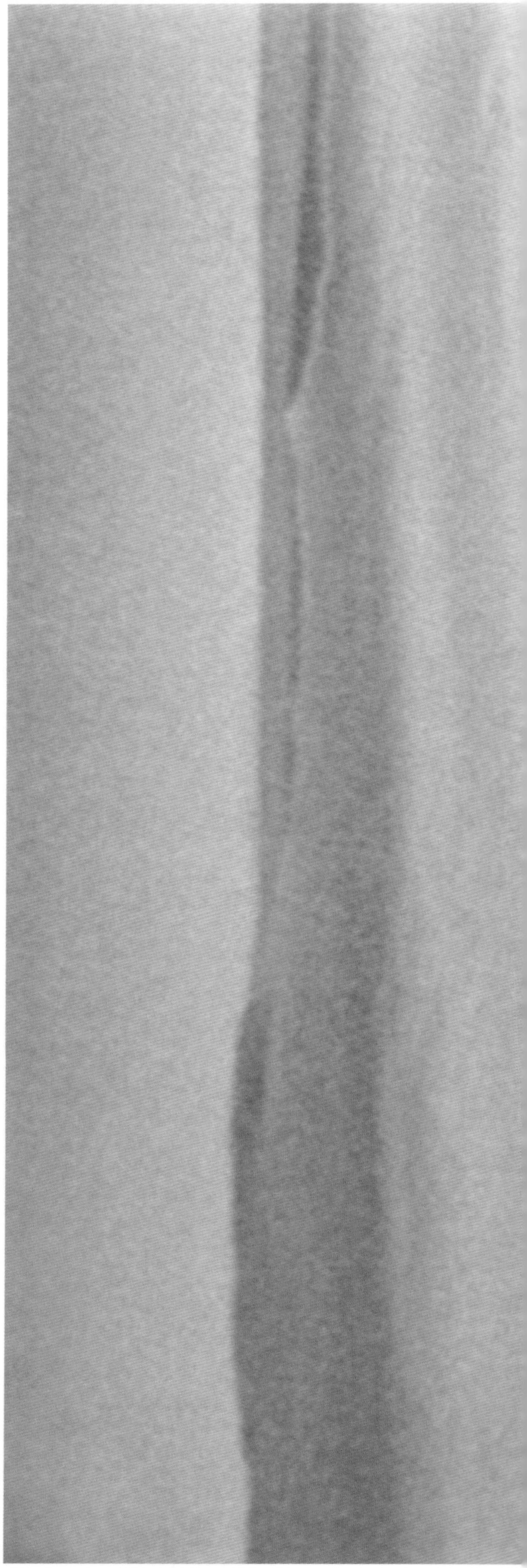

Die erste Szene des Films spielt in Pauls (Xavier Beauvois) Junggesellenwohnung, in der Hélène verliebt und ein wenig ernüchtert auf ihren jungen Liebhaber wartet.

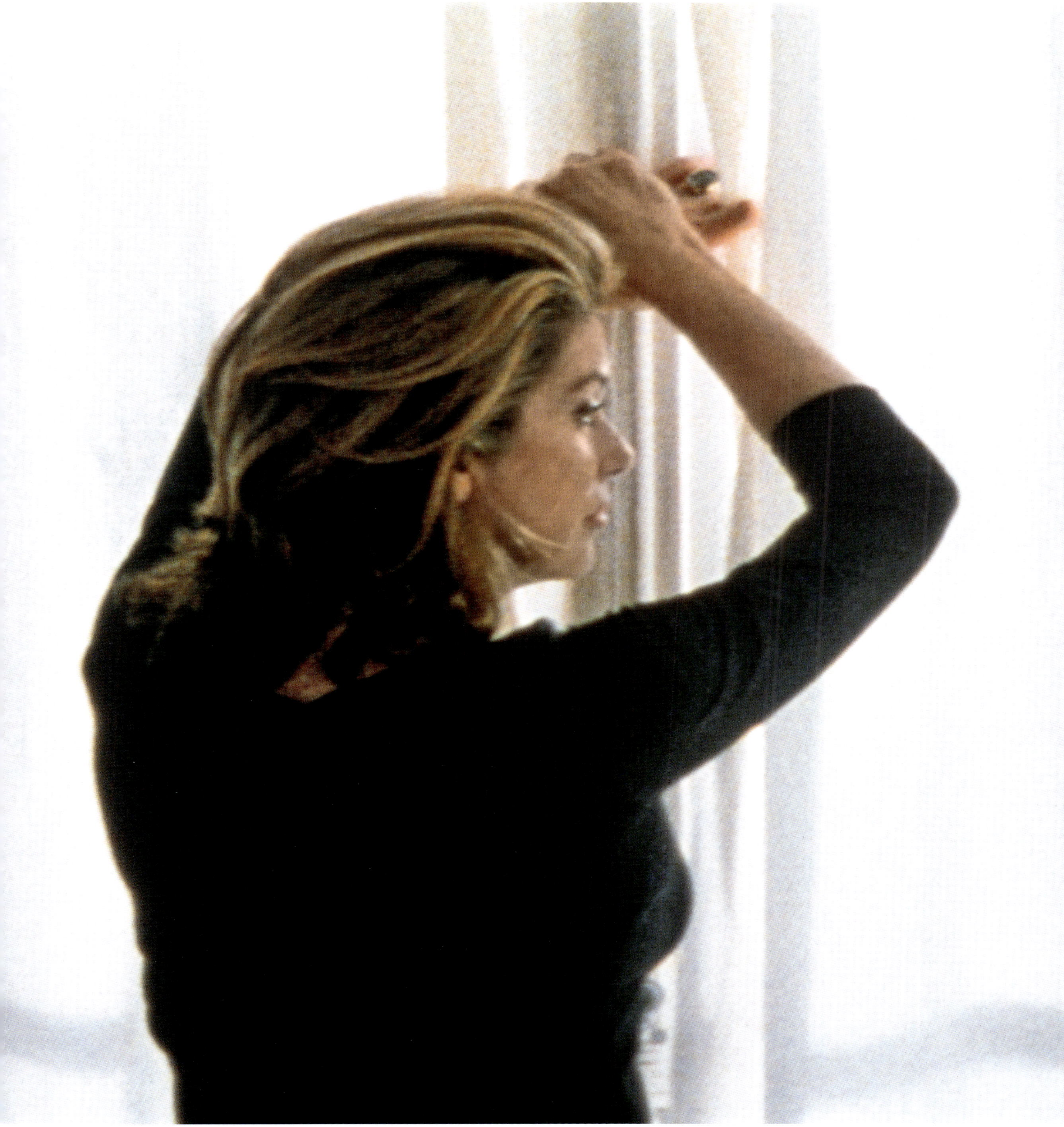

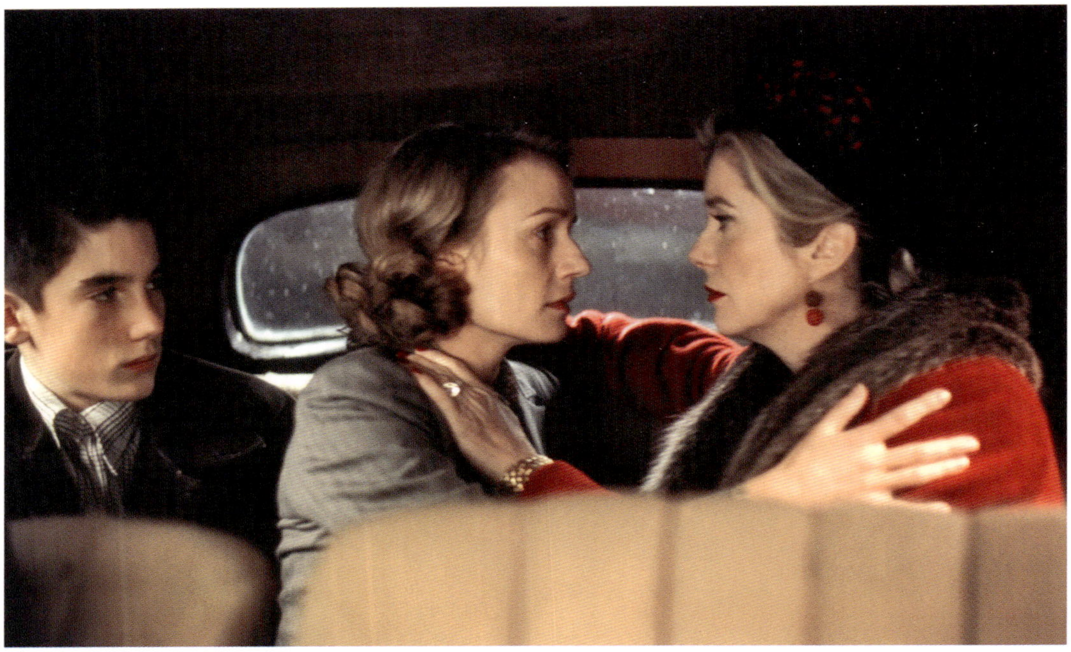

Links: Marie Golovine (Sandrine Bonnaire) findet in Gabrielle Develay, einer Schauspielerin des Théâtre National de Paris auf Tournee in der Sowjetunion, eine letzte Hoffnung, um dem Gefängnis unter freiem Himmel zu entgehen.

Rechts: Auch wenn sie nur für wenige Drehtage da ist, wertet Régis Wargnier Catherine Deneuves Gegenwart am Set als essentiell, beruhigend und schöpferisch wertvoll.

Est-Ouest
(Eine Liebe in Russland)

Kinostart: 1999
Regisseur: Régis Wargnier
Hauptdarsteller: Oleg Menchikov, Sandrine Bonnaire, Catherine Deneuve
Rolle: Gabrielle Develay

»Ihre ganze Geschichte mit Alexei liegt in diesem Blickwechsel«, weist Régis Wargnier Catherine Deneuve an. Sie ist erst vor ein paar Tagen in Sofia eingetroffen, wo die Dreharbeiten von *Eine Liebe in Russland* stattfinden. Ein Kostümfilm, ein ultra-romantisches Drehbuch, eine Nebenrolle für Catherine Deneuve, die es akzeptiert hat, nicht die Hauptheldin zu sein und Sandrine Bonnaire das Scheinwerferlicht zu überlassen, auch wenn sie das manchmal bereut. »Ich bin nicht daran gewöhnt, dass sich nicht alles um mich dreht, auch wenn es sich nur um eine kurze Zeit handelt«, schreibt sie mit einer Ehrlichkeit, die zu Herzen geht, in ihr Tagebuch. Man ist dabei, eine der Schlussszenen des Films vorzubereiten, und der Blickwechsel soll mit dem Schauspieler stattfinden, der Nikita Mikhalkov spielt, mit Oleg Menchikov. Deneuve findet ihn »sehr geheimnisvoll, nervös, verschlossen und anziehend«. Er stellt Alexei Golovine dar, einen Arzt, der den kapitalen Irrtum begangen hat, 1946 dem Ruf Stalins zu folgen und in die UdSSR zurückzukehren. Seine Frau ist Französin, und sobald sie das Schiff verlassen, wird ihr klar, dass sie mitsamt ihrem noch kleinen Sohn in ein Gefängnis unter freiem Himmel geraten sind. Sie verliert jegliche Hoffnung, bis sie Gabrielle Develay – Catherine Deneuve – trifft, eine Schauspielerin des Nationaltheaters, die auf Tournee in Kiew ist. Golovine hat unter größter Geheimhaltung die Flucht für seine Frau und seinen Sohn vorbereitet. Sie selbst weiß bis zum letzten Moment nichts davon. »Das ist wie ein Hitchcock«, kommentiert Deneuve. Die Diskussionen, die Régis Wargnier in seinem Buch *Est-Ouest, journal d'un tournage* (dt.:Tagebuch der Dreharbeiten) schildert, zeigen, wie häufig sich Deneuve und der Regisseur sieben Jahre nach dem erfolgreichen Projekt *Indochine* über ihre künstlerische Zusammenarbeit austauschen. »Dass sie so etwas sagte, brachte mich dazu, manche Einstellungen zu drehen, die ich ohne diese Bemerkung vielleicht nicht gemacht hätte – einfache, weite, ruhige Aufnahmen mit feststehender Kamera, kurzer Brennweite, herumlaufenden Personen – nicht direkt Szenen, wie ich sie von Hitchcock in Erinnerung habe, die mir aber dennoch das Gefühl gaben, als kämen sie aus seinen Filmen.« Die kleine Anekdote ist köstlich, und das Tagebuch selbst ein seltenes Zeugnis dafür, wie beständig Catherine Deneuve ihre Beiträge zu den Filmen leistete, die sie gerade drehte; Grund genug für Arnaud Desplechin, zu behaupten, dass »Catherine Deneuve das größte französische Regie-Genie ist«. Während sie ihrer Rolle den Feinschliff verpasst, bringt sie sich auf allen Ebenen in die Entstehung des Films ein. Mit Deneuve drehen? »Ich liebe es! Das ist wahres Kino«, sagt Régis Wargnier. »Sobald sie da ist, ist die Luft von ihrer besonderen Präsenz aufgeladen, magisch und geheimnisvoll ...«

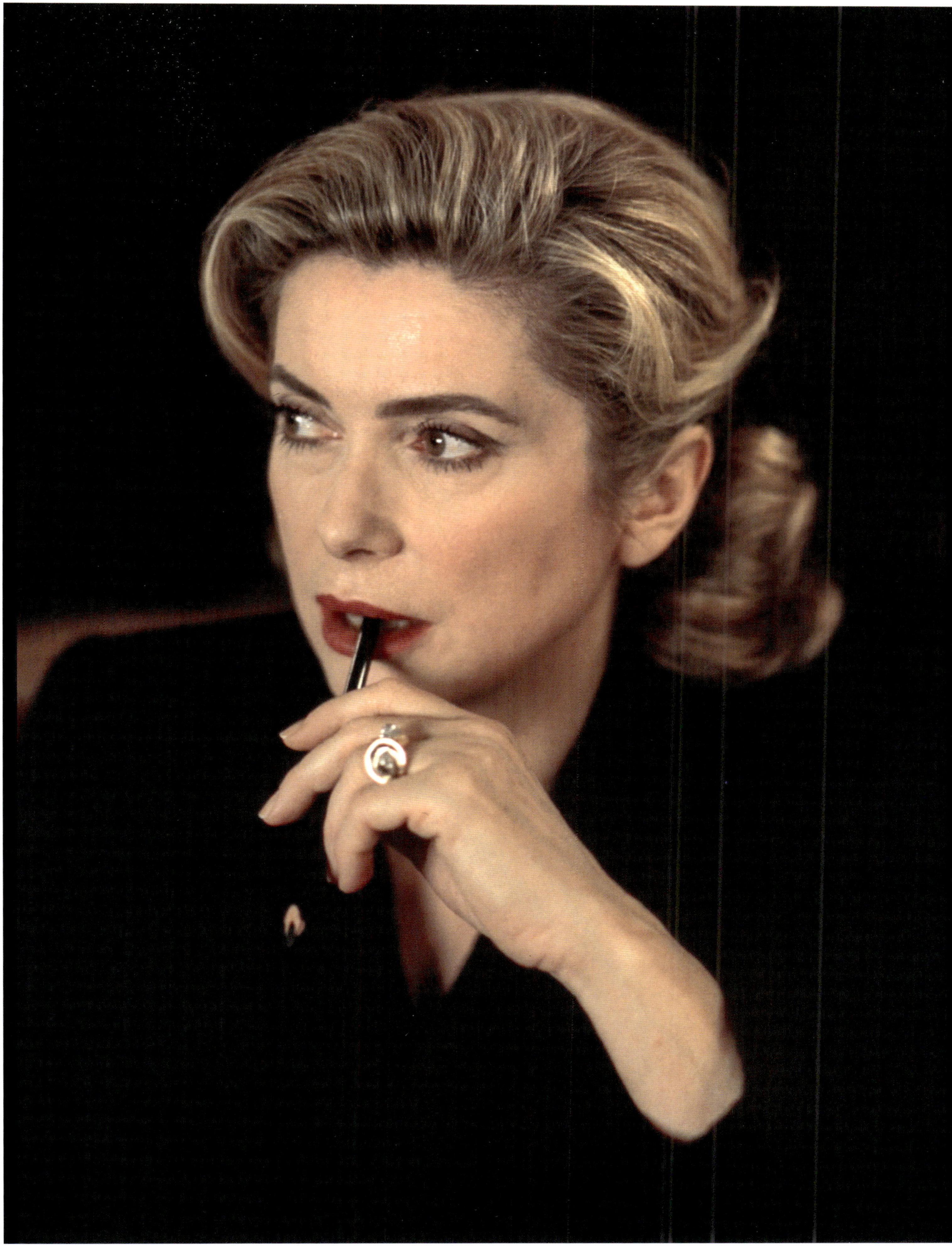

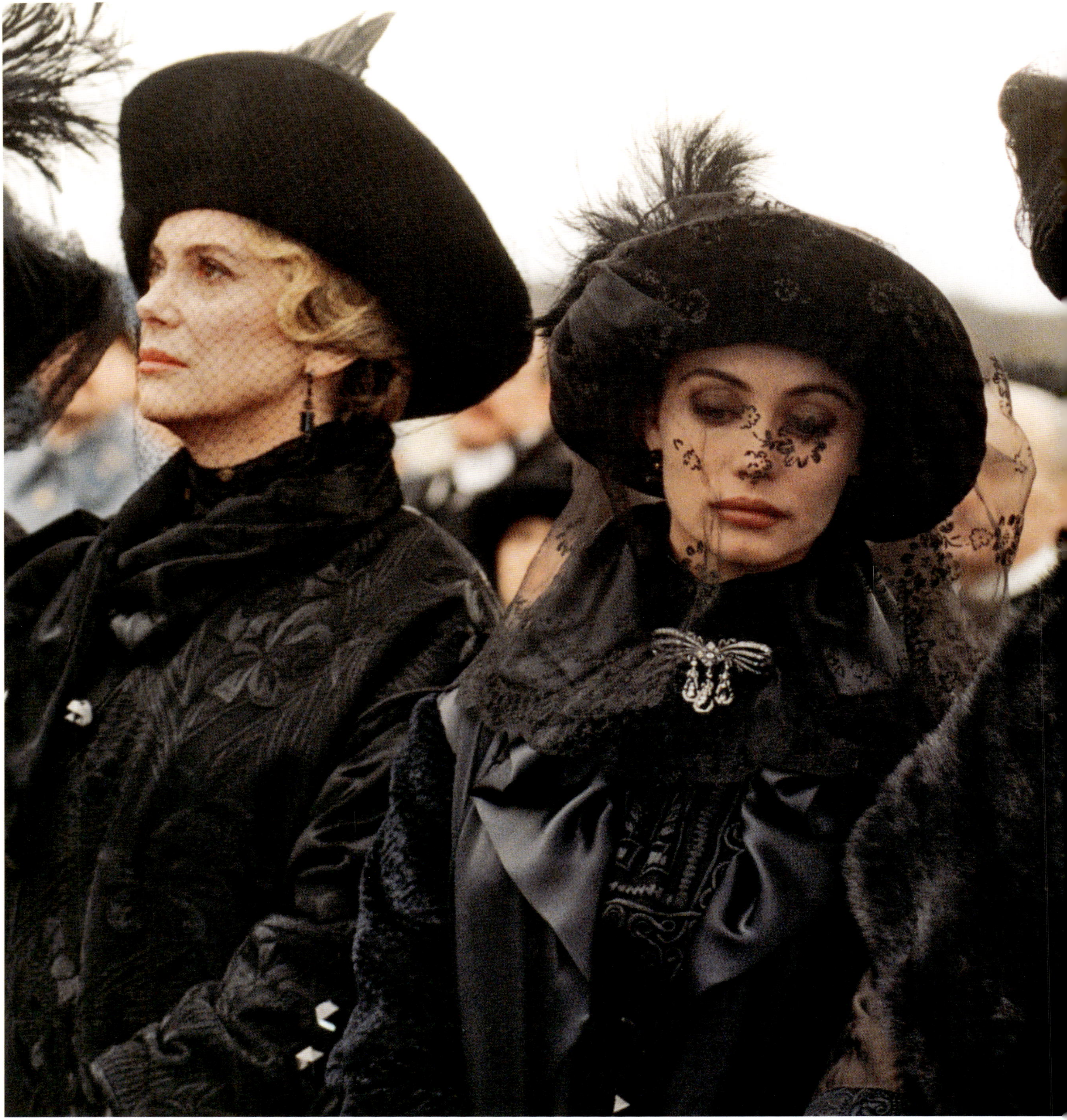

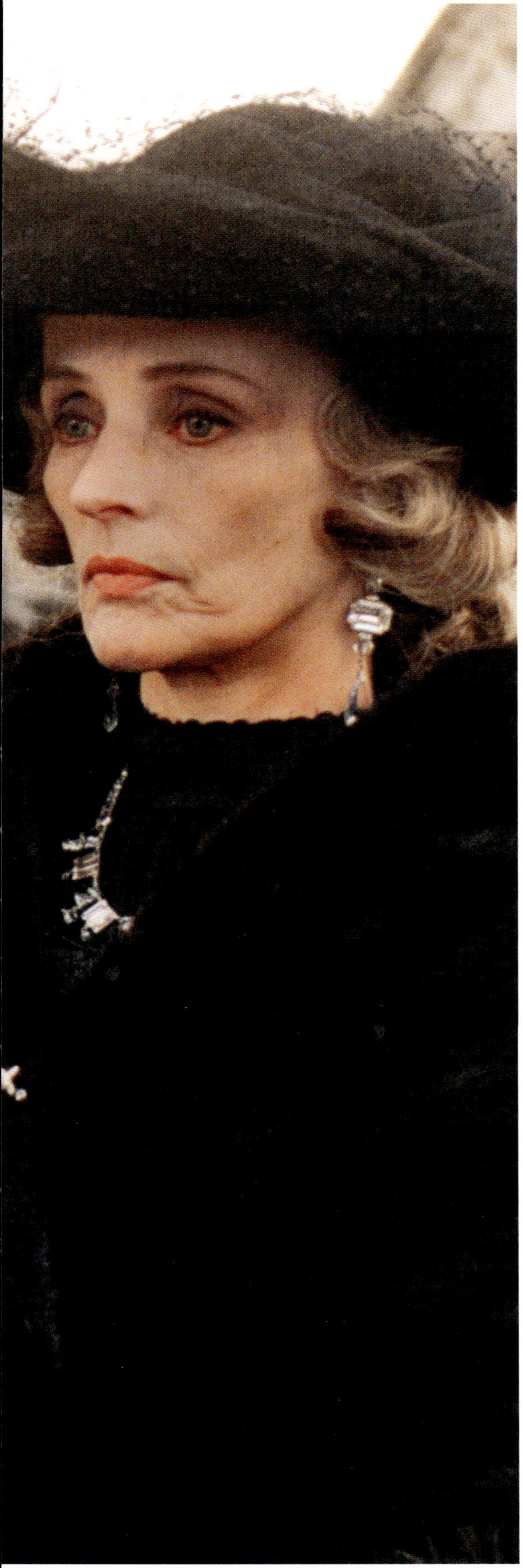

Catherine Deneuve ist Odette de Crecy, Emmanuelle Béart Gilberte und Édith Scrob Oriane de Guermantes. Eine beeindruckende Besetzungsliste, die dem Anspruch wie auch dem Erfolg des Projekts gerecht wird.

Le Temps retrouvé
(Die wiedergefundene Zeit)

Kinostart: 1999
Regisseur: Raoul Ruiz
Hauptdarsteller: Catherine Deneuve, Emmanuelle Béart, John Malkovich, Vincent Pérez, Marie-France Pisier
Rolle: Odette de Crécy

Die wiedergefundene Zeit heißt der letzte Band von Marcel Prousts Roman *Auf der Suche nach der verlorenen Zeit*, und Raoul Ruiz' Film adaptiert ihn großartig. Er fängt die Melancholie des Schriftstellers in einer fesselnden Inszenierung ein, die unglaublich nah am Original bleibt. Lange Kamerafahrten sind typisch für dieses Werk mit seinen physischen und seelischen Irrläufen. Marcel Proust befindet sich noch in der Phase des Zweifels und der Unsicherheit, ob er schreiben kann. Kulissen auf Rollen ermöglichen geradezu atemberaubende Perspektivwechsel und Kamerabewegungen. Alle Bereiche, die beim Filmemachen eine Rolle spielen – Tonspur, Schnitt, Takes – tragen dazu bei, Prousts Stil auf die Leinwand zu übertragen.

Und Ruiz bedient sich zudem eines illustren Aufgebots an Stars, um beim Zuschauer die Erinnerung an vergangene Zeiten zu wecken, ein Vorgehen, das auch in der *Suche* als Herzstück gilt. »Ich habe berühmte Schauspieler gewählt «, erklärt er im Interview, »weil ich mit den Erinnerungen des Zuschauers spielen will, der sie ständig im Fernsehen in alten Filmen sieht. Ich setze auf die wachrüttelnde Kraft ihres Gedächtnisses.« Das Casting vereint die Crème de la Crème der damaligen Stars: John Malkovich ist Baron de Charlus, Vincent Perez Morel, Pascal Greggory Saint-Loup, um nur die Männer zu nennen, denn es ist, wie Catherine Deneuve den *Cahiers du cinéma* gegenüber sagt, »in erster Linie ein Film über Männer. Die Frauen sind natürlich da, einfach weil sie existieren, aber es ist vor allem ein Film über Männer und über männliche Homosexualität.« Dennoch kommt er ohne weibliche Figuren und Schauspielerinnen nicht aus, die durchaus nicht nur Platzhalter sind: Albertine (Chiara Mastroianni), Gilberte (Emmanuelle Béart) oder auch Madame Verdurin (Marie-France Pisier).

Catherine Deneuve selbst verkörpert die berühmte Odette, eine Frau, die einen außergewöhnlichen Aufstieg erlebte. Aus dem Nichts kommend, ist sie am Ende reich und mit dem Grafen Forcheville verheiratet. Als sie Marcel Proust anlässlich eines Empfangs bei den Guermantes über den Weg läuft, fragt sie ihn: »Warum sehen Sie mich so an? Habe ich mich so verändert?« »Wenn ich Bildhauer wäre, würde ich Sie als Modell wählen«, antwortet er. »Was für eine charmante Idee. Sie würden aber nicht wollen, dass ich Ihnen nackt Modell stehe?«, fragt die ehemalige Kokotte mit einer Prise Provokation in der Stimme. »Sie wären die perfekte Allegorie ewiger Jugend«, gibt er schlagfertig zurück und meint es ehrlich. Tatsächlich könnte niemand Odette besser verkörpern als Catherine Deneuve. Sie verleiht diesem Inbegriff einer Proust'schen Figur Schönheit und Charakterstärke, und man erlebt diesen Film wie einen Bilderbogen, der dem Romanautor ebenso gerecht wird wie dem poetischen Universum dieses Magiers der Leinwand, der in »unsterbliche Geschichten« verliebt ist.

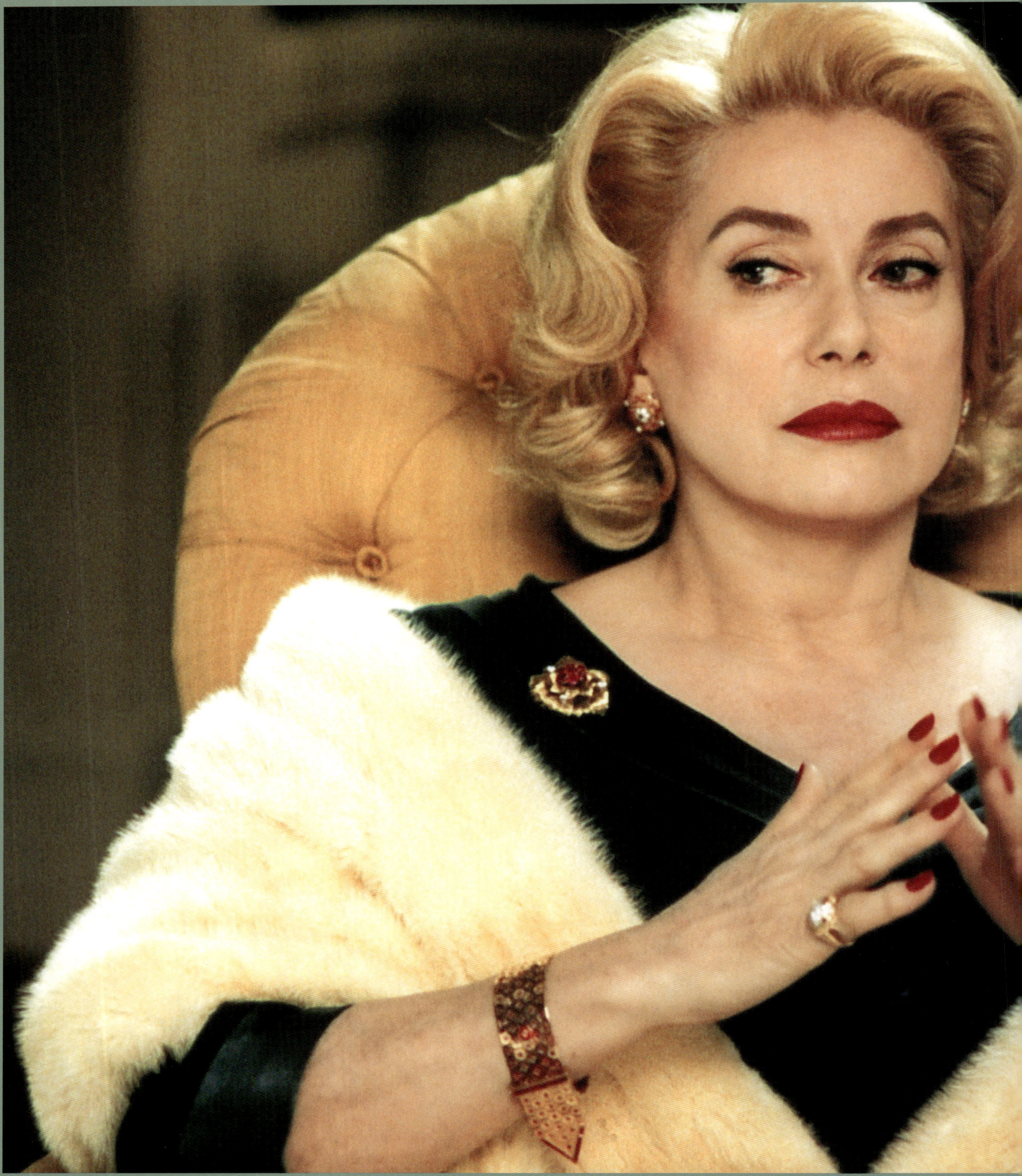

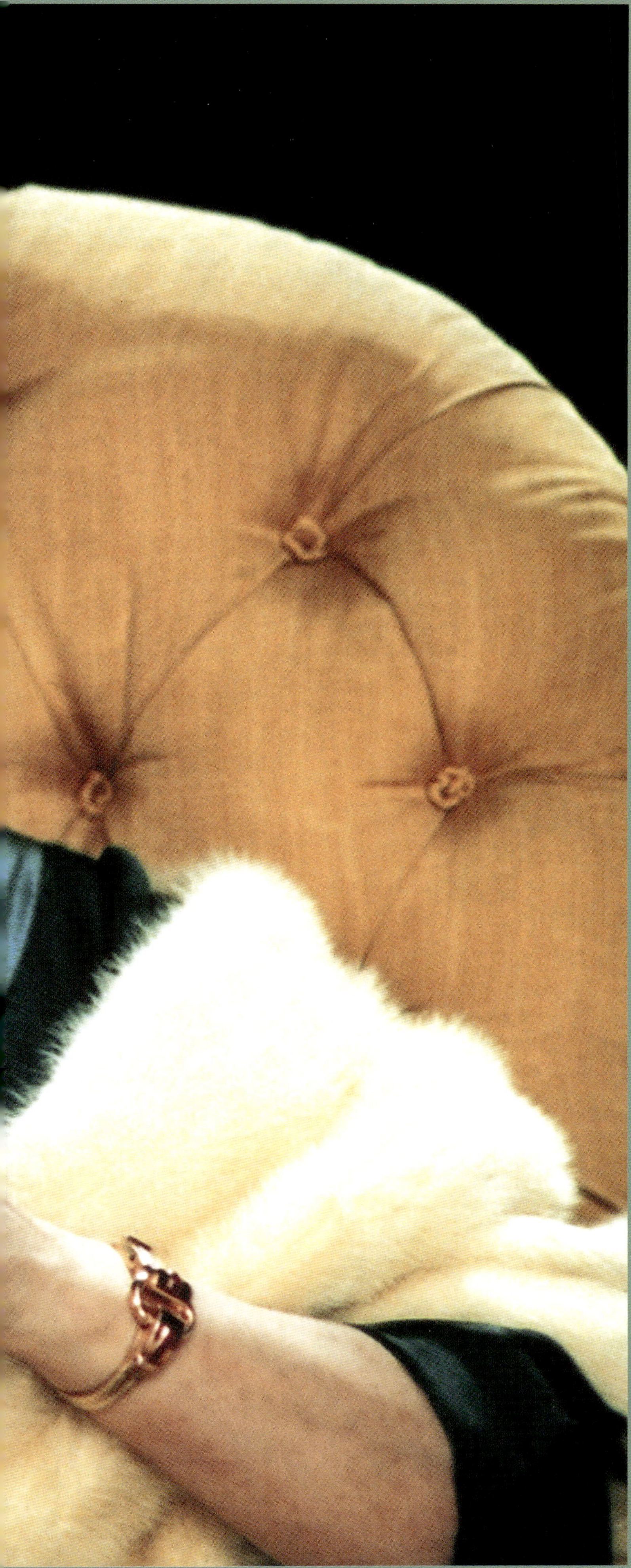

Die 2000er Jahre

Capra, Hawks oder Cukor hätten sich keine bessere Schauspielerin erträumen können. Deneuve lacht, amüsiert sich, parodiert sich selbst und verwandelt sich gern. »Eine faszinierende Frau«, wie der amerikanische Schauspieler Burt Reynolds seinerzeit schon befand, als er ihren Sinn für Humor bei den Dreharbeiten zu *Straßen der Nacht* kennenlernte.

Sich ohne falsche Scham in Komödien für ein breites Publikum zu stürzen gefällt ihr immer noch. *8 Frauen* bringt für Catherine Deneuve den großen Erfolg des Jahrzehnts. Ein Haarschnitt à la Marilyn, ein sexy Hüftschwung zu den Liedern von Sylvie Vartan sowie eine denkwürdige Anmach-Szene mit Fanny Ardant – der Film trifft auf einhellige Zustimmung.

Hat Catherine Deneuve in François Ozon und Arnaud Desplechin würdige Nachfolger für François Truffaut und Jacques Demy gefunden? Jedenfalls tut ihr diese neue Generation von Filmemachern gut.

Dancer in the Dark gerät zur herausfordernden Erfahrung voller unvorhergesehener Ereignisse, wie sie in ihrem Drehtagebuch berichtet.

Als sie ihre Stimme für die fesselnde und berührende Verfilmung von Marjane Satrapis Graphic Novel *Persepolis* zur Verfügung stellt, ist das ein Statement: noch immer ist sie kämpferisch und setzt sich für einzigartige Autoren ein.

Mit *Ein Weihnachtsmärchen* neigt sich das Jahrzehnt seinem Ende entgegen; in diesem Film spielt Deneuve eine durch eine schwere Krankheit angeschlagene Familienmutter, »fast schwindelerregend edel und radikal modern«, wie Desplechin schreibt.

Um zu vermeiden, dass man sich wiederholt, bequem wird oder sich langweilt, gibt es nichts Besseres, als sich Kopf voraus ins Unbekannte, ins Risiko, ins Wagnis zu stürzen. Wie mit François Ozon und *8 Frauen*.

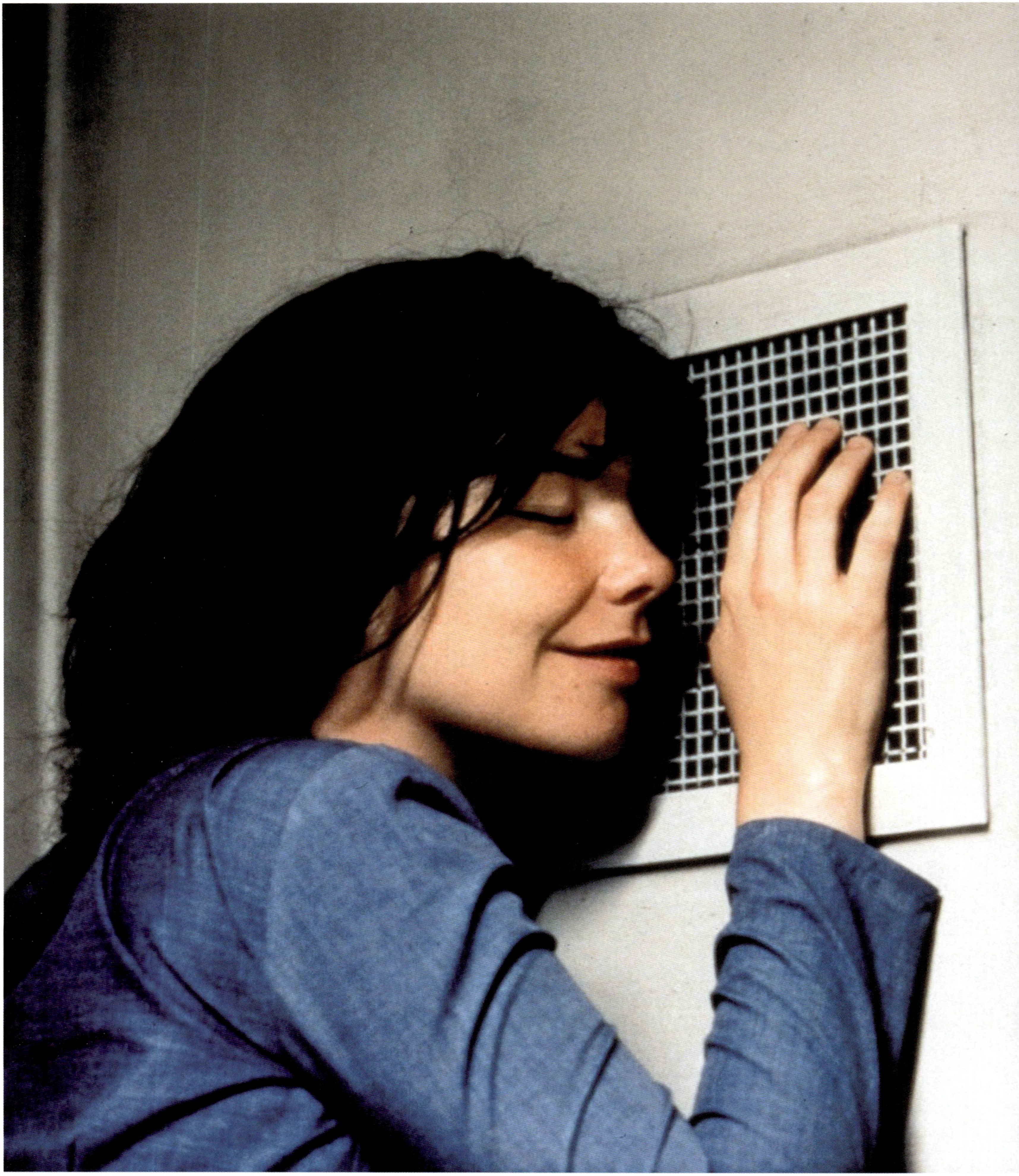

ihren Drehtagebüchern berichtet eneuve von der intensiven und motionsgeladenen Beziehung zur ängerin Björk, die zugleich inoneuling und Schauspielerin »in usbildung« war und mit der sie esonders herausfordernde reharbeiten erlebte.

Dancer in the Dark

Kinostart: 2000
Regisseur: Lars von Trier
Hauptdarsteller: Björk, Catherine Deneuve, David Morse, Peter Stormare
Rolle: Kathy, alias »Cvalda«

Catherine Deneuve spielt in Lars van Triers *Dancer in the Dark* eine Nebenrolle. Der dänische Filmemacher ist der Kopf von Dogma 95, dem Manifest, das eine Neuausrichtung des Kinos anstrebt. *Dancer in the Dark* bildet mit *Breaking the Waves* (1996) und *Idioten* (1998) eine Trilogie, die auf ein und derselben Geschichte basiert: Ein kleines Mädchen mit einem großen Herzen durchquert auf der Suche nach Abenteuern ganz allein einen Wald, und sie kommt durch, aber erst, nachdem sie alles verloren hat. »Ich schaffe es trotz aller Widerstände«, lautet das abschließende Urteil der jungen Heldin.

Der dänische Meisterfilmer, der für seine geistreichen Einfälle ebenso bekannt ist wie für seine Launen und seinen Hang zur Provokation, hat beschlossen, Catherine Deneuve die Rolle der Kathy anzuvertrauen, einer Frau aus der Arbeiterklasse, die in den 60er Jahren Frankreich verlassen hat, um in die USA auszuwandern. Was bewegt den Regisseur bei diesem Casting? Das hinterhältige Vergnügen, den Star Deneuve in eine Proletarierin mit Besen in der Hand zu verwandeln? Oder will er die glücklicheren Zeiten der Musikkomödien mit Jacques Demy heraufbeschwören oder – ganz prosaisch – mit ihrem Namen Gelder für die Finanzierung einwerben? Fest steht, dass sich die Beziehungen zwischen der Schauspielerin und dem Filmemacher positiv entwickeln, trotz sich ewig hinziehender Dreharbeiten, die von Improvisation, endloser Warterei und Wutausbrüchen gekennzeichnet sind. Spannungen und Unverständnis zwischen Lars von Trier und Björk nehmen dagegen rasant zu, und Catherine Deneuve, die das von außen beobachtet, fungiert, so gut es geht, als Frieden stiftende Vermittlerin, wie man ihren Dreh-Tagebüchern entnehmen kann.

Man erfährt nicht viel über ihre Figur, außer dass sie sich mit ihrer Arbeitskollegin Selma anfreundet, die aufgrund eines genetischen Defekts nach und nach ihr Augenlicht einbüßt. Kathy ist großzügig und nett und übernimmt die Rolle von Selmas Augen, wird zu einer Art Märtyrerin, zur personifizierten Selbstverleugnung, wie andere Heldinnen des Filmemachers.

Und die Sängerin Björk spielt Selma. Der isländische Popstar wird für diese Rolle den Darstellerpreis von Cannes und eine Nominierung für die Golden Globes erhalten, doch zunächst einmal ist sie ganz und gar Debütantin am Set. Sie tut sich schwer, sich anleiten zu lassen und will das letzte Wort haben, vor allem hinsichtlich der Filmmusik, die sie für den Film komponiert, der eine »Musikkomödie« ist. Schon mit dem Vorspann ist der Ton vorgegeben. Eine lange Eröffnungssequenz zu Musik, in der sich vor abstraktem Hintergrund das Hauptthema formt, dann kommt der Titel. Ein Augenzwinkern in Richtung des Meisterwerks dieses Genres, *West Side Story*,

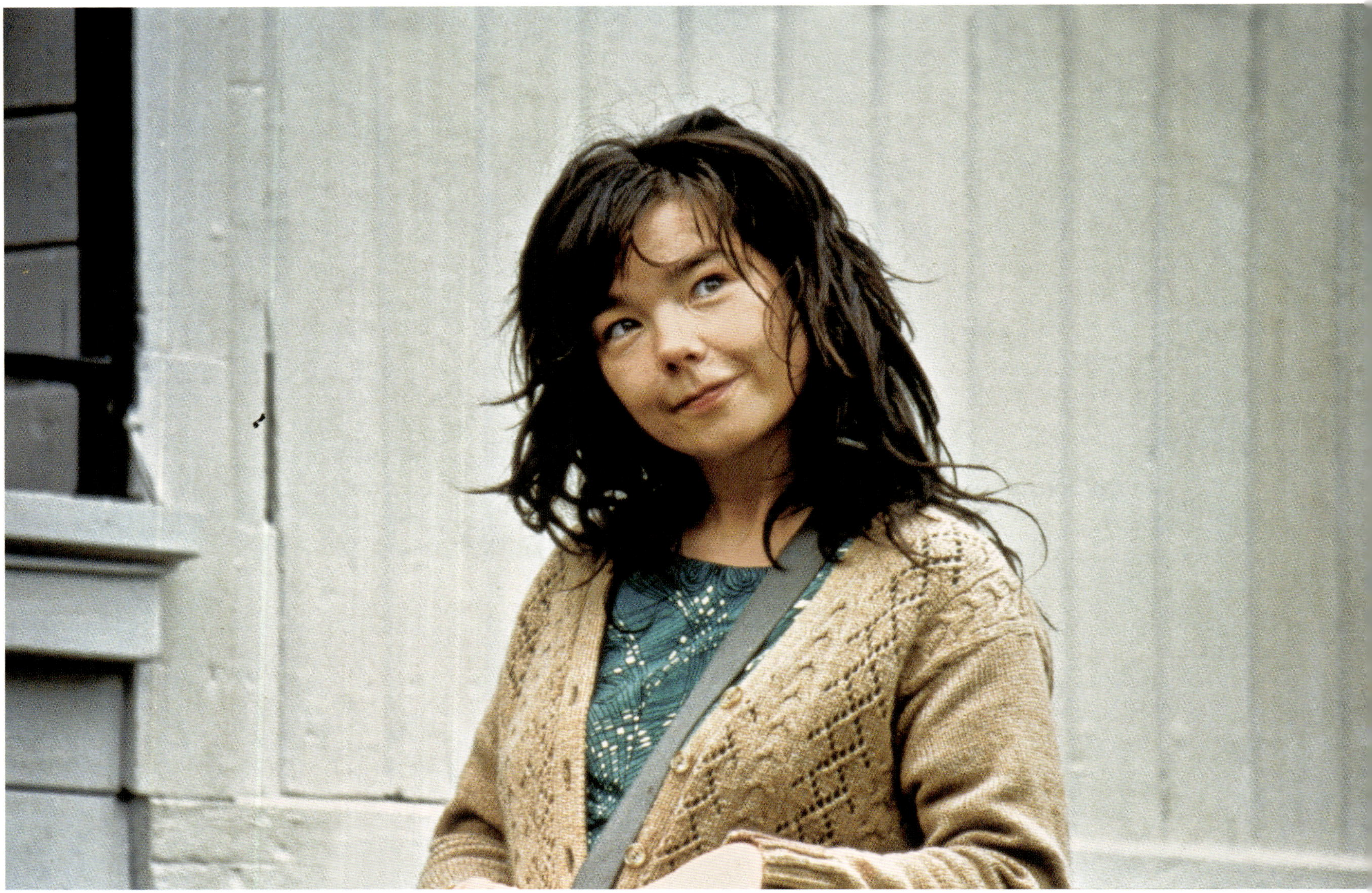

Deneuve schreibt in ihr Tagebuch: »Maschinen, Arbeit, andere Ebenen mit den Tänzern. Ein unglaublicher Krach, man muss sehr laut sprechen, um sich zu verständigen. Ständig wird improvisiert, aber Lars behält den Kurs bei und verliert die Authentizität der Figuren niemals aus dem Auge.«

ist nicht zu übersehen, nur dass es sich hier um alles andere als eine Komödie handelt. Vielmehr um eine »Musiktragödie«, und Björk, der Debütantin, gelingt es nicht, sich vor der Figur zu schützen, die sie verkörpert. Sie lässt sich ganz und gar von ihren Gefühlen mitreißen. »Björk ist keine Schauspielerin«, erzählt Catherine Deneuve den Journalisten. »Deshalb hat sie so gelitten bei den Dreharbeiten: Sie hat nicht gespielt, sie ›war‹ die Figur.« Deneuve, die Björk, wie auch in ihrer Filmrolle, unterstützt, nennt sie »das kleine weiße Pferd« in Anspielung auf das Lied von Georges Brassens, in dem das Pferd im Unwetter losstürmt und alle ihm auf den Fersen sind.

Und Unwetter gibt es reichlich. Auch wilde Donnerwetter zwischen dem Regisseur und Björk, die unabhängig von ihren Starallüren einfach nicht versteht, was man von ihr will. Sogar Deneuve, alles andere als eine Debütantin, bringen Lars von Triers Arbeitsmethoden erheblich aus dem Konzept. »Auf den Tagesplänen ist alles klar und deutlich«, schreibt sie in ihr Tagebuch. »Massen von Leuten scheinen im Studio zu arbeiten, aber eigentlich entsteht nur ein großes Durcheinander, und in Wirklichkeit passiert nicht viel Konkretes. Ich werde wohl einige Zeit brauchen, um zu verstehen, dass genau das sein Ansatz ist.«

Diese Methode basiert auf Improvisation seitens der Schauspieler. Es gibt nur ein Minimum an Takes, dafür aber ein Maximum an Kameras. Für die berühmte Szene mit dem Tanz auf den Eisenbahngleisen werden ungefähr hundert versteckte Ka-

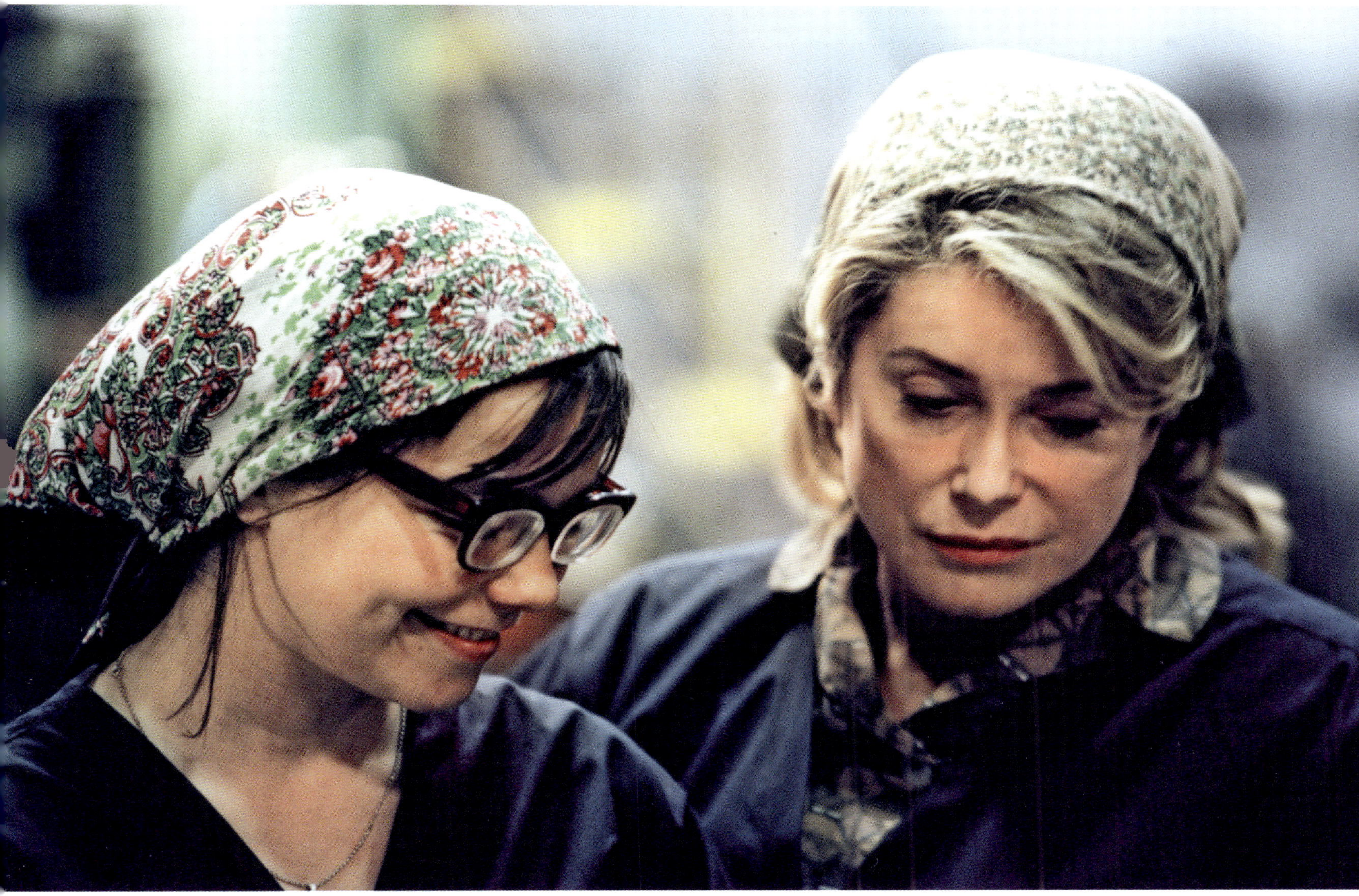

Kathy und Selma (Björk) schuften beide unermüdlich als Arbeiterinnen in einer Metallfabrik, um ihren Alltag zu verbessern, weil sie von einem angenehmeren Leben träumen.

meras so verteilt, dass sie ein Umfeld von 360 Grad erfassen. Die Schauspieler sind also einer Form von Intimität ausgesetzt, die den Spielszenen eine noch nie dagewesene Wahrhaftigkeit verleiht. Bezüglich der Wiederholungen berichtet Catherine Deneuve, dass »Lars die ganze Zeit filmt. Das begeistert ihn, weil er dann zusätzliches Material hat, um die Skripts aufzulockern. Björk fragt mich, ob das immer so läuft bei Dreharbeiten. Ich beruhige sie, dass das auch für mich eine Premiere ist.«

Zu Beginn ist Catherine Deneuve von Lars von Triers Methode überzeugt und entwickelt ihre Figur während der gesamten Dreharbeiten und in den Vorbereitungsphasen weiter. Ihre Charakterzüge sind im Drehbuch zwar vorhanden, doch sind sie eher »in Schwarzweiß« gehalten, wie sie in einer Reportage über die Dreharbeiten den *Cahiers du cinéma* gegenüber erwähnt. »Wir können das mit unserem eigenen Farbspektrum füllen.« Gegen Ende kommen ihr jedoch erhebliche Zweifel.. »Ich war so wenig diese Person, was wird am Ende bleiben?«, schreibt sie in ihr Tagebuch. Tatsächlich hatte Lars von Trier die Figur für Deneuve umgeschrieben, ursprünglich sollte sie eine schwarze Amerikanerin sein. Doch alle Bedenken werden hinweggefegt, als der Film einen wahren Preisregen erlebt, darunter die Goldene Palme von Cannes, und allein in Frankreich mehr als eine Million Kinobesucher anzieht. Eine lehrreiche Erfahrung für Catherine Deneuve, die am Set eine ähnlich empathische Figur abgibt wie Kathy im Film.

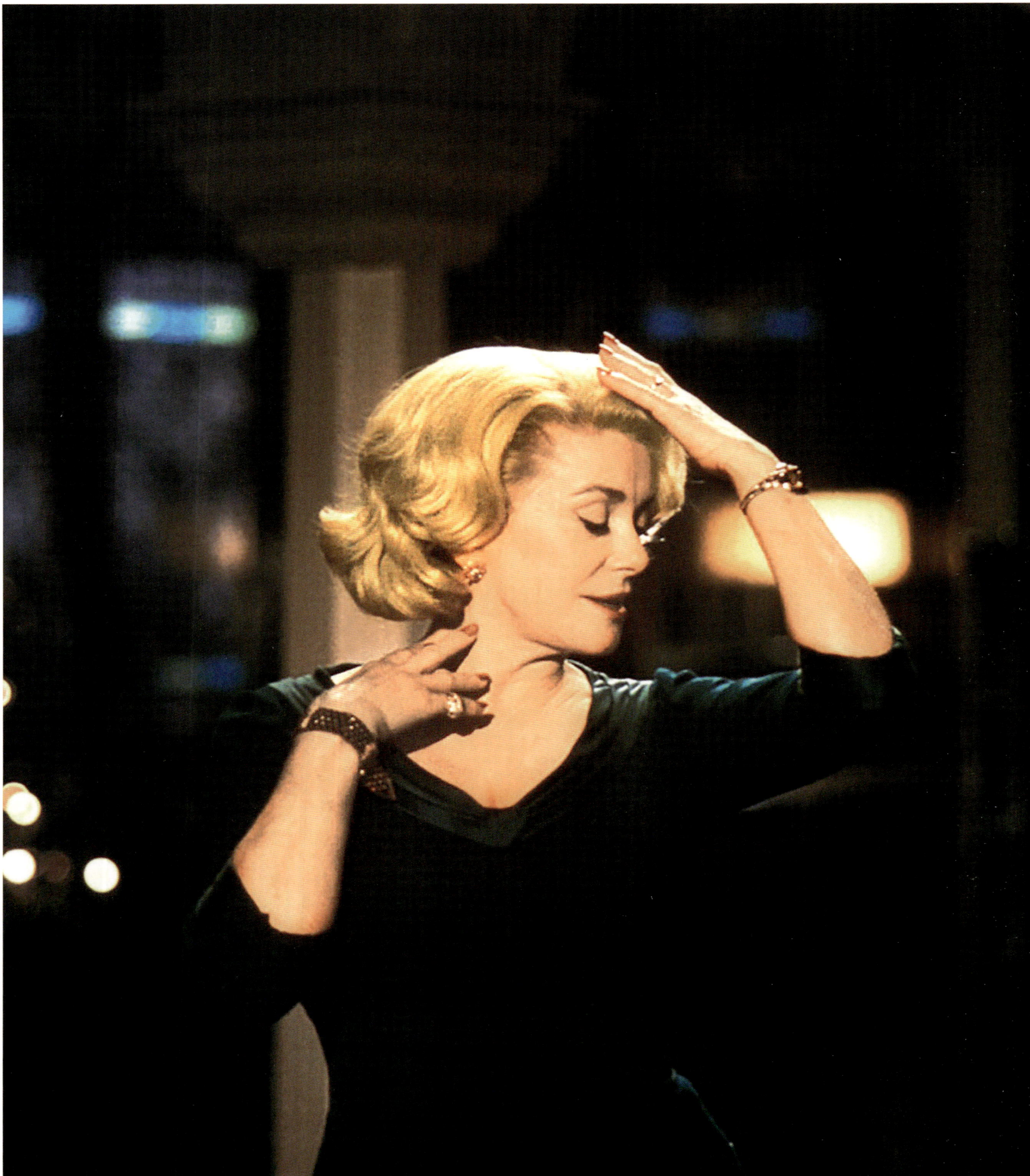

Ein Hauch von Rita Hayworth beim Hüftschwung, von Marilyn bei der Frisur, ein Lied von Sylvie Vartan in einer Komödie voller Anspielungen, wie so oft bei Ozon.

8 Femmes
(8 Frauen)

Kinostart: 2002
Regisseur: François Ozon
Hauptdarsteller: Danielle Darrieux, Catherine Deneuve, Isabelle Huppert, Emmanuelle Béart, Fanny Ardant, Virginie Ledoyen, Ludivine Sagnier, Firmine Richard
Rolle: Gaby

Eine neue Version des Spiele-Klassikers Cluedo? Eine Klausursitzung im Familienkreis? Eine gepfefferte Rachegeschichte mit Billard über Bande? François Ozons Film ist alles zugleich. Acht Frauen, die alle irgendwie miteinander verwandt sind, sitzen in einem durch übermäßigen Schneefall von der Außenwelt abgeschnittenen Haus fest, dessen Besitzer soeben verstorben ist. Mitten in den Vorbereitungen für den Weihnachtsabend wird er mit einem Messer im Rücken in seinem Zimmer aufgefunden. Die Täterin muss sich folglich im Haus befinden. Die Befragung, die sich nun im Familienkreis anschließt, entwickelt sich zum grausamen Spiel um die Wahrheit. Für jede der anwesenden Frauen wird sie zum entlarvenden Spiegel ihrer Fehler, Geheimnisse und persönlichen Abgründe. Der Film glänzt mit visueller Opulenz, brillanter Regie, einem untadeligen Drehbuch, und so nimmt es nicht wunder, dass er bei Publikum und Kritik bestens ankommt.

In einem ausgefeilten und bis ins letzte Detail sorgfältig arrangierten Ambiente spart Ozon nicht mit augenzwinkernden Verweisen auf die Filmgeschichte und kultiviert eine 50er-Jahre-Szenerie. Kulissen, Kostüme, Musik, Licht – alles ist angelegt wie ein Schmuckkästchen für acht Prinzessinnen. Der Film vereint die schönste Besetzung, die man sich nur ausmalen kann, und mischt Stile, Genres und Generationen von Schauspielerinnen. Neben Catherine Deneuve spielen Danielle Darrieux – hier nun also zum vierten Mal ihre Filmmutter –, eine mürrische Alkoholikerin, Fanny Ardant, Isabelle Huppert, Emmanuelle Béart, Firmine Richard, Virginie Ledoyen und Ludivine Sagnier, eine Vertraute aus dem Ozon-Universum. Alle sind herausragend. Alle sprühen vor Kreativität und halten den Zuschauer vom ersten Augenblick an in Atem.

Der Film wird so zur »Spielkiste für Kinoliebhaber«, wie *Télérama* schreibt, »eine melancholische Röntgenaufnahme weiblicher Leidenschaften, eine tolldreiste musikalische Komödie, ein gleichermaßen anhimmelndes wie entlarvendes Portrait einiger großer weiblicher französischer Schauspielerinnen.« Kitsch, aber gewollt. Und zugleich fröhlich und pervers. Mit einigen Seitenhieben gegen die Bourgeoisie und die guten Sitten, wie immer bei Ozon. »Es gibt keine glückliche Liebe«, singt Danielle Darrieux zum Schluss, als eine Art Schlussfolgerung aus dem Film.

Die Figur, die Catherine Deneuve darstellt, heißt Gaby. Mit kurzen blonden Haaren im Marilyn-Monroe-Stil. Elegant im Leoparden-Print und mit weißer Pelzstola, ist sie die Gattin des ermordeten Hausbesitzers. Plötzlich ist sie Witwe – aber ist ihre Trauer echt? Gaby ist der Archetyp der gut versorgten Frau, ein bisschen käuflich, aber trotz des äußeren Anscheins nicht wirklich bösartig. Lichtjahre entfernt von dem, was Deneuve im wahren Leben schätzt. »Dieser Typ Frau hat nichts mit meinem Lebensentwurf zu tun, ebenso wenig mit dem, was Frauen heute offensteht, noch mit Frauen allgemein«, sagt sie. Gaby ist vom Gedanken an Geld besessen, hat auch einen Liebhaber und ist um kein Geheimnis verlegen. Sie ist die Mutter von Suzon (Virginie Ledoyen), deren wahrer Vater erst entdeckt werden wird. Lustige Witwe oder tatsächlich trauernd, hegt Gaby Pläne, sich nach Mexiko abzusetzen, sobald sich die Gelegenheit bietet. Für François Ozon ist sie der Dreh- und Angelpunkt des Films: »Ich habe Catherines Zusage abgewartet, ehe ich die Besetzung um sie herum organisiert habe. Glücklicherweise hatten sie alle Lust, den Film gemeinsam zu drehen, obwohl ich das Gegenteil befürchtet hatte. Catherine hat sofort gesagt: ›Ja, ich liebe Frauen!‹«

Und François Ozon macht sich einen Spaß daraus, seine Darstellerinnen singen zu lassen wie in den besten amerikanischen Musikfilmen der 50er Jahre. Jede kommt zum Zug, ist in einer lang eingestellten Großaufnahme zu sehen. Jede hat ihr Lied. Das von Catherine Deneuve heißt »Toi, jamais« (dt.: Du, niemals) von Sylvie Vartan. »Ich kannte es nicht […]. Es hat riesigen Spaß gemacht, es zu singen. Überhaupt zu singen. Welch ein Vergnügen, welch ein Gefühl von Freiheit! Das hat mich an die guten Zeiten der *Regenschirme von Cherbourg* erinnert und an die Atmosphäre der Jacques-Demy-Filme.«

Der Film entsteht im Lauf von drei Monaten in den Studios von Aubervilliers. Der Set, wie auch der Film, wird zur geschlossenen Gesellschaft. Damit muss man umgehen können, will man aufkommende Eifersüchteleien entschärfen. Die Presse

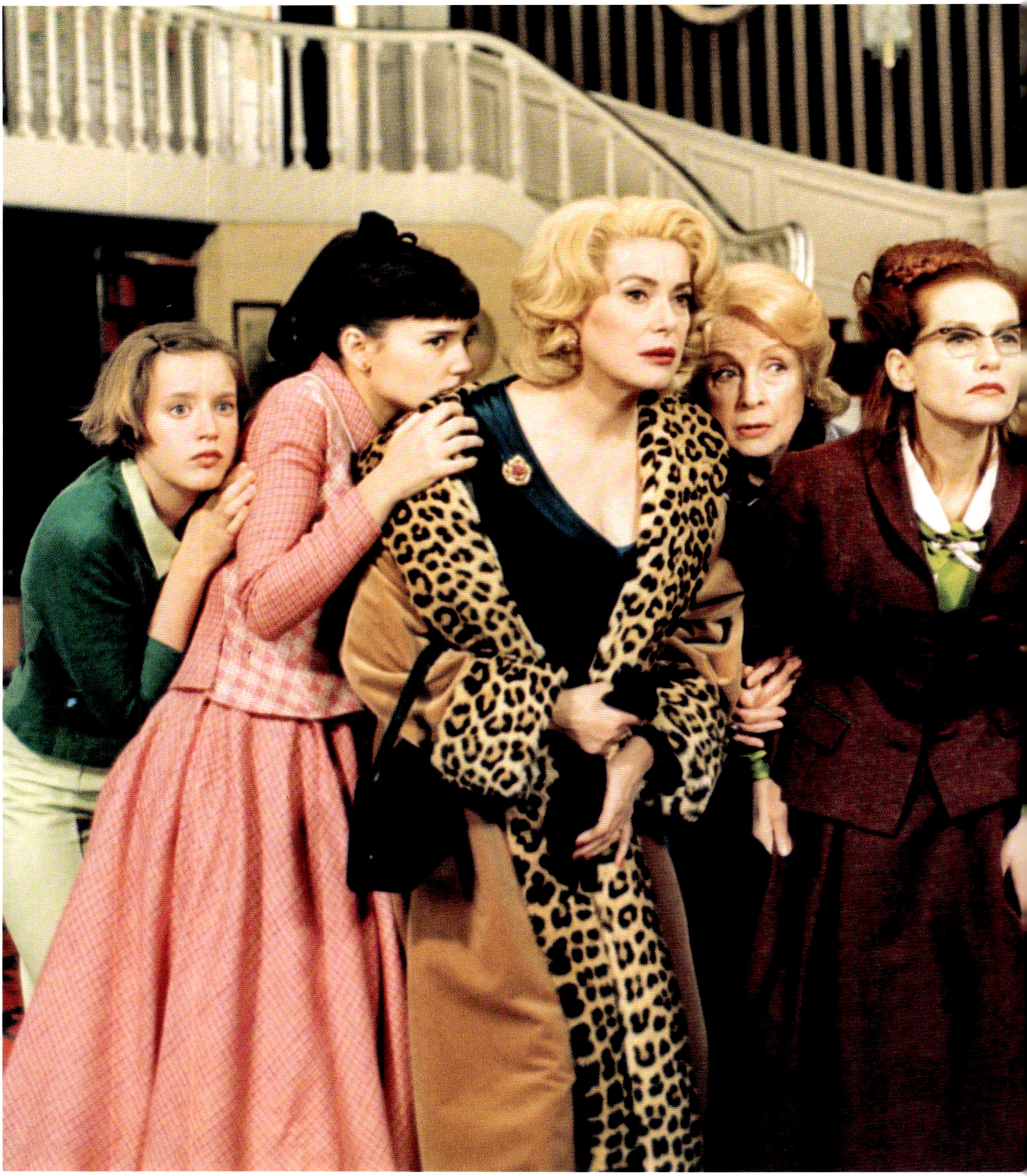

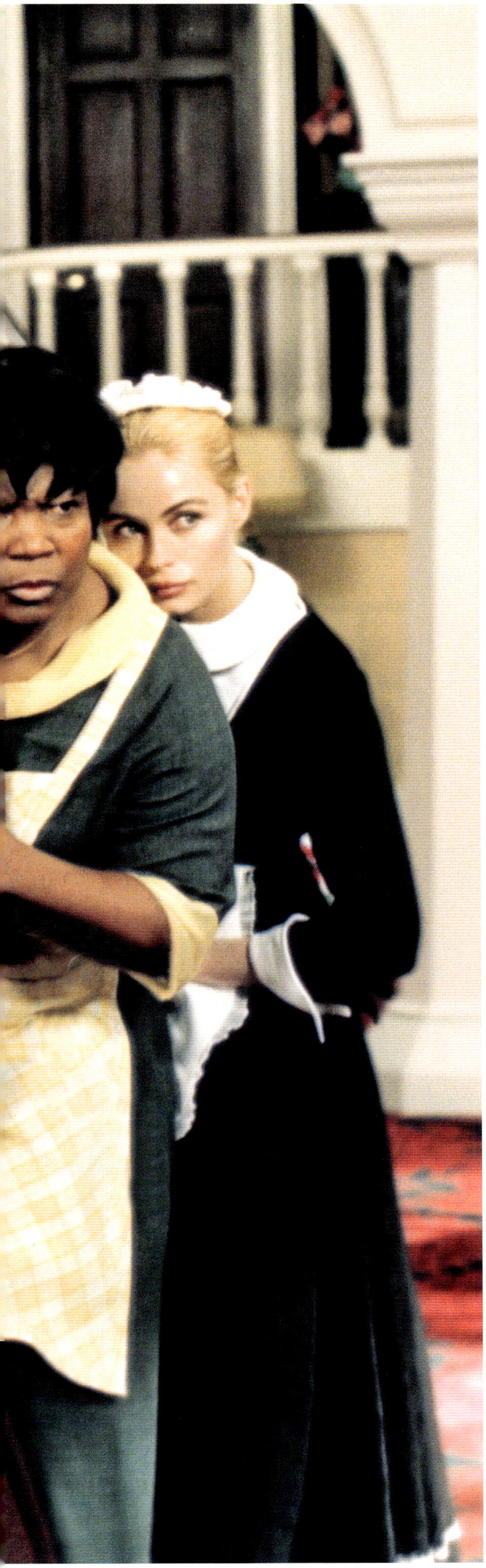

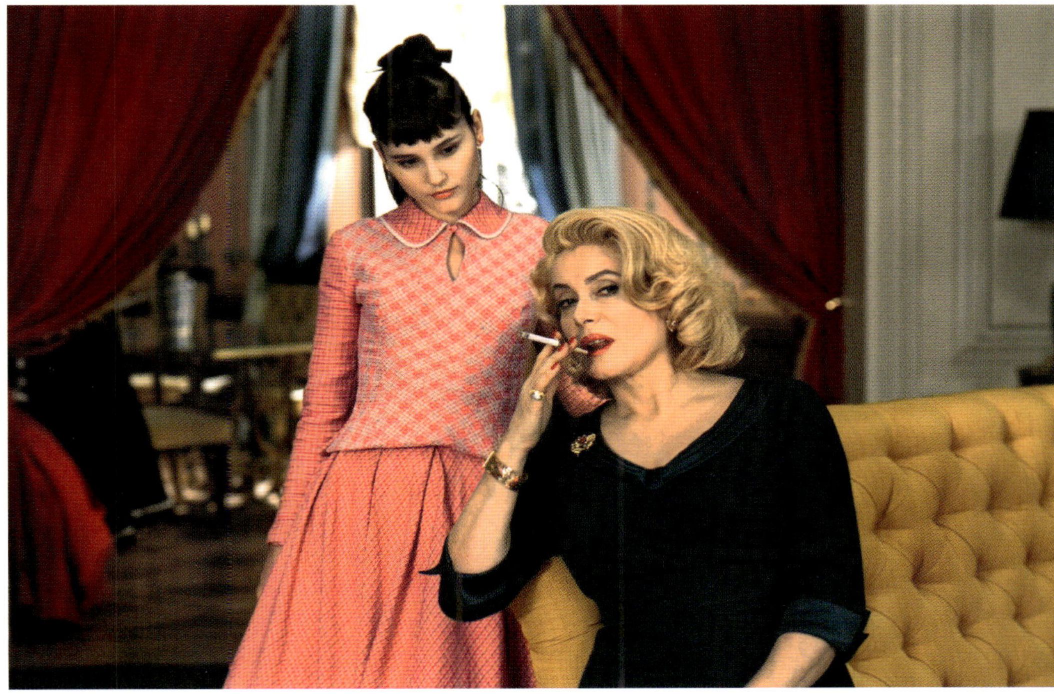

Links: die schönste Besetzungsliste in Frankreich in diesem Jahrzehnt für ein Cluedo-Spiel mit Chic, Schock, Komik und Glamour. Mit, in der Reihenfolge ihres Auftretens: Ludivigne Sagnier (Catherine), Virginie Ledoyen (Suzon), Catherine Deneuve (Gaby), Danielle Darrieux (Mamy), Isabelle Huppert (Augustine), Firmine Richard (Madame Chanel), Emmanuelle Béart (Louise). Da fehlt nur noch Pierrette (Fanny Ardant), auf der der schwere Verdacht lastet, den Mord begangen zu haben.

hat nicht gespart mit Kommentaren und Phantasien zur vermeintlichen »Konkurrenz« zwischen den Darstellerinnen, manche Blätter haben regelrechte Streitereien und Kämpfe imaginiert. Das Ergebnis scheint zu beweisen, dass es dem Regisseur letztlich gelungen ist, seine Autorität durchzusetzen und die Egos im Griff zu behalten. Deneuve erinnert sich, dass die Dreharbeiten »hektisch« waren. Jeden Morgen bringt man Stunden nur damit zu, »Nahtstrümpfe, Korsettkleider, falsche Wimpern und falsche Nägel« zurechtzulegen.

Ein kurzer Blick auf das Verhältnis zwischen Ozon und Deneuve lohnt sich. Die Schauspielerin hat einen Moment gezögert, ehe sie das Drehbuch las, sie fürchtete eine Art Schema F oder eine »gute Idee, die nach hinten losgehen könnte«. Aber sie ist schnell überzeugt, dass das Projekt originell und solide ist. »Als ich François Ozon kennenlernte, kannte ich einige seiner Kurzfilme, ich fand sein Projekt sehr phantasievoll und attraktiv. Und dann kam noch dazu, dass wir singen sollten, da muss man als Schauspielerin doch mitmachen, das ist das Tollste überhaupt!«

Als sie sich mit ihren Mitstreiterinnen in die Arena begibt, tut sie dies in dem Wissen, dass sie in Ozon einen Regisseur gefunden hat, der auf der Höhe ihrer eigenen Ambitionen agiert: über das Übliche hinausgehen, immer weiter, suchen, experimentieren, überraschen, provozieren. Man hat den Eindruck, dass Deneuve in diesem anspruchsvollen, perfektionistischen, vor Phantasie überschäumenden Regisseur und Autor den Geist ihrer frühen Meister wie Buñuel und Polanski wiedergefunden hat, mit denen sie so gern diskutiert hat. *8 Frauen* bietet Catherine Deneuve also die Gelegenheit, ihre schauspielerischen Kapazitäten neu auszuloten und Bande zu einem großen Filmemacher zu knüpfen, mit dem sie ein paar Jahre später erneut zusammenarbeiten wird.

In dieser Phase ihrer Laufbahn wählt sie jeden Film äußerst sorgfältig aus. »Wenn man nach 35 Jahren Karriere weitermachen will, muss man die Begierde neu entfachen«, erklärt Catherine Deneuve im

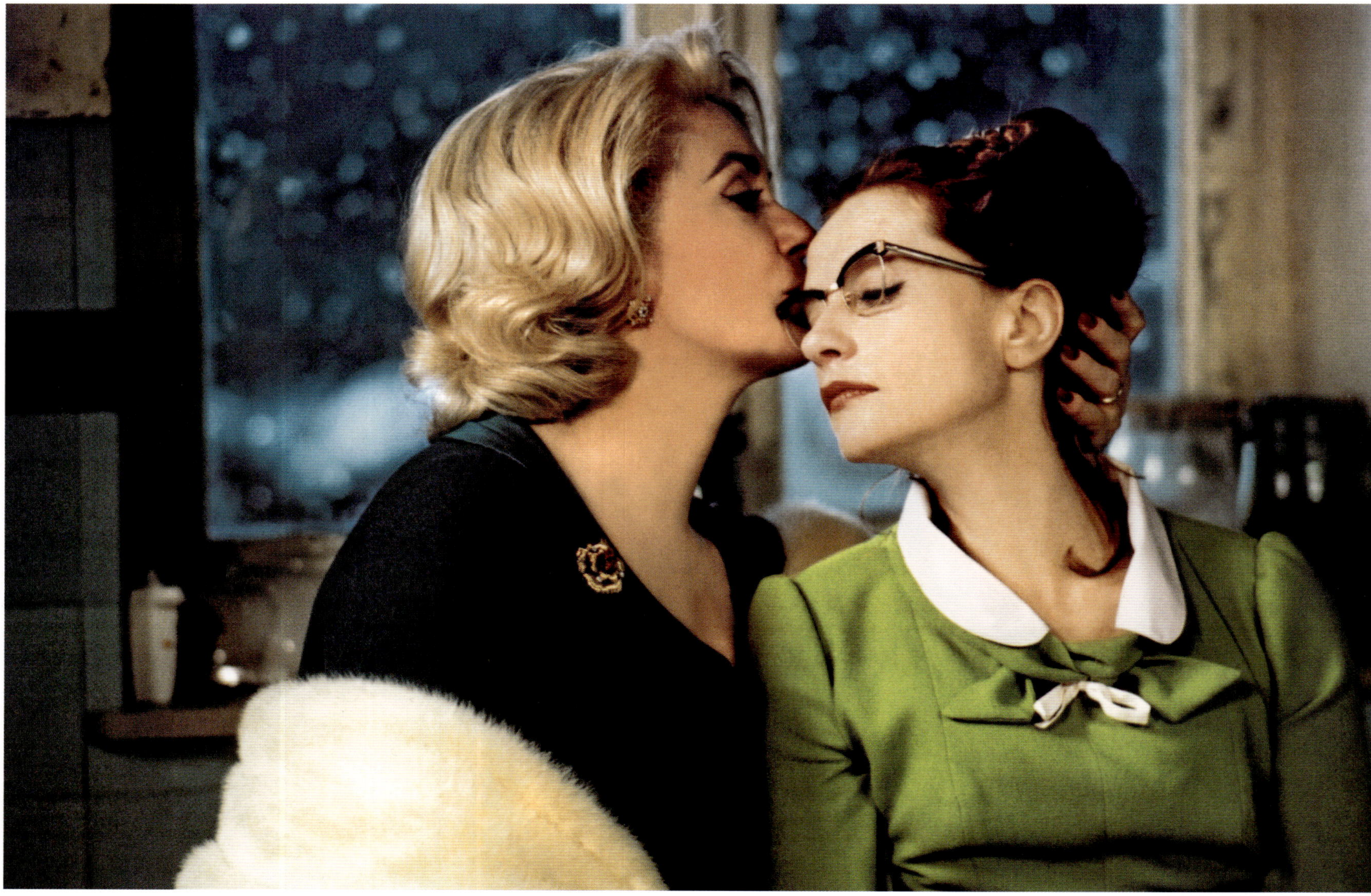

Verfeindete Schwestern? Mit Augustine (Isabelle Huppert) artet die Eifersucht schnell in eine bösartige Abrechnung aus.

Gespräch mit *Libération*. Begierde (*désir*), ihr Lieblingsbegriff: »Es ist mein bevorzugtes Wort in der französischen Sprache. Auf Italienisch ist es noch länger: *desiderio*. Am liebsten wäre es mir, wenn es eine ganze Zeile lang wäre. Für mich bezeichnet es eine wesentliche Antriebsfeder. Den grundlegenden Mechanismus.«

Wenn man *8 Frauen* mit seinem galligen Humor sieht, könnte man eine britische Vorlage vermuten. Doch dem Film liegt ein durch und durch französisches Stück zugrunde, das Erstlingswerk von Robert Thomas, das 1961 mit dem Preis des Quai des Orfèvres ausgezeichnet wurde. Zu den vielen markanten Szenen – neben jeder einzelnen der Gesangsnummern, versteht sich – gehört die Anmachszene zwischen Fanny Ardant und Catherine Deneuve, die in die Annalen eingehen wird. »Homme, tu n'es qu'un homme ... Je te pardonne ...« (dt.: Mann, du bist nur ein Mann, ich seh's dir nach), singt Deneuve in einem figurbetonten blauen Samtkleid und wirft ihren Pelz wie Rita Hayworth in *Gilda* ab. Verführerisch tanzt sie vor der verzauberten Fanny Ardant. Der Streit zwischen den beiden Frauen, die sich gegenseitig als »verdorbene Wohlstandsbürgerin« und »miese Hure« bezeichnen, endet zur allgemeinen Überraschung in einer unglaublichen Verführungsszene. Einem gewagten und leidenschaftlichen Kuss der zwei Diven des französischen Kinos. Man kann sich das genüssliche Lächeln des Regisseurs hinter der Kamera vorstellen, als er die beiden großen Heroinen von Truffauts Kino entsprechend anweist.

Der Film ist ein Erfolg und lockt in ganz Europa mehr als sieben Millionen Zuschauer in die Kinos, dreieinhalb allein in Frankreich. Seltsamerweise geht er bei der Verleihung der Césars leer aus, obwohl er in zahlreichen Kategorien nominiert war. Bei der Berlinale allerdings wird er zur Sensation und erhält den Silbernen Bären für einen »außergewöhnlichen Beitrag«, der der gesamten weiblichen Besetzung zuerkannt wird, und den Goldenen Bären für den besten Film.

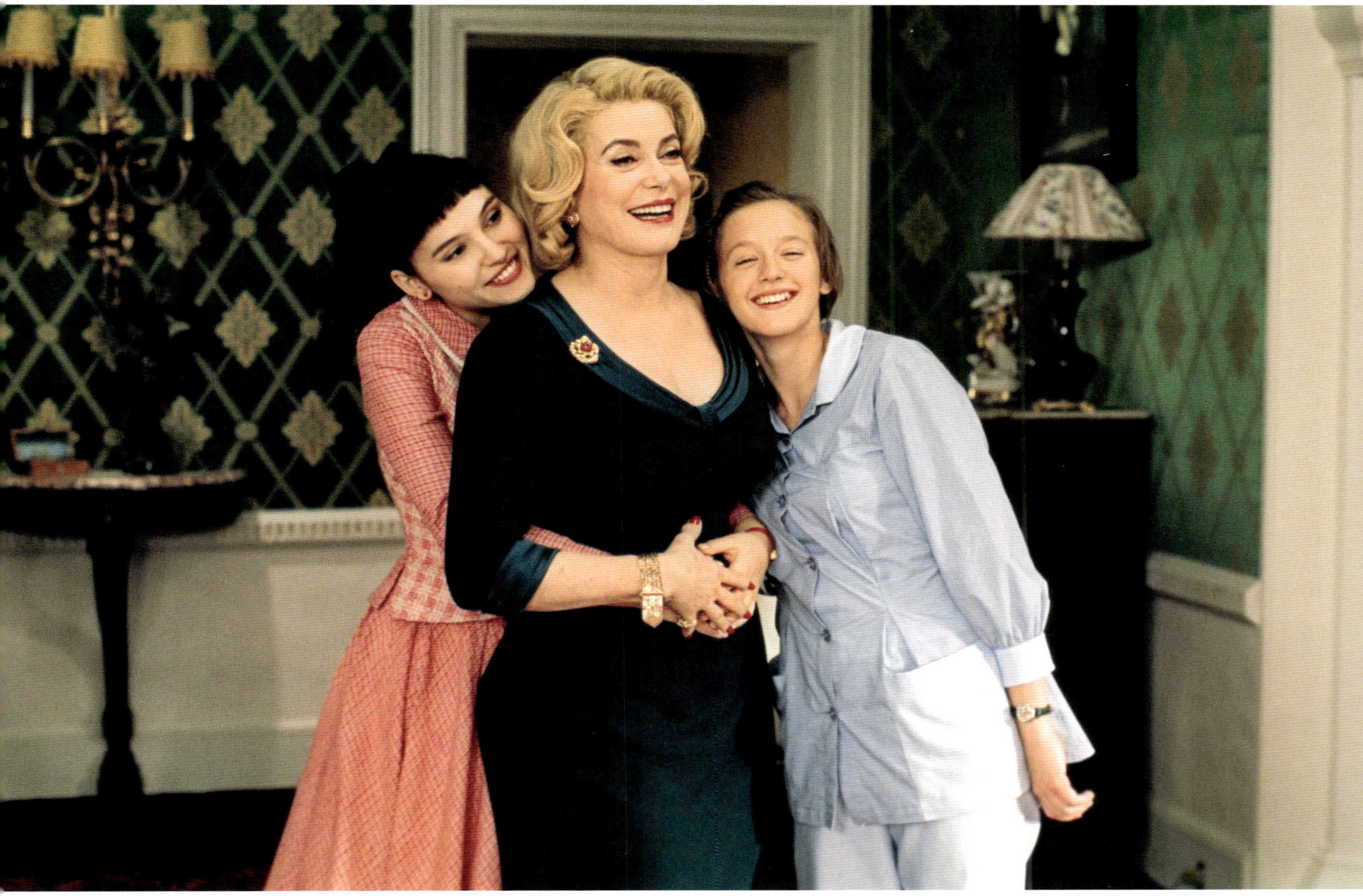

Lachen und große Vertrautheit mit Suzon (Virginie Ledoyen) und Catherine (Ludivine Sagnier). So ging es auch am Set zu.

»Für die Zeit eines Films ist sie da, Deneuve wird zu meiner Tochter, und ich erinnere mich an das erste Mal, als sie noch ein Mädchen war, mit ihrer kleinen, dunklen Frisur und ihrem bezaubernden Gesicht.«

Danielle Darrieux

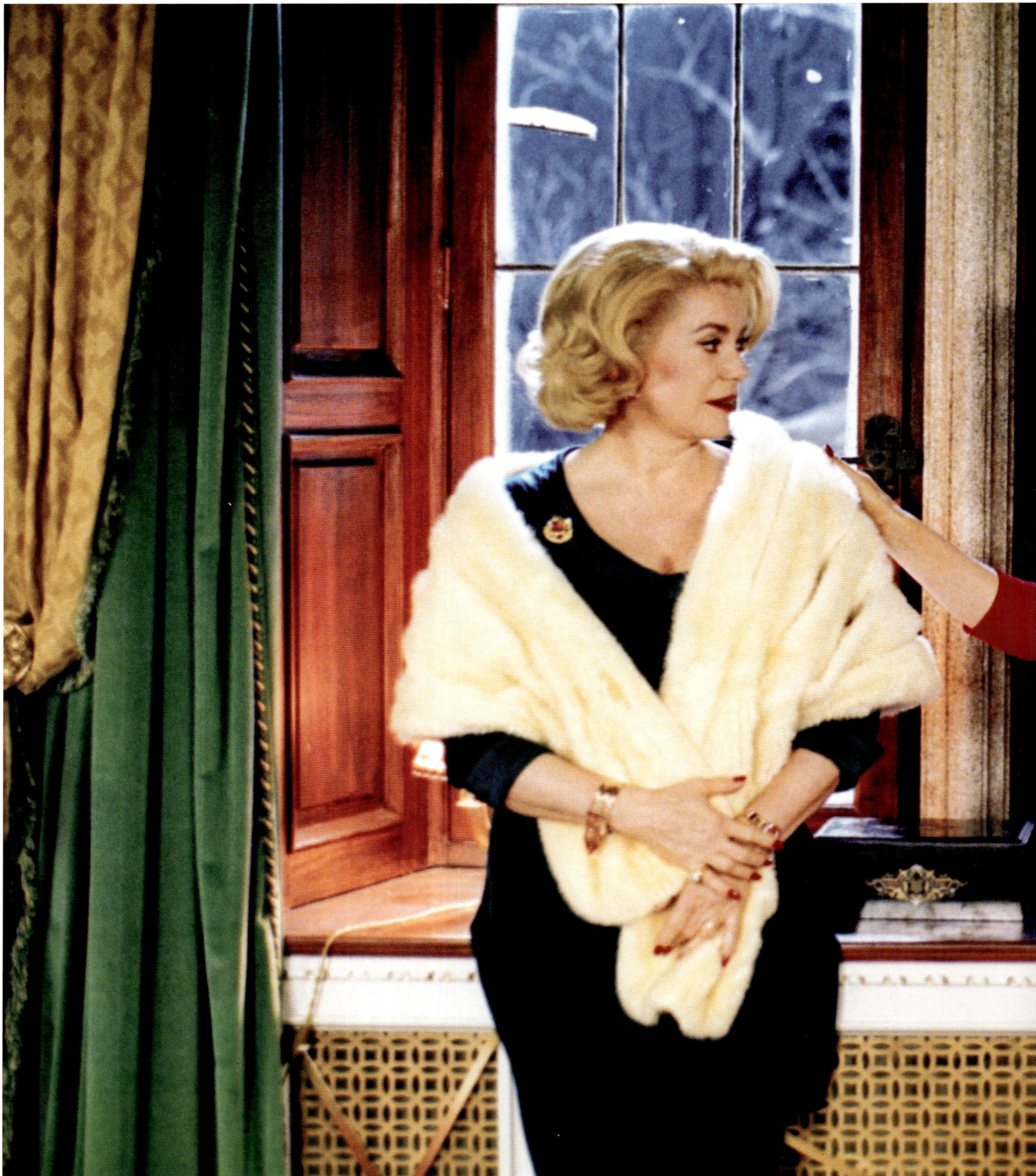

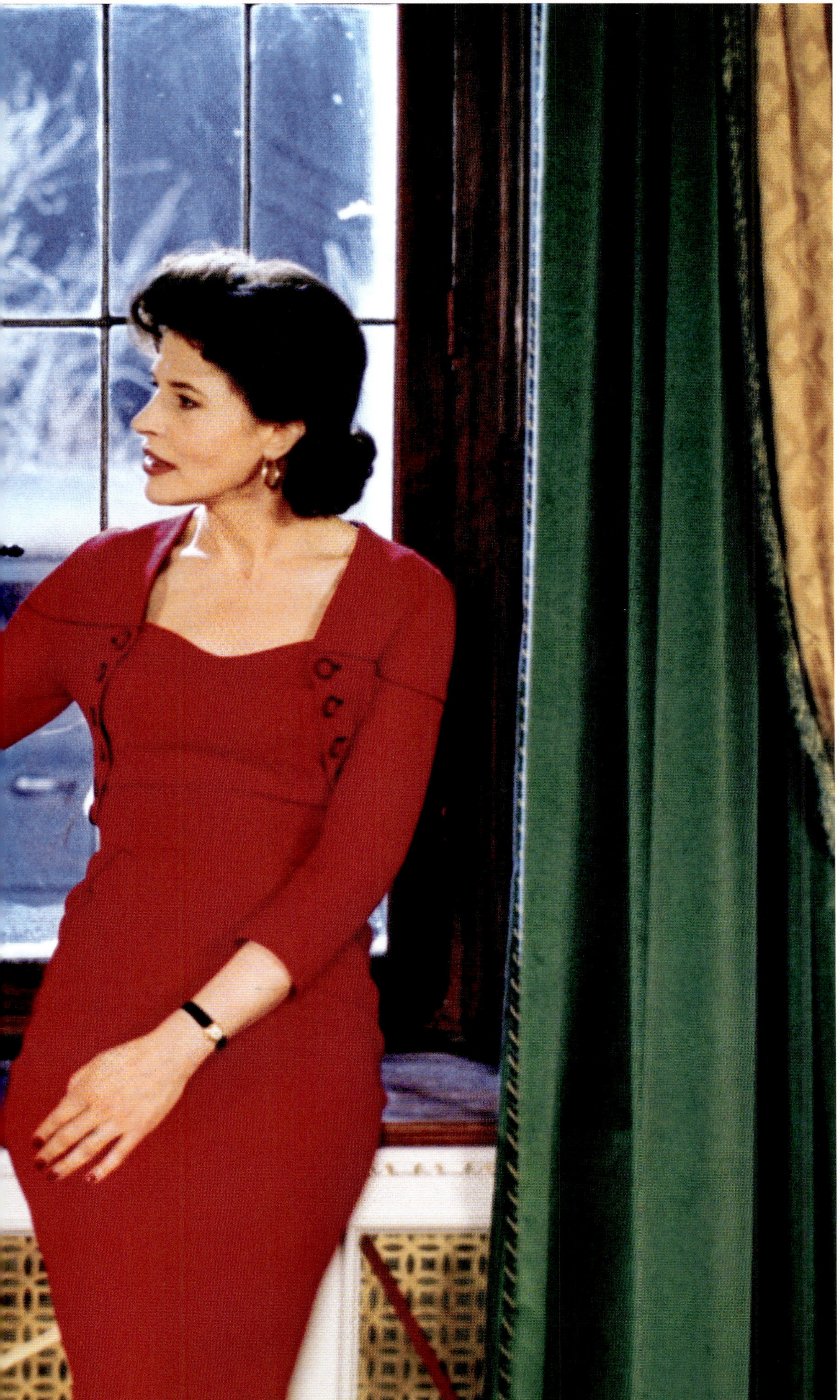

Auge in Auge mit Pierrette (Fanny Ardant), der ehemaligen Nackttänzerin, die vor Erpressung nicht zurückschreckt. Die Gesangs- und Tanzszene der beiden bleibt Kult.

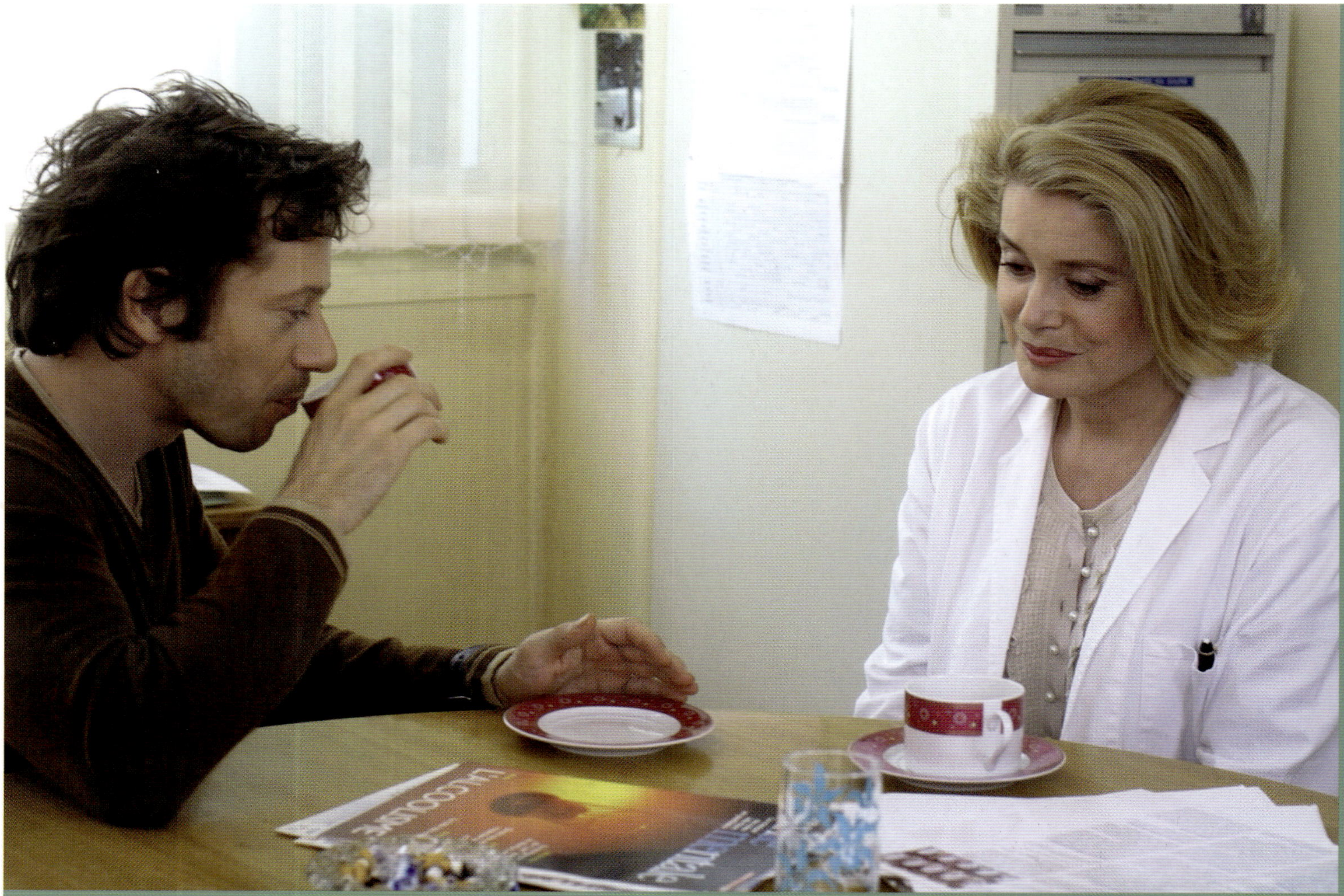

Ismaël Vuillard (Mathieu Amalric), eine Schlüsselfigur in Desplechins Universum, findet bei der Ärztin Dr. Hélène Vasset ein offenes Ohr und in ihrer Person eine aufmerksame Vertraute.

Rois et Reine
(Das Leben ist seltsam)

Kinostart: 2004
Regisseur: Arnaud Desplechin
Hauptdarsteller: Emmanuelle Devos, Mathieu Amalric, Catherine Deneuve, Maurice Garrel, Hippolyte Girardot, Noémie Lvovsky
Rolle: Doktor Hélène Vasset

2004 ist ein bedeutendes Jahr für Catherine Deneuve. Ihre Begegnung mit Arnaud Desplechin gehört zu den entscheidenden Momenten ihrer Karriere. Nachdem sie zahlreiche Erfolge als Hauptdarstellerin gefeiert hat, hat sie in den zurückliegenden Jahren zunehmend auch Nebenrollen angenommen. Ihr ist bewusster denn je, dass sie ihre Rollen sorgfältig auswählen muss, und so wartet sie ab, bis ihr wirklich spannende Drehbücher angeboten werden. Als sie das Buch von Arnaud Desplechin erhält, spürt sie – das kann man sich leicht ausmalen – eine künstlerische Verwandtschaft. Kann Desplechin letztlich eine Alternative zu André Téchiné werden?

Der Filmemacher hat bereits mit seinem ersten Film (*La Sentinelle*; *Die Wache*) Aufmerksamkeit erregt. In *Das Leben ist seltsam* schöpft er ganz nach seiner Gewohnheit aus persönlichen Erinnerungen, gedreht wird in seiner Heimatstadt Roubaix. Catherine Deneuve vertraut er die Rolle der Psychiaterin Dr. Hélène Vasset an. Sie ist eine Art Vertraute für Ismael, den neurotischen Helden, den Mathieu Amalric mit Bravour verkörpert. Er möchte sich für verrückt erklären lassen, um seine beträchtlichen Schulden nicht zahlen zu müssen. Deprimiert und von chronischen Ängsten besessen, liefert er sich Wortgefechte mit dem Klinikpersonal, um es von

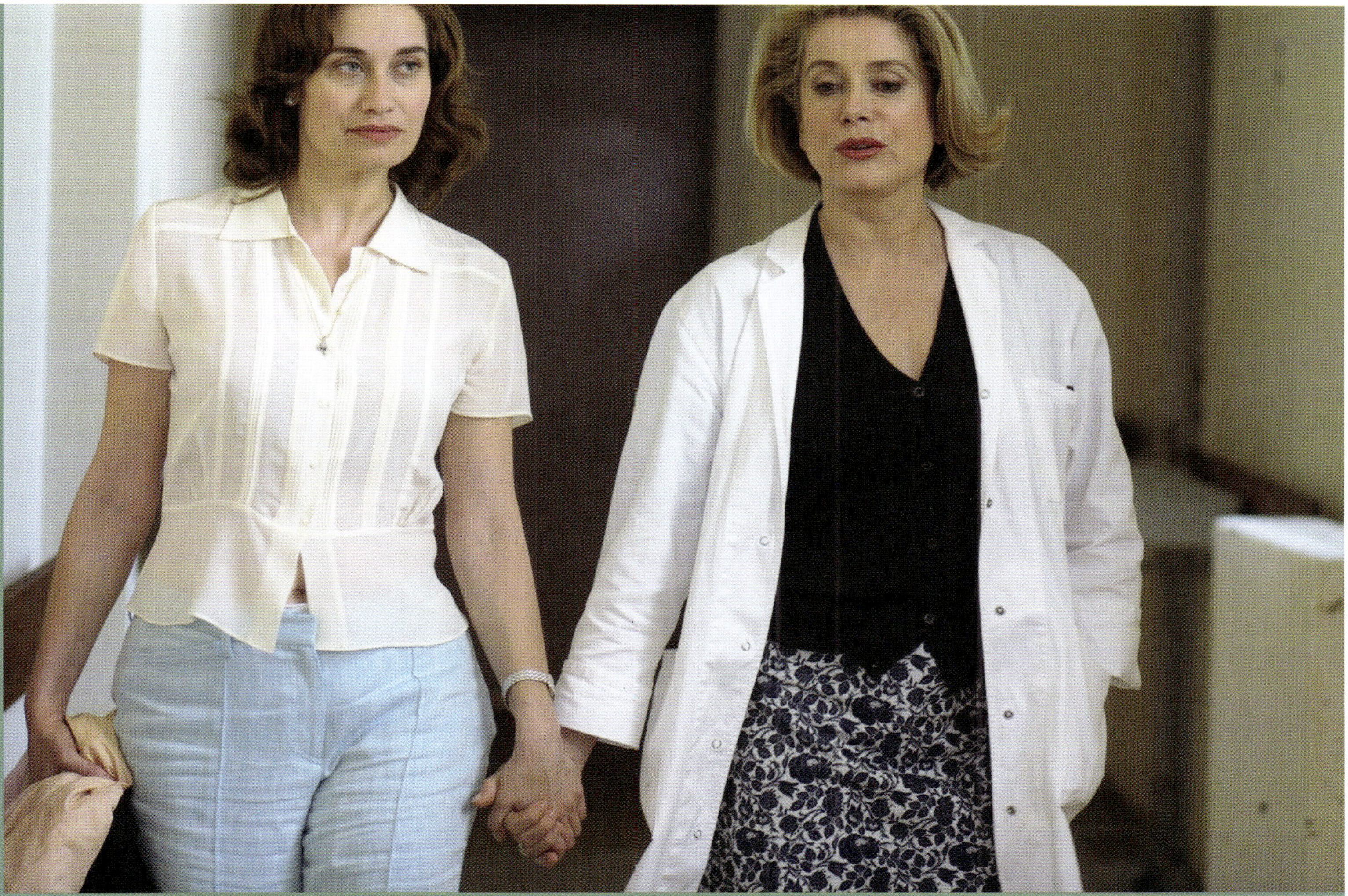

Mit Nora Cotterelle (Emmanuelle Devos) wechseln die Gespräche in den Klinikgängen von schweren zu leichteren Inhalten. Tod, Geburt, Zwangseinweisung, Adoption … Desplechin springt von einem Thema zum nächsten.

seiner Sicht zu überzeugen. Catherine Deneuve muss ihre ganze Geduld und viel Verständnis aufbringen angesichts eines Patienten, der immer wunderlicher wird. Wenn man sie in ihrem weißen Kittel eiligen Schrittes die Klinikflure entlanglaufen sieht, glaubt man, Catherine Deneuve habe Desplechins Welt seit je angehört. Sie wirkt ganz entspannt in der Zusammenarbeit mit den jungen Kollegen, die ihrerseits steile Karrieren vor sich haben.

In *Das Leben ist seltsam* treffen wir auf all die großen Obsessionen von Desplechin, die auch für Catherine Deneuve wichtige Themen sind: Psychoanalyse, das Leben als Paar, Familie und Abstammung … Der Film wird für die Filmfestspiele von Venedig ausgewählt, und das ist erst der Anfang einer Reihe von Auszeichnungen. Am 18. Dezember 2004, also nur wenige Tage vor seinem Kinostart, erhält *Das Leben ist seltsam* den Louis-Delluc-Preis. Dann kommt der César für den besten Darsteller für Mathieu Amalric. Mit mehr als 700.000 Zuschauern gehört der Film zu den guten Erfolgen des Filmemachers. Es ist der Beginn einer fruchtbaren Zusammenarbeit zwischen der Schauspielerin und dem Regisseur, die vier Jahre später *Un conte de Noël* (*Ein Weihnachtsmärchen*) hervorbringen wird. Ihr freundschaftlicher Austausch ist in einem Buch veröffentlicht.

Für Deneuve bietet sich hier auch eine Möglichkeit, Mitglied einer neuen »Sippe« zu werden. Emmanuelle Burdeau begrüßt in den *Cahiers du Cinéma* ihren Beitritt in das »großartige und aufrüttelnde weibliche Epizentrum des Films«. Die Schauspieler von Desplechin, die seit ihren Anfängen miteinander verbunden sind, bilden eine Art treuen Familienclan. Bei den Dreharbeiten lernt sie Emmanuelle Devos, Emmanuel Salinger, Hippolyte Girardot und Noémie Lvovsky kennen. Die Welt des jungen Filmemachers ist ihr sofort auf eine natürliche Weise vertraut, aber überrascht das wirklich bei jemandem, der als einer der Erben von François Truffaut gilt?

Eine Nebenrolle also, aber mit besonderer Aufmerksamkeit gefilmt: wie mit einem Augenzwinkern hat Desplechin hinter Deneuve in ihrem Büro das Gemälde der Venus von Botticelli platziert.

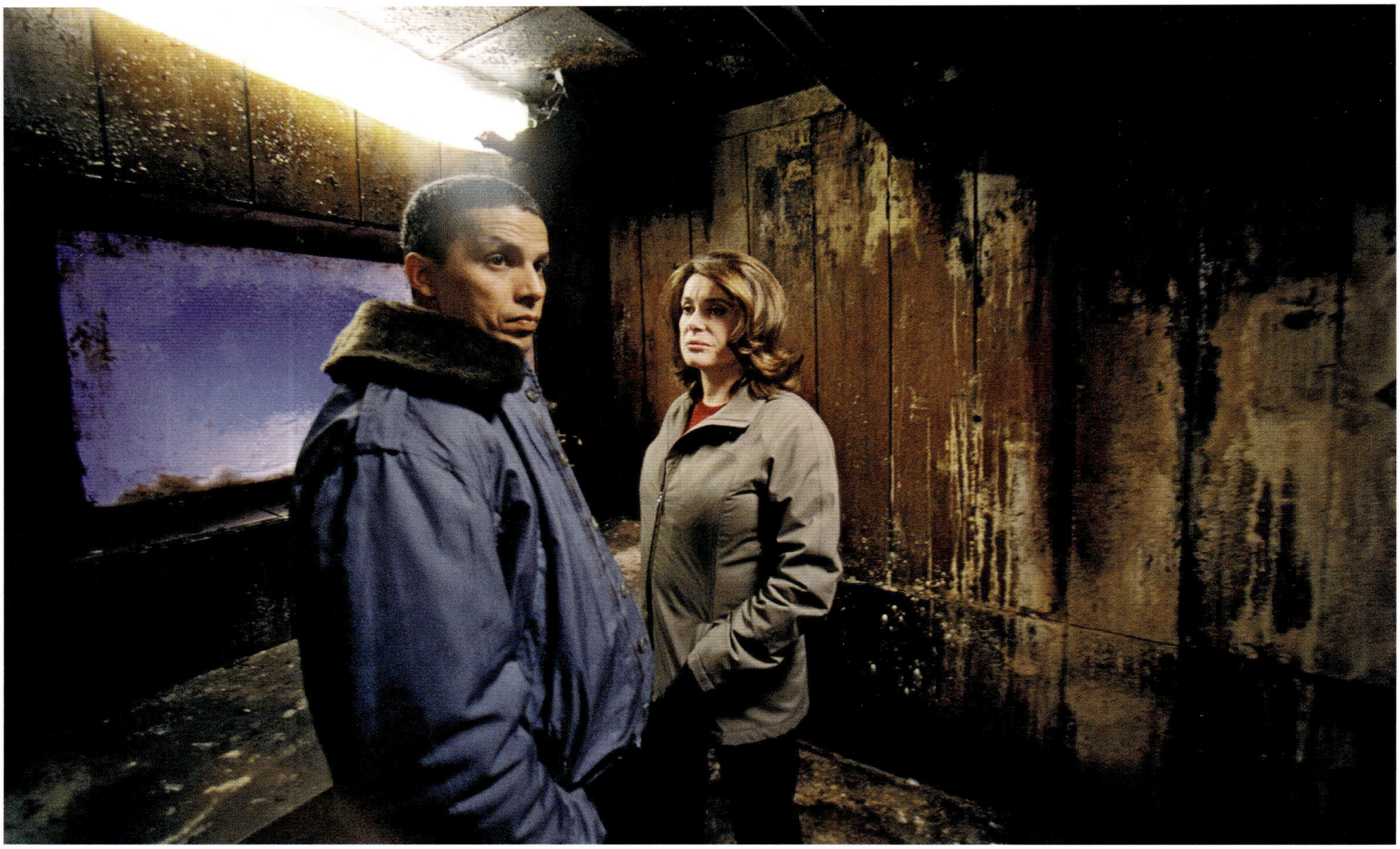

Lucas (Sami Bouajila) und Sybille, gefangen im Labyrinth eines düsteren Krimis nach dem Erfolgsroman von Jean-Christophe Grangé.

Le Concile de pierre
(Liu San – Wächter des Lebens)

Kinostart: 2006
Regisseur: Guillaume Nicloux
Hauptdarsteller: Lorenzo Balducci, Monica Bellucci, Moritz Bleibtreu, Catherine Deneuve
Rolle: Sybille Weber

Es ist bekannt, dass Catherine Deneuve ein Faible für Filmemacher mit Temperament hat. *Liu San – Wächter des Lebens* ist ein Autorenfilm fürs große Publikum. Bei seinem Start möglicherweise ungerecht beurteilt, verdient er doch eine neue Betrachtung. Die Spezialeffekte, die beängstigende Spannung – alle Ingredienzien sind versammelt, um den Thriller von Jean-Christophe Grangé Gänsehaut erzeugen zu lassen. Catherine Deneuve (die den Trailer spricht) hat eine ganz kleine Rolle; sie tritt mit Monica Bellucci auf, die eine Mutter in Panik spielt: ihr Adoptivsohn benimmt sich seltsam, schließlich verschwindet er. Ein Sohn, der von Albträumen und Halluzinationen geplagt wird, ehe er plötzlich entführt wird. Guillaume Nicloux lässt jede Figur seltsam wirken, sogar Catherine Deneuve, die er unter die ausgestopften Bären im Naturkundemuseum mischt. Er ist ein Meister im Schaffen von Atmosphäre, in seinen Filmen wie in seinen Kriminalromanen, und er liebt es, mit den Nerven der Zuschauer zu spielen, mit Klangeffekten und Schockbildern. »Einen Fantasyfilm zu machen«, erzählt Nicloux, »in der Mongolei zu drehen, im Studio zu arbeiten, einen Wald zu bauen, mit Bellucci und Deneuve zwei Ikonen der Schönheit in einem Film zu haben – all dies gefiel mir ...«

Es ist eine reizvolle Vorstellung, sich auszumalen, was eine weitere Zusammenarbeit von Deneuve und Nicloux ergeben könnte, zumal in den letzten Jahren eine cinephile Komplizenschaft zwischen dem Regisseur und einem anderen Superstar des französischen Kinos entstanden ist: Gérard Depardieu.

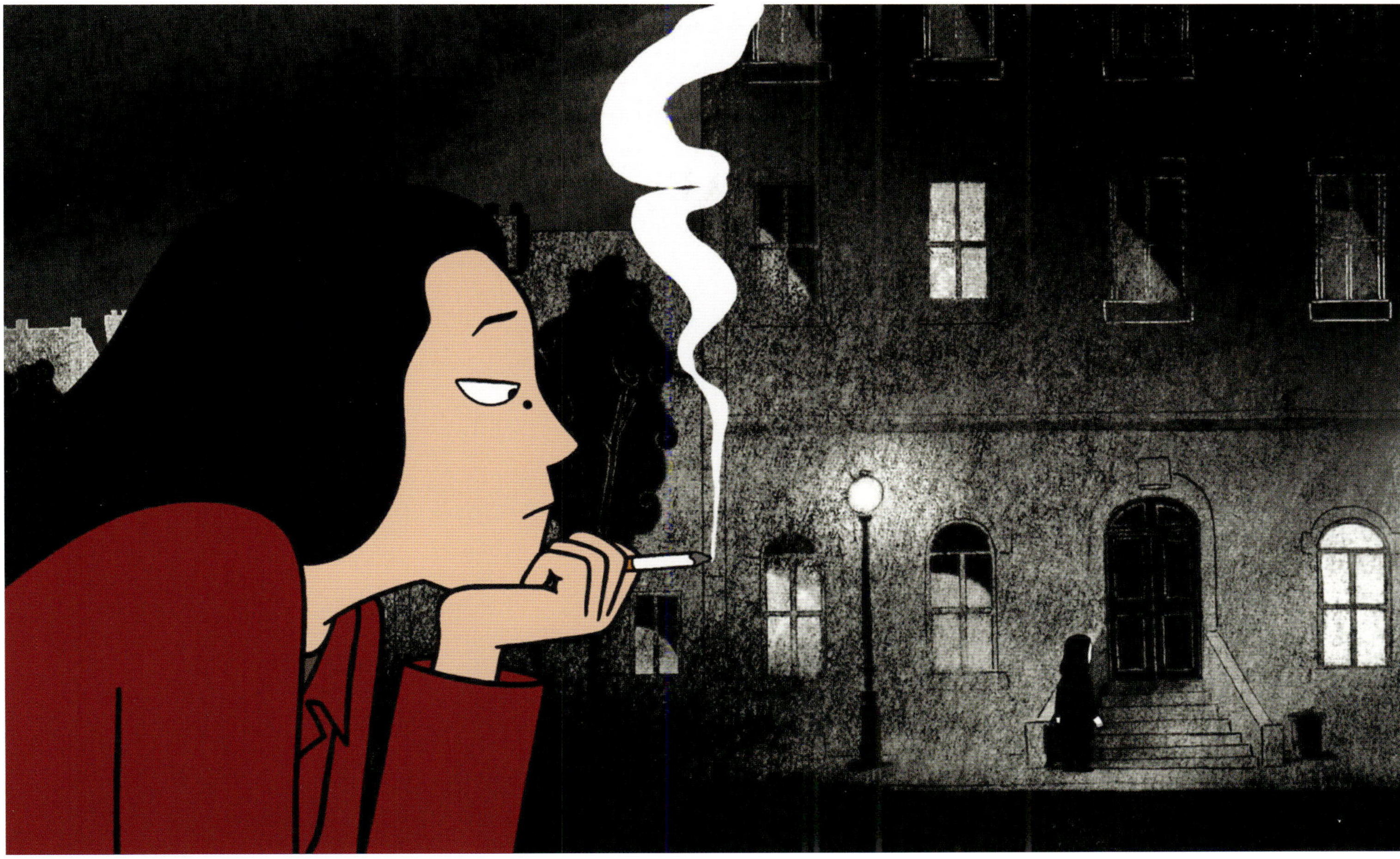

Die aufrührerische, poetische und kämpferische Welt von Marjane Satrapi spiegelt sich perfekt in der Stimme von Catherine Deneuve, die Taji ihre Stimme leiht, der Mutter der jungen Marjane.

Persepolis

Kinostart: 2007
Regisseure: Marjane Satrapi und Vincent Paronnaud
Hauptstimmen: Catherine Deneuve, Chiara Mastroianni, Danielle Darrieux
Rolle: Taji Satrapi

Indem sie als Sprecherin die Rolle von Marjanes Mutter in diesem weitgehend autobiographischen Portrait über das Leben einer jungen Iranerin annimmt, die mit der Radikalisierung ihres Landes konfrontiert wird, begeht Catherine Deneuve einen kämpferischen Akt. Der Film ist ein wahres Wunder an Poesie, ebenso lustig wie tragisch und phantasievoll. Er wird nach den längst Kult gewordenen Büchern von Marjane Satrapi gedreht. *Persepolis* ist ein Feuerwerk an Humor, Weitblick und Gedankenschärfe vor dem historischen Hintergrund der Machtergreifung der Mullahs.
Die Figur, der Deneuve ihre Stimme leiht, ist die einer Familienmutter und Clanchefin, die durch die politischen Veränderungen aus dem Gleichgewicht gebracht wird. Deneuve war fasziniert vom Buch und stimmte sofort zu, dann sprach sie mit ihrer Tochter und machte den Vorschlag, Chiara Mastroianni die junge Marjane sprechen zu lassen. Die Verbundenheit zwischen Mutter und Tochter ist von der ersten Szene an spürbar. Beide synchronisieren auch die englischsprachige Version. Und mit einem Augenzwinkern an alle Filmfreunde übernimmt Danielle Darrieux die Rolle der schlauen Großmutter.
Der Film war bei seinem Erscheinen sehr umstritten, in manchen Ländern wurde er verboten oder fiel der Zensur zum Opfer. Die Autoren wollten eine allgemeingültige Geschichte schaffen, Catherine Deneuves Stimme verleiht diesem Ansinnen Nachdruck und trägt sicher dazu bei, dass der Film ein Publikum auf der ganzen Welt berühren konnte.
Die Synchronisation fand vor der endgültigen Abnahme statt. »Zunächst haben wir die Dialoge aufgenommen; anschließend wurde gezeichnet«, erzählt Catherine Deneuve. »Das bedeutet immens viel Arbeit. Marjane ist lebhaft, intelligent, phantasiebegabt, lustig.« *Persepolis* belegt einen besonderen und wesentlichen Platz in Catherine Deneuves Filmographie.

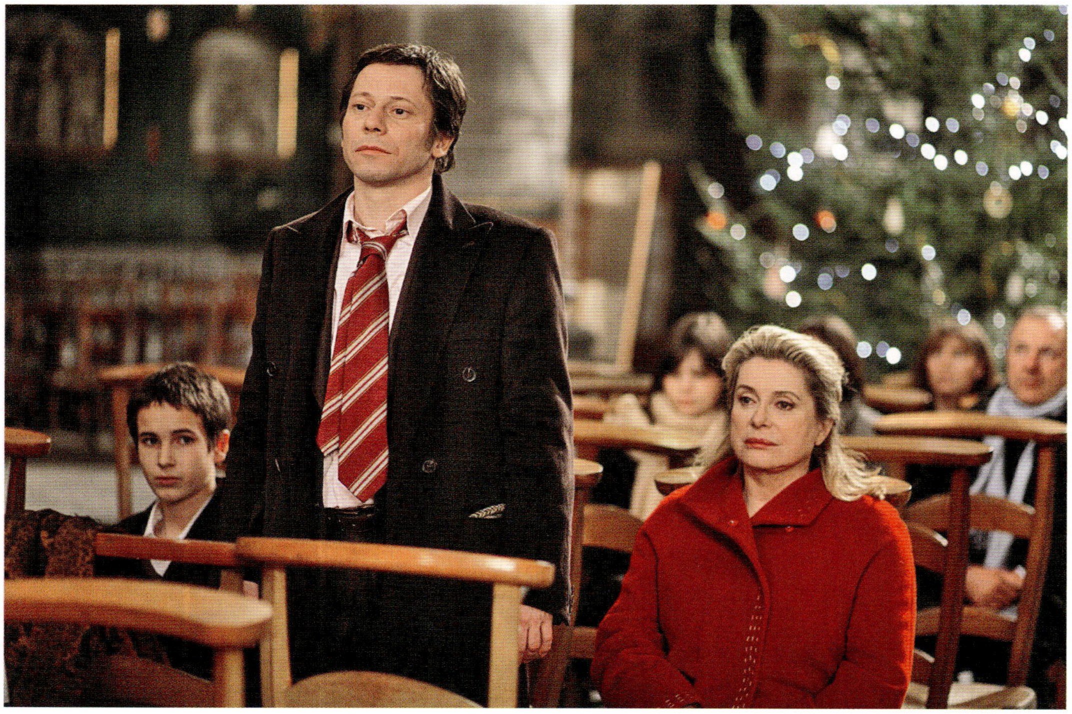

Links: Ein Wiedersehen mit Mathieu Amalric nach *Das Leben ist seltsam* – hier spielen sie Mutter und Sohn. Man könnte es auch die Bestätigung nennen, dass Catherine Deneuve künftig zu »Desplechins Bande« gehört.

Rechts: In der Rolle der Junon Vuillard, einer Frau, die dem Tod geweiht ist, wenn sie nicht das Knochenmark eines geeigneten Spenders erhält. Selten hatte eine weibliche Figur von Desplechin zugleich so viel Wucht und Schwäche, dunkle Seiten und Anlehnungsbedürfnis. Der Film erhielt 2009 acht Césars.

Un Conte de Noël
(Ein Weihnachtsmärchen)

Kinostart: 2008
Regisseur: Arnaud Desplechin
Hauptdarsteller: Catherine Deneuve, Jean-Paul Roussillon, Mathieu Amalric, Anne Consigny, Emmanuelle Devos, Melvil Poupaud, Chiara Mastroianni
Rolle: Junon Vuillard

Die Familie Vuillard ist unglaublich. Sie besitzt eine einzigartige Gabe, miteinander abzurechnen. *Ein Weihnachtsmärchen* ist die Quintessenz eines Familien-Melodrams. Wortreich und energisch entwickelt sich der Film, der häufig mit den Werken von Howard Hawks oder John Houston verglichen wird, mit hohem Tempo. Für Catherine Deneuve hält der Streifen eine gemeine Rolle parat.

Die bisweilen unerträgliche Stimmungslage, die an große Hollywoodfilme oder Tschechows Dramen erinnert, lässt den Weihnachtsabend bei den Vuillards schnell zum Spiel um die Wahrheit werden. Am Beginn des Familientreffens steht ein Drama. Junon (Catherine Deneuve) ist schwer krank. Sie benötigt eine Knochenmarkstransplantation. Jedes ihrer Kinder soll überprüfen, ob es als Spender infrage kommt, um die Mutter zu retten. Das weckt unangenehme Erinnerungen an verdrängte Hassgefühle und wilde Eifersucht unter den Geschwistern. Denn an derselben Krankheit ist ihr jüngster Bruder in jungen Jahren gestorben, weil ihm mit einer Transplantation nicht zu helfen war.

Am 16. Mai 2008 läuft der Film offiziell im Wettbewerb von Cannes. Als das Licht im riesigen Festivalpalast wieder angeht, denken viele, dass der Film oder seine Hauptdarstellerin einen Preis erhalten wird. Doch *Ein Weihnachtsmärchen* steht nicht auf der Siegerliste. Und der Spezialpreis der Jury für Catherine Deneuves Lebenswerk, den sie ebenso wie Clint Eastwood erhält, wirkt wie ein Trostpreis.

Die Rolle der Junon Vuillard scheint Catherine Deneuve auf den Leib geschneidert. Sie ist eine seltsame Person, wenn auch nicht im selben Maß wie ihr chaotischer Sohn (Mathieu Amalric), dabei nie um ein Bonmot oder eine Spitze verlegen, räumt aber ein, dass sie diese Familie nicht im Griff hatte, in der sich die Kinder bei Tisch beschimpfen und bekämpfen. »Ich bin keine sehr gute Mutter gewesen«, gesteht sie in einer Szene. Nur ihrer Krebserkrankung ist es zu verdanken, dass es ihr gelungen ist, die gesamte Familie um den Weihnachtsbaum zu versammeln. Einschließlich des »schlimmen Sohns«, des einzigen, der in der Lage wäre, sie zu retten; er wird von Mathieu Amalric als depressiver und sich herauswindender junger Mann gespielt, der ins traute Heim zurückkehrt, nachdem er von seiner Schwester verbannt worden war. Nichts erspart Deneuve dieser Mutterfigur, die zwar charismatisch, aber alles andere als

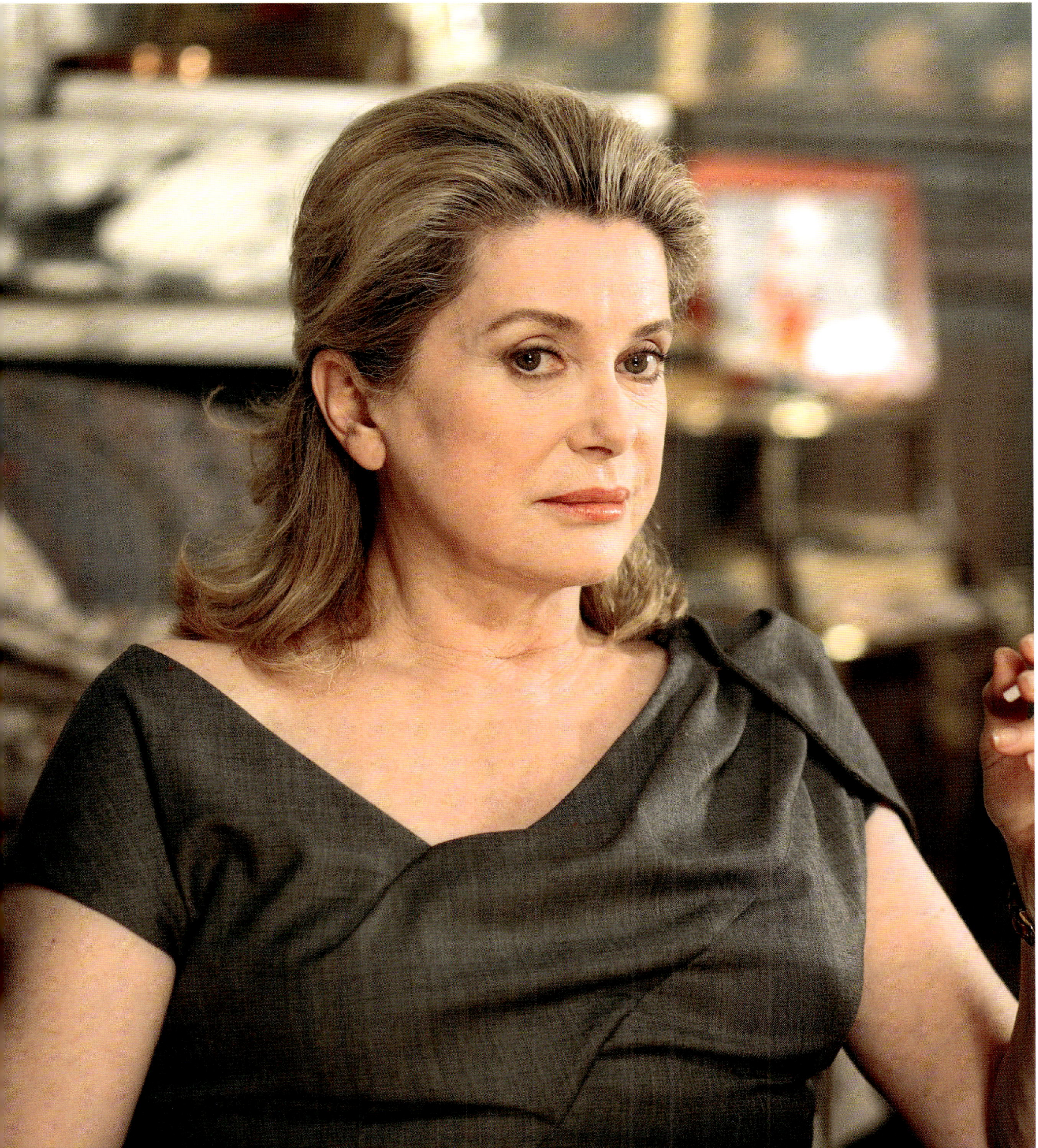

Blutsbande, eine gewichtige Vergangenheit und gnadenlose Offenheit. Bei Desplechin kommen Familientreffen häufig Abrechnungen gleich.

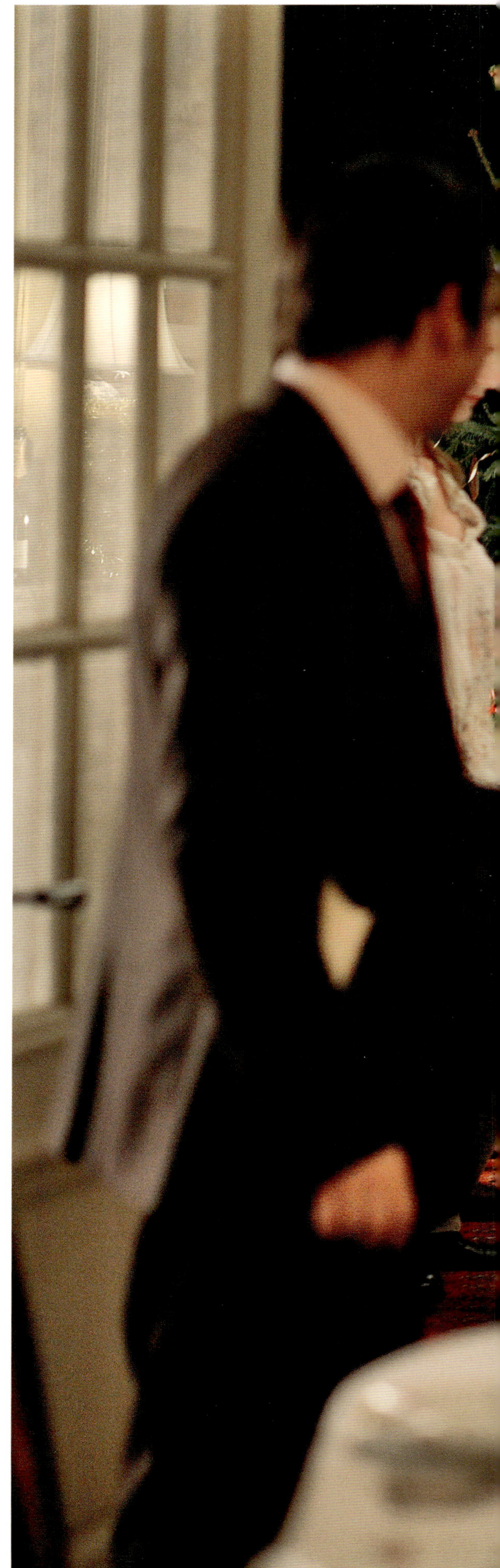

»Die Kinoheldinnen, die ich verehrt habe, machen oft das Schlimmste durch. Sie lehren mich, Elend und Schuld zu bekämpfen, sie zu besiegen und immer der Milde die Oberhand über die Verzweiflung zu lassen.«

Arnaud Desplechin

fehlerlos ist; eine Frau, die unempfänglich zu sein scheint gegenüber dem stillen Leid ihrer Tochter (Anne Cosigny), die sich immer zurückgestoßen und wenig wertgeschätzt gefühlt hat. Seiner psychoanalytischen Sichtweise entsprechend zeigt Desplechin seine Figuren in der Gegenwart, versucht dabei aber zugleich, ihre Vergangenheit zu erklären. Und so versteht der Zuschauer, dass die familiäre Keimzelle, wie auch in manchen Filmen von Bergman, in ihrem Inneren explodiert ist, als der kleine Bruder starb.

Desplechin zeigt das Portrait einer Mutter, die trotz ihrer Schwächen Autorität besitzt. Wenn er Catherine Deneuves Gesicht filmt, scheint er alle Verletzungen dieser Welt einfangen zu wollen. »Die Kinoheldinnen, die ich verehre, machen oft das Schlimmste durch«, erklärt er. »Sie lehren mich, Elend und Schuld zu sehen, sie zu besiegen und immer der Milde die Oberhand über die Verzweiflung zu lassen. Nur die, die das Schlimmste kennengelernt haben, wissen, dass das Wertvollste das ist, was die verschont Gebliebenen als belanglos einstufen. Ein Sonnenstrahl, Eleganz, Friede, unseren selbst errichteten Gefängnissen zu entfliehen und es niemandem anders zu verdanken als uns selbst.«

Der Kameramann Éric Gautier taucht Roubaix, eine Stadt im Norden Frankreichs und Arnaud Desplechins Geburtsort, sowie die anheimelnden Interieurs, die zur Kälte der familiären Beziehungen in deutlichem Kontrast stehen, in ein ockerfarbenes, warmes Licht. Deneuve befehligt ihre kleine Truppe und beobachtet die Gefechte. Desplechin, der unübersehbar seine Freude daran hat, sie zu filmen, widmet dieser Frau ein großes menschliches Portrait: »Eine Rebellin von Geburt an, in ihrer Kunst immer fröhlich subversiv, ist Catherine Deneuve ein Vorbild für all jene, deren Wahlspruch im Leben lautet, sich nie und nimmer zu beugen. Eine Lektion in Sachen Freiheit, Phantasie, souveräner Wahlmöglichkeit, Treue zur kindlichen Anarchie.« Mit sichtlichem Vergnügen trifft Deneuve die »Bande« wieder, mit der sie vier Jahre zuvor zusammengearbeitet hat: Emmanuelle Devos, Mathieu Amalric, Hippolyte Girardot, Melvil Poupaud und Jean-Paul Roussillon; erneut dreht sie auch mit ihrer Tochter Chiara Mastroianni. Desplechin zeigt Deneuve als ungeschickte Liebende. Aus diesem *Weihnachtsmärchen* geht man »satt und erfüllt« hinaus, schreibt Serge Kaganski in *Inrockubtibles*.

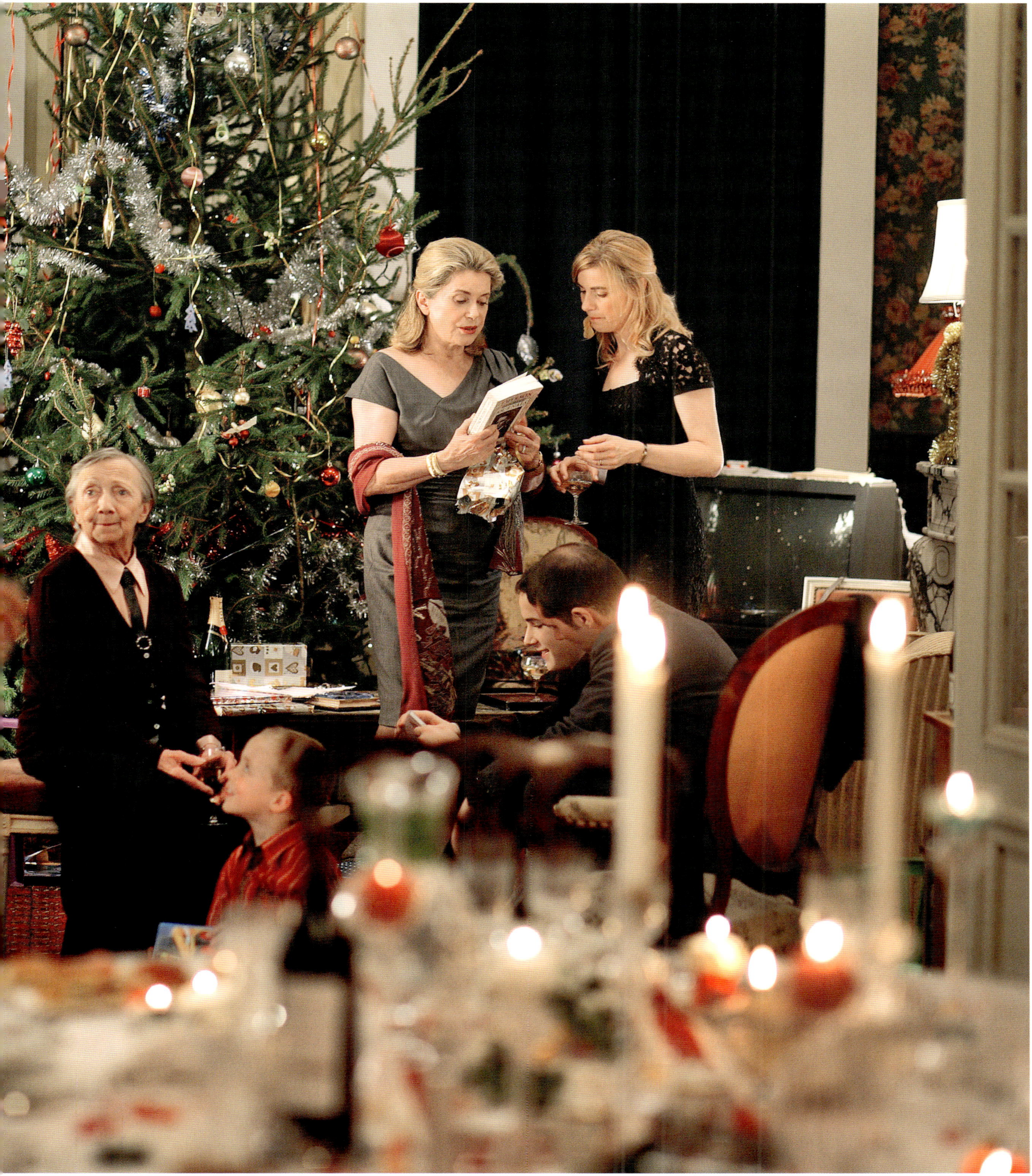

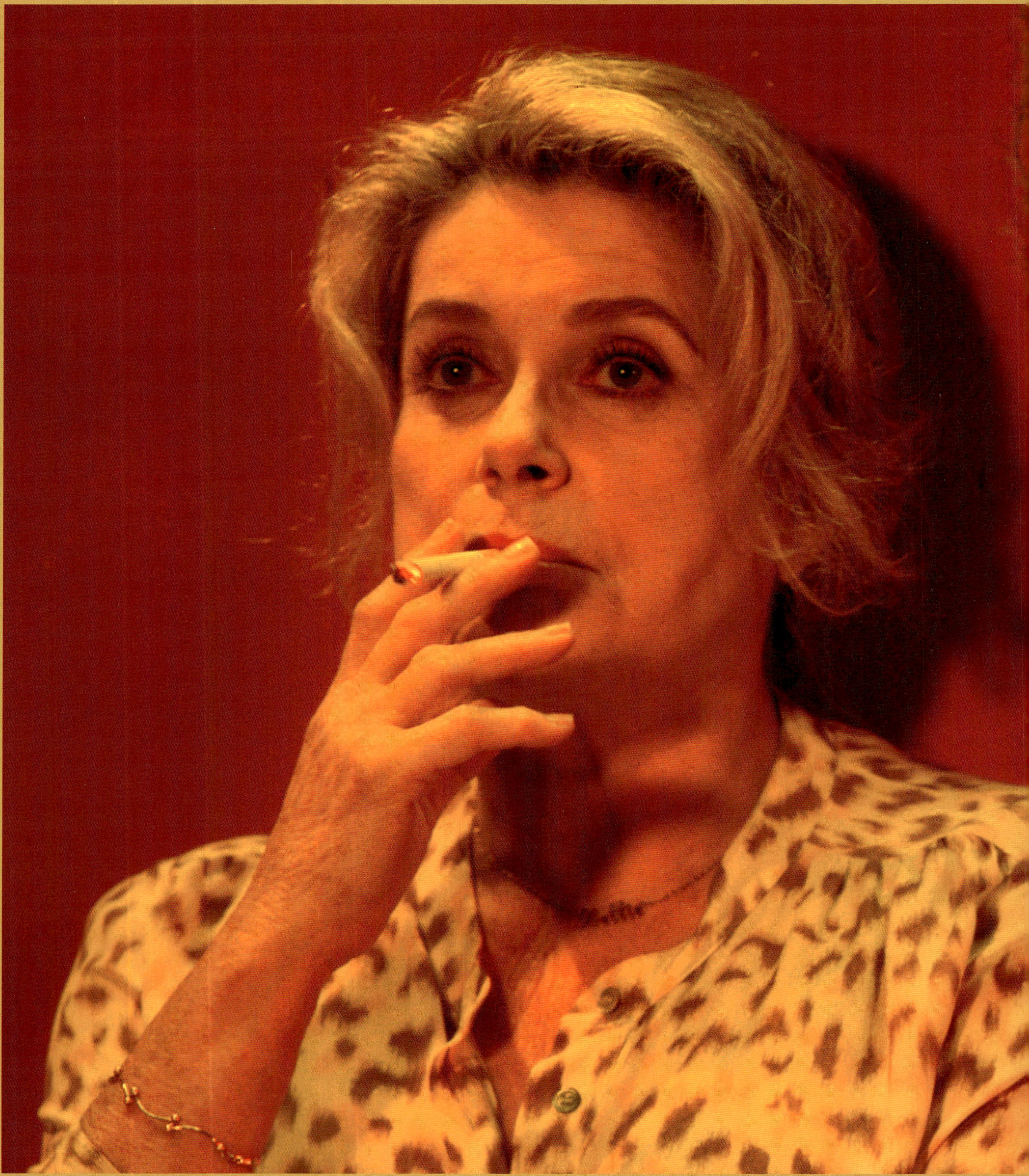

Die Jahre nach 2010

Eine zickige, erniedrigte und verächtlich behandelte Figur verkörpern, eine hübsche, aber leere Hülle, in einem Wort: ein »Schmuckstück«? Kein Problem, zumal wenn das Schmuckstück seinem frauenfeindlichen Ehemann die Macht entreißt. Die 2010er Jahre stecken voller Überraschungen und Neuanfängen. Also wohl doch keine Karriere am toten Punkt … Ozon, Salvadori, Honoré, Téchiné – sie halten Deneuve die Treue und umgekehrt. Dann bietet ihr Emmanuelle Bercot innerhalb von weniger als zwei Jahren zwei wunderbare Rollen an. Mal spielt sie in Erstlingswerken, mal dreht sie mit vielversprechenden Hoffnungsträgern, mal mit alten Hasen. Weil ihr Komödien immer wieder Spaß machen, trifft sie mit dem ultrakomischen und sehr erfolgreichen Film *Schmuckstück* von François Ozon mitten ins Schwarze, neun Jahre nachdem sie mit ihm *8 Frauen* gedreht hat. Der Regisseur und die Schauspielerin bilden ein veritables Dream-Team: sie teilen die Leidenschaft für Wagnisse, haben denselben wilden Humor und begeistern sich für Grenzüberschreitungen. Der Film geht um die Welt.

Weitere Komödien folgen, wie zur besten Zeit der unbändigen Lachsalven am Set von Ferreri: sie taucht ein in die durchgeknallte und chaotische Welt von Paul Vecchiali und Jaco van Dormael.

Emmanuelle Bercot befreit sie schließlich von ihrem Glamour-Status und filmt sie in einem Kerouac-ähnlichen Zustand der Verwirrung, voller verdrängtem Leid, in *Madame empfiehlt sich*. Und anschließend als Jugendrichterin mit großem Herzen in *La Tête haute*.

Mal einsam, mal dominant, autoritär, komisch oder sprühend vor Phantasie – Deneuve erneuert sich unaufhörlich. Und ist sich doch immer wieder ähnlich.

Eine neue Ära, neue Herausforderungen und – vor allem mit Ozon und Bercot – neue Grenzüberschreitungen.

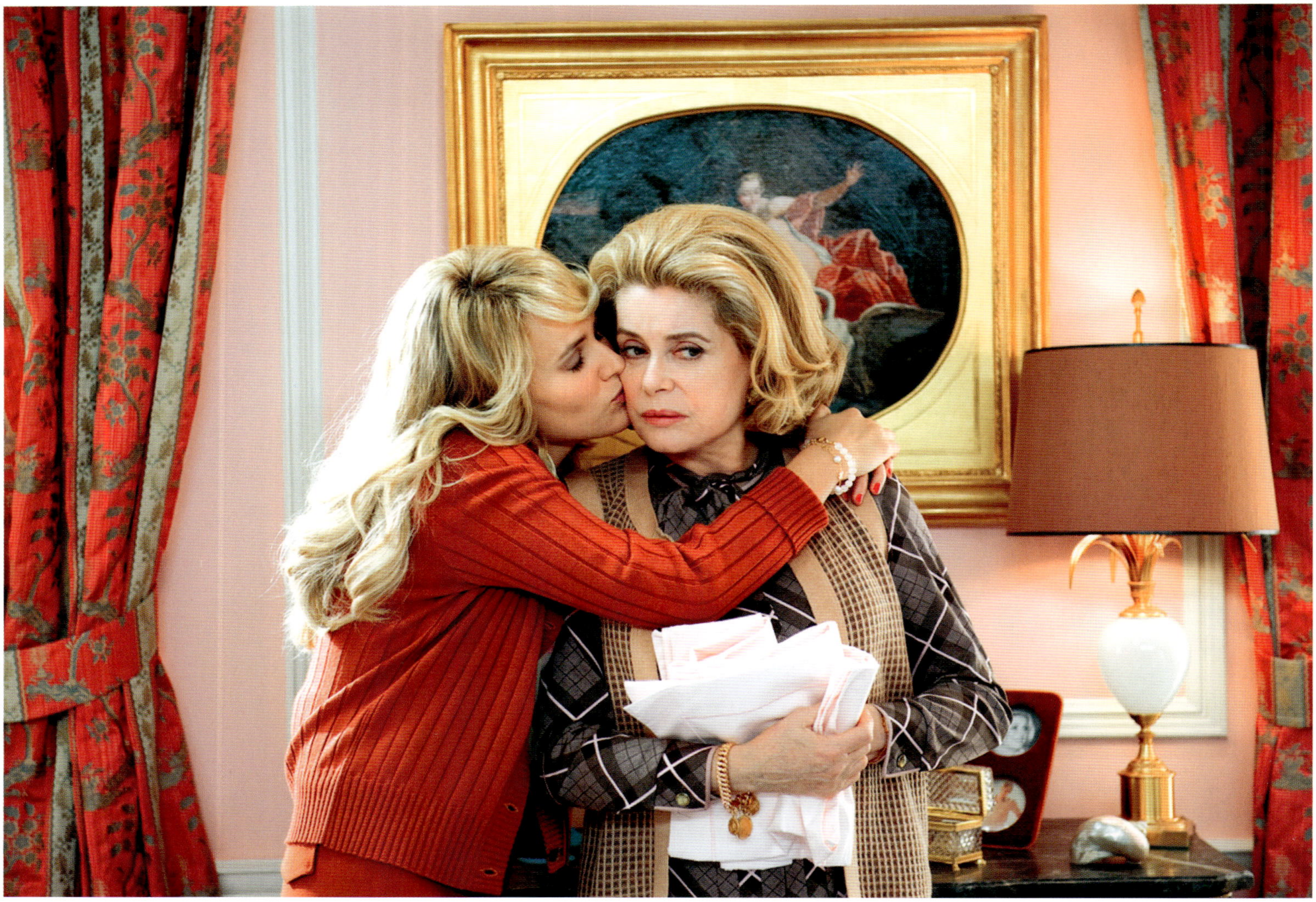

Suzanne Pujol und ihre Tochter Joëlle (Judith Godrèche). Von Küssen begleitete scharfe und manchmal verletzende Worte.

Potiche
(Das Schmuckstück)

Kinostart: 2010
Regisseur: François Ozon
Hauptdarsteller: Catherine Deneuve, Gérard Depardieu, Fabrice Luchini, Karin Viard, Judith Godrèche
Rolle: Suzanne Pujol

Neun Jahre musste man darauf warten. Neun Jahre, bis eine neue Zusammenarbeit zwischen Catherine Deneuve und dem Wunderkind des französischen Kinos zustande kam. Und das Warten hat sich gelohnt. Was für eine Rolle! Ein Maximum an Humor und Kitsch, zeichnet *Das Schmuckstück* das feministische Portrait einer gut situierten Frau, die in den 1970er Jahren Hausfrau und Mutter war und nun ihren emanzipatorischen Ausbruch wagt. Auf den ersten Bildern, auf denen sie als Suzanne zu sehen ist, treibt sie ihren Morgensport in einem leuchtend roten Jogginganzug. Immer zufrieden, selbst in der lächerlichsten Aufmachung, spielt sie zu Beginn die Alberne, später die befreite Frau, und dabei entfaltet Deneuve vor François Ozons Kamera eine enorme Bandbreite von Facetten und Gesichtsausdrücken. Sie wirkt lustig und überraschend und entwickelt eine Figur, die am Ende an Ségolène Royal erinnert. Denn wenn auch – wie immer bei Ozon – der historische Hintergrund minutiös rekonstruiert ist, bezieht sich der Film dennoch ironisch auf die aktuelle Wahlkampf-The-

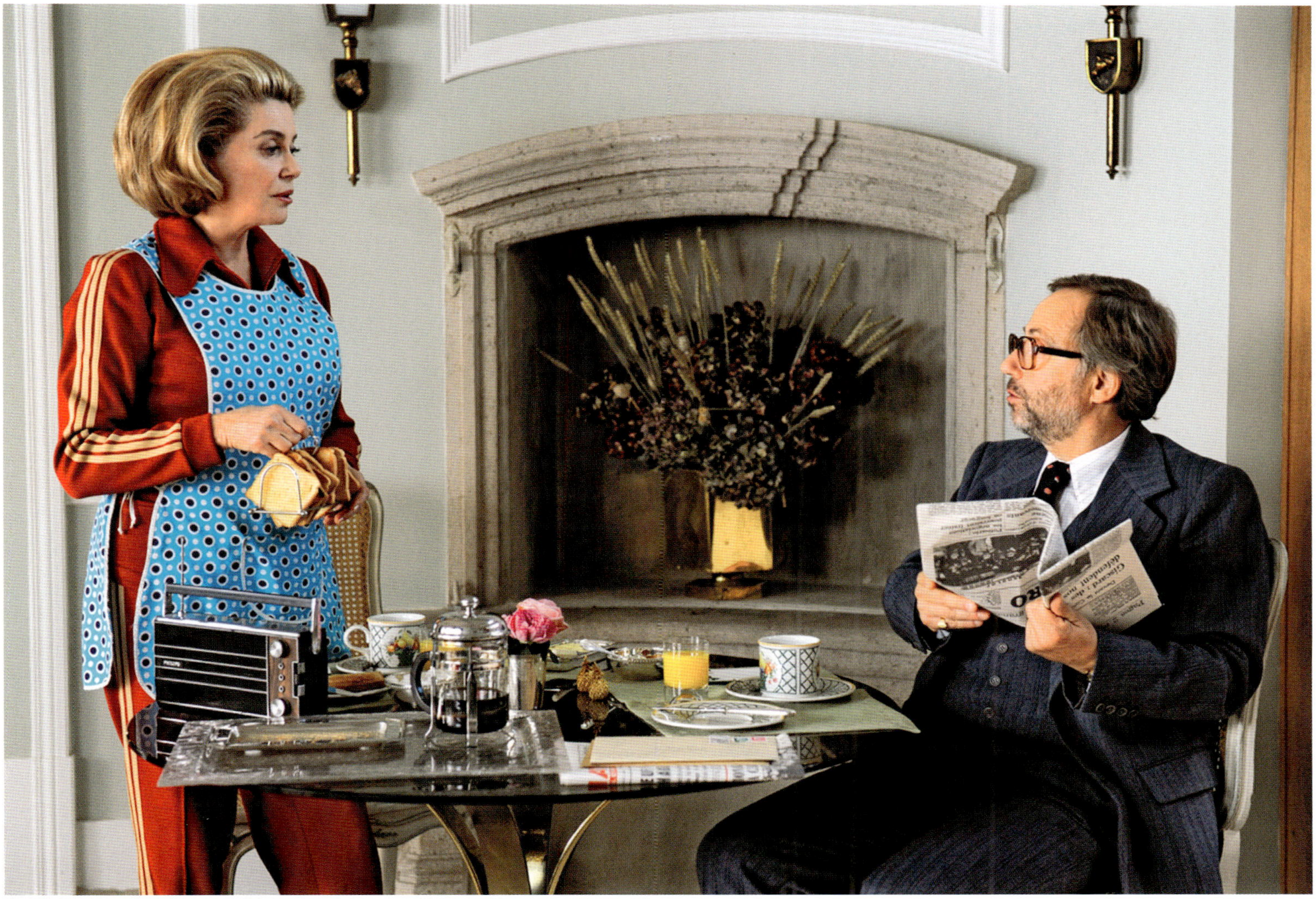

Schon beim Frühstück in flagranti bei frauenfeindlichem Verhalten ertappt – eine Szene mit Robert Pujol (Fabrice Luchini), die Kult geworden ist, ebenso wie die des morgendlichen Joggings.

matik. Suzanne ist eine angepasste Firmenerbin, die zu den arroganten Demütigungen ihres Mannes immer geschwiegen hat; ihre eigenen Kinder nennen sie »Schmuckstück«. Als ihr Mann sie weiter beleidigt und betrügt, begehrt Suzanne auf. Jede einzelne der Szenen mit Fabrice Luchini und Gérard Depardieu, zwei weiteren »Superstars« des französischen Kinos, ist ein echter Genuss. Ihr Flirt mit letzterem in der Rolle des kommunistischen Bürgermeisters Maurice Babin hat das Zeug, in unser kollektives Gedächtnis einzugehen. »Wenn man sich Catherine Deneuves Liebhaber im Film vorstellt, denkt man unweigerlich an Gérard Depardieu«, erklärt François Ozon.

Das Schmuckstück vereint fast alle Lieblingsthemen von François Ozon, seine Liebe zu den Frauen, seine Liebe zum Film mit Hommagen an Billy Wilder oder Almodóvar, und einen unbeugsamen Willen zu beweisen, dass sich eine Figur gegen gesellschaftliche Konventionen auflehnen kann, wenn es um ihre Unabhängigkeit, ihre Freiheit und ihre Identität geht.

»Herzerfrischend«, »amüsant« – Deneuve räumt Lobeshymnen ab. Die Presse ergötzt sich an ihrer Mimik und ihrem Aufzug und amüsiert sich über die »Rache einer Blondine«.»Seit wir *8 Femmes* (*8 Frauen*) zusammen gedreht haben«, sagt Ozon, »wusste ich, dass sie der Figur Leben einhauchen könnte und ihr die nötige Tiefe verleihen, um sie glaubwürdig zu machen.«

Der Film wird bei seiner Premiere am 5. September 2010 auf den Filmfestspielen von Venedig stürmisch gefeiert und sowohl beim Publikum als auch bei der Kritik ein großer Erfolg. Über zwei Millionen Zuschauer sehen ihn allein in Frankreich und summen manche Lieder mit, die dem Zeitgeschmack angepasst werden, wie das berühmte »Emmène-moi danser ce soir«. Und zum Schluss singt Deneuve noch Jean Ferrats »Que c'est beau la vie ...«. Ein hübscher Abschluss für diese Geschichte, in der sie das einzig wahre Mittel findet, die Frauen zu feiern, die ihr Schicksal selbst in die Hand nehmen.

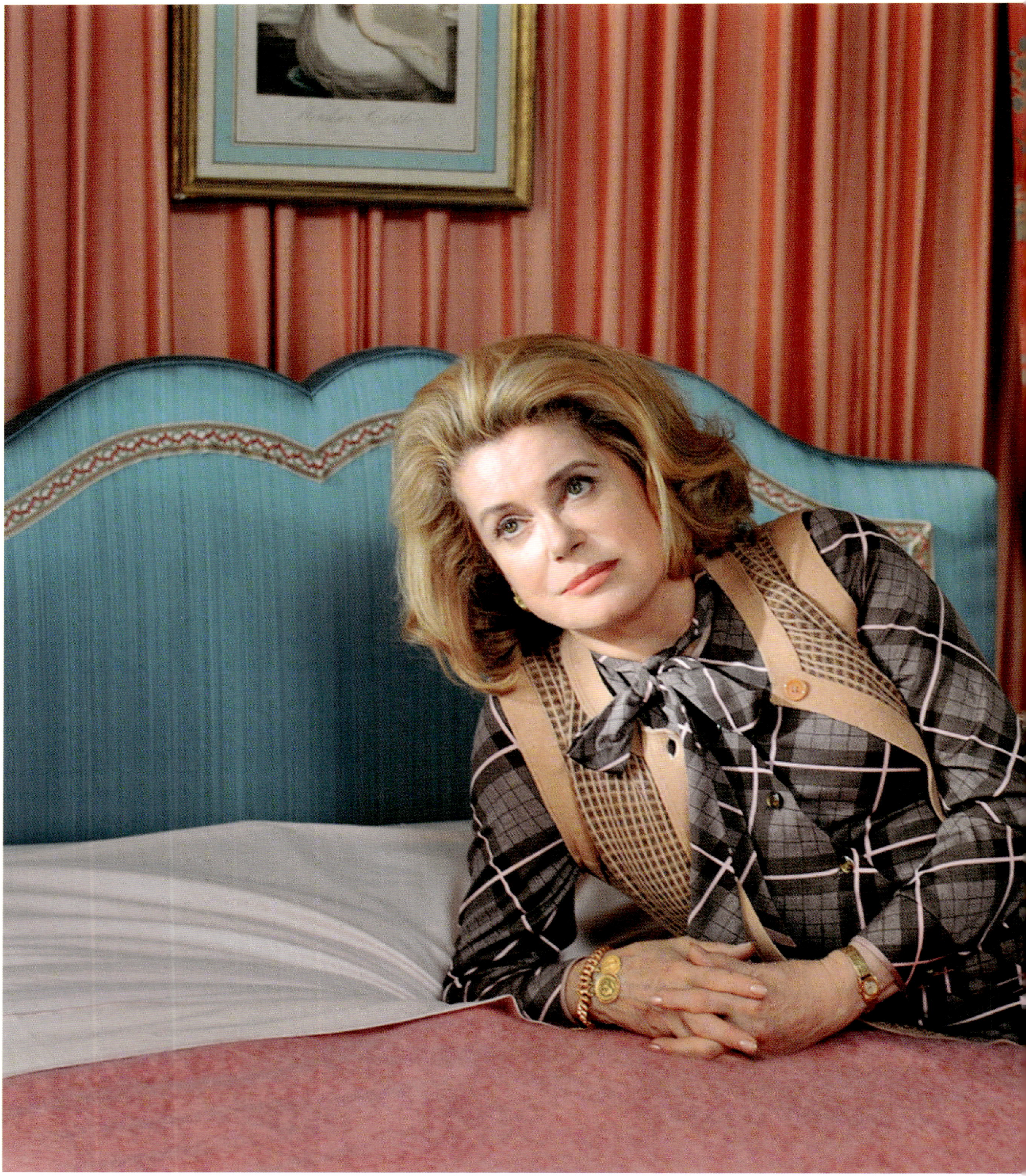

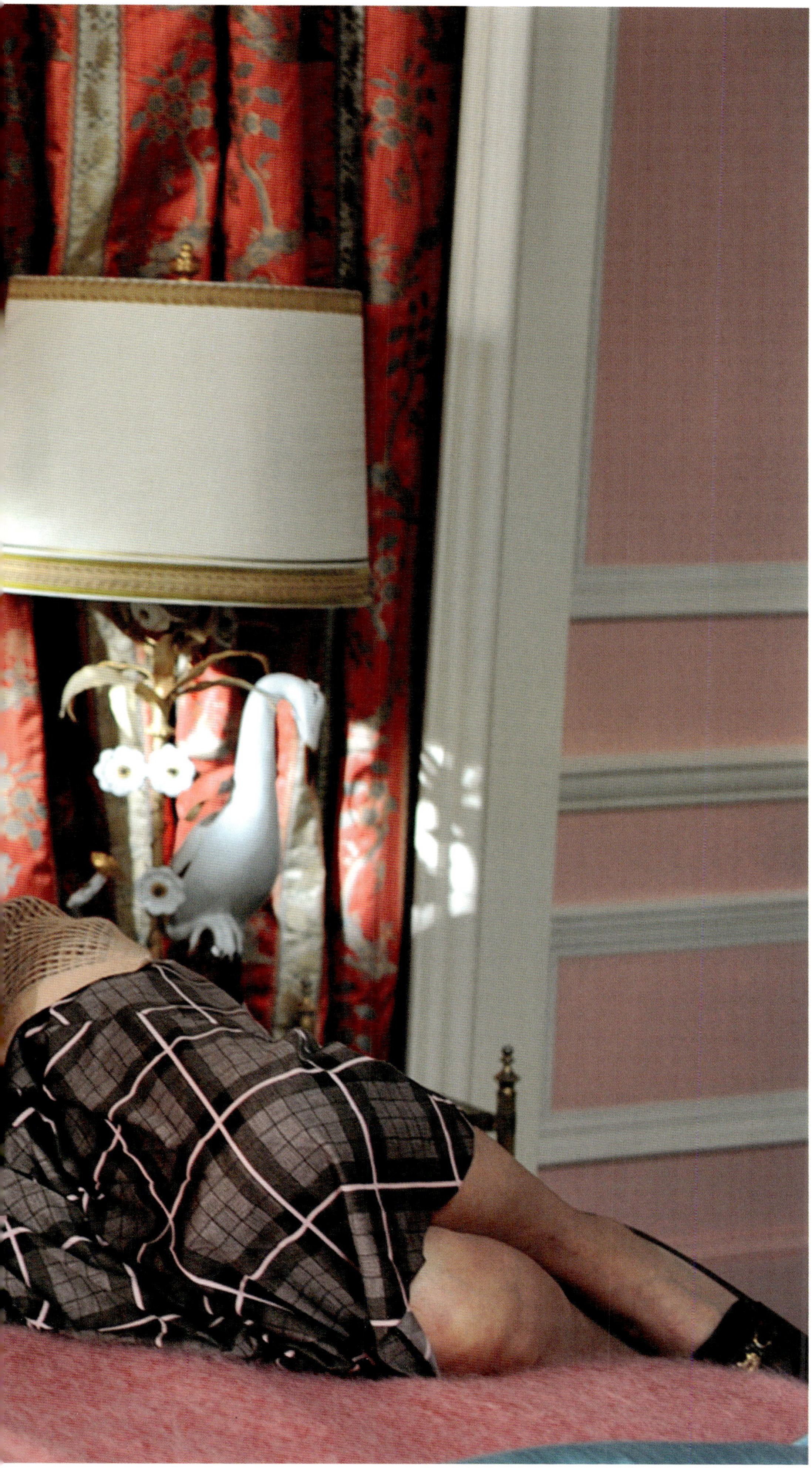

Manchmal träumt Suzanne von einer strahlenderen Zukunft … was, wenn sie ihr Leben selbst in die Hand nähme und alle Nervensägen zum Teufel jagen würde?

Mutter und Tochter, im Leben wie im Film. Madeleine und Véra (Chiara Mastroianni) durchleben politische Ereignisse, Bewährungsproben und Jahre in Liedern. Für Christophe Honoré eine passende Form, um mit dem Komponisten Alex Beaupain au[f] moderne Art die Welt von Jacques Demy neu aufleben zu lassen.

Les Bien-Aimés

(Die Liebenden – Von der Last, glücklich zu sein)

Kinostart: 2011
Regisseur: Christophe Honoré
Hauptdarsteller: Catherine Deneuve, Chiara Mastroianni, Ludivine Sagnier, Milos Forman, Louis Garrel
Rolle: Madeleine

Einen Musikfilm drehen, fünfzig Jahre nach Jacques Demys Filmen ... Welches Projekt könnte im Jahr 2011 aufregender sein für Catherine Deneuve! Weil noch dazu ein Erfolgsautor (*Les Chansons d'amour* – dt.: *Chanson der Liebe*) den Film verantwortet und ihre eigene Tochter, Chiara Mastroianni, mitspielt, versteht man, dass die Schauspielerin zugreift.

Die Liebenden ist ein Film mit Gesang, der einige große Momente der Zeitgeschichte, verteilt auf drei Jahrzehnte, anhand der Schicksale von zwei Figuren, Madeleine und Véra, Mutter und Tochter, erzählt. Von den Glorreichen 30 im Prager Frühling über die Sorglosigkeit der 90er Jahre bis zu den Attentaten vom 11. September, von Paris bis London, jongliert der Film zwischen Ereignissen der großen und der kleinen Geschichte. Die Liebe ist der Leitfaden und wird in all ihren Formen ausgespielt: Liebe auf den ersten Blick, Ehebruch, Verrat, Dreierbeziehung, ein kurzer Flirt und die in gewisser Weise unvernünftige Leidenschaft, die Madeleine für Pumps hegt. Chiara Mastroianni, die Erzählerin, scheint mit einem amüsierten Blick die Eskapaden ihrer Mutter zu beobachten. Madeleine (im Erwachsenenalter gespielt von Deneuve, als Jugendliche von Ludivine Sagnier) genießt das Leben und die sexuelle Befreiung, verschenkt ihr Herz mit Leichtigkeit und oft an charmante Männer. »Wie die Mutter, so die Tochter«, singt sie letzterer vor, die sich ihrerseits ebenso schnell in amouröse Abenteuer verstrickt. Von 1963 bis 2008 fächert Christophe Honoré alle Facetten des Egoismus der Liebe auf, die sich mit den Generationen wandeln. Für *Télérama* ist die Figur der Madeleine eine »Pionierin der Leichtigkeit«, wohingegen ihre Tochter Véra die »feiersüchtige Erbin der sexuellen Befreiung« ist.

Der Film ist düsterer und pessimistischer als *Chanson der Liebe*. Aber die Musik von Alex Beaupain spielt noch immer eine Schlüsselrolle. »Ich glaube, dass *Die Liebenden* weniger eine musikalische Komödie ist, sondern vielmehr ein Film, in dem auch gesungen wird«, erklärt der Regisseur. »Es gibt keine gesungenen Dialoge in dem Sinn, es kommt eher einem Theatermonolog nahe, wenn eine Person spürt, dass sie hinsichtlich ihrer Gefühle nicht mehr schummeln kann und der Zuschauer ganz offen erkennt, was die Figur fühlt.«

Der Film bringt Deneuve mit einer originellen und einzigartigen Besetzung zusammen, von Michel Delpech bis zum Regisseur Milos Forman, der sich in seiner Rolle als immer zu Scherzen aufgelegter Mann von Catherine Deneuve und Vater von Chiara als exzellenter Schauspieler erweist. Der Streifen läuft außer Konkurrenz als Abschlussfilm in Cannes. Laut *Inrocks* ist er »der große romantische Film für den Herbstanfang«. »Honoré mischt Milan Kundera mit Jacques Demy«, titelt *Libération*.

Le Monde fragt sich: »Ist Catherine Deneuve eine Fee? Man kann ihr immenses Talent loben, ihre verblüffende Filmographie bewundern, aber all das genügt nicht, um die Magie zu beschreiben, die wirkt, sobald sie auf der Leinwand erscheint. Auch wenn sie nur ganz kurz auftaucht oder man nur ihre Stimme hört, tritt jedesmal derselbe Effekt ein, wie von einem Liebes- oder Zaubertrank: plötzlich ist da echtes Kino, wie durch Zauberei. Als kinoverliebter Filmemacher wusste Christophe Honoré das, als er ihr die Rolle der Madeleine in *Die Liebenden* vorschlug.«

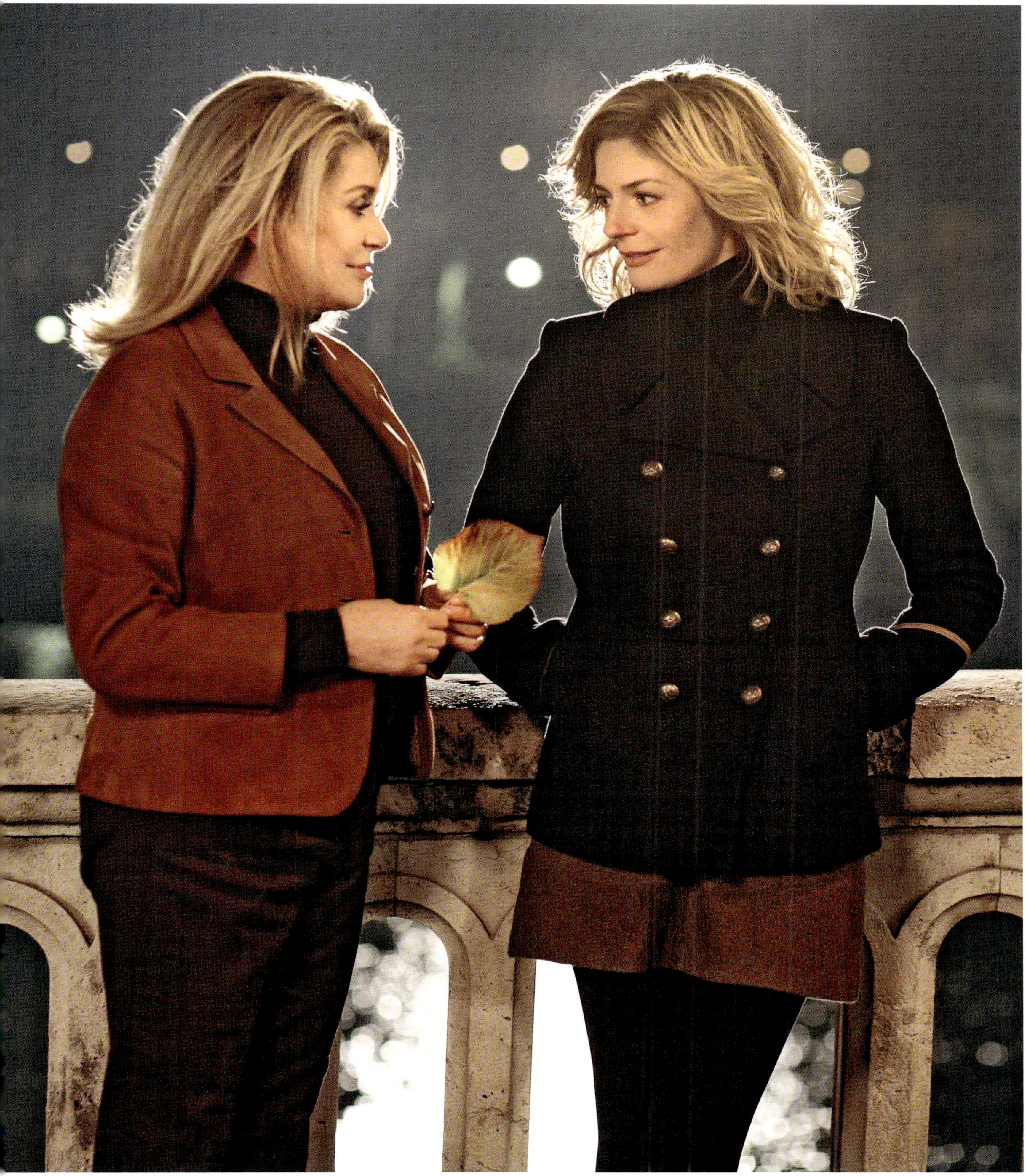

Am Steuer ihres Wagens auf den Straßen Frankreichs unterwegs, begibt sich Bettie auf die Suche nach ihrer Vergangenheit und vor allem nach sich selbst.

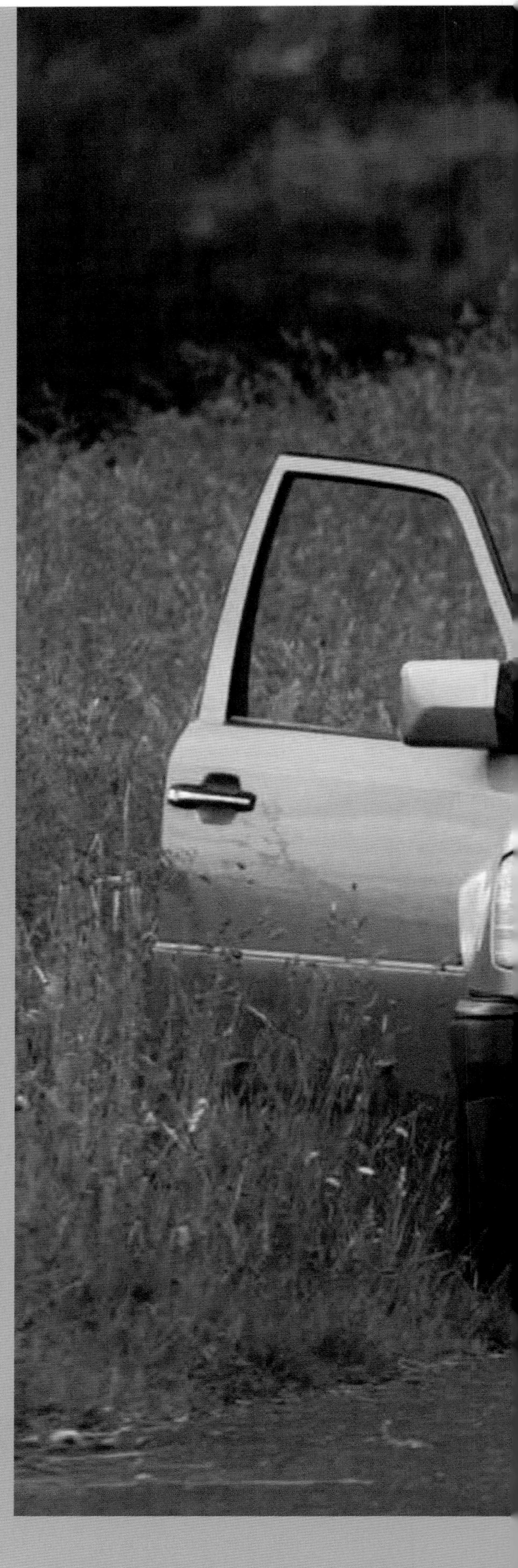

Elle s'en va
(Madame empfiehlt sich)

Kinostart: 2013
Regisseurin: Emmanuelle Bercot
Hauptdarsteller: Catherine Deneuve, Nemo Schiffman, Gérard Garouste, Camille, Claude Gensac
Rolle: Bettie

»Am Anfang dieses Projekts stehen eine Frau, Catherine Deneuve, und mein Wunsch, mit ihr zu drehen, mit ihr ein Stück Weg zu gehen und für sie zu schreiben. Schnell, fast instinktiv, kam der Wunsch in mir auf, sie ›auf einer Straße‹ zu sehen, wo sie verschiedenen Menschen begegnet. Der Wunsch, sie als Frau zu zeigen, eher denn als Mutter, und auch als Großmutter gegenüber ihrem Enkel.« Mit diesen Worten fasst Emmanuelle Bercot perfekt zusammen, wie die Ausgangsidee die gesamte Geschichte in Gang bringt. Bettie ist eine orientierungslose Frau, die ihre Erfüllung findet, indem sie sich auf eine Reise begibt. Dabei handelt es sich weniger um eine Flucht nach vorn als um eine Erkundung des Unbekannten, eine Suche nach dem Unerwarteten. Man weiß nicht so genau, ob sie ihres Berufs überdrüssig ist – sie ist Gastwirtin –, oder ob die Einsamkeit sie belastet. Sie hat eine Liebesgeschichte mit einem Mann, der ihr immer wieder verspricht, sich scheiden zu lassen, und am Ende heiratet er eine andere. So bricht alles zusammen. Sie verlässt ihr Restaurant unter dem Vorwand, Zigaretten kaufen zu gehen, und kehrt nicht zurück. Man sieht sie auf den Straßen der Bretagne, dann in anderen Gegenden Frankreichs, in Gummistiefeln und Südwester, schließlich sammelt sie ihren zehnjährigen Enkel auf. Auf dieser »Flucht« lernen die beiden sich gegenseitig kennen. Im Laufe der Begegnungen liefert diese Reise Gelegenheit für Einsichten, Überraschungen, Enttäuschungen, Glücksmomente ... und – warum nicht? – auch für die Wiederkehr der Liebe.

Madame empfiehlt sich ist eine wahre Ode an Deneuve. Die Regisseurin inszeniert die Entwicklung ihrer Gefühle, von der Erschöpfung bis zur Befriedung. Einige Szenen bleiben in Erinnerung: Deneuve, die bei einer selbstgedrehten Zigarette mit einem alten Herrn diskutiert, eine Anmach-Szene in einer Bar ... Wenn Bettie ausrastet, dann geschieht das mit Eleganz, und die voll erblühte Sechzigjährige erfährt allumfassende Würdigung.

Als der Film anläuft, freut sich die Presse, dass diese Zusammenarbeit Funken schlägt: »Emmanuelle Bercot holt das Beste aus Catherine Deneuve als untypische Großmutter heraus« (*La Croix*), »Der Film funktioniert wie ein Austausch von Geschenken zwischen Bercot und Deneuve« (*Le Nouvel Observateur*). Als wäre es ein Neubeginn, gelingt es diesem opulenten Road Movie, die Quintessenz von Deneuve auf die Leinwand zu bannen.

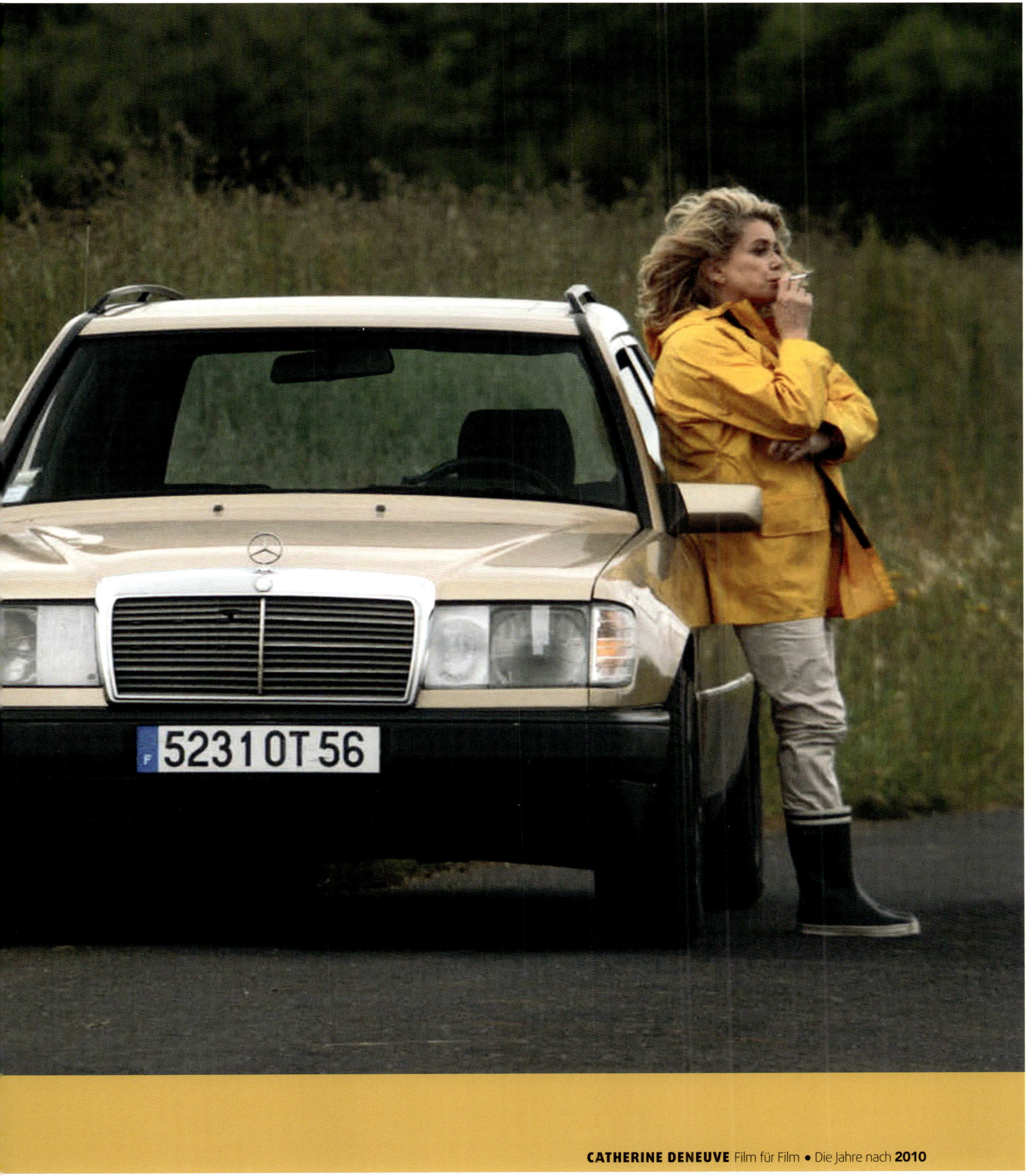
5231 0T 56

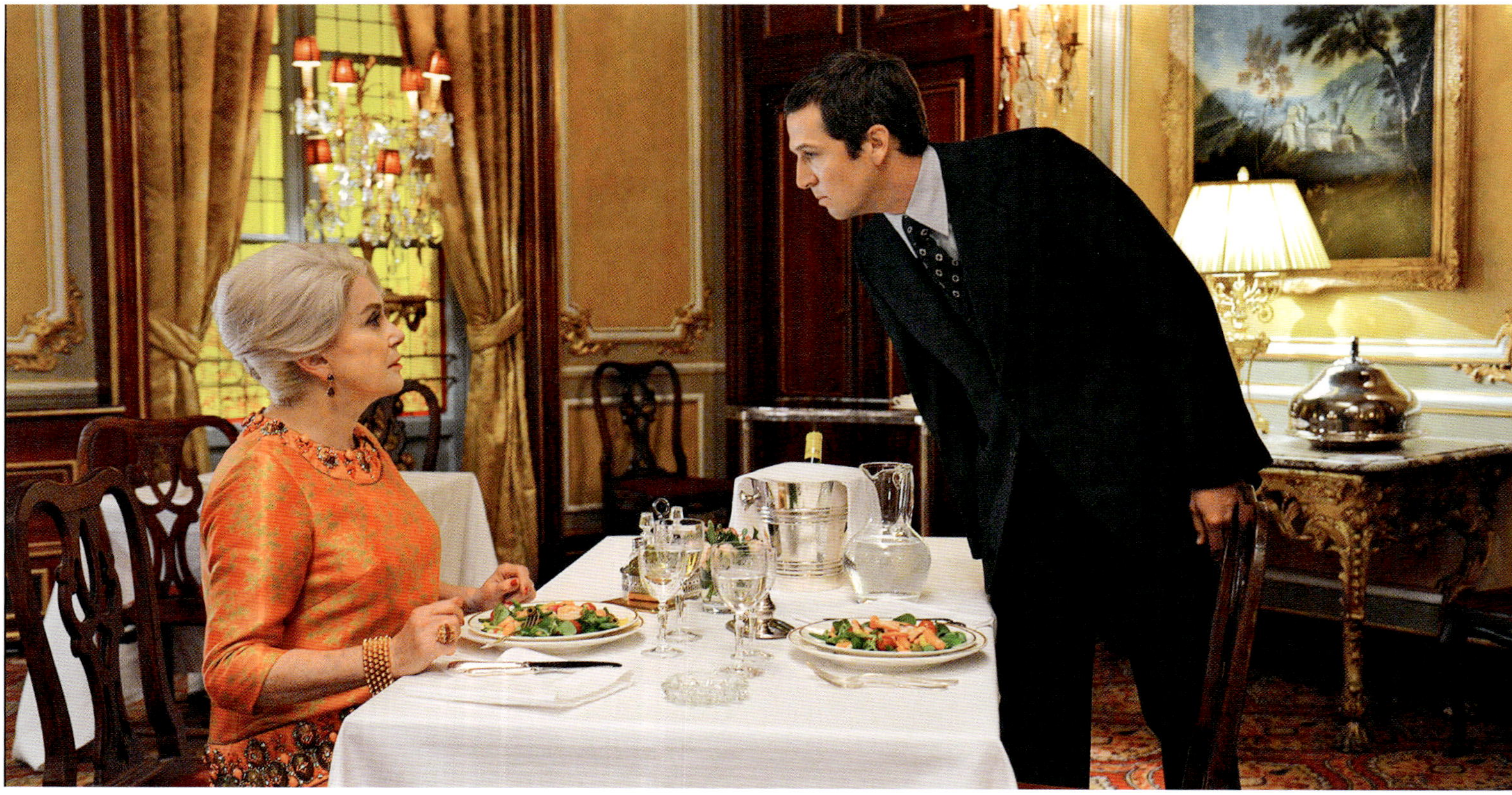

Catherine Deneuve als Inhaberin eines Casinos in Nizza, mit ihrem Anwalt Guillaume Canet.

L'Homme qu'on aimait trop

Kinostart: 2014
Regisseur: André Téchiné
Hauptdarsteller: Catherine Deneuve, Guillaume Canet, Adèle Haenel
Rolle: Renée Le Roux

Die siebte Zusammenarbeit zwischen Deneuve und Téchiné ist zunächst ein Projekt, das den Produzenten am Herzen liegt. Es handelt sich um die Verfilmung des Buches *Une femme face à la mafia* (dt. etwa: Eine Frau gegen die Mafia), in dem Jean-Charles Roux das unglaubliche und einzigartige Schicksal von Renée Le Roux beschreibt, der Besitzerin eines Casinos an der Riviera. Das Palais de la Mediterrannée in Nizza erlebt einen finanziellen Niedergang. Renée Le Roux, eine Powerfrau, vermutet als Ursachen Veruntreuung durch die örtliche Mafia oder persönliche Feinde. Weder Einschüchterungsversuchen noch Drohungen will sie nachgeben, vielmehr beschließt sie, die Dinge mit Hilfe ihres Anwalts Maurice Agnelet (Guillaume Canet) selbst in die Hand zu nehmen. Es folgen überraschende Wendungen und Verrat, Renées Tochter Agnès (Adèle Haenel) verliebt sich allen Risiken und Gefahren zum Trotz über beide Ohren in den Anwalt, eine Leidenschaft, die sie ins Verderben führt.

Téchiné folgt der Powerfrau Renée Le Roux Schritt für Schritt. Platinblond, mit Turban im Haar lässt Catherine Deneuve ihre natürliche Autorität in diese Rolle einer dominanten Chefin einfließen, deren Schicksal auf gewalttätige Weise ins Wanken gerät. Der Film läuft außerhalb des Wettbewerbs in Cannes und bekommt nicht nur gute Kritiken. Doch dem schlagkräftigen Duo Deneuve/Téchiné gelingt beides: die Chronik eines historisch belegten und brutalen Casinokrieges, der die Côte d'Azur jahrelang in Atem hielt, in Hitchcock-Manier aufzuzeichnen und die komplexe Geschichte einer Mutter-Tochter-Beziehung zu erzählen. Für Jean-Michel Frodon »ist heute niemand außer Catherine Deneuve in der Lage, mit der größten Natürlichkeit gleichzeitig eine Geschäftsfrau, eine verletzte Mutter und eine Art Göttin auf der Leinwand zu verkörpern, die zunächst für Macht, dann für Erniedrigung und schließlich für Rache steht.« Der Film ist in das weiße, harte Licht des Südens getaucht, als wollte die Sonne den Hass und den Familienzwist noch weiter anfachen.

Catherine Deneuve, flankiert von Guillaume Canet und vor allem vom fiebrigen Spiel Adèle Haenels (der Entdeckung des Films), haucht der sogenannten »Affaire Le Roux« Leben ein, die jahrelang von einem Nimbus aus Geheimnis und Gewalt umwittert war.

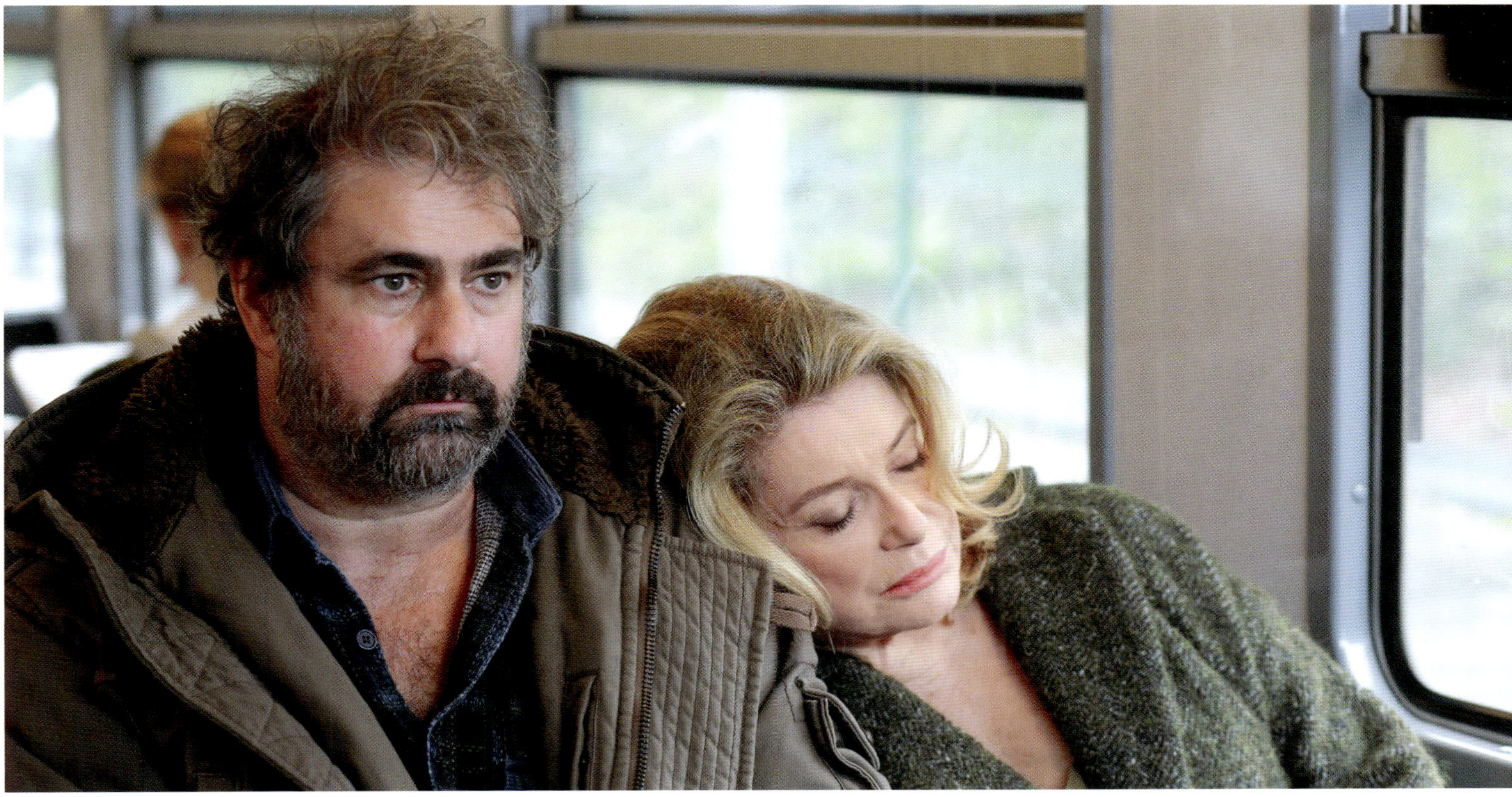

Mathilde und Antoine (Gustave Kervern), zwei einsame Menschen, die nichts dazu prädestinierte, einander nahezukommen, die aber beschließen, sich gegenseitig zu helfen. Und so findet das Unglück des einen sein Echo in dem des anderen.

Dans la cour

Kinostart: 2014
Regisseur: Pierre Salvadori
Hauptdarsteller: Catherine Deneuve, Gustave Kervern, Féodor Atkine
Rolle: Mathilde

Die Wege von Pierre Salvadori und Catherine Deneuve mussten sich eines Tages kreuzen. Er, der Autorenfilmer und Spezialist für Komödien, und sie, eine große Freundin des Burlesken. So war es also ganz natürlich, dass sie in einer Komödie voller Dramen aufeinanderstießen, die zugleich tragisch und komisch sind. Alles beginnt mit einem beruflichen Burn-out, dem von Antoine (Gustave Kervern), einem depressiven Musiker, der beschließt, alles hinter sich zu lassen, um Hausmeister in einem Mietshaus zu werden. Antoine hat eine ruppige Art und versucht, sein Leiden an der Welt in der Begegnung mit den Bewohnern in den Griff zu bekommen. Er freundet sich mit der verrücktesten der Wohnungsinhaber, mit Mathilde, an und wird ihr Vertrauter: Sie geht gerade in den Ruhestand und beobachtet mit neurotischer Besessenheit die Risse in den Wänden ihrer Wohnung. Mathilde, das ist Catherine Deneuve, die weder vor dem Alter noch vor ihrer physischen Erscheinung zurückschreckt, die aber auf ihre Weise über das Verstreichen der Zeit nachdenkt. Ihre Angst wird immer größer, sie bildet sich ein, das ganze Viertel, ja, die ganze Stadt sei in Gefahr. In einer der letzten Szenen spricht sie jenen Satz aus, der alle angeht und bewegt: »Ich habe verstanden, dass die Welt für mich zu einem Hintergrundrauschen geworden ist. Ich habe verstanden, dass ich trotz meiner Ängste und Sorgen alles tun musste, um wieder zu den anderen zurückzukommen.«

Salvadori filmt Mathilde und Antoine als komisches, humpelndes Paar, zwei freundliche Verrückte mit großem Herzen.

In Form einer melancholischen Komödie spricht *Dans la cour* ganz unverstellt brennende Themen unserer Zeit an: den Zusammenhalt unter Nachbarn, Depression, Drogen, die Einsamkeit in Großstädten und geistige Störungen von Alzheimer bis Zwangsneurosen, die uns bisweilen verwirren oder peinlich berühren.

Mathilde ist Catherine Deneuve auf den Leib geschrieben, eine Rolle, »die fest verankert ist im Gedächtnis aller Filmfreunde«, wie ein Journalist in *Inrocks* schreibt; sie zeigt sich »ohne falsche Scham und Verstellung, zerbrechlich und verwirrt, in der Haut dieser depressiven älteren Dame, die ganz besessen ist von den Rissen, die die Wände ihrer Wohnung durchziehen; das alles wirkt wie ein Flashback zu *Ekel* von Polanski.« Die Rolle trägt ihr eine Nominierung bei den Césars 2015 ein.

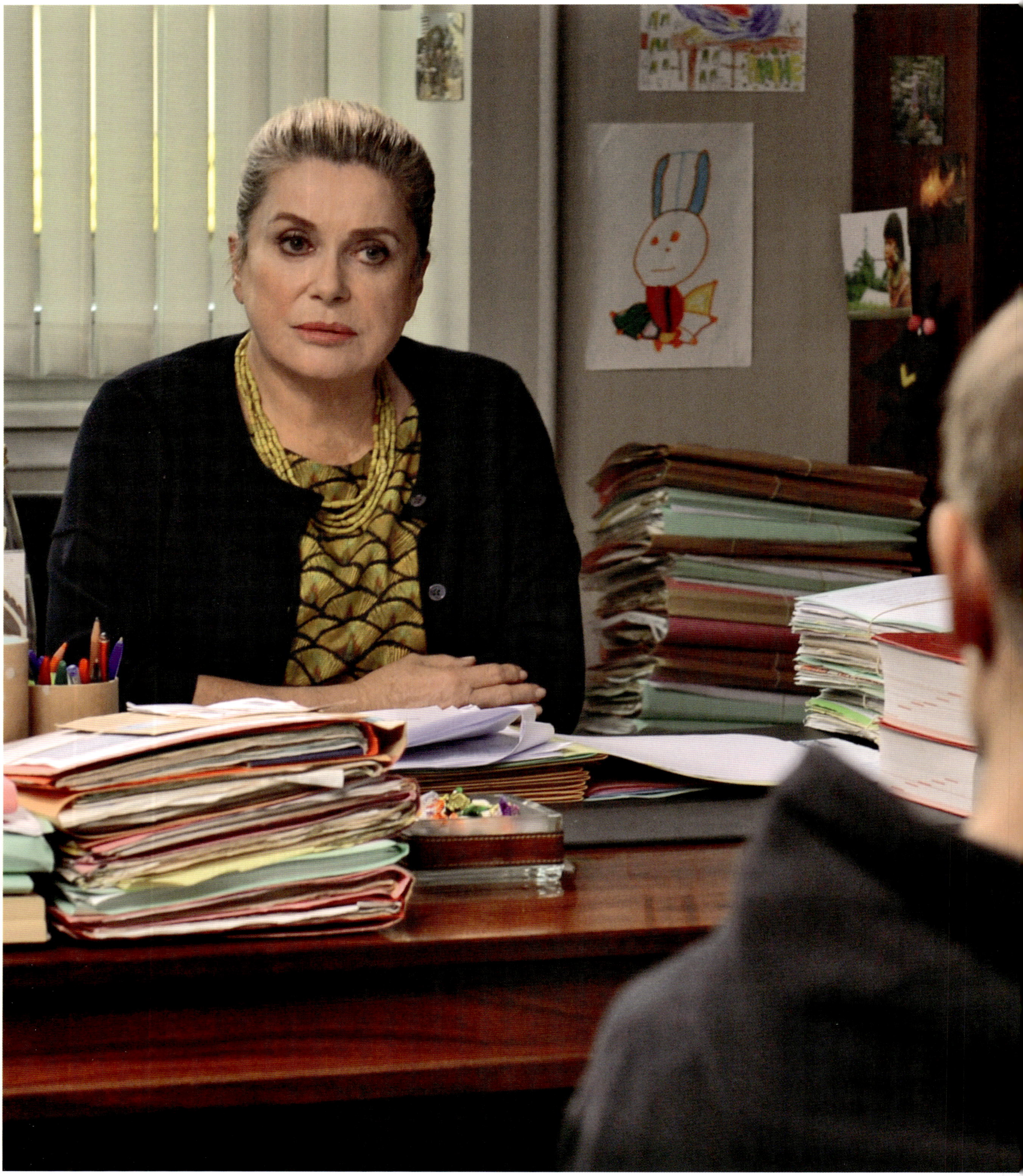

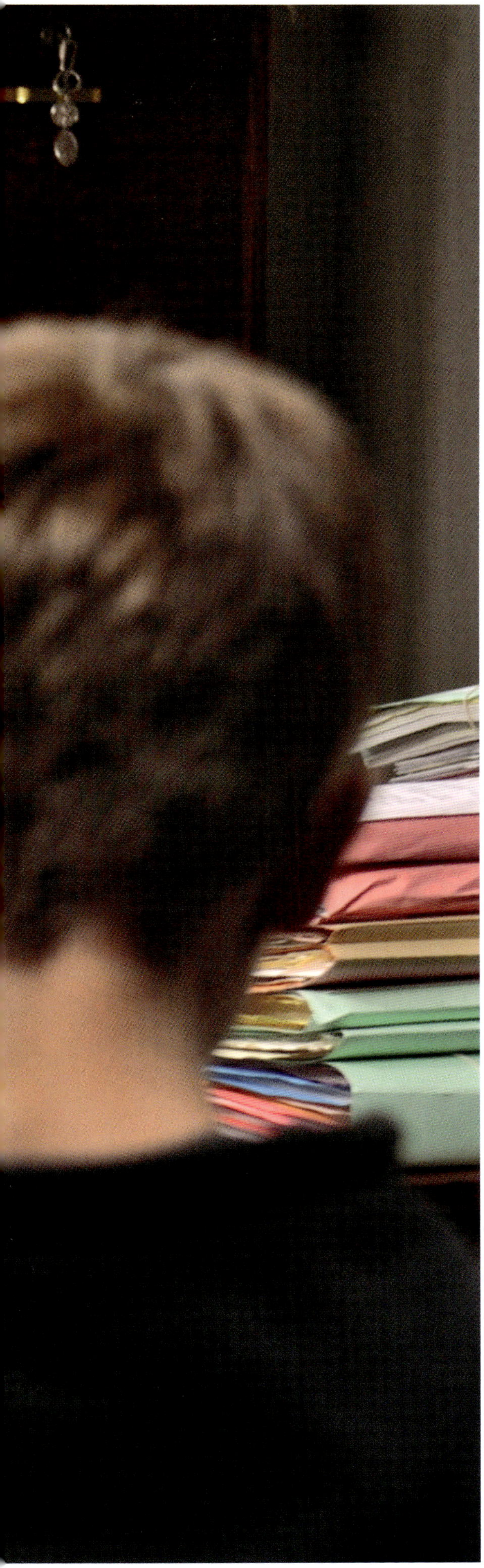

Fast ausschließlich in ihrem Büro gefilmt, brilliert Deneuve in der Rolle einer Jugendrichterin, die wild entschlossen ist, den jungen Malony zu retten.

La Tête haute

Kinostart: 2015
Regisseurin: Emmanuelle Bercot
Hauptdarsteller: Catherine Deneuve, Rod Paradot, Benoît Magimel, Sara Forestier
Rolle: Florence Blaque

Insgesamt hat Catherine Deneuve eher selten mit weiblichen Filmemachern gedreht. Doch mit Emmanuelle Bercot wird diese Erfahrung erneut zum Glücksfall. Nach *Madame empfiehlt sich*, der die Presse wegen seines erklärten Eintretens für Freiheit überzeugt hatte, handelt es sich hier nun nicht mehr um das Portrait einer Frau, die auf der Suche nach sich selbst ist, sondern um das einer Jugendrichterin, die sich ihrer selbst ganz sicher ist. Sicher der Macht des Gesetzes, sicher, dass sie einem jungen Straftäter helfen will, der ihr die Stirn bietet. Eine Frau, die die Hand ausstreckt. Sie ist die beruhigende Verkörperung der Justiz. *La tête haute* strotzt vor Gewalt. Sie geht zum Teil von einer unsicheren, im Herzen Kind gebliebenen Mutter (Sara Forestier) aus, die unfähig ist, ihre Kinder zu erziehen. Und vor allem von Malony (Rod Paradot), der von einer allgegenwärtigen, nur mühsam unterdrückten Wut angetrieben wird und ständig auf Messers Schneide agiert. Malony bewegt sich am Abgrund, aber es ist ihm nicht bewusst. Dank der Geduld seines Erziehers (Benoît Magimel) und der Standhaftigkeit der Jugendrichterin wird er versuchen, auf den rechten Weg zurückzufinden.

Das Team baut seine Kameras im Gerichtsgebäude von Dunkerque auf, wo sich Deneuve und der Rest der Truppe für ein paar Wochen einmieten. Die großartige Inszenierung passt sich ganz den Gefühlen der Protagonisten an. Als Florence Blaque wechselt Catherine Deneuve zwischen Mitgefühl und Strafmaßnahmen. Sie verleiht ihrem Spiel ungeschminkte Wahrhaftigkeit, Präzision und eine charismatische physische Präsenz. Je nach Situation autoritär oder mütterlich. Die geringsten Schwankungen im Tonfall und die leisesten Gesten zeugen von Wohlwollen und Stärke. Deneuve wirkt wie von einem bestimmten Geist beseelt. Ein kleiner, unauffälliger Blick lässt ihr eigenes inneres Zögern erkennen. Manche Szenen wirken wie im Schwebezustand, man fürchtet das Schlimmste, denn die Gewalt kann jederzeit losbrechen. Jede Begegnung zwischen der Rechtsvertreterin und dem Jugendlichen gerät zu einem Drahtseilakt.

In Anerkennung seines Erfolgs läuft der Film außerhalb des Wettbewerbs zur Eröffnung des Festivals von Cannes und begeistert die nationale wie die internationale Presse. Rod Paradot und Benoît Magimel erhalten schließlich beide einen César. Zunächst hatte Bercot an Gérard Depardieu gedacht, um die Richterfigur zu besetzen, denn ihr Onkel arbeitete mit jungen Straftätern in der Bretagne und seine Erfahrungen hatten sie stark zu dem Film inspiriert. Sie war auf der Suche nach einer »Autorität des Kinos«. Dann beschließt sie, die Figur mit einer Frau zu besetzen. Und schlägt die Rolle sofort Deneuve vor, kaum ist die Werbetour für *Madame empfiehlt sich* abgeschlossen. Sie sagt, sie habe Lust gehabt, »mit dem Mythos Deneuve zu spielen«. Die Vertrautheit zwischen der Schauspielerin und der Regisseurin verfestigt sich im Lauf der Dreharbeiten. »Alle ihre Rollen haben wir Filmschaffenden gespeichert, ohne dass wir uns dessen bewusst wären«, erzählt Bercot. »Man muss sie sich zu eigen machen: ich wollte Dinge an ihr entdecken. Es ist ihr gelungen, mich mit der Freiheit ihres Spiels zu überraschen, mit ihrer Art, sich hinzugeben, mit all den Geschenken, die sie mir in diesem Film gemacht hat.« Mit fast dokumentarischer Präzision hinter ihrem Schreibtisch gefilmt, ist Deneuve der solide Angelpunkt des Films.

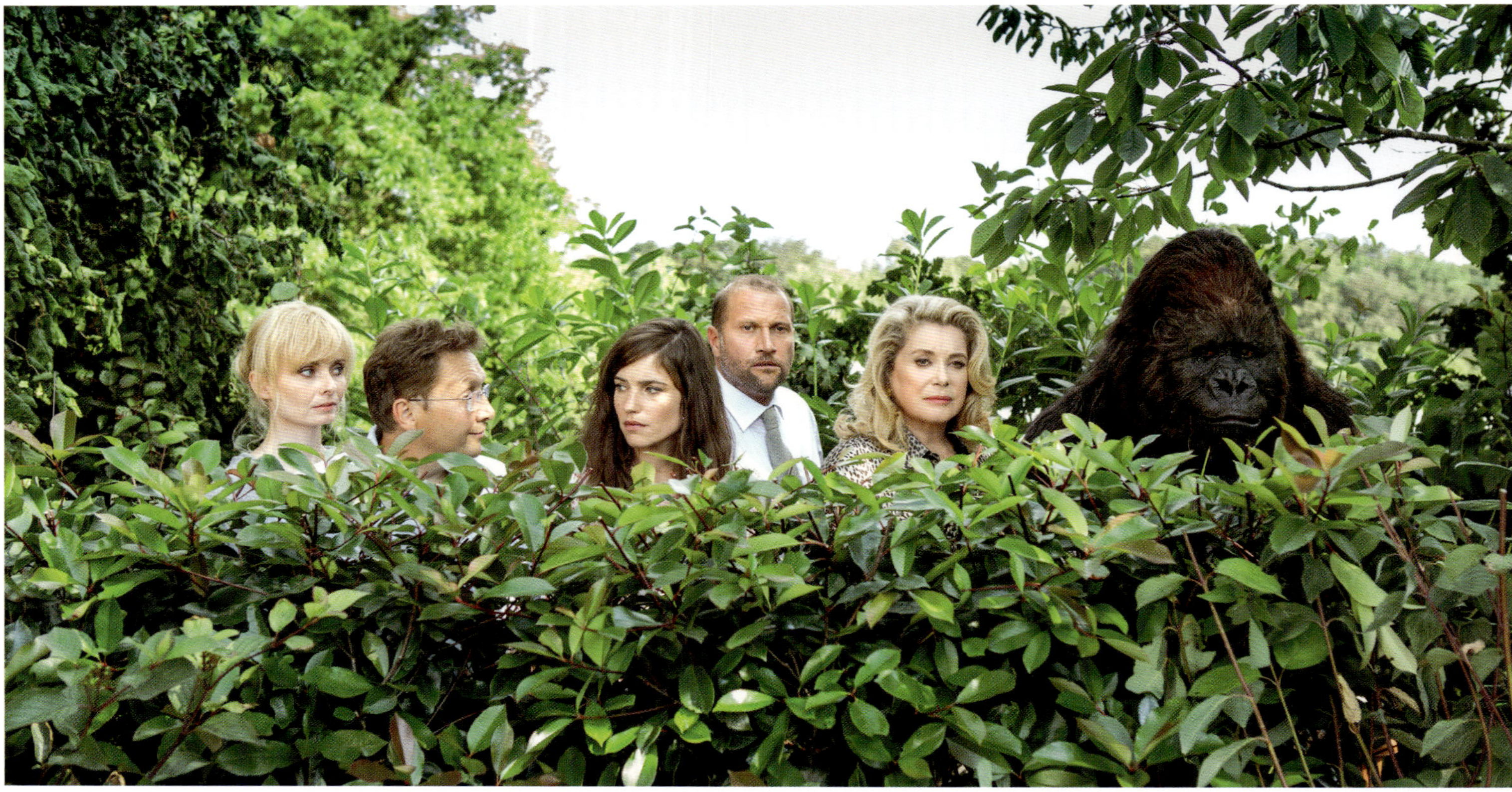

Ein verrücktes Projekt, eine Art UFO in Form eines Films und eine surreale Liebesgeschichte zwischen einer Frau und einem Affen – Catherine Deneuve schreckt vor nichts zurück.

Le Tout Nouveau Testament
(Das brandneue Testament)

Kinostart: 2015
Regisseur: Jaco Van Dormael
Hauptdarsteller: Catherine Deneuve, Benoît Poelvoorde, Yolande Moreau, Pili Groyne
Rolle: Martine, die fünfte Apostelin

Ein Film mit Gott in der Hauptrolle. Einem Gott, der seine Zeit damit zubringt, die Sterblichen zu nerven. Man kann sich die diebische Freude und das unverhohlene Vergnügen vorstellen, mit dem Catherine Deneuve das Drehbuch gelesen hat. *Das brandneue Testament* illustriert den seit jeher bestehenden Hang der Schauspielerin zur Unerschrockenheit aufs Beste. Das Plakat, das sie in den Armen eines riesigen schwarzen Gorillas zeigt, erinnert an die Filme von Marco Ferreri. Jedenfalls fällt ihr eine recht seltsame Rolle zu: Martine, die fünfte in der Reihe der Apostel, die sehr reiche und sehr einsame Frau eines Geschäftsmanns.

Die Persönlichkeit des belgischen Regisseurs hat bei Deneuves Entscheidung, sich für ein paar Drehtage zu verpflichten, sicher keine unwesentliche Rolle gespielt. Jaco van Dormael verfügt über viel Phantasie, seine Filme sind poetisch, mit einem ganz eigenen Stil. Alle kennen Gottes Sohn, seine Tochter ist weniger bekannt, doch sie hat beschlossen, dem Unwesen ihres Vaters ein Ende zu bereiten. In bester Absicht verschickt sie SMS-Nachrichten an die Menschheit, um jeden einzelnen über den Zeitpunkt seines Todes in Kenntnis zu setzen. Dann macht sie sich auf die Suche nach sechs neuen Aposteln, um ein *Brandneues Testament* zu schreiben.

Warum Deneuve? »Ich fand sie klasse in einem Fernsehinterview, in dem sie für die Ehe für alle eingetreten ist«, erinnert sich Jaco van Dormael. »Sie hat keine Hemmungen und sie ist eine Hundertprozentige. Zum Thema Scham zum Beispiel sagte sie zu mir: ›Ich hab kein Hemd an, wenn ich mit jemandem schlafe.‹«
François Damiens und Yolande Moreau vervollständigen die Besetzungsliste dieses surrealistischen und komischen Films. Er wurde mit vier »Magritte du cinéma« ausgezeichnet, einem belgischen Pendant zu den Césars, darunter dem für den besten Film.

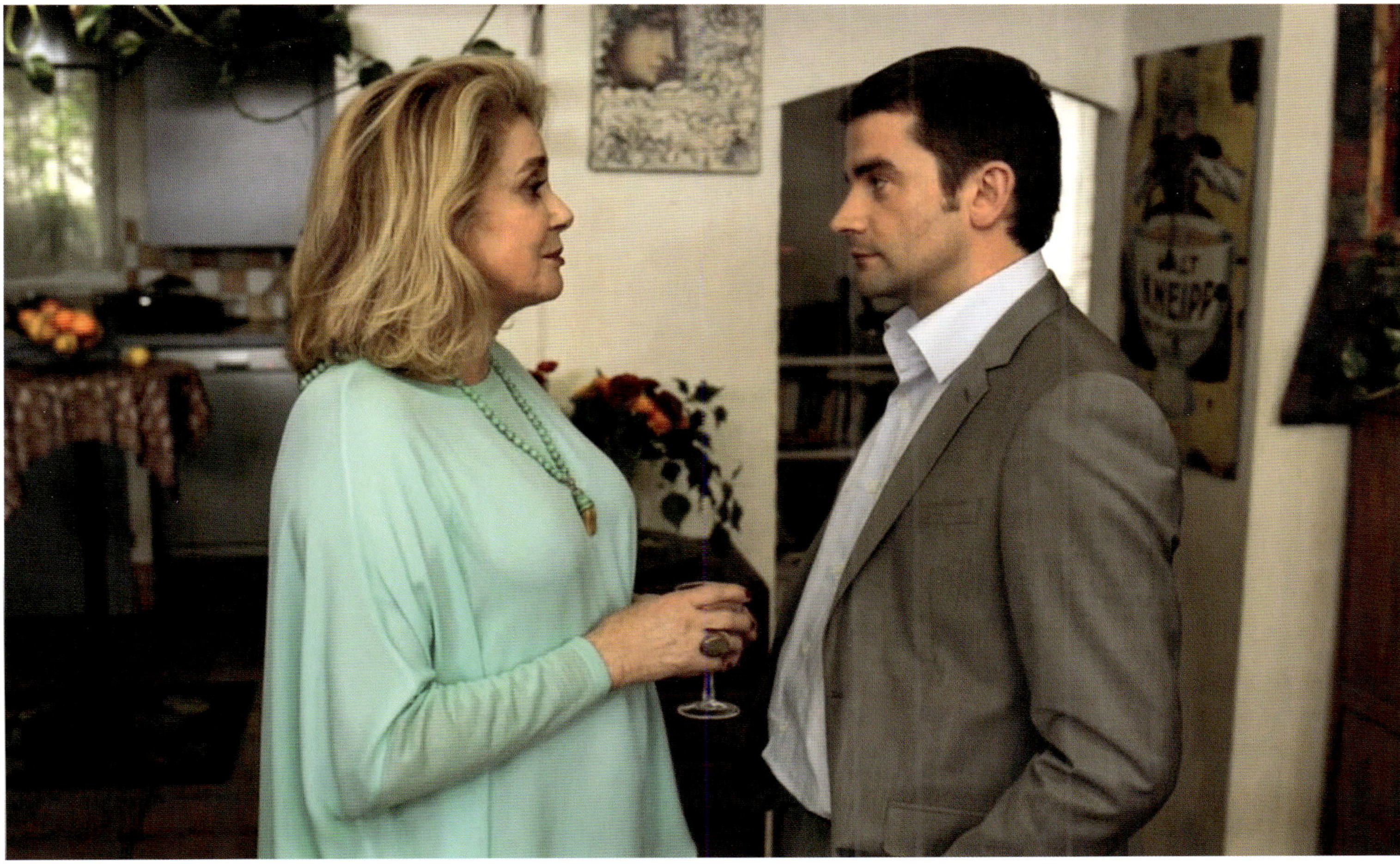

Marguerite ist die reale oder imaginierte Verkörperung der Frau schlechthin, der ewigen Liebe, die sich mit den Jahren nicht verändert. Hier mit Laurent (Pascal Cervo), dem Sohn von Rodolphe, der sie so sehr geliebt hat.

Le Cancre

Kinostart: 2016
Regisseur: Paul Vecchiali
Hauptdarsteller: Catherine Deneuve, Paul Vecchiali, Mathieu Amalric, Édith Scob, Françoise Arnoul, Annie Cordy, Françoise Lebrun
Rolle: Marguerite

Dieser Film beweist einmal mehr Catherine Deneuves Leidenschaft für ein bestimmtes Autorenkino. Paul Vecchiali gehört einer Dynastie von Filmemachern an. Er ist mit Jacques Demy befreundet, hat Jean Eustache produziert, ist ein Vertrauter von Danielle Darrieux. Außerdem ist er ein gebildeter, belesener Feingeist, ausgebildet an der Grande École Polytechnique, ein Cineast, der sich besonders für das Kino der 30er Jahre begeistert. So wie sie auch Beziehungen mit Manoel de Oliveira unterhält, möchte Catherine Deneuve gern mit Vecchiali zusammenarbeiten, den manche für eine Institution des französischen Films halten. *Le Cancre* (dt.: der Taschenkrebs) erzählt die Geschichte eines alten Mannes, den Vecchiali selbst spielt und der darauf beharrt, allein in seinem Haus im Süden Frankreichs zu leben, inmitten seiner Träume und Erinnerungen. Er möchte alle seine Jugendlieben wiedertreffen und vor allem die wichtigste unter ihnen, Marguerite, die Frau, die er bis zum Wahnsinn geliebt hat. Um ihn mit seinen Obsessionen nicht allein zu lassen, zieht sein Sohn zu ihm. Und nun ereignet sich ein Defilée von Frauen und mehr oder weniger glücklichen Erinnerungen. Catherine Deneuve wird ihrer Rolle ganz und gar gerecht, leuchtend und nostalgisch. Ihre Figur bleibt geheimnisvoll, fast wie eine Traumerscheinung.

Als launige Fingerübung über Jugendlieben ist der Film autobiographisch. Vecchiali erzählt, dass er dank der sozialen Netzwerke die Frau wiedergefunden hat, in die er mit fünfzehn Jahren verliebt war. Ein Ausgangspunkt für den freien Lauf seiner Phantasie. Vecchialis Kino hat seine Fans und Stammkunden. Die Besetzung ist hochwertig: Annie Cordy, Françoise Lebrun, Édith Scob, Françoise Arnoul und Mathieu Amalric vervollständigen das Casting dieses einzigartigen, melancholischen Films. Im Mai 2016 wurde er bei einer Sonderschau im Rahmen der Festspiele von Cannes gezeigt, was für den damals 85-jährigen Vecchiali eine Premiere darstellte.

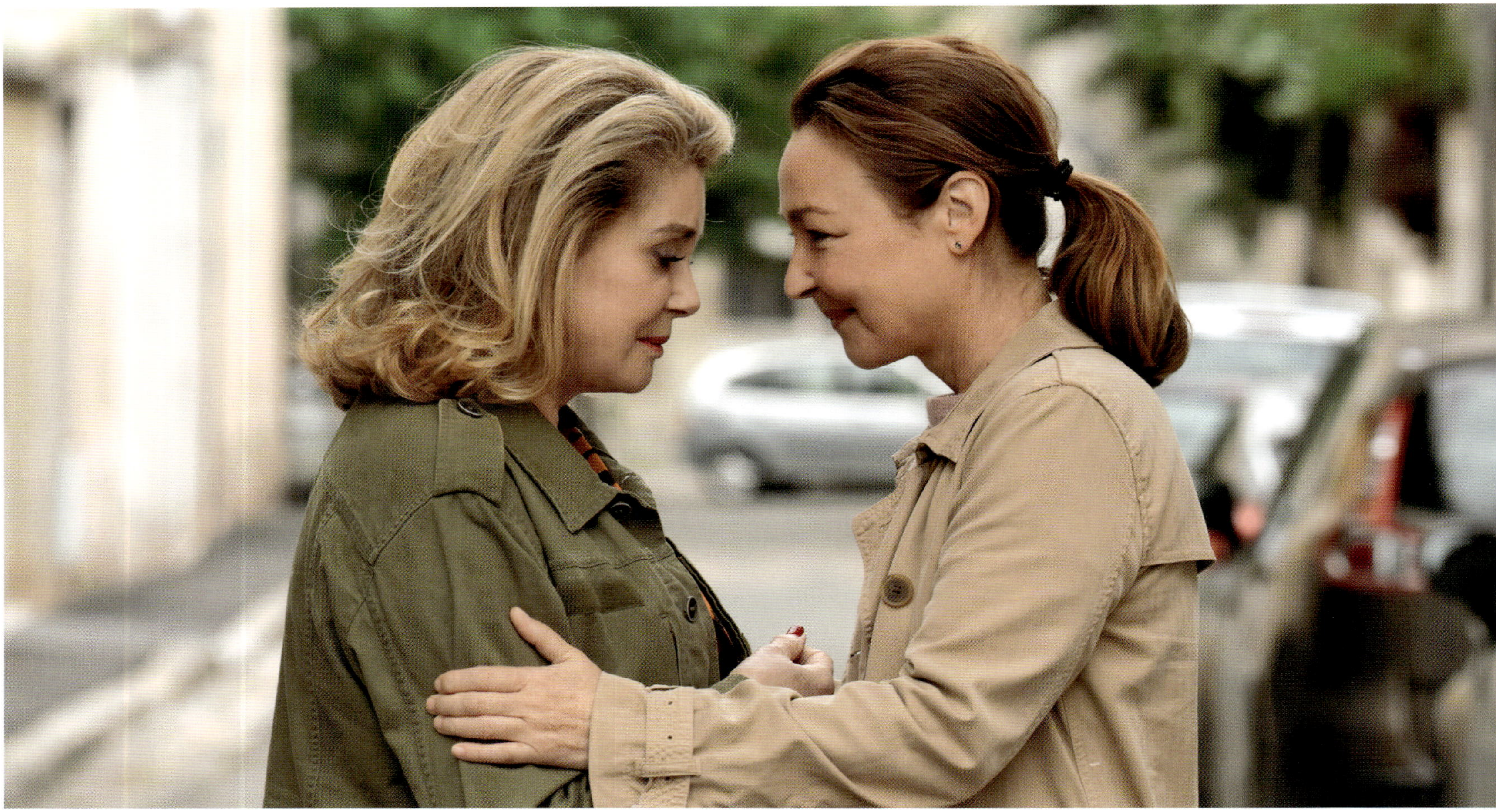

Die zurückhaltende Hebamme Claire begegnet Béatrice, die alles andere als vernünftig ist.

Sage Femme
(Ein Kuss von Béatrice)

Kinostart: 2017
Regisseur: Martin Provost
Hauptdarsteller: Catherine Frot, Catherine Deneuve, Olivier Gourmet, Quentin Dolmaire
Rolle: Béatrice Sobolevski

Der Film beginnt mit einer (echten) Geburt. Eine frappierende Einstellung, mit der die Geschichte ihr Hauptthema sofort ins Bild nimmt. Claire (Catherine Frot) ist Hebamme in Mantes-la-Jolie; ihre Entbindungsstation ist von der Schließung bedroht. Sie liebt ihren Beruf, hilft Babys auf die Welt, hat im Gegenzug aber Mühe, in ihrem Umfeld für friedliche Beziehungen zu sorgen, sei es mit ihrem eigenen Sohn (Quentin Dolmaire) oder mit ihrem Nachbarn (Olivier Gourmet), der ihr auf charmante Art nachstellt. Auch gegenüber Béatrice (Catherine Deneuve) die Ruhe zu bewahren fällt ihr schwer – die Frau hat jahrelang ihr Leben vergiftet und taucht plötzlich wieder auf. Lange Zeit war Béatrice die Geliebte ihres Vaters, verschwand aber, als der Vater starb. Béatrice ist eine echte Nervensäge. Im gleichen Maß chaotisch und sorglos, wie Claire zurückhaltend und vernünftig ist. Als bekennende Egoistin betritt sie die Pfade ihrer Vergangenheit auf der Suche nach Zuneigung und Trost, denn sie weiß, dass sie krank ist und vielleicht nicht mehr lange lebt. Martin Provost spielt mit der Gegensätzlichkeit seiner Schauspielerinnen und amüsiert sich angesichts der Widersprüche zwischen »den beiden Catherines«. »Claire und Béatrice unterscheiden sich tatsächlich in allem«, sagt er, »aber nach und nach bewirkt diese Gegensätzlichkeit, dass sie sich ergänzen, austauschen und vernünftig miteinander umgehen.« Provost bemüht das Wort »Fabel«, um seinen Film zu beschreiben, wie *Die Grille und die Ameise*.

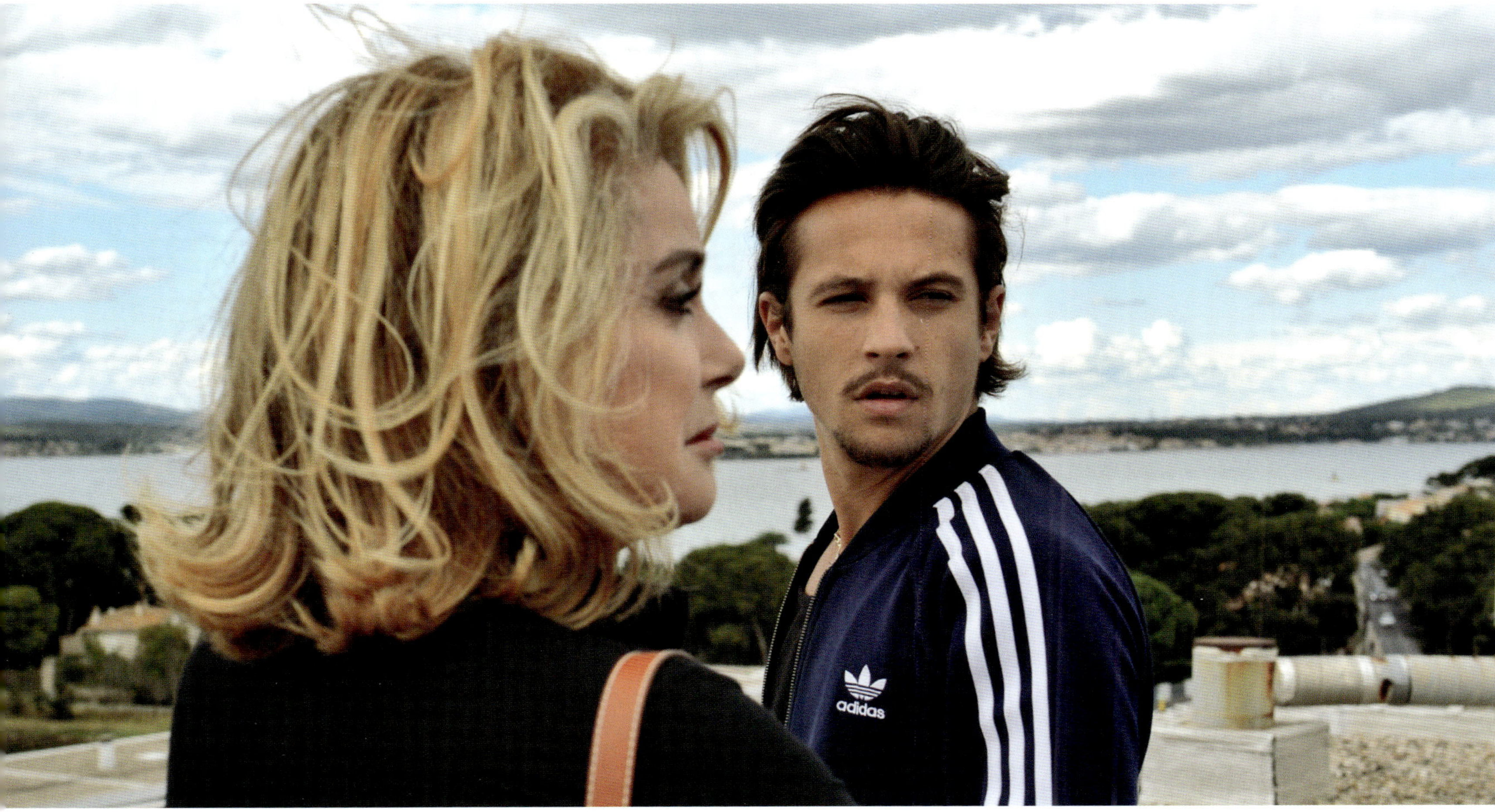

Zu Ben (Nekfeu) hat Louise eine zwiespältige, manchmal fast mütterliche Beziehung.

Tout nous sépare

Kinostart: 2017
Regisseur: Thierry Klifa
Hauptdarsteller: Catherine Deneuve, Diane Kruger, Nekfeu, Nicolas Duvauchelle
Rolle: Louise

Catherine Deneuve ist eine treue Seele. Nach zwei Filmen unter der Leitung von Thierry Klifa (*Les Yeux de sa mère* und *Le Héros de la famille*) unterschreibt sie ein drittes Mal bei diesem ehemaligen Journalisten von *Studio Magazine*, der Regisseur wurde. Sie verkörpert hier Louise, eine Mutter Courage, besitzergreifend und erdrückend, zu allem bereit, um ihre Tochter zu verteidigen, selbst mit der Waffe, um sie vor dem Schlimmsten zu bewahren.

Der Film entstand in der Gegend von Sète und Perpignan, zwischen Sümpfen und verwaisten Stränden, und er will eine Referenz an die *Films noirs* von Chabrol sein. Drohungen, Spannungen, Rache bilden das Grundmuster der Geschichte. Diane Kruger spielt eine schwer verletzte junge Frau, die mit ihrer Mutter unter einem Dach lebt. Physisch und psychisch ist sie zugrunde gerichtet durch einen Unfall, der sie hinken lässt und sie auch seelisch nicht loslässt, sodass sie drogen- und medikamentensüchtig wird.

Das Schlimmste befürchtend, tritt Deneuve einem jungen Straftäter entgegen, der die beiden Frauen einschüchtern will. Klifa berichtet, dass er für Deneuve die Rolle einer »Kriegerin« schaffen wollte und sich dafür beim Drehbuch von einem Krimispezialisten, Cédric Anger, helfen ließ. Sie ist »eine gleichermaßen starke und beschützende Frau«, erklärt die Schauspielerin, »und plötzlich gerät sie in eine unerwartete Situation, die etwas zwischen ihr und ihrer Tochter zusammenschweißt, von dem sie aber nicht sagen kann, was es ist. [...] Man kann nicht behaupten, dass sie eine normale Beziehung haben.«

Tatsächlich ist das Verhältnis zwischen Deneuve und Kruger auf der Leinwand von Leidenschaftlichkeit geprägt, heftig, voller Vorwürfe und Schuldgefühle. Parallel dazu gibt es Demut und Harmonie in Szenen, in denen Catherine Deneuve dem jungen Neuling Nekfeu begegnet, dem Rapper, für den es sein erster Film ist.

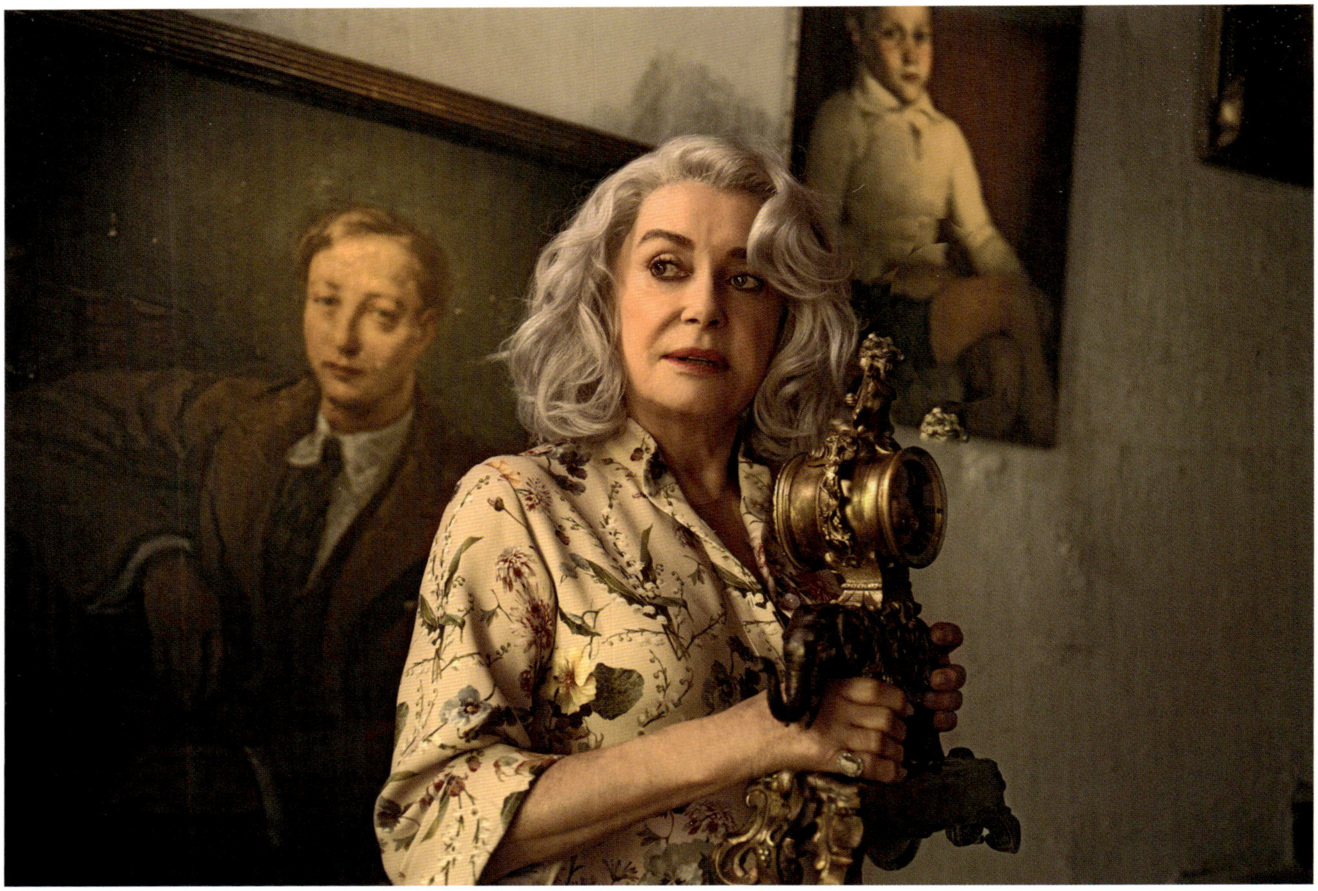

Für Claire Darling sind einzelne Gegenstände Symbole für Abschnitte ihres Lebens.

Le Dernier Vide-Grenier de Claire Darling

Kinostart: 2018
Regisseur: Julie Bertuccelli
Hauptdarsteller: Catherine Deneuve, Chiara Mastroianni, Alice Taglioni
Rolle: Claire Darling

Die Geschichte spielt im Norden Frankreichs. Anlässlich eines Flohmarkts denkt eine Frau zum Sommeranfang über die wichtigen Momente ihres Lebens nach. Einen Haushalt aufzulösen, manche alten Dinge abzustoßen – in erster Linie sollte das eine harmlose Angelegenheit sein, zumal im Rahmen eines Flohmarkts, der in diesem Dorf Verderonne im Norden oft in einem echten Fest endet. Aber der Verkauf der vertrauten Gegenstände lässt Erinnerungen aufsteigen, manche davon angenehm, andere schmerzhaft. Claire findet sich plötzlich mit ihrer Jugend konfrontiert, mit ihren verstorbenen Vorfahren und ihren Gespenstern, die da ausgebreitet auf dem Rasen liegen ... eine Nachttischlampe, allerlei wild zusammengewürfelter Krimskrams, eine automatische Pendeluhr – so viele Dramen und so viel Kummer steigen da wieder auf, gelegentlich durchsetzt von Momenten der Freude.
Julie Bertuccelli filmt eine Figur an einem markanten Punkt ihres Lebens, Anlass für eine unerbittliche Bilanz. Catherine Deneuve ist Claire Darling, ein Name, der klingt wie der Anfang eines Liedes, der aber einer Familie gehört, die alles andere als leichtfüßig ist. Überwältigt von Traurigkeit ruft Claire ihre Tochter, Marie Darling, zu Hilfe, gespielt von Chiara Mastroianni. Die junge Claire wird von Alice Taglioni gespielt. Olivier Rabourdin und Samir Guesmi vervollständigen die Besetzungsliste auf der Männerseite.
Regisseurin Julie Bertuccelli, die sich mit Familiengeheimnissen auskennt und auch Dokumentarfilme gedreht hat, entschlüsselt anhand von Objekten die Komplexität von Familienbeziehungen und die letzte Etappe eines Lebens. Eine Frauenrolle, die nicht an den Rand einer Nervenkrise führt, sondern ganz nah an den Abgrund, so wie Catherine Deneuve es gern spielt. Das Leben und den Tod im Blick.

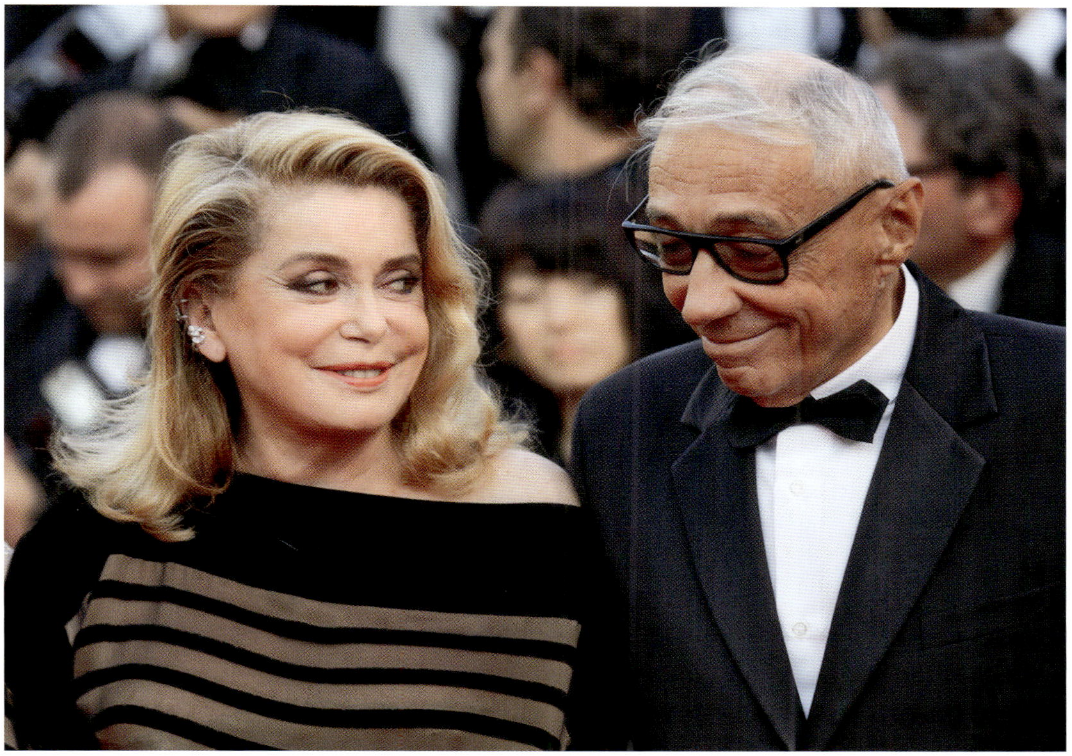

Wieder eine Zusammenarbeit zwischen Téchiné und Deneuve, diesmal zu einem Thema von brennender Aktualität.

Les Ennemis

Kinostart: 2018
Regisseur: André Téchiné
Hauptdarsteller: Catherine Deneuve, Kacey Mottet Klein, Oulaya Amamra
Rolle: Muriel

Alles deutet darauf hin, dass diese beiden unzertrennlich sind: André Téchiné und Catherine Deneuve arbeiten wieder einmal gemeinsam an einem Projekt, in dem es um ein sensibles, aktuelles Thema geht. Der Filmemacher liebt es, mit der Schauspielerin zu drehen, und beide haben das Gefühl, jedes Mal etwas Neues zu schaffen. Diesmal lassen sich Téchiné und Deneuve für ein äußerst heikles Thema einspannen. Sie reisen dafür in der Zeit nur wenige Jahre zurück, ins Jahr 2015. Das Thema prägt noch nicht die Schlagzeilen der Fernsehnachrichten, doch man beginnt allenthalben über die jungen Menschen zu sprechen, die konvertieren und sich aus einer plötzlichen Anwandlung heraus entschließen, wegzugehen, um sich dem Dschihad anzuschließen. Das Drama ereignet sich in einer scheinbar unauffälligen Familie. Muriel züchtet im Süden Frankreichs Pferde. Außerdem kümmert sie sich mit ihrer Teilhaberin um eine Mandelplantage – dieses ruhige und friedliche Leben hat sie bewusst gewählt. Sie erwartet ihren Enkel Alex, gespielt von Kacey Mottet Klein. Er soll nach Kanada zum Studieren gehen und ist sehr verliebt in Lila (Ouleya Amamra), seine Freundin aus Kindertagen. Aber Muriel merkt, dass etwas nicht stimmt und dass Kanada nicht das endgültige Reiseziel ist. Sie ist eine starke Frau und ihrem Enkel gegenüber sehr aufgeschlossen und wohlwollend und findet sich auf einmal, wie in der Mythologie, in einem Kampf gegen geheimnisvolle und schwer fassbare Mächte wieder. Für das Drehbuch hat sich Téchiné an die junge Garde des französischen Kinos gewandt, an Léa Mysius und den Krimiautor Cédric Anger. Man ahnt den Wunsch, authentisch zu sein und eine Geschichte zu beschreiben, die von widersprüchlichen Spannungsfeldern lebt. Für Deneuve bietet sie eine Rolle, die fest verankert ist in einer harten sozialen und politischen Realität, ein eher seltenes Phänomen in ihrer Filmographie.

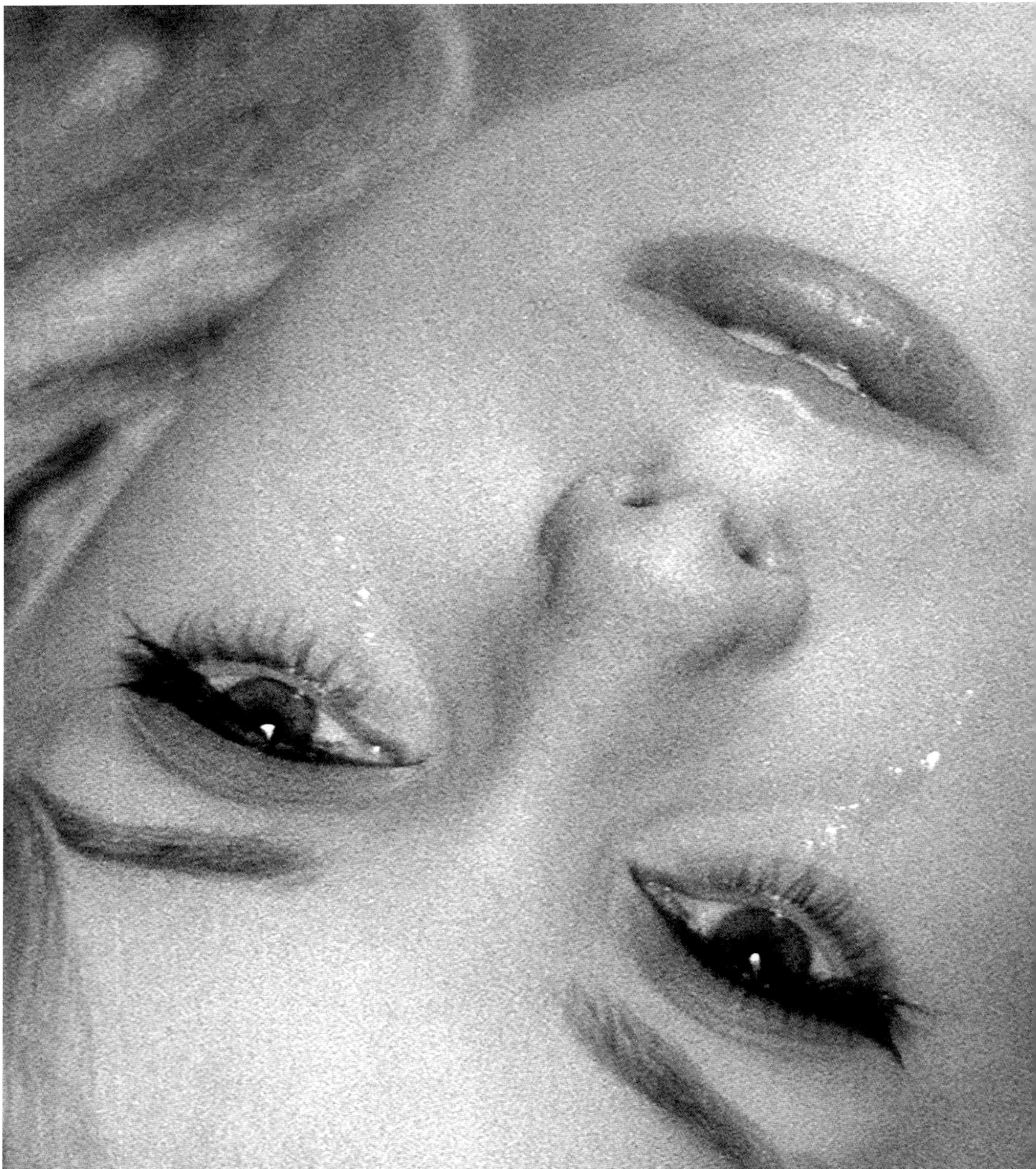

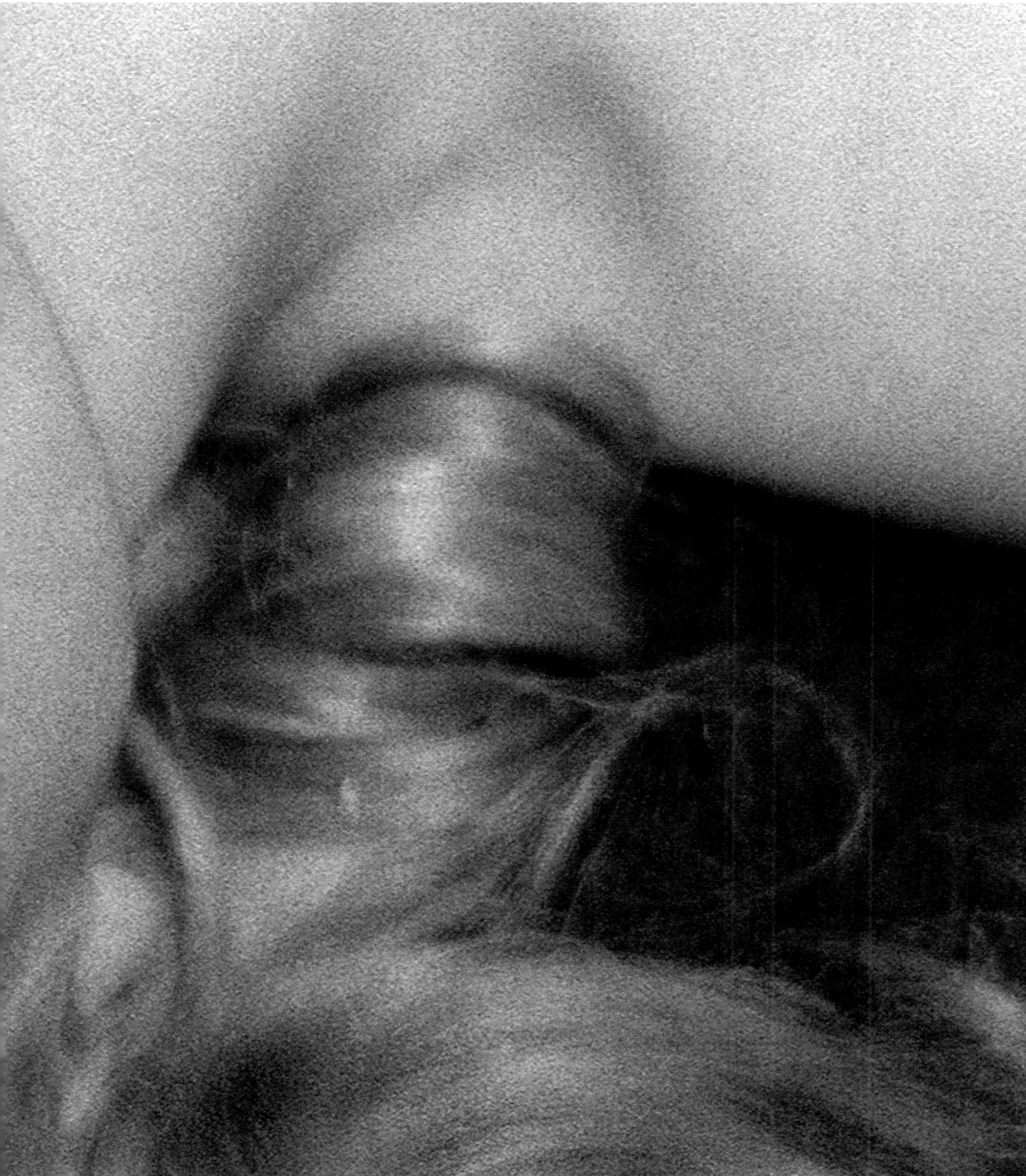

Vollständige Filmographie

Les Collégiennes
Herstellungsjahr: 1956
Filmstart in Frankreich: 1957
Regisseur: André Hunebelle

Les portes claquent
Herstellungsjahr: 1960
Filmstart in Frankreich: 1960
Regisseur: Jacques Poitrenaud, Michel Fermaud

L'Homme à femmes
Herstellungsjahr: 1960
Filmstart in Frankreich: 1960
Regisseur: Jacques-Gérard Cornu

Les Petits Chats (En marge de la vie)
Herstellungsjahr: 1960
Filmstart in den USA: 1960
Regisseur: Jacques R. Villa

Ça c'est la vie
Herstellungsjahr: 1961
Filmstart in Frankreich: 1961
Regisseur: Claude Choubier

Dossier 1413 / Les Ballets Roses
Herstellungsjahr: 1961
Filmstart in Frankreich: 1962
Regisseur: Alfred Rode

Les Parisiennes (Sketch »Sophie«)
Herstellungsjahr: 1961
Filmstart in Frankreich: 1962
Regisseur: Marc Allégret

Et Satan conduit le bal
Herstellungsjahr: 1962
Filmstart in Frankreich: 1962
Regisseur: Grisha M. Dabat

Le Vice et la Vertu
Herstellungsjahr: 1963
Filmstart in Frankreich: 1963
Regisseur: Roger Vadim

Vacances portugaises / Les Égarements
Herstellungsjahr: 1963
Filmstart in Frankreich: 1963
Regisseur: Pierre Kast

Les Parapluies de Cherbourg
Herstellungsjahr: 1963
Filmstart in Frankreich: 1964
Regisseur: Jacques Demy

Les Plus Belles Escroqueries du monde (Sketch »L'Homme qui vendit la tour Eiffel«)
Herstellungsjahr: 1964
Filmstart in Frankreich: 1964
Regisseur: Claude Chabrol

4 X D
Herstellungsjahr: 1964
Filmstart in Frankreich: 1964
Regisseur: Philippe Labro

La Chasse à l'homme
Herstellungsjahr: 1964
Filmstart in Frankreich: 1964
Regisseur: Édouard Molinaro

Un monsieur de compagnie
Herstellungsjahr: 1964
Filmstart in Frankreich: 1964
Regisseur: Philippe de Broca

Avec amour et avec rage
Herstellungsjahr: 1964
Filmstart in Frankreich: 1965
Regisseur: Pasquale Festa Campanile

Le Chant du monde
Herstellungsjahr: 1965
Filmstart in Frankreich: 1965
Regisseur: Marcel Camus

Répulsion
Herstellungsjahr: 1965
Filmstart in Frankreich: 1966
Regisseur: Roman Polanski

La Vie de château
Herstellungsjahr: 1965
Filmstart in Frankreich: 1966
Regisseur: Jean-Paul Rappeneau

Belles d'un soir (Sketch »Angela«)
Herstellungsjahr: 1965
Filmstart in Frankreich: 1969
Regisseur: Rolf Thiele

Les Créatures
Herstellungsjahr: 1966
Filmstart in Frankreich: 1966
Regisseur: Agnès Varda

Les Demoiselles de Rochefort
Herstellungsjahr: 1966
Filmstart in Frankreich: 1967
Regisseur: Jacques Demy

Belle de jour
Herstellungsjahr: 1967
Filmstart in Frankreich: 1967
Regisseur: Luis Buñuel

Benjamin ou les Mémoires d'un puceau
Herstellungsjahr: 1967
Filmstart in Frankreich: 1968
Regisseur: Michel Deville

Manon 70
Herstellungsjahr: 1967
Filmstart in Frankreich: 1968
Regisseur: Jean Aurel

La Chamade
Herstellungsjahr: 1968
Filmstart in Frankreich: 1968
Regisseur: Alain Cavalier

Mayerling
Herstellungsjahr: 1968
Filmstart in Frankreich: 1968
Regisseur: Terence Young

Vienna: The Years Remembered (Dokumentarfilm)
Herstellungsjahr: 1968
Filmstart in Frankreich: 1968
Regisseur: Jay Anson

La Sirène du Mississipi
Herstellungsjahr: 1969
Filmstart in Frankreich: 1969
Regisseur: François Truffaut

Folies d'avril
Herstellungsjahr: 1969
Filmstart in Frankreich: 1969
Regisseur: Stuart Rosenberg

Tout peut arriver
Herstellungsjahr: 1969
Filmstart in Frankreich: 1969
Regisseur: Philippe Labro

Tristana
Herstellungsjahr: 1970
Filmstart in Frankreich: 1970
Regisseur: Luis Buñuel

Peau d'âne
Herstellungsjahr: 1970
Filmstart in Frankreich: 1970
Regisseur: Jacques Demy

Henri Langlois (Dokumentarfilm)
Herstellungsjahr: 1970
Filmstart in Frankreich: 1972
Regisseurs: Elia Herson et Roberto Guerra

Ça n'arrive qu'aux autres
Herstellungsjahr: 1971
Filmstart in Frankreich: 1971
Regisseurin: Nadine Trintignant

Liza
Herstellungsjahr: 1971
Filmstart in Frankreich: 1972
Regisseur: Marco Ferreri

Un flic
Herstellungsjahr: 1972
Filmstart in Frankreich: 1972
Regisseur: Jean-Pierre Melville

L'Événement le plus important depuis que l'homme a marché sur la Lune
Herstellungsjahr: 1973
Filmstart in Frankreich: 1973
Regisseur: Jacques Demy

Le Dernier Cri des Halles (Dokumentarfilm)
Herstellungsjahr: 1973
Filmstart in Frankreich: 1973
Regisseurin: Monique Aubert

Vorhergehende Doppelseite : in *Le Vice et la Vertu* von Roger Vadim, 1962.

Touche pas à la femme blanche!
Herstellungsjahr: 1973
Filmstart in Frankreich: 1974
Regisseur: Marco Ferreri

La Grande Bourgeoise
Herstellungsjahr: 1974
Filmstart in Frankreich: 1975
Regisseur: Mauro Bolognini

Zig-Zig
Herstellungsjahr: 1974
Filmstart in Frankreich: 1975
Regisseur: László Szabó

La Femme aux bottes rouges
Herstellungsjahr: 1974
Filmstart in Frankreich: 1975
Regisseur: Juan Luis Buñuel

L'Agression
Herstellungsjahr: 1974
Filmstart in Frankreich: 1975
Regisseur: Gérard Pirès

La Cité des dangers
Herstellungsjahr: 1975
Filmstart in Frankreich: 1976
Regisseur: Robert Aldrich

Le Sauvage
Herstellungsjahr: 1975
Filmstart in Frankreich: 1975
Regisseur: Jean-Paul Rappeneau

Si c'était à refaire
Herstellungsjahr: 1976
Filmstart in Frankreich: 1976
Regisseur: Claude Lelouch

Âmes perdues
Herstellungsjahr: 1976
Filmstart in Frankreich: 1977
Regisseur: Dino Risi

Coup de foudre (unvollendet)
Herstellungsjahr: 1977
Filmstart in Frankreich: –
Regisseur: Robert Enrico

La Cabine des amoureux
Herstellungsjahr: 1977
Filmstart in Frankreich: 1977
Regisseur: Sergio Citti

Il était une fois la Légion
Herstellungsjahr: 1977
Filmstart in Frankreich: 1978
Regisseur: Dick Richards

L'Argent des autres
Herstellungsjahr: 1978
Filmstart in Frankreich: 1978
Regisseur: Christian de Chalonge

Écoute voir
Herstellungsjahr: 1978
Filmstart in Frankreich: 1979
Regisseur: Hugo Santiago

Ils sont grands, ces petits
Herstellungsjahr: 1978
Filmstart in Frankreich: 1979
Regisseur: Joël Santoni

À nous deux
Herstellungsjahr: 1979
Filmstart in Frankreich: 1979
Regisseur: Claude Lelouch

Courage fuyons
Herstellungsjahr: 1979
Filmstart in Frankreich: 1979
Regisseur: Yves Robert

Le Dernier Métro
Herstellungsjahr: 1980
Filmstart in Frankreich: 1980
Regisseur: François Truffaut

Je vous aime
Herstellungsjahr: 1980
Filmstart in Frankreich: 1980
Regisseur: Claude Berri

Le Choix des armes
Herstellungsjahr: 1981
Filmstart in Frankreich: 1981
Regisseur: Alain Corneau

Hôtel des Amériques
Herstellungsjahr: 1981
Filmstart in Frankreich: 1981
Regisseur: André Téchiné

Reporters (Dokumentarfilm)
Herstellungsjahr: 1981
Filmstart in Frankreich: 1981
Regisseur: Raymond Depardon

Le Choc
Herstellungsjahr: 1982
Filmstart in Frankreich: 1982
Regisseur: Robin Davis

L'Africain
Herstellungsjahr: 1982
Filmstart in Frankreich: 1983
Regisseur: Philippe de Broca

Les Prédateurs
Herstellungsjahr: 1983
Filmstart in Frankreich: 1983
Regisseur: Tony Scott

Le Bon Plaisir
Herstellungsjahr: 1983
Filmstart in Frankreich: 1984
Regisseur: Francis Girod

Fort Saganne
Herstellungsjahr: 1984
Filmstart in Frankreich: 1984
Regisseur: Alain Corneau

Paroles et musique
Herstellungsjahr: 1984
Filmstart in Frankreich: 1984
Regisseur: Élie Chouraqui

Vivement Truffaut (Dokumentarfilm)
Herstellungsjahr: 1985
Filmstart in Frankreich: 1985
Regisseur: Claude de Givray

Pourvu que ce soit une fille
Herstellungsjahr: 1985
Filmstart in Frankreich: 1986
Regisseur: Mario Monicelli

Le Lieu du crime
Herstellungsjahr: 1986
Filmstart in Frankreich: 1986
Regisseur: André Téchiné

Norma Jean, dite Marilyn Monroe (Dokumentarfilm)
Herstellungsjahr: 1986
Filmstart in Frankreich: 1986
Regisseurs: André Romus
et Marcia Lerner

Agent trouble
Herstellungsjahr: 1987
Filmstart in Frankreich: 1987
Regisseur: Jean-Pierre Mocky

Fréquence meurtre
Herstellungsjahr: 1987
Filmstart in Frankreich: 1988
Regisseurin: Élisabeth Rappeneau

Drôle d'endroit pour une rencontre
Herstellungsjahr: 1988
Filmstart in Frankreich: 1988
Regisseur: François Dupeyron

Helmut Newton: Frames from the Edge (Dokumentarfilm)
Herstellungsjahr: 1989
Filmstart in Frankreich: 1989
Regisseur: Adrian Maben

La Reine blanche
Herstellungsjahr: 1990
Filmstart in Frankreich: 1991
Regisseur: Jean-Loup Hubert

Contre l'oubli (Episode »Pour Febe Elisabeth Velasquez, El Salvador«)
Herstellungsjahr: 1991
Filmstart in Frankreich: 1991
Regisseurin: Chantal Akerman

Indochine
Herstellungsjahr: 1992
Filmstart in Frankreich: 1992
Regisseur: Régis Wargnier

Les demoiselles ont eu 25 ans (Dokumentarfilm)
Herstellungsjahr: 1992
Filmstart in Frankreich: 1993
Regisseurin: Agnès Varda

François Truffaut: Portraits volés (Dokumentarfilm)
Herstellungsjahr: 1993
Filmstart in Frankreich: 1993
Regisseurs: Michel Pascal et Serge Toubiana

Ma Saison préférée
Herstellungsjahr: 1993
Filmstart in Frankreich: 1993
Regisseur: André Téchiné

La Partie d'échecs
Herstellungsjahr: 1993
Filmstart in Frankreich: 1994
Regisseur: Yves Hanchar

Les Cent et Une Nuits de Simon Cinéma
Herstellungsjahr: 1994
Filmstart in Frankreich: 1995
Regisseurin: Agnès Varda

Le Couvent
Herstellungsjahr: 1995
Filmstart in Frankreich: 1995
Regisseur: Manoel de Oliveira

André Téchiné, après la Nouvelle Vague (Dokumentarfilm)
Herstellungsjahr: 1995
Filmstart in Frankreich: 1995
Regisseur: Laurent Perrin

L'Univers de Jacques Demy (Dokumentarfilm)
Herstellungsjahr: 1995
Filmstart in Frankreich: 1995
Regisseurin: Agnès Varda

L'Inconnu
Herstellungsjahr: 1996
Filmstart in Frankreich: 1996
Regisseur: Ismaël Ferroukhi

Les Voleurs
Herstellungsjahr: 1996
Filmstart in Frankreich: 1996
Regisseur: André Téchiné

Elle s'appelait Françoise (Dokumentarfilm)
Herstellungsjahr: 1996
Filmstart in Frankreich: 1996
Regisseure: Anne Andreu, Mathias Ledoux

Généalogie d'un crime
Herstellungsjahr: 1996
Filmstart in Frankreich: 1997
Regisseur: Raoul Ruiz

N'oubliez jamais (Clip Joe Cocker)
Herstellungsjahr: 1997
Filmstart in Frankreich: 1997
Regisseur: Tony Van den Ende

Pierre and Gilles, Love Stories (Dokumentarfilm)
Herstellungsjahr: 1997
Filmstart in den USA: 1997
Regisseur: Mike Aho

Sans titre
Herstellungsjahr: 1997
Filmstart in Frankreich: 1997
Regisseur: Leos Carax

Place Vendôme
Herstellungsjahr: 1998
Filmstart in Frankreich: 1998
Regisseurin: Nicole Garcia

Le Vent de la nuit
Herstellungsjahr: 1998
Filmstart in Frankreich: 1999
Regisseur: Philippe Garrel

Belle-maman
Herstellungsjahr: 1998
Filmstart in Frankreich: 1999
Regisseur: Gabriel Aghion

Pola X
Herstellungsjahr: 1999
Filmstart in Frankreich: 2001
Regisseur: Leos Carax

Est-Ouest
Herstellungsjahr: 1999
Filmstart in Frankreich: 1999
Regisseur: Régis Wargnier

Le Temps retrouvé
Herstellungsjahr: 1999
Filmstart in Frankreich: 1999
Regisseur: Raoul Ruiz

The Book That Wrote Itself
Herstellungsjahr: 1999
Filmstart in Irland: 2000
Regisseur: Liam O'Mochain

Dancer in the Dark
Herstellungsjahr: 2000
Filmstart in Frankreich: 2000
Regisseur: Lars von Trier

Von Trier's 100 øjne (Dokumentarfilm)
Herstellungsjahr: 2000
Filmstart in Dänemark: 2000
Regisseurin: Katia Forbert

8 Femmes
Herstellungsjahr: 2001
Filmstart in Frankreich: 2002
Regisseur: François Ozon

D'Artagnan
Herstellungsjahr: 2001
Filmstart in Frankreich: 2001
Regisseur: Peter Hyams

Le Petit Poucet
Herstellungsjahr: 2001
Filmstart in Frankreich: 2001
Regisseur: Olivier Dahan

Je rentre à la maison
Herstellungsjahr: 2001
Filmstart in Frankreich: 2001
Regisseur: Manoel de Oliveira

Absolument fabuleux
Herstellungsjahr: 2001
Filmstart in Frankreich: 2001
Regisseur: Gabriel Aghion

Nuages, Lettres à mon fils (Dokumentarfilm)
Herstellungsjahr: 2001
Filmstart in Frankreich: 2001
(Filmstart Deutschland: 2002)
Regisseurin: Marion Hänsel

Yves Saint Laurent, 5 avenue Marceau 75116 Paris (Dokumentarfilm)
Herstellungsjahr: 2001
Filmstart in Frankreich: 2002
Regisseur: David Téboul

Au plus près du paradis
Herstellungsjahr: 2002
Filmstart in Frankreich: 2002
Regisseurin: Tonie Marshall

The Kid Stays in the Picture (Dokumentarfilm)
Herstellungsjahr: 2002
Filmstart in den USA: 2002
Filmstart in Frankreich: 2005
Regisseurin: Nanette Burstein

Les Liaisons dangereuses Fernsehfilm
Herstellungsjahr: 2002
Ausstrahlung im franz. TV: 2003
Regisseurin: Josée Dayan

Un film parlé
Herstellungsjahr: 2003
Filmstart in Frankreich: 2003
Regisseur: Manoel de Oliveira

Claude Berri, le dernier nabab (Dokumentarfilm)
Herstellungsjahr: 2003
Filmstart in Frankreich: 2003
Regisseur: Mathias Ledoux

Le Génie français Fernsehfilm
Herstellungsjahr: 2003
Ausstrahlung im franz. TV: 2003
Regisseure: Josée Dayan, David Jankowski

Princesse Marie Fernsehfilm
Herstellungsjahr: 2003
Ausstrahlung im franz. TV: 2004
Regisseur: Benoît Jacquot

Les Temps qui changent
Herstellungsjahr: 2004
Filmstart in Frankreich: 2004
Regisseur: André Téchiné

François Truffaut, une autobiographie (Dokumentarfilm)
Herstellungsjahr: 2004
Filmstart in Frankreich: 2004
Regisseurin: Anne Andreu

Rois et Reine
Herstellungsjahr: 2004
Filmstart in Frankreich: 2004
Regisseur: Arnaud Desplechin

Palais royal!
Herstellungsjahr: 2005
Filmstart in Frankreich: 2005
Regisseurin: Valérie Lemercier

French Beauty (Dokumentarfilm)
Herstellungsjahr: 2004
Filmstart in Frankreich: 2004
Regisseurin: Pascale Lamche

Persépolis
Herstellungsjahr: 2005
Filmstart in Frankreich: 2007
Regisseure: Vincent Paronnaud, Marjane Satrapi

Le Concile de pierre
Herstellungsjahr: 2006
Filmstart in Frankreich: 2006
Regisseur: Guillaume Nicloux

Le Héros de la famille
Herstellungsjahr: 2006
Filmstart in Frankreich: 2006
Regisseur: Thierry Klifa

Nip/Tuck (Serie, Staffel 4, Folge 12)
Herstellungsjahr: 2006
Diffusion TV américaine: 2006
Ausstrahlung im franz. TV: 2007
Regisseur: Charles Haid

Après lui
Herstellungsjahr: 2006
Filmstart in Frankreich: 2007
Regisseur: Gaël Morel

Pouvoir et séduction Fernsehfilm
Herstellungsjahr: 2007
Ausstrahlung im franz. TV: 2007
Regisseurin: Maria von Heland

Mes stars et moi
Herstellungsjahr: 2007
Filmstart in Frankreich: 2008
Regisseurin: Lætitia Colombani

Bancs publics (Versailles Rive-Droite)
Herstellungsjahr: 2007
Filmstart in Frankreich: 2009
Regisseur: Bruno Podalydès

Un Conte de Noël
Herstellungsjahr: 2008
Filmstart in Frankreich: 2008
Regisseur: Arnaud Desplechin

Je veux voir
Herstellungsjahr: 2008
Filmstart in Frankreich: 2008
Regisseure: Khalil Joreige, Joana Hadjithomas

Figures imposées (Clip Julien Doré)
Herstellungsjahr: 2008
Filmstart in Frankreich: 2008
Regisseurs: Nicolas Charlet, Bruno Lavaine

Cyprien
Herstellungsjahr: 2008
Filmstart in Frankreich: 2009
Regisseur: David Charhon

La Fille du RER
Herstellungsjahr: 2008
Filmstart in Frankreich: 2009
Regisseur: André Téchiné

Lettre à Anna (Dokumentarfilm)
Herstellungsjahr: 2008
Filmstart in Frankreich: 2009
Regisseur: Éric Bergkraut

Mères et filles
Herstellungsjahr: 2009
Filmstart in Frankreich: 2009
Regisseurin: Julie Lopes-Curval

L'Homme qui voulait vivre sa vie
Herstellungsjahr: 2009
Filmstart in Frankreich: 2010
Regisseur: Éric Lartigau

Potiche
Herstellungsjahr: 2010
Filmstart in Frankreich: 2010
Regisseur: François Ozon

Images de femmes ou le corset social (Dokumentarfilm)
Herstellungsjahr: 2010
Filmstart in Frankreich: 2011
Regisseur: Jean-François Ferrillon

Les Yeux de sa mère
Herstellungsjahr: 2010
Filmstart in Frankreich: 2011
Regisseur: Thierry Klifa

Les Bien-Aimés
Herstellungsjahr: 2011
Filmstart in Frankreich: 2011
Regisseur: Christophe Honoré

Astérix et Obélix : Au service de Sa Majesté
Herstellungsjahr: 2012
Filmstart in Frankreich: 2012
Regisseur: Laurent Tirard

Les Lignes de Wellington
Herstellungsjahr: 2012
Filmstart in Frankreich: 2012
Regisseure: Raoul Ruiz, Valeria Sarmiento

Dieu aime le caviar
Herstellungsjahr: 2012
Sortie Grèce: 2012
Regisseur: Yannis Smaragdis

Elle s'en va
Herstellungsjahr: 2012
Filmstart in Frankreich: 2013
Regisseurin: Emmanuelle Bercot

Dans la cour
Herstellungsjahr: 2012
Filmstart in Frankreich: 2014
Regisseur: Pierre Salvadori

L'Homme qu'on aimait trop
Herstellungsjahr: 2013
Filmstart in Frankreich: 2014
Regisseur: André Téchiné

Trois Cœurs
Herstellungsjahr: 2013
Filmstart in Frankreich: 2014
Regisseur: Benoît Jacquot

La Tête haute
Herstellungsjahr: 2015
Filmstart in Frankreich: 2015
Regisseurin: Emmanuelle Bercot

Le Tout Nouveau Testament
Herstellungsjahr: 2014
Filmstart in Frankreich: 2015
Regisseur: Jaco Van Dormael

Le Cancre
Herstellungsjahr: 2015
Filmstart in Frankreich: 2016
Regisseur: Paul Vecchiali

Sage Femme
Herstellungsjahr: 2016
Filmstart in Frankreich: 2017
Regisseur: Martin Provost

Bonne Pomme
Herstellungsjahr: 2016
Filmstart in Frankreich: 2017
Regisseurin: Florence Quentin

Tout nous sépare
Herstellungsjahr: 2016
Filmstart in Frankreich: 2017
Regisseur: Thierry Klifa

Naissance d'une étoile
Herstellungsjahr: 2017
Filmstart in den USA: 2017
Regisseur: James Bort

Belle à croquer
Herstellungsjahr: 2017
Filmstart in Frankreich: 2018
Regisseur: Axel Courtière

Mauvaises Herbes
Herstellungsjahr: 2017
Filmstart in Frankreich: 2018
Regisseur: Kheiron

Le Dernier Vide-Grenier de Claire Darling
Herstellungsjahr: 2018
Filmstart in Frankreich: 2018
Regisseurin: Julie Bertuccelli

Joyeux Anniversaire
Herstellungsjahr: 2018
Filmstart in Frankreich: non précisé
Regisseur: Cédric Kahn

Les Ennemis / L'Adieu à la nuit
Herstellungsjahr: 2018
Filmstart in Frankreich: non précisé
Regisseur: André Téchiné

Auszeichnungen

1981: César als Beste Schauspielerin für *Die letzte Metro*
1981: David di Donatello als Beste ausländische Schauspielerin für *Die letzte Metro*
1993: César als Beste Schauspielerin für *Indochine*
1998: Coppa Volpi als Beste weibliche Darstellerin für *Place Vendôme* (Filmfestspiele von Venedig)
1998: Goldener Bär ehrenhalber für ihr Lebenswerk (Filmfestspiele von Berlin)
1998: Ehrenpreis des 25. Filmfests von Brüssel
1999: Preis für ihr Lebenswerk (Kairo)
2002: Preis des europäischen Kinos als Beste Schauspielerin für *8 Frauen* (Europäischer Filmpreis)
2002: Silberner Bär für den Besten künstlerischen Beitrag in *8 Frauen* (Filmfestspiele von Berlin)
2003: Preis für ihr Lebenswerk (Las Palmas)
2005: Ehrenpalme (Filmfestspiele von Cannes)
2006: Preis für ihr Lebenswerk (Bangkok)
2008: Preis der 61. Filmfestspiele von Cannes für ihr Lebenswerk (mit Clint Eastwood)
2009: Ehrenmedaille der Académie de France in Rom, am 22. April in der Villa Medici von Frédéric Mitterrand überreicht
2011: Ehrenpreis des 35. World Film Festival von Montreal
2012: Chaplin Award der Film Society of Lincoln Center im Lincoln Center for the Performing Arts von New York
2013: Preis für ihr Lebenswerk (Europäischer Filmpreis)
2015: Preis für ihr Lebenswerk des Internationalen Filmfestivals von Antalya
2016: Prix Lumière des Festival Lumière für ihr Lebenswerk (Lyon)

Nominierungen

1967: für die British Academy of Film and Television Arts Award als Beste Schauspielerin, in *Belle de jour*
1976: für den César als Beste Schauspielerin, in *Die schönen Wilden*
1982: für den César als Beste Schauspielerin, in *Begegnung in Biarritz*
1988: für den César als Beste Schauspielerin, in *Mord aus Versehen*
1989: für den César als Beste Schauspielerin, in *Nächtliche Sehnsucht*
1993: für den Oscar als Beste Schauspielerin, in *Indochine*
1994: für den César als Beste Schauspielerin, in *Meine liebste Jahreszeit*
1997: für den César als Beste Schauspielerin, in *Diebe der Nacht*
1999: für den César als Beste Schauspielerin, in *Place Vendôme*
2007: für den César als Beste Nebendarstellerin, in *Palais royal!*
2011: für den César als Beste Schauspielerin, in *Das Schmuckstück*
2014: für den César als Beste Schauspielerin, in *Madame empfiehlt sich*
2015: für den César als Beste Schauspielerin, in *Dans la cour*
2016: für den César als Beste Schauspielerin, in *La Tête haute*

Catherine Deneuve, am 7. Mai 1968 von Patrice Picot photographiert.

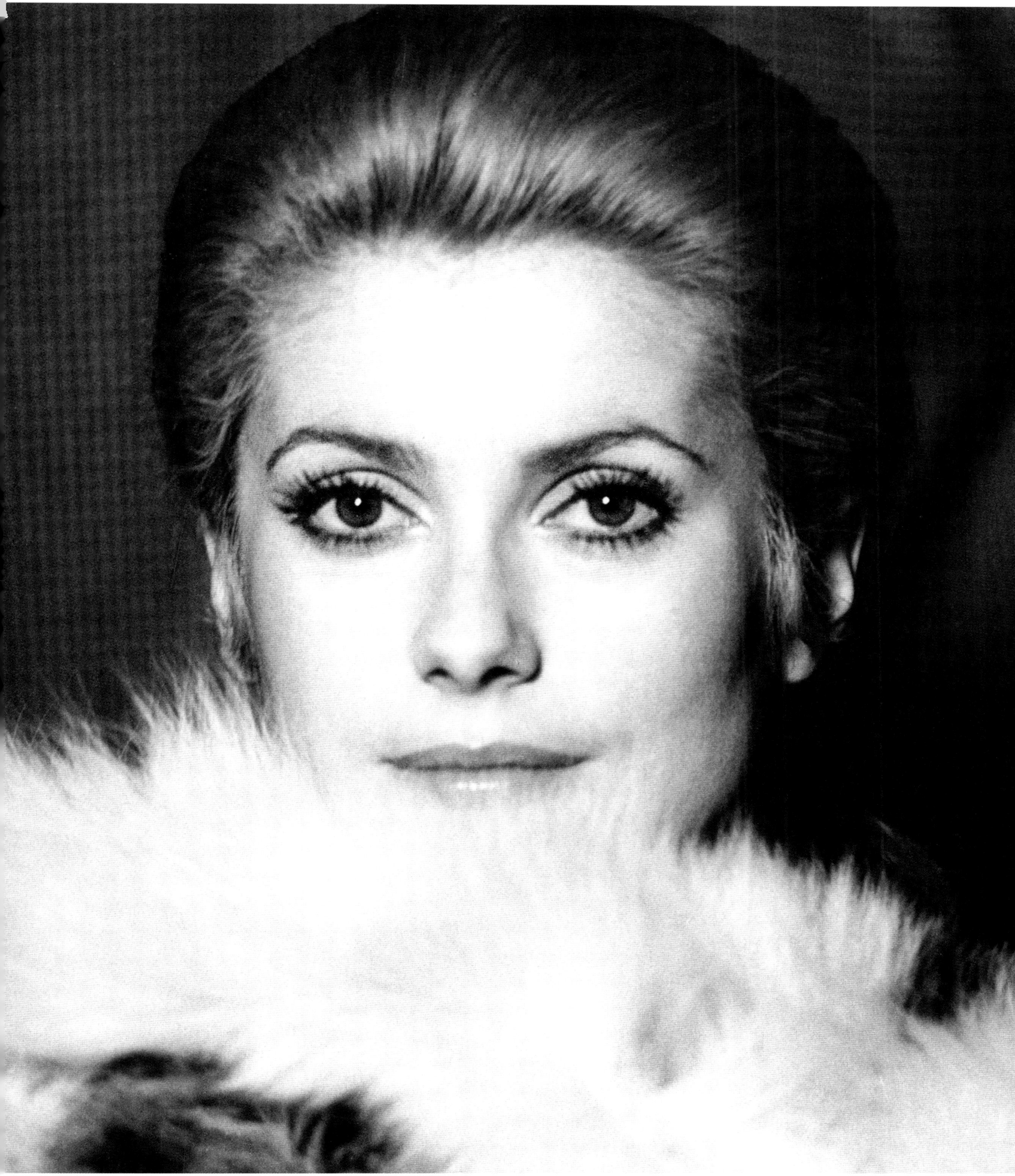

Verzeichnis aller erwähnten Filme

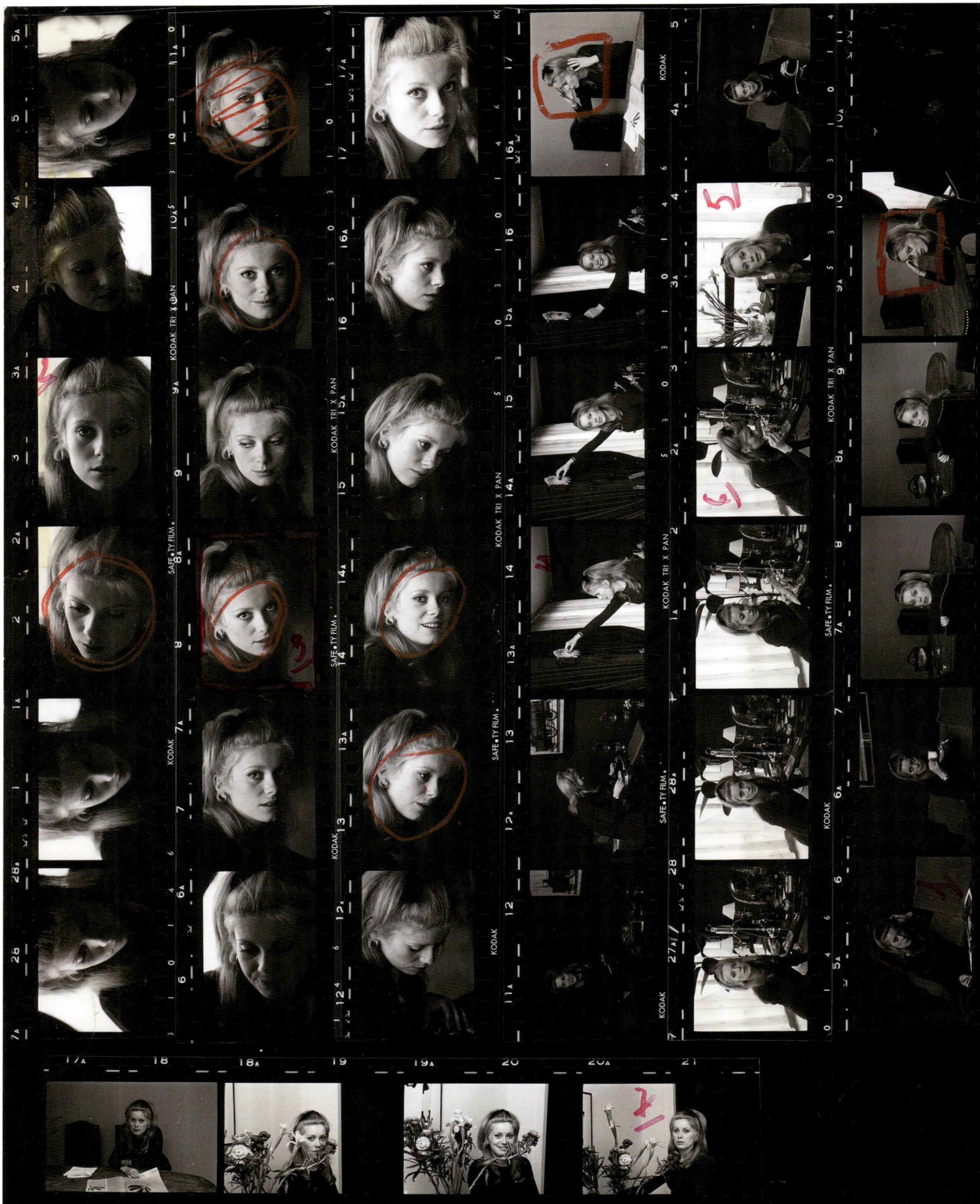
SAFE.TY FILM
KODAK TRI X PAN

Personenregister

Catherine Deneuve in ihren Anfängen, beim Spiel mit der Kamera anlässlich einer Photosession. Aufnahmen von Philippe Doumic, Abdruck mit freundlicher Genehmigung von Laurence Doumic.

I

J

K

L

M

N

O

W

Y

Z

Bibliographie

Bücher

Philippe Barbier und Jacques Moreau, *Catherine Deneuve*, Paris, PAC, 1984.

Catherine Deneuve, *À l'ombre de moi-même*, carnets de tournage et entretien avec Pascal Bonitzer, Paris, Stock, 2004.

deutsch: In meinem Schatten (Tagebuch zu den Dreharbeiten von *Dancer in the Dark* und *Indochine*), Zug, 2006

Catherine Deneuve und Arnaud Desplechin, *Une certaine lenteur, entretien*, Paris, Payot & Rivages, 2010.

Catherine Deneuve und Patrick Modiano, *Elle s'appelait Françoise …*, Paris, Canal+Éditions, 1996.

Jérémie Kessler, *Catherine Deneuve femme maison*, Lyon, ENS Éditions, Sammlg. »Tohu Bohu«, 2016.

Éric Neuhoff, *Catherine Deneuve*, Vorwort von André Halimi, Paris, Solar, Sammlg. »SolarStar«, 1980.

Régis Wargnier, *Est-Ouest, journal d'un tournage*, Paris, Seuil, 1999.

Zeitschriften

»Les jeux de l'instinct et du hasard«, Interview mit Catherine Deneuve von Danièle Dubroux und Marc Chevrie, *Cahiers du cinéma*, Nr. 366, Dezember 1984.

»Le premier qui m'ait vue«, Interview mit Catherine Deneuve von Serge Toubiana, *Cahiers du cinéma*, Nr. 438, Dezember 1990.

»Catherine Deneuve«, Interview von Thierry Jousse und Camille Nevers, *Cahiers du cinéma*, Nr. 467–468, Mai 1993.

Camille Nevers, »Deneuve en face«, *Cahiers du cinéma*, Nr. 467–468, Mai 1993.

»Le vent de la vie«, Gespräch mit Catherine Deneuve von Olivier Assayas, *Cahiers du cinéma*, Nr. 535, Mai 1999.

Stig Björkman, »Quand Lars von Trier tourne une tragédie musicale«, *Cahiers du cinéma*, Nr. 540, November 1999.

Catherine Deneuve: »Nous sommes de la même famille«, Interview mit Jean-Marc Lalanne, *Cahiers du cinéma*, Nr. 566, März 2002.

Cyril Beghin, »Catherine Deneuve, la partie et le tout«, *Cahiers du cinéma*, Nr. 621, März 2007.

»Für Schauspieler kann es zur Falle werden, wenn sie sich wiederholen. Was Catherine Deneuves Karriere so einzigartig macht, ist, dass sie in einem Alter und zu einer Zeit, da sie, vor allem wenn sie in den USA gelebt hätte, naive Rollen gespielt hätte (sie war bei ihrem Debüt noch nicht einmal zwanzig), sich für die Zusammenarbeit mit Filmemachern wie Roman Polanski, Jacques Demy und Luis Buñuel entschied. Und besser noch, sie pflegte engen Kontakt mit Demy und Buñuel, zwei der experimentierfreudigsten Regisseure der 60er Jahre. Und so machte sie weiter, drehte mit Provokateuren wie Varda, Truffaut, Melville, Bolognini, Aldrich, Téchiné. Ganz zu schweigen von denen, die sie noch in petto hat: Garrel, Carax und Jacquot. Die Liste ist beeindruckend.«

Martin Scorsese

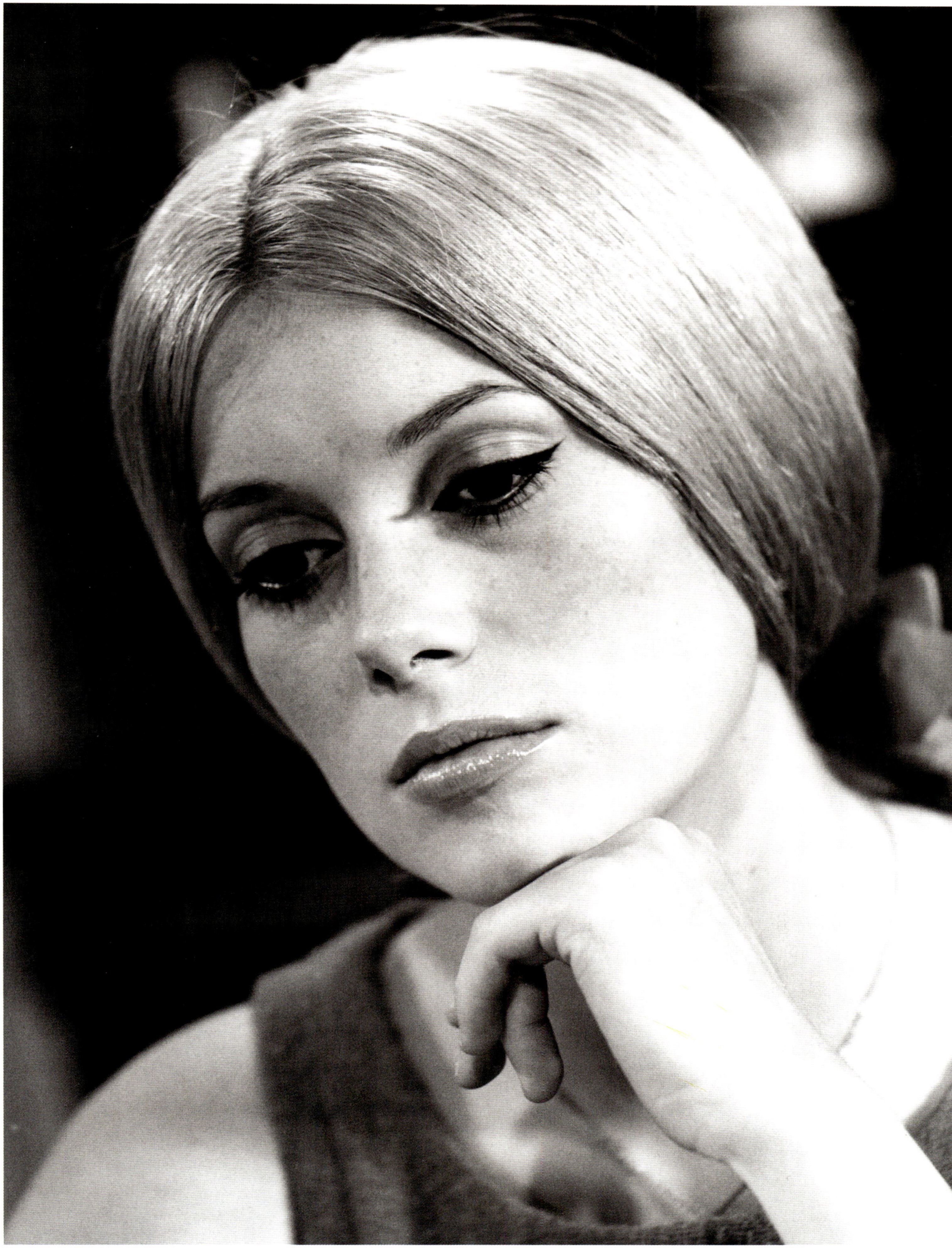

Bildnachweis

Couverture et jaquette: d'après photo © Robert et Raymond Hakim / Paris Film Productions / Five Film Rome / Collection Sunset Boulevard / DR; Seite 5: Collection Christophel © Jean-Pierre Fizet; Seiten 8–9: © Ministère de la Culture – Médiathèque du Patrimoine – Dist. RMN-Grand Palais / Raymond Voinquel; Seite 11: Prod DB © DR; Seite 12: © S.N.E. Gaumont / Sicilia Cinematografica / Trianon Films / Ultra Film / Collection Sunset Boulevard; Seite 13: Prod DB © Jad Films / DR; Seiten 15, 18: © Léo Weisse / Ciné Tamaris; Seite 16: © Agnès Varda / Ciné Tamaris; Seiten 17, 19: © Ciné Tamaris; Seiten 20, 21, 24, 25: Prod DB © ÊCompton / DR; Seiten 22–23, 26–27: © Compton Films / Tekli British Productions / Collection Sunset Boulevard; Seiten 28–35: Prod DB © Ancinex / Cobela Films / La Guéville / DR; Seite 34 (unten): Collection Christophel © Les Productions de la Guéville / Ancinex; Seiten 36–41: © Ciné Tamaris; Seiten 40 (unten), 42, 42–43: © Hélène Jeanbrau / Ciné Tamaris; Seiten 44, 49: Collection Christophel © Robert et Raymond Hakim; Seiten 45–48: Prod DB © Five Film / Paris Film / DR; Seiten 50–51: © Robert et Raymond Hakim / Paris Film Productions / Five Film Rome / Collection Sunset Boulevard; Seite 53: Collection Christophel © Les Films Ariane / Les Productions Artistes Associés / DR; Seite 54: Collection Christophel © Les Films du Carrosse / Les Productions Artistes Associés / DR; Seiten 56–57, 64, 65, 68–69, 70, 71: © Ciné Tamaris; Seiten 58, 59, 60, 61, 62–63: Prod DB © Corona / Selenia Cinematografica / DR; Seiten 66–67: © Michel Lavoix / Ciné-Tamaris 2003; Seite 72: Prod DB © Films 13 / DR; Seite 75: Collection Christophel © Pegaso Cinematografica / Lira Films / DR; Seiten 76, 77: Prod DB © Corona / DR; Seite 78: Prod DB © Films 66 / Laser Film / DR; Seite 81: © Paramount Pictures / Churchill Service Company / RoBurt / Zeeuwse Maatschappij N.V. / Collection Sunset Boulevard; Seiten 8, 84, 85: Collection Christophel © Lira Films / Produzioni Artistiche Internazionali; Seiten 83, 84 (haut), 86: © Lira Films / Produzioni Artistiche Internazionali / Gaumont / Collection Sunset Boulevard; Seiten 87, 89: Prod DB © Lira Films / DR; Seiten 90, 91: Collection Christophel © Les films 13 / DR; Seiten 92, 94–95: Collection Christophel © Fildebroc / SFP; Seite 93: Prod DB © Fildebroc / DR; Seite 96: Collection Christophel © FIlms 13 /Jean Pierre Fizet; Seite 97: Prod DB © Film 13 / DR; Seiten 98–99: Prod DB © Productions de la Guéville / DR; Seiten 100–101, 105, 107, 108–109: Prod DB © Les Films du Carrosse / DR; Seiten 102, 104, 106: © Jean-Pierre Fizet / Les Films du Carrosse / Sédif Productions / TF1 Films Production / Société Française de Production / Collection Sunset Boulevard; Seite 103: Collection Christophel © Jean-Pierre Fizet; Seite 110: Prod DB © AMLF – Renn Production / DR; Seite 111: Prod DB © Sara Films / DR; Seiten 112, 113: Collection Christophel © Sara Films / Films A2 / DR; Seiten 114, 115: Collection Christophel © Sara Films; Seite 116: Prod DB © Renn Productions / DR; Seite 117: Collection Christophel © Renn Productions / Georges Pierre; Seite 118: Prod DB © MGM / DR; Seiten 119–121: © Metro-Goldwyn-Mayer Pictures / Collection Sunset Boulevard; Seite 122–124: Collection Christophel © Films A2 / MK2 Productions / Georges Pierre; Seite 124 (unten): © Georges Pierre / MK2 Productions / S.F.P.C. / Films A2 / Collection Sunset Boulevard; Seite 125: Prod DB © MK2 Productions / DR; Seiten 127–129: Collection Christophel © Albina Productions / George Pierres; Seiten 130–131: Prod DB © Albina Productions / DR; Seite 132: Collection Christophel © T Films / Films A2 / Etienne George; Seite 133: Prod DB © T.Films / DR; Seiten 134–135: Prod DB © Koala Films / DR; Seiten 136–137: Prod DB © Orly Films / DD Productions / DR; Seiten 138–139: Collection Christophel © DD Productions / Deneuve / Films A2; Seiten 140–142, 146–149: Collection Christophel © Paradis Films / Jean Marie Leroy; Seiten 143–145: Prod DB © Paradis / Bac Films / DR; Seiten 150, 151: Prod DB © Films Alain Sarde / DR; Seiten 152–153: Prod DB © Gemini / Madragoa / DR; Seiten 154–155: Collection Christophel © Madragoa Filmes / Moune Jamet; Seiten 156, 157: Prod DB © Gémini Films / DR; Seiten 158–159: Prod DB © Films Alain Sarde / D.A Films / DR; Seiten 160–163: Collection Christophel © Les Films Alain Sarde / TF1 Films Production / Moune Jamet; Seiten 164–165: Prod DB © Films Alain Sarde / DR; Seiten 167, 168: © Luc Roux / Sygma / Sygma via Getty Images; Seite 169: Collection Christophel © Arena Films / Canal+; Seiten 170–171: Prod DB © Arena / Camera One / DR; Seiten 172–173: Prod DB © Films Alain Sarde / DR; Seiten 174–175: Prod DB © UGC-YM / DR; Seiten 176–177: Prod DB © photo Éric Caro; Seiten 178–179: Collection Christophel © Jean-Claude Moireau ; Seiten 180–182: Collection Christophel © Zentropa Entertainments / David Koskas; Seite 183: Prod DB © Zentropa / DR; Seite 184: © photo Jean-Claude Moireau; Seite 186–189: Prod DB © photo Jean-Claude Moireau; Seiten 190–191: Prod DB © La Chauve-Souris / Studio Canal / DR; Seiten 192–193: Collection Christophel © Why not productions / Jean Claude Lother; Seite 194: © 2005 UGC YM / Integral Film / Rai Cinema / TF1 Films Production; Seite 195: Collection Christophel © 2.4.7. FILMS; Seiten 196–199: Prod DB © Why Not Productions / DR; Seiten 200–201: Prod DB © Fidélité Films / DR; Seiten 202–205: Prod DB © photo Jean-Claude Moireau; Seite 207: © Jean-Claude Lother; Seiten 208–209: Collection Christophel © 2013 Bago films / Wild bunch distribution / Fidélité films / Jean-Marie Leroy; Seite 210: Prod DB © Fidélité Films / VIP Cinéma 1 / Mars Films / Caneo Films / DR; Seite 211: Collection Christophel © Les Films Pelleas / Wild bunch Distribution / DR; Seiten 212–213: Prod DB © photo Luc Roux ; Seite 214: Prod DB © photo Fabrizio Maltese; Seite 216: Prod DB © photo Michael Crotto; Seite 217: Prod DB © photo Luc Roux ; Seite 218: © Les Films du poisson; Seite 219: © Kristina Nikishina / Epsilon / Getty Images; Seiten 220–221: Prod DB © Gaumont / Trianon / Ultra / DR; Seite 227: © PAT / Gamma-Rapho; Seite 230: © Philippe R. Doumic; Seite 237: © Ciné Tamaris

Dank

Die Autoren danken allen, die zu diesem Werk beigetragen haben, vor allem Laurence Doumic für den Photographie-Fonds Philippe Doumic, der Bibliothèque du Film und der Bibliothèque nationale de France.
Mathieu Guetta dankt insbesondere den Teams des Kinos Majestic Bastille (Pierre, Claire und Stéphanie) sowie Héloise für das Lektorat.
Die Autoren danken auch all jenen, die dazu beigetragen haben, dass das Kino lebt und weiterhin geliebt wird.

Redaktion: Nathalie Bailleux
Übersetzung aus dem Französischen: Michaela Angermair
Lektorat: Renaud Bezombes / Birgit Mayer (dt. Ausgabe)
Art Director: Anne Lagarrigue
Graphische Konzeption: Hélène Arnaud
Graphik: Claire Mieyeville

Satz: Satzwerk Huber, Germering
Lithos: IGS-CP, L'Isle d'Espagnac
Druck und Bindung: Lego, Vicenza

ISBN 978-3-8296-0854-1

Schirmer/Mosel München
www.schirmer-mosel.com